T0299132

إرشاد ذوي صعوبات التعلم وأسرهــم

رقم التصنيف: 371.9
المؤلف ومن هو في حكمه: الدكتور/ أحمد عبداللطيف أبو أسعد
الأستاذ/ رياض عبداللطيف الأزايدة
عنــوان الكتــاب: إرشاد ذوي صعوبات التعليم وأسرهم
رقم الإيــداع: 2011/1/38
الترقيم الدولي: ISBN: 978-9957-454-98-2
الموضوع الرئيسي: صعوبات التعلم/ التعلم
* تم إعداد بيانات الفهرسة والتصنيف الأولية من قبل دائرة المكتبة الوطنية

الطبعة الأولى

مركز ديبونو لتعليم التفكير
عضو اتحاد الناشرين الأردنيين
عضو اتحاد الناشرين العرب

يطلب هذا الكتاب مباشرة من مركز ديبونو لتعليم التفكير
عمان- شارع الملكة رانيا- مجمع العيد التجاري - مبنى 320- ط4
هاتف: 962-6-5337003 ، 962-6-5337029
فاكس: 962-6-5337007
ص. ب: 831 الجبيهة 11941 المملكة الأردنية الهاشمية
E-mail: info@debono.edu.jo
www.debono.edu.jo

إرشاد ذوي صعوبات التعلم وأسرهم

تأليف

د. أحمد عبد اللطيف أبو أسعد

أ. رياض عبداللطيف الأزايدة

الناشر

مركز ديبونو لتعليم التفكير

بسم الله الرحمن الرحيم

(رَبِّ اشْرَحْ لِي صَدْرِي (٢٥) وَيَسِّرْ لِي أَمْرِي (٢٦) وَاحْلُلْ عُقْدَةً مِنْ لِسَانِي (٢٧) يَفْقَهُوا قَوْلِي)

صدق الله العظيم

(سورة طه: 25-28)

المحتويات

الموضوع	الصفحة

9

الفصل السابع:

الفصل العاشر: دور المرشد في التعامل مع المشكلات الانفعالية والاجتماعية لدى طلبة صعوبات التعلم

الفصل الحادي عشر: دور المرشد في التعامل مع المشكلات المعرفية لدى الطلبة ذوي صعوبات التعلم

المقدمة

كتاب إرشاد الطلبة ذوي صعوبات التعلم وإرشاد أسرهم، يعد من أوائل الكتب في الوطن العربي المعنية بهذا العنوان بشكل خاص، فقد لاحظ المؤلفان أن الكثير من الكتب بهذا الصدد تتناول إرشاد ذوي الحاجات الخاصة ككل أو إرشاد أسرهم، أو إرشاد الفئتين معا، ولا تعنى بطلبة ذوي صعوبات التعلم بشكل مستقل، ولذلك عمل المؤلفان على التطرق لهذا الموضوع ومن مجالات مختلفة، من أجل مساعدة القارئ الكريم في التعامل مع هذه الفئة، خاصة إذا ما عرفنا أن هؤلاء الطلبة يشكلوا العبء الأكبر على المرشد في المدرسة، فالمشكلات اللاتي يعانون منها كثيرة، ولا تكاد تحصر، ليس آخرها الضعف في التحصيل الدراسي، بل تشمل مشكلات نفسية واجتماعية ومعرفية مختلفة أخرى.

إن هذا الكتاب يتطرق لخصائص هؤلاء الطلبة وأهم مشكلاتهم وحاجاتهم، واللاتي يمكن أن يقدمها المرشد لأولياء أمور الطلبة كمعين لهم في فهم أبنائهم، كما يمكن تقديمها للمعلمين لمساعدتهم في التعامل مع هؤلاء الطلبة. كما يتناول الكتاب أهم الإرشادات التي يمكن للمرشد تقديمها بشكل عام لكل من المعلمين والآباء، والتي تفيد في التعامل معهم، وتحسين مستواهم الدراسي.

إن هذا الكتاب ابتعد عن التطرق للأساليب الدراسية والاستراتيجيات المعنية بتدريس هؤلاء الطلبة، لذلك ينتقل مباشرة إلى الحديث عن أهم مشكلاتهم من ناحية سلوكية، واجتماعية، وانفعالية، ومعرفية، ويبين دور المرشد في الكشف عن هذه المشكلات والتعامل معها. ويمتاز هذا الكتاب باحتوائه على العديد من البرامج الإرشادية التي يمكن أن يقدمها المرشد لأولئك الطلبة وأسرهم سواء على المستوى الفردي أو على المستوى الجماعي.

وأخيرا نحب أن ننوه أن كتاب إرشاد ذوي صعوبات التعلم وأسرهم يمكن أن يخدم كل من المعلمين في الصفوف الأساسية، وأولياء أمور الطلبة الذين لديهم أبناء يعانوا من صعوبات التعلم، والمعلمين الذي يدرسون فئة صعوبات التعلم، والطلبة في الجامعات الذين يدرسوا مساقات في صعوبات التعلم.

ولا يسعنا ونحن نقدم هذا الكتاب...

إلا أن نشكر كل من ساهم في إنجاح فكرة هذا الكتاب...

فله منا جزيل الشكر.

المؤلفان
الدكتور أحمد عبد اللطيف أبو أسعد
الأستاذ رياض عبد اللطيف الأزايدة

1

الفصل الأول

مقدمة عن
صعوبات التعلم

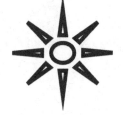

المواضيع التي يتضمنها الفصل:

◄ المقدمة.

◄ مفهوم صعوبات التعلم.

◄ أسباب صعوبات التعلم.

◄ تصنيف الصعوبات التعليمية.

◄ الفرق بين الطلبة ذوي صعوبات التعلم وبطيء التعلم والمتأخرين دراسيا.

◄ مفهوم الدسلكسيا.

الفصل الأول

مقدمة عن صعوبات التعلم

المقدمة:

سنحاول في هذا الفصل التعرف على مفهوم الطلبة ذوي صعوبات التعلم، وأنواع الصعوبات التي يواجهونها، والفرق بين مفاهيم صعوبات التعلم وبطئ التعلم والمتأخرين دراسيا، كما يقدم الفصل تقديما لمفهوم الدسلكسيا كأحد المفاهيم المهمة في صعوبات التعلم.

مفهوم صعوبات التعلم:

إن مصطلح ذوي صعوبات التعلم (Lea صلى الله عليه وسلم ning Disability) هو مصطلح جديد حاول العلماء استخدامه قبل (20) عاماً ليوضحوا إعاقة غير واضحة وغير ظاهرة، حيث يصف هذا المصطلح مجموعة من الأطفال غير القادرين على مواكبة أقرانهم في التقدم الأكاديمي نظراً لأنهم يعانون من ظواهر متعددة، مثل قصور في التعبير اللفظي أو النشاط الزائد أو الشرود الذهني وغيرها. ومنذ عام (1963م) حاول كثير من العلماء تعريف مصطلح صعوبات التعلم، حيث تنوعت تلك التعريفات بين الشاملة وغير الشاملة وفيما يلي أهم التعريفات المقترحة لذلك المصطلح:

تعريف (مايكل بست): اضطرابات نفسية عصبية في التعلم وتحدث في أي سن، وتنتج عن انحرافات في الجهاز العصبي المركزي، وقد يكون السبب راجعاً إلى الإصابة بالأمراض أو التعرض للحوادث أو لأسباب نمائية.

تعريف كيرك عام 1962م: تشير الصعوبة الخاصة بالتعليم إلى تخلف معين أو اضطراب في واحدة أو أكثر من مهارات النطق أو اللغة أو الإدراك أو السلوك أو القراءة أو الهجاء أو الكتابة أو الحساب. أما تعريف باتمان عام 1965م: فيشير إلى أن الأطفال ذوي صعوبات التعلم هم هؤلاء الأطفال الذين يظهرون تناقضا أو تباعدا تعليميا بين قدرتهم العقلية العامة ومستوى انجازهم الفعلي وذلك من خلال ما يظهر لديهم من اضطرابات في عملية التعلم، وأن هذه الاضطرابات من المحتمل أن تكون مصحوبة أو غير مصحوبة بخلل ظاهر في الجهاز العصبي المركزي، بينما لا ترجع اضطرابات التعلم لديهم إلى التخلف العقلي أو الحرمان الثقافي أو التعليمي أو الاضطراب الانفعالي الشديد أو للحرمان الحسي.

أما تعريف مجلس الرابطة الوطنية لصعوبات التعلم 1981م: فهم مجموعة غير متجانسة من الاضطرابات والتي تتضح في المشكلات الحادة في واحدة أو أكثر من العمليات النفسية الأساسية التي تتطلب فهم اللغة المكتوبة أو استخدامها، وكذلك اللغة المنطوقة، ويظهر هذا القصور في ناحية من النواحي التالية: نقص القدرة على الاستماع، أو التفكير، أو الكلام، أو القراءة، أو الكتابة، أو التهجئة، أو في أداء العمليات الحسابية. وقد يرجع هذا القصور إلى إعاقة في الإدراك، أو إصابة في المخ، أو عسر في القراءة، أو حبسه نمائية في الكلام، أو إلى الخلل الوظيفي المخي البسيط، ويتراوح نسبة ذكائهم من (85 ـ ما فوق) ولا تؤخذ بعين الاهتمام لأغراض هذا القانون صعوبات التعلم الناتجة عن إعاقة بصرية، أو سمعية، أو حركية، أو تخلف عقلي، أو اضطرب انفعالي، أو الحرمان بيئي ثقافي أو اقتصادي.

وبالتالي نتوصل إلى أن الطلبة ذوي الصعوبات فئة غير متجانسة وهم طلبة عاديون من حيث نسبة الذكاء، ويمكن أن نسميهم بالطلبة المعاقين لمدة ست ساعات، وهي ساعات الدراسة فقط، وبقية حياتهم طبيعية.

أسباب صعوبات التعلم:

يؤكد أخصائيو الصحة النفسية بأنه ما دام لا أحد يعرف السبب الرئيسي لصعوبات التعلم، فإن محاولة الآباء البحث المتواصل لمعرفة الأسباب المحتملة يكون شيء غير مجدي لهم ...ولكن هناك احتمالات عديدة لنشوء هذا الاضطراب، ولكن الأهم من ذلك للأسرة هو التقدم للأمام للوصول إلى أفضل الطرق للعلاج، ولكن على العلماء بذل الكثير من المجهودات لدراسة الأسباب والاحتمالات للتوصل إلى طرق لمنع هذه الصعوبات من الحدوث.

وفي الماضي كان يظن العلماء أن هناك سبب واحد لظهور تلك الإعاقات، ولكن الدراسات الحديثة أظهرت أن هناك أسباب متعددة ومتداخلة لهذا الاضطراب، وهناك دلائل جديدة تظهر أن اغلب الإعاقات التعليمية لا تحدث بسبب وجود خلل في منطقة واحدة أو معينة في المخ ولكن بسبب وجود صعوبات في تجميع وتربيط المعلومات من مناطق المخ المختلفة، وحاليا فإن النظرية الحديثة عن صعوبات التعلم توضح أن الاضطراب يحدث بسبب خلل في التركيب البنائي والوظيفي للمخ وهناك بعض العلماء الذين يعتقدون بأن الخلل يحدث قبل الولادة وأثناء الحمل.

ولكن يا ترى ما هي أسباب صعوبات التعلم: يمكن حصر أسباب صعوبات التعلم في العوامل الآتية:

1- عيوب في نمو مخ الجنين.

2- العيوب الوراثية Genetic Facto صلى الله عليه وسلم s.

3- تأثير التدخين والخمور وبعض أنواع العقاقير.

4- مشاكل أثناء الحمل و الولادة.

5- مشاكل التلوث والبيئة.

6- الأسباب البيوكيميائية.

وفيما يلي شرحا موسعا عن هذه الأسباب:

أولا: عيوب في نمو مخ الجنين:

خلال فترة الحمل يتطور مخ الجنين من خلايا قليلة غير متخصصة تقوم بجميع الأعمال إلى خلايا متخصصة ثم إلى عضو يتكون من بلايين الخلايا المتخصصة المترابطة التي تسمى الخلايا العصبية وخلال هذا التطور المدهش قد تحدث بعض العيوب والأخطاء التي قد تؤثر على تكوين واتصال هذه الخلايا العصبية ببعضها البعض .

ففي مراحل الحمل الأولى يتكون جذع المخ الذي يتحكم في العمليات الحيوية الأساسية مثل التنفس والهضم، ثم في المراحل اللاحقة يتكون الفصان الكرويان الأيمن والأيسر للمخ، وهو الجزء الأساسي للفكر، وأخيرا تتكون المناطق المسئولة عن البصر والسمع والأحاسيس الأخرى وكذلك مناطق المخ المسئولة عن الانتباه والتفكير والعاطفة.

ومع تكون الخلايا العصبية الجديدة فإنها تتجه لأماكنها المحددة لتكوين تركيبات المخ المختلفة، وتنمو الخلايا العصبية بسرعة لتكون شبكة اتصال مع بعضها البعض ومع مناطق المخ الأخرى، وهذه الشبكات العصبية هي التي تسمح بتبادل المعلومات بين جميع مناطق المخ المختلفة. وخلال فترة الحمل فان نمو المخ معرض لحدوث بعض الاختلالات أو التفكك، وإذا حدث هذا الاختلال في مراحل النمو المبكر فقد يموت الجنين، أو قد يولد المولود وهو يعاني من إعاقات شديدة قد تؤدي إلى التخلف العقلي، أما إذا حدث الخلل في نمو المخ في مراحل الحمل المتأخرة بعد أن أصبحت الخلايا العصبية متخصصة فقد يحدث اضطراب في ترابط هذه الخلايا مع بعضها البعض، وبعض العلماء يعتقدون أن هذه الأخطاء أو العيوب في نمو الخلايا العصبية هي التي تؤدي إلى ظهور صعوبات التعلم لدى الطلبة.

ثانيا: العيوب الوراثية **Genetic Facto** صلى الـلـه عليه وسلم **s**

مع ملاحظة أن اضطراب التعلم يحدث دائما في بعض الأسر ويكثر انتشاره بين الأقارب من الدرجة الأولى عنه بين عامة الناس، فيعتقد أن له أساس جيني وراثي، فعلى سبيل المثال فإن الطلبة الذين يفتقدون بعض المهارات المطلوبة للقراءة مثل سماع الأصوات المميزة والمفصلة للكلمات، من المحتمل أن يعاني أحد الآباء من مشكلة مماثلة. وهناك بعض التفسيرات عن أسباب انتشار صعوبات التعلم في بعض الأسر، منها: أن صعوبات التعلم تحدث أساسا بسبب المناخ الأسرى ...فعلي سبيل المثال فإن الآباء الذين يعانون من اضطراب التعبير اللغوي تكون قدرتهم على التحدث مع أبنائهم أقل أو تكون اللغة التي يستخدمونها مشوهة وغير مفهومة، وفي هذه الحالة فان الطالب يفتقد النموذج الجيد أو الصالح للتعلم واكتساب اللغة ولذلك يبدو وكأنه يعاني من إعاقة في التعلم.

ثالثا: تأثير التدخين والخمور وبعض أنواع العقاقير

إن كثيرا من الأدوية التي تتناولها الأم أثناء فترة الحمل تصل إلى الجنين مباشرة، ولذلك يعتقد العلماء بأن استخدام الأم للسجائر والكحوليات وبعض العقاقير الأخرى أثناء الحمل قد يكون له تأثير مدمر على الجنين، لذلك لكي نتجنب الأضرار المحتملة على الجنين يجب على الأمهات تجنب استخدام السجائر أو الخمور أو أي عقاقير أخرى أثناء فترة الحمل.

وقد وجد العلماء أن الأمهات اللاتي يدخن أثناء الحمل يلدن أطفالا ذو وزن أقل من الطبيعي، وهذا الاعتقاد هام لأن المواليد ذو الوزن الصغير (أقل من 5،2 كيلو جرام) يكونون عرضة للكثير من المخاطر ومن ضمنها صعوبات التعلم، كذلك فإن تناول الكحوليات أثناء الحمل قد يؤثر على نمو الجنين ويؤدي إلى مشاكل في التعلم والانتباه والذاكرة والقدرة على حل المشاكل في المستقبل.

رابعا: مشاكل أثناء الحمل والولادة:

يعزو البعض صعوبات التعلم لوجود مضاعفات تحدث للجنين أثناء الحمل، ففي بعض الحالات يتفاعل الجهاز المناعي للأم مع الجنين كما لو كان جسما غريبا يهاجمه، وهذا التفاعل يؤدى إلى اختلال في نمو الجهاز العصبي للجنين.

كما قد يحدث التواء للحبل السري حول نفسه أثناء الولادة مما يؤدي إلى نقص مفاجئ للأكسجين الواصل للجنين مما يؤدي إلى الإعاقة في عمل المخ وصعوبة في التعلم في الكبر.

خامسا: مشاكل التلوث والبيئة

يستمر المخ في إنتاج خلايا عصبية جديدة وشبكات عصبية وذلك لمدة عام أو أكثر بعد الولادة، وهذه الخلايا تكون معرضة لبعض التفكك والتمزق أيضا، فقد وجد العلماء أن التلوث البيئي من الممكن أن يؤدي إلى صعوبات التعلم بسبب تأثيره الضار على نمو الخلايا العصبية، وهناك مادة الكانديوم والرصاص وهي من المواد الملوثة للبيئة التي تؤثر على الجهاز العصبي، وقد أظهرت الدراسات أن الرصاص وهو من المواد الملوثة للبيئة والناتج عن احتراق البنزين والموجود كذلك في مواسير مياه الشرب من الممكن أن يؤدي إلى كثير من صعوبات التعلم.

سادسا: الأسباب البيوكيميائية

شهدت السنوات الماضية اهتماماً متزايداً بدور المواد الاصطناعية المضافة إلى الطعام (مثل الأصباغ) بالإضافة إلى دور عملية التمثيل الغذائي في الصعوبات التعليمية. كذلك هنالك اعتقاد آخر أن صعوبات التعلم قد تنتج عن ردود فعل تحسسيه لبعض المواد الغذائية أو أنها تنتج عن خلل في السيالات العصبية.

تصنيف الصعوبات التعليمية:

في البداية يجب أن نعلم أنه ليس كل طفل يعاني من وجود مشاكل دراسية هو طفل يعاني من صعوبات بالتعلم، فهناك الكثير من الطلبة الذين يعانون من البطء في اكتساب بعض أنواع المهارات، ولأن النمو الطبيعي للأطفال يختلف من طفل لآخر، فأحيانا يكون ما يبدو أنه إعاقة تعليمية للطفل يظهر فيما بعد على أنه فقط بطأ في عملية النمو الطبيعية.

وهناك عدة أنواع من صعوبات التعلم، قد تكون موجودة بشكل انفرادي أو أكثر من واحدة منها، لها تصنيفات وتقسيمات متعددة، سنوجز بعضها للتوضيح وهي:

1- عسر القراءة - دسلكسيا (Dyslexia)

2- عسر الكتابة - دسجرافيا (Dysj صلى الـلـه عليه وسلم ap صلى الـلـه عليه وسلم hia)

3- عسر الكلام - ديسفيزيا (Dysphasia)

4- عسر الحساب - صعوبة إجراء العمليات الحسابية - دسكالكوليا (Dyscalculia)

5- خلل في التناسق – دسبراكسيا(Dysp صلى الـلـه عليه وسلم axia)

6- صعوبات التهجئة - ديسوروجرافي(Dyso صلى الـلـه عليه وسلم hog صلى الـلـه عليه وسلم aphly)

7- صعوبة التركيز Attention Deficit Diso صلى الـلـه عليه وسلم de صلى الـلـه عليه وسلم

8- فرط الحركة وقلة الانتباه Attention Deficit/Hype صلى الـلـه عليه وسلم activity Diso صلى الـلـه عليه وسلم de صلى الـلـه عليه وسلم

يمكن تصنيف الصعوبات التعليمية أيضا إلى مجموعتين وذلك اعتمادا على التعاريف المختلفة وهما:

(1) صعوبات التعلم النمائية:

تعريف صعوبات التعلم النمائية: يظهر هؤلاء الطلبة تباعدا واضحا بين أدائهم العقلي المتوقع كما يقاس باختبار الذكاء وأدائهم الفعلي كما يقاس بالاختبارات التحصيلية في مجال أو أكثر بالمقارنة بأقرانهم في نفس العمر الزمني والمستوى العقلي والصف الدراسي،

ويستثنى من هؤلاء الطلبة ذوو الإعاقات الحسية سواء كانت سمعيه أو بصرية أو حركيه وكذلك المتأخرين عقليا والمضطربين انفعاليا والمحرومين ثقافيا واقتصاديا. وتشمل هذه الصعوبات المهارات السابقة التي يحتاجها الطفل بهدف التحصيل في الجوانب الأكاديمية وتتمثل هذه الصعوبات النمائية فيما يلي:

أولا: الانتباه:

إن الانتباه هو قدرة الفرد على تركيز حواسه في مثير داخلي (فكرة أو أحساس) أو في مثير خارجي (شيء أو شخص أو موقف). ويلاحظ لدى هؤلاء الطلبة صعوبات في الانتباه بشكل عام.

ثانيا: صعوبات الذاكرة

التذكر هو قدرة الفرد على تنظيم الخبرات المتعلمة وتخزينها ثم استدعائها للاستفادة منها في موقف حياتي أو موقف اختباري. وتشتمل الذاكرة القدرة على الاحتفاظ بالمعلومات لاستخدامها فيما بعد، وقد لاحظ هاريس وسايبه (Ha صلى الله عليه وسلم صلى الله عليه وسلم is & Sipay 1985 ,) إن ضعف مهارات الذاكرة من أهم ميزات الأفراد الذين يعانون من صعوبات في القراءة، فهؤلاء الطلبة لا يستعملون استراتيجيات تلقائية للتذكر كما يكون أداؤهم في اختبارات الذاكرة قصيرة المدى في الغالب ضعيفاً.

وهناك ارتباط في كثير من الأحيان بين مشكلات الذاكرة التي يعاني منها ذوو صعوبات التعلم وبين العمليات البصرية والسمعية المختلفة، فقد تؤثر اضطرابات الذاكرة البصرية على القدرة على تذكر بعض الحروف والكلمات بينما تؤثر قدرة الذاكرة على تسلسل الأحداث وعلى ترتيب الحروف في الكلمة وعلى ترتيب الكلمات في الجملة، ومن ناحية أخرى فإن اضطرابات الذاكرة السمعية قد تؤثر على القدرة على تذكر أصوات الحروف وعلى القدرة على تجميع هذه الأصوات لتشكيل كلمات فيما بعد، وقد

يواجه الطلبة الذين يعانون من مشكلة في تتابع الأحداث المسموعة صعوبة في ترتيب أصوات الحروف، فقد يقوم هؤلاء الطلبة بتغيير ترتيب مقاطع الكلمة عندما يقرؤونها، وقد ينتج ضعف القدرة على استرجاع المعلومات من استراتيجيات الترميز غير الفاعلة، ومن التدريب أو ترتيب المعلومات، ومن كون المادة غير مألوفة أو من عدم الكفاءة في آلية استرجاع المعلومات المخزونة.

ثالثا: العجز في العمليات الإدراكية.

رابعا: اضطرابات التفكير.

خامسا: اضطرابات في اللغة الشفهية

(لها علاقة بفهم اللغة، تكامل اللغة الداخلية، والتعبير عن الأفكار بالكلام).

ونلاحظ أن كل هذه المهارات تعتبر مهارات سابقة ومهمة لعملية التعلم.

وسيتم في هذا الفصل التحدث عن تلك الصعوبات لدى الطلبة ذوي صعوبات التعلم، مع تقديم إرشادات لتحسين كل نوع.

(2) صعوبات التعلم الأكاديمية:

وتشمل:

أولا: الصعوبات الخاصة بالقراءة.

القراءة من أهم المهارات التي تعلم في المدرسة، وتؤدي الصعوبات في القراءة إلى فشل في كثير من المواد الأخرى في المنهاج، وحتى يستطيع الطالب تحقيق النجاح في أي مادة يجب عليه أن يكون قادراً على القراءة، وهناك عدد من المهارات المختلفة التي تعتبر ضرورية لزيادة فاعلية القراءة، وتقسم هذه المهارات إلى قسمين:

- تمييز الكلمات
- مهارات الاستيعاب.

وكلا النوعين ضروريان في عملية تعلم القراءة، ومن المهم في تدريس هاتين المهارتين أن لا يتم تدريسها عن طريق المحاضرة بل لابد من تدريب الطالب عليها من خلال نصوص مناسبة بالنسبة له، مما يساعد الطالب على تجزئة المادة وربط أجزائها ببعضها البعض.

ثانيا: الصعوبات الخاصة بالكتابة.

لقد سميت صعوبات الكتابة باسم قصور التصوير"Dysg صلى الـلـه عليه وسلم "aphiaأو عدم الانسجام بين البصر والحركة، فقد لا يستطيع بعض الأطفال الذين يعانون من اضطراب كتابية مسك القلم بشكل صحيح، وقد يواجه آخرون صعوبة في كتابة بعض الحروف فقط، وقد تعزى هذه الصعوبات إلى اضطراب في تحديد الاتجاه أو صعوبات أخرى تتعلق بالدافعية.

وتحتل الكتابة المركز الأعلى في هرم تعلم المهارات والقدرات اللغوية، حيث تسبقها في الاكتساب مهارات الاستيعاب والتحدث والقراءة، وإذا ما واجه الطفل صعوبة في اكتساب المهارات الثلاث الأولى فإنه في الغالب سيواجه صعوبة في تعلم الكتابة أيضاً.

ثالثا: الصعوبات الخاصة بالتهجئة والتعبير الكتابي.

يعتمد التعبير الكتابي باعتباره من أعلى أشكال التواصل على تطور القدرات والمهارات في جميع جوانب اللغة الأخرى بما في ذلك التكلم والقراءة والخط اليدوي والتهجئة واستخدام علامات الترقيم والاستخدام السليم للمفردات وإتقان القواعد، وفي ضوء هذه التعقيدات ليس من الغريب أن يواجه الطلبة الذين يعانون من صعوبات في التعلم صعوبة في التعبير الكتابي كوسيلة فاعلة للتواصل.

أما التهجئة فتعتبر التهجئة مؤشراً على وجود اضطرا بات لغوية أكثر دقة من وجود مشكلات في القراءة وذلك لعدم وجود طرق تساعد على التغلب على مشكلات

التهجئة - يقول ليرنر Lea صلى الـلـه عليه وسلم ne صلى الـلـه عليه وسلم - 1985, إن بوسع الطلبة الإفادة من السياق والتركيب اللغوي في التغلب على بعض صعوبات القراءة، ولكن ليس هناك ما يساعد على التغلب على مشكلات التهجئة، وفي الواقع، تتطلب عملية التهجئة من الطالب القدرة على تمييز واستذكار وإعادة إنتاج مجموعة من الحروف بترتيب معين.

رابعا: الصعوبات الخاصة بالحساب.

الفرق بين الطلبة ذوي صعوبات التعلم وبطيء التعلم والمتأخرين دراسيا:

بعد أن تعرفنا على مفهوم صعوبات التعلم وأسباب حدوث الصعوبات التعليمية، فيبقى أن نميز بين مفهوم صعوبات التعلم، وبعض المشكلات الدراسية التي تقترب في تعريفها من هذا المفهوم، ويؤدي إلى أن يخلط البعض بين الطلبة ذوي صعوبات التعلم وهذين المفهومين.

ولنبدأ ببطئ التعلم: فهؤلاء الطلبة هم الذين يعانون من عدم القدرة على مجاراة الآخرين تعليمياً أو تحصيلياً ويعود ذلك لأسباب سيكولوجية أو اجتماعية أو عقلية، ويتراوح ذكائهم من (70 ـ 85) ويتأخرون صفاً أو صفين دراسياً لمن هو في عمرهم الزمني، وبحاجة إلى خطة علاجية متكاملة لمجاراة الآخرين تحصيلياً.

أما الطلبة الذين لديهم تأخر دراسي فهم أولئك الطلبة الذين يعانون من عدم القدرة على مجاراة زملائهم في جميع المواد مع إهمال واضح، أو لديهم مشكلة صحية مع عدم وجود دافعية للتعلم، ويتراوح ذكائهم من (85 ـ ما فوق) كما أن لديهم سلوكيات غير مرغوبة أو إحباط دائم من تكرار تجارب فاشلة ويتطلب دراسة حالتهم من قبل المرشد. إن للتأخر الدراسي معاني مختلفة، ويرجع اختلاف المعاني إلى اختلاف المحكات التي يستخدمها العلماء في تعريفهم للذكاء، فبعضهم يستخدم محك الذكاء ومن خلاله يعرفون التأخر الدراسي بأنه: الطالب الذي تنخفض نسبة ذكائه عن المتوسط بحيث

تنحصر الدرجة ما بين (70 إلى 85) درجة، وأصحاب هذا التعريف يستندون إلى النظرة القديمة والتي ترى أن الذكاء هو القدرة الوحيدة المهيمنة على نشاط الفرد، كما أنهم يرون أن أول اختبار للذكاء (مقياس بينيه) كان هدفه الأساسي هو التعرف إلى الطلبة الذين لا يسايرون زملائهم في المدرسة العادية.

ومن التعريفات التي تستند على هذا المحك: أن الطالب المتأخر دراسيا هو الذي لا يساير أقرانه في التحصيل الدراسي ويرسب في أكثر من مادة، كما يصفه معلمه بأنه متأخر دراسيا، وتعريف آخر يرى: أن الطالب المتأخر دراسيا هو الذي يقل تحصيله عن مستوى زملائه في نفس العمر الزمني، وتعريف ثالث يرى أن الطالب المتأخر دراسيا هو الذي يحصل على أقل من 50 % في الاختبار النهائي. إن الطالب المتأخر دراسيا عموما هو من يتمتع بمستوى ذكاء عادي وتكون لديه قدرات تؤهله للنجاح في مجالات الحياة، ورغم ذلك يخفق في الوصول إلى مستوى تحصيل دراسي يتناسب مع قدراته أو قدرات أقرانه، وقد يرسب عاما أو أكثر في مادة أو أكثر ومن ثم فهو يحتاج إلى مساعدات و برامج علاجية خاصة.

وهناك أنواع للتأخر الدراسي ومنها:

1- تأخر دراسي عام: أي في جميع المواد الدراسية، وهذا مرتبط بنسبة ذكائه حيث تتراوح نسبة ذكائه ما بين (70-85) درجة.

2- تأخر دراسي خاص: ويعني تأخر في مادة أو مواد معينة.

3- تأخر طائفي: أي تأخر في مجموعة مواد ترتبط بمجال دراسي معين كاللغات أو العلوم ...الخ.

4- تأخر دراسي موقفي: الذي يرتبط بمواقف معينة يقل فيها التحصيل الدراسي بسبب خبرات سيئة.

5- تأخر دراسي حقيقي (خلقي): ويرتبط بنقص الذكاء.

6- تأخر دراسي ظاهري (وظيفي): وهو تأخر دراسي زائف، أي يرجع إلى أسباب غير عقلية ويمكن معالجته.

وقد يظهر التأخر الدراسي لأسباب عديدة ولعل من أهمها:

أولاً: أسباب خلقية (وراثية)

وتعود إلى قصور أو خطأ في نمو الجهاز العصبي أو العقلي أو العمليات العقلية المرتبطة بها، ويرجع بعض العلماء هذا القصور إلى:

1- عوامل ما قبل الميلاد: وتشمل ما يأتي

- إصابة الأم بالأمراض التي تنتقل إلى الجنين خاصة في الثلث الأول من الحمل (من الأسبوع الثامن إلى الرابع عشر).
- حالات التسمم المختلفة، مثل حالات تسمم الجمل، حالات تسمم الأم جراء تناولها لبعض الأدوية خاصة التي تحتوي على مركبات الارجوان و الكينيين، حامل العامل (صلى الـلـه عليه وسلم H)، بمعنى اختلاف فصيلة الدم بين الأم والجنين.
- إصابات الدماغ بفعل عوامل مادية أو ميكانيكية وتشتمل: التعرض للأشعة أثناء الحمل، اختناق الجنين، الإصابات أثناء العمل مثل حوادث السيارات و السقوط من أماكن مرتفعه.
- اضطرابات التمثيل الغذائي.

2- عوامل أثناء الولادة: وتشتمل ما يأتي

- اختناق الجنين أو الإصابات التي تحدث بواسطة أجهزة الولادة وكذلك المضاعفات أثناء عملية الوضع مثل حالات النزيف الشديد.

3- عوامل بعد الولادة: وتشتمل ما يأتي

- التهاب المخ، أورام المخ، إصابات المخ الناتجة عن التسمم بمخلفات المحروقات، وحالات التسمم بعد أخذ الحقن أو التطعيم.

- بالإضافة إلى الأسباب الأخرى مثل ضعف السمع والبصر واضطرابات الكلام ... وغيرها.

ثانياً: أسباب وظيفية (بيئية):

ومن أهمها نذكر ما يأتي

أ - أسباب خاصة بالأسرة، وتشتمل على:

اضطراب العلاقة بين الزوجين، وقسوة الوالدين في معاملة الطالب والحد من حريته وعدم تشجيعه على التفاعل مع الآخرين، وشعور الطالب بالإهمال والنبذ من الوالدين، وعدم احترام آراء الطالب والسخرية منها ومحاولة منعها، وكثرة عقابه دون مبرر، وتذبذب الوالدين في معاملته وعدم اتفاقهم على أسلوب معين في معاملته، والتفرقة بين الأبناء في المعاملة، ونعته بصفات سلبية، وكثرة عدد الأبناء وضيق المسكن، وانخفاض المستوى الاجتماعي والاقتصادي للأسرة، وانشغال الوالدين عن الطالب، وانتشار الأمية بين الآباء والأمهات وانخفاض المستوى الثقافي للأسرة، وإرغامه على الدراسة دون مراعاة لميوله أو مواهبه، وعدم تنظيم وقت الطالب وتركه ينشغل بأمور غير الدراسة، وتكليفه بأعمال منزلية كثيرة وكثرة غيابه عن المدرسة.

ب- أسباب خاصة بالمدرسة: وتشتمل ما يأتي

قسوة المعلمين في تعاملهم مع الطلبة، وازدحام الفصول بالطلبة، وعدم ترغيب الطلبة في المادة الدراسية، وكثرة استخدام المعلمين للتهديدات والتحذيرات والإنذارات والتهكم، وافتقار المعلم إلى الطرق السوية في التعامل مع الطلبة وعدم قدرته على

تكوين علاقات حميمة معهم، وعدم شرح المعلم للدرس جيدا واعتماده على أسلوب التلقين، وتفرقة المعلم في تعامله مع الطلبة وكثرة المقارنة بينهم، وكثرة تكليف الطلبة بالواجبات المدرسية بما لا يتناسب مع قدراتهم وعقابهم على عدم إتمامها، وصعوبة المادة الدراسية وتعقدها وحشوها بمواد غير ضرورية وغير مرتبطة بحياة الطلبة مما ينفرهم من عملية التعليم، وعدم توافر الأفنية المناسبة لممارسة الرياضية، وكره الطالب لبعض المعلمين لسوء معاملتهم لهم مما يؤدي لكره المادة التي يدرسها، واعتماد إدارة المدرسة على التصلب والقسوة في تعاملها مع الطلبة وعدم تكوين علاقات طيبة معهم، وتأثير الأقران من حيث السخرية من الطالب والمنافسة غير المتكافئة معه.

ج- أسباب خاصة بالطالب: وتشتمل ما يأتي

انخفاض الدافعية نحو التعليم، وعدم تنفيذ الواجبات المدرسية، وعدم مذاكرة الدروس، وكثرة الغياب، والاتجاه السالب نحو المواد ونحو بعض المعلمين، وانشغاله بأمور غير الدراسة، والاستخفاف بالمواد الدراسية، والعادات الدراسية السيئة، والأمراض الطارئة، والحالة النفسية للتلميذ والتي تتسم بالاضطراب أو الإحباط أو عدم الاتزان الانفعالي والقلق وعدم تنظيم مواعيد النوم والدراسة وسوء التوافق العام وضعف الثقة في النفس ... وما إلى ذلك من الأمور الخاصة بالطالب والتي لها آثار سلبية على تحصيله.

ملاحظة: تلاحظ عزيزي القارئ أن أسباب التأخر الدراسي تقترب من أسباب صعوبات التعلم في بعضها، ولكن رغم ذلك فإن الاختلاف الأكبر في الأسباب أن صعوبات التعلم يكون لدى الفرد خلل في الدماغ.

وفيما يلي جدولا يوضح أهم الفروق التي تظهر بين الطلبة ذوي صعوبات التعلم وغيرهم من الفئات.

الجوانب	صعوبات التعلم	بطيئو التعلم	المتأخرين دراسياً
التحصيل الدراسي	منخفض في المواد التي تحوي مهارات تعلم أساسية	منخفض في جميع في جميع المواد بشكل عام، ومع عدم قدرة على الاستيعاب	منخفض في جميع المواد مع إهمال واضح أو مشكلة صحية.
سبب التدني	اضطراب في العمليات الذهنية (الانتباه، التركيز، الذاكرة، الإدراك)	انخفاض معامل الذكاء	عدم وجود دافعية للتعلم: إهمال المنزل، ومشاكل صحية، الحرمان البيئي.
معامل الذكاء	عادي أو مرتفع معامل الذكاء من (85) فما فوق على اختبار فردي مقنن على البيئة المحلية.	يعد ضمن الفئة الحدية معامل الذكاء من 70-84 على اختبار فردي مقنن على البيئة المحلية.	عادي غالباً، معامل الذكاء (85) فما فوق على اختبار فردي مقنن على البيئة المحلية.
المظاهر السلوكية	عادي وقد يصحبه نشاط زائد	يصاحبه غالباً مشاكل في السلوك التكيفي (مهارات الحياة اليومية - التعامل مع الأقران - التعامل مع مواقف الحياة اليومية)	مرتبط عادة بسلوكيات غير مرغوبة أو إحباط دائم من تكرار تجارب الفشل.
الخدمة المقدمة لهذه الفئة	برامج صعوبات التعلم والاستفادة من أسلوب التدريس الفردي	الفصل العادي مع بعض التعديلات في المنهج	دراسة حالة من قبل المرشد بالمدرسة والاستعانة بمن يفيد في تعديل وضع الحالة.

مفهوم الدسلكسيا:

يخلط البعض بين صعوبات التعلم الدسلكسيا، لذلك أحببنا التحدث قليلا عن هذا المفهوم، حيث تعد الدسلكسيا جزء من الدسلكسيا.

الدسلكسيا كلمة يونانية وتعني عسر القراءة، وسببها خلل في تركيبة المخ الذي يتعامل مع تحليل اللغة ويؤثر على المهارات المطلوبة للتعلم سواء في القراءة أو الكتابة أو الإملاء، إن نسبة الطلبة الذين يعانون من الدسلكسيا حوالي 10% من عدد السكان بمعنى أن كل (100) شخص بينهم عشرة أشخاص يعانون من الدسلكسيا فالمدرسة التي تحوي (400) طالبا بينهم (40) طالبا يعانون من الدسلكسيا وهي نسبة مرتفعة جدا، وإذا ما نظرنا إلى الخدمات التي تقدمها لهم المدارس نجد أنها خدمات قليلة لا تفي بالغرض مع جهل أكثر المعلمين بهذه الصعوبة وبعضهم يعامل التلاميذ بكل خشونة.

تعريف الجمعية البريطانية للدسلكسيا (2003) بأن الدسلكسيا خليط من القدرات والصعوبات الموجودة عند الأفراد والتي تؤثر على عملية التعلم في واحدة أو أكثر من مهارات القراءة والكتابة والهجاء، وربما تكون هناك صعوبات أخرى مصاحبة ولا سيما فيما يتعلق بعمليات التعامل مع المعلومات والذاكرة قصيرة الأجل، والتتابع والإدراك البصري والسمعي للمعلومات واللغة المنطوقة والمهارات الحركية، وللصعوبات الخاصة بعسر القراءة علاقة باستخدام وإتقان اللغة المكتوبة وقد تظهر أيضا في استخدام الحروف الألفبائية والأرقام والنوتة الموسيقية.

ويمكن التعرف على الطالب المصاب بالدسلكسيا من خلال مظاهر عدة ويمكن أن يكون أبرزها:

1- يخلط الطالب الكلمات والحروف الأرقام فيكتب مثلا (51-15)، ولديه تأخر في النطق.

2- لديه صعوبة في تنفيذ بعض المهام الروتينية كلبس الملابس أو ربط الحذاء أو لبس الحذاء الأيسر مكان الأيمن وغير ذلك

3- يعاني المصاب بالديسلكسيا من صعوبة في التآزر الحركي كأن يقع من يده الشيء مثل أن يحمل كأسا من الماء فيقع من يده.

4- يلاحظ أن المصاب بالدسلكسيا عندما تخاطبه لا يرد عليك كأنه أصم لا يسمع.

5- التأخر أو عدم الكلام بوضوح أو خلط الكلمات أو الجمل .

6- صعوبة التنسيق فيما يقوم به من أعمال مثل مسك الكرات أو تنطيطها أو رميها بصورة عادية .

7- صعوبة التركيز عند الاستماع للقصص أو عندما يقرأ لهم من قصص .

8- حالات عائلية سابقة مشابهة .

هذا وينبغي التنبه إلى شيئين في هذه الملاحظات وهما:

1- ليس من الضرورة أن تنطبق كل الملاحظات السابقة على الطالب المصاب بل بعضها.

2- كما أنه ليس من الضرورة أن الطالب الذي يعاني من شيء منها أو جميعها أنه مصاب بالدسلكسيا. وليس بمقدور الشخص العادي أن يحدد أن هذا الطالب مصاب بالدسلكسيا أم لا إنما الذي يستطيع ذلك هو المختص بصعوبات التعلم أو المرشد النفسي بعد تطبيق الاختبارات الخاصة بذلك

الدلالات على أن الطالب يعاني من الدسلكسيا حتى عمر (9) سنوات:

1- صعوبة خاصة في تعلم القراءة والكتابة والتهجئة .

2- تكرار واستمرار التبدل في الأرقام مثل 15 لرقم 51 أو ج بحرف خ.

3- صعوبة تحديد الاتجاه يمينا أو شمالا .

4- صعوبة تعلم حروف الهجاء، و جداول الضرب وتذكر الأشياء المتتالية مثل أيام الأسبوع والأشهر .

5- استمرار صعوبة ربط الأحذية ومسك الكرة أو رميها .

6- صعوبة التركيز والمتابعة .

7- صعوبة تنفيذ ومتابعة التعليمات سواء كتابة أو قراءة .

8- التذمر المؤدي إلى مشاكل سلوكية .

الدلالات على أن الطالب يعاني من الدسلكسيا ما بين (9 -12) سنة ومنها:

1- استمرار الأخطاء في القراءة .

2- أخطاء إملائية غريبة كنسيان حروف من كلمات أو وضع الحروف في غير مكانها .

3- يحتاج إلى وقت أكثر من المتوسط في الكتابة .

4- غير منظم في المدرسة والبيت .

5- صعوبة نقل وكتابة المعلومات من السبورة في الفصل أو من الكتاب بصورة دقيقة .

6- صعوبة في تذكر أو تحليل التعليمات الشفهية وفهمها .

7- يزداد ضعف الثقة بالنفس المؤدية إلى زيادة التذمر .

الدلالات على أن الطالب يعاني من الدسلكسيا في عمر أكبر من (12) سنة :

1- استمرارية القراءة بصورة غير دقيقة أو بتعابير ملائمة .

2- أخطاء إملائية متكررة لكن بصور مختلفة .

3- صعوبة التخطيط وكتابة المواضيع .

4- حصول التخبط في تلقي التعليمات الشفوية أو الأرقام الهاتفية .

5- الصعوبة الشديدة في تعلم اللغة الأجنبية .

6- قلة المثابرة وقلة الثقة بالنفس .

وهناك العديد من الحقائق العلمية عن الديسلكسيا ومن أهمها:

- لا علاقة للدسلكسيا بمستوى الذكاء لدى الطالب.

- الديسلكسيا ناتجة عن خلل في المخ.

- معظم حالات الديسلكسيا وراثية.

- أنها تصيب الأولاد أكثر مما تصيب البنات.

- يعمل استخدام الكمبيوتر على الرفع من القدرات الإملائية والكتابية لدى المصاب

- لا يوجد دواء أو شفاء لهذه الإعاقة تماما.

- لا بد من الصبر وسعة الصدر لمن يتعامل مع هؤلاء المصابين.

- إعطاء الوقت الكافي للأطفال المصابين لأداء واجباتهم المدرسية واختباراتهم.

- تقوية ثقة هؤلاء الطلبة بأنفسهم

- توعية الآباء والأمهات والمعلمين والمعلمات والمرشد بحالة من يعاني من الدسلكسيا وذلك بعدم القسوة عليه دون معرفة ظروفه وسبب تصرفاته الغريبة.

2

الفصل الثاني

الإرشاد والتوجيه

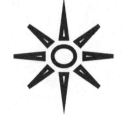

المواضيع التي يتضمنها الفصل:

- ➤ المقدمة
- ➤ ما بين التوجيه والإرشاد
- ➤ أهداف الإرشاد
- ➤ خصائص المرشد الشخصية والمهنية
- ➤ مناهج الإرشاد النمائي والوقائي والعلاجي

الفصل الثاني

الإرشاد والتوجيـه

المقدمة:

يتناول هذا الفصل فكرة موجزة عن تعريف الإرشاد وتطوره وأهميته، وأهدافه، ويميز بين التوجيه والإرشاد، ويتناول كذلك بالتفصيل الخصائص التي يفترض أن يتمتع بها المرشد من الناحية الشخصية والمهنية حتى يكون مرشدا ناجحا، وأخيرا يتناول المناهج الثلاثة التي تخص العمل الإرشادي وهي المنهج النمائي والوقائي والعلاجي، والتي لا بد للمرشد من العمل بها جميعا مع طلبة صعوبات التعلم.

ما بين التوجيه والإرشاد:

في البداية لا بد من استعراض العلاقة التي تربط التوجيه والإرشاد وتطورها عبر الزمن فيما يلي:

تطور الإرشاد إلى تخصص يشمل التوجيه:

- تأسس المكتب المهني على يد بارسونز في الولايات المتحدة الأمريكية، واهتم المكتب المهني بحل مشاكل البطالة عند الشباب، وذلك بتقديم بارسونز مصطلح (التوجيه المهني) إلى مجال الإرشاد والتوجيه.

- توحدت الرابطة الوطنية للتوجيه المهني عام 1951م مع ثلاث منظمات أخرى.

- تغير مسمى الرابطة الأمريكية لعلم النفس من (قسم التوجيه والإرشاد) إلى (قسم الإرشاد).

- انتقل الإرشاد من (الإرشاد الشخصي الكلي) إلى (الرابطة الوطنية للإرشاد والتنمية).

- غيرت (الرابطة الوطنية للتوجيه المهني) مسماها إلى (الرابطة الوطنية للتنمية المهنية).

والآن سيتم استعراض مفهوم التوجيه والإرشاد والخدمات التي تشمل كل منهما:

مفهوم التوجيه:

التوجيه: مجموعة من الخدمات النفسية التي تقدم للأفراد في حياتهم العملية، لمساعدتهم على الاختيار الأنسب في كافة المجالات التي تهمهم، كالمجال المهني الأسري والتربوي. وعرفه محروس الشناوي بأنه: المساعدة التي تقدم للأفراد، لاختيار ما يناسبهم على أسس سليمة، في المجالات المختلفة في الحياة. ويعرف بأنه: هو مجموعة من الخدمات النفسية المقدمة في مجال من المجالات التي يحتاج إليها الفرد، وذلك بشكل جماعي على الأغلب.

مفهوم الإرشاد:

إن أغلب التعريفات الحديثة للعملية الإرشادية ركزت علي الجانب المهني المنظم الذي يتناول الحاجات الإنسانية للفرد، مع الاهتمام بالناحية الوقائية والنمائية والعلاجية، ومن بين هذه التعريفات، ما يلي:

عرفت رابطة علماء النفس الأمريكية للإرشاد APA (1987) الإرشاد بأنه "مجموعة الخدمات التي يقدمها أخصائيو الإرشاد الذين يعتمدون في تدخلهم على مبادئ ومناهج وإجراءات لتسيير سلوك الإنسان بطريقة إيجابية وفاعلة خلال مراحل نموه المختلفة، ويقوم الأخصائي بممارسة عمله مؤكدا على الجوانب الإيجابية للنمو والتوافق

من منظور إنمائي، وأن هذه الخدمات تهدف إلى مساعدة الأفراد على اكتساب المهارات الشخصية والاجتماعية وتحسين توافقهم لمطالب الحياة المتغيرة، وتعزيز مهاراتهم للتعامل مع البيئة المحيطة بهم، واكتساب المهارات والقدرة على حل المشكلات واتخاذ القرارات". ويعرف باترسون (Pette صلى الله عليه وسلم son) الإرشاد أنه: عملية تتضمن مقابلة في مكان خاص يستمع فيها المرشد ويحاول فهم المسترشد ومعرفة ما يمكنه تغييره في سلوكه بطريقة أو أخرى يختارها ويقرها المسترشد ويجب أن يكون يعان من مشكلة ويكون لدى المرشد المهارة والخبرة للعمل مع المسترشد للوصول إلى حل المشكلة.

كما يعرفه حامد زهران بأنه: "عملية بناءة تهدف إلى مساعدة الفرد لكي يفهم ذاته ويدرس شخصيته ويعرف خبراته ويحدد مشكلاته وينمي إمكاناته ويحل مشكلاته، في ضوء معرفته ورغبته وتعليمه وتدريبه، لكي يصل إلى تحديد وتحقيق أهدافه وتحقيق الصحة النفسية والتوافق شخصياً وتربوياً ومهنياً وأسرياً وزواجياً". وهكذا يعبر مصطلحا التوجيه والإرشاد عن معنى مشترك، فكلاهما يتضمن من حيث المعنى الحرفي، الترشيد والتوعية والإصلاح وتقديم الخدمة والمساعدة، والتغيير السلوكي إلى أفضل، وكل من التوجيه والإرشاد مترابطان، وهما وجهان لعملة واحدة، فكلاهما يكمل أحدهما الآخر.

أهداف الإرشاد:

وفيما يلي نستعرض لأهم أهداف الإرشاد:

أولا: تحقيق الذات Self - actualization

إن الذات تتشكل منذ الطفولة وعبر مراحل النمو المختلفة، وفي ضوء محددات معينة، حيث يكتسب الفرد خلالها وبصورة تدريجية فكرته عن نفسه، أي أن الأفكار والمشاعر التي يكونها الفرد عن نفسه، ويصف بها ذاته، هي نتاج أنماط التنشئة الاجتماعية،

والتفاعل الاجتماعي وأساليب التعزيز والعقاب، واتجاهات الوالدين، وخبرات انفعالية واجتماعية يمر بها الفرد مثل الوضع الاقتصادي والاجتماعي للأسرة والنجاح والفشل، ويشكل الفرد، مفهوم ذاته من خلال الخبرات التي يمر بها في مراحل تطوره المختلفة. فهي متطورة ومتغيرة تبعاً لتغيرات خبرات الفرد، ومواقفه في فترات زمنية مختلفة، وبذلك قد يختلف مفهوم الفرد لذاته في مرحلة زمنية معينة، عن مفهومه لها في مرحلة زمنية أخرى، وذلك لاختلاف الخبرات والمواقف التي يمر بها الفرد.

وأثناء تحقيق الذات يعمل المرشد على مساعدة الفرد في الوصول إلى درجة يستطيع فيها أن ينظر فيها إلى نفسه فيرضى عنها، فالإرشاد يهدف إلى العمل على نمو مفهوم موجب للذات positive self - concept يحدث من خلاله تطابق مفهوم الذات الواقعي (أي المفهوم المدرك للذات الواقعية كما يعبر عنه الشخص) مع مفهوم الذات المثالي (أي المفهوم المدرك للذات المثالية كما يعبر عنه الشخص)

كما أن هناك هدف بعيد هو توجيه الذات self -guidance أو إرشاد الذات: أي تحقيق قدرة الفرد على توجيه حياته بنفسه بذكاء وبصيرة وكفاية في حدود المعايير الاجتماعية، وتحديد أهداف للحياة وفلسفة واقعية لتحقيق هذه الأهداف، ويعمم هذا الهدف تحت عنوان "تسهيل النمو العادي" وهو: النمو السوي الذي يضمن التحسن والتقدم وليس مجرد التغيير. إن تحقيق الذات بالعموم يتطلب فهم الذات وكشف الذات والوعي بالذات وتقبلها وتنميتها حتى يصبح الفرد كامل الكفاية والفعالية.

ثانيا: تحقيق التوافق Adjustment

التوافق: لا يعني الخلو التام من الأمراض والاضطرابات النفسية والسلوكية، بقدر ما يعني الخلو النسبي من هذه الأمراض والاضطرابات، كما تجمع أيضا في أن التوافق عملية مستمرة باستمرار الحياة لدى الفرد، حيث يحاول الفرد على الدوام تحقيق أكبر قدر من التوافق، وإن كان يختلف في ذلك من مرحلة إلى أخرى ومن بيئة إلى أخرى.

ويتضمن مفهوم التوافق أو التكيف بشكل عام عدة معان ومنها:

1- التوافق البيولوجي: يشير لورانس وشوبين في هذا المجال أن الكائنات الحية تميل إلى تغيير أوجه نشاطها في استجابتها للظروف المتغيرة في بيئاتها، كما يرى دارون أن الكائن الحي القادر على التلاؤم مع شروط البيئة الطبيعية المتغيرة يستطيع الاستمرار والبقاء، أما الذي يفشل في التكيف فمصيره الفناء، ومن مظاهر التكيف البيولوجي لدى الإنسان ارتداؤه لنوع معين من الملابس، وذلك بهدف التلاؤم مع شروط البيئة الطبيعية.

2- التوافق الاجتماعي: يرى روش صلى الله عليه وسلم ush الشخص المتوافق هو الذي يسلك وفقاً للأساليب الثقافية السائدة في مجتمعه، فالتوافق عبارة عن: عملية تغيرات في التنظيم الاجتماعي، فالجماعة تسهم في تحقيق البقاء وإنجاز الهدف الذي يسعى إليه الكائن العضوي.

3- التوافق النفسي والشخصي: هو تلك العملية المستمرة التي يهدف بها الفرد إلى تغيير سلوكه، أو بنائه النفسي؛ ليحدث علاقة أكثر ايجابية بينه وبين نفسه من جهة وبينه وبين بيئته من جهة أخرى.

وهناك أشكال أخرى متعددة من التوافق ومن أهمها: التوافق الزواجي والأسري، والتوافق المهني، التوافق التحصيلي التربوي.

ثالثا: تحقيق الصحة النفسية Mental health

الصحة النفسية هي الهدف العام الشامل للإرشاد، ويرتبط بتحقيق الصحة النفسية: حل مشكلات المسترشد أي مساعدته لحلها بنفسه.

ويطرح علم النفس الفردي تعريفا للصحة النفسية يشير من خلاله أن الصحة النفسية تمثل السلوك النافع للمجتمع. وقد نظر آدلر لتصرفات الفرد من منظور المستقبل

47

البعيد لجماعة مستقبلية مثالية وقاسها عليه. إلا أنه عندما يهتم الإنسان الآن بالآخرين على أساس التساوي بينهم والتعاون، يمكن اعتباره من وجهة نظر علم النفس الفردي قد شفي.

وتوجد ثلاثة مجالات حياتية تعبر الصحة النفسية عن نفسها من خلالها. وهذه المجالات هي:

1- الحب والشراكة

2- العمل والمهنة

3- المجتمع والصداقة

والشرطين الأول والثاني يمثلان معيار فرويد في الصحة النفسية المتمثل في أن الإنسان السليم هو القادر على الحب والعمل، حيث تلعب القدرة على الإنجاز في كلا الاتجاهين. ويذكرنا في الشرط الثالث بالمسلمة القائلة: "إن الإنسان عبارة عن مخلوق اجتماعي بالدرجة الأولى". ومن خلال الإجابة عن المهمات الحياتية الثلاثة أعلاه يتجلى "الشعور الجماعي".

ويتضمن تحقيق مهمات الحياة الثلاثة أكثر من مجرد الحصول على المال من خلال المهنة والزواج والانتساب إلى جمعية أو اتحاد. فحسب آدلر لا يمكن اعتبار الإنسان سليماً نفسياً إلا عندما يتناسب طموحه مع سعادة المجتمع ويلتزم أخلاقياً بتحقيق عالم أكثر إنسانية. وقد حدد آدلر هدفاً للتربية، يعتبر كذلك هدفاً للعلاج القائم على علم النفس الفردي يتمثل في: "نريد أن نكون مساهمين متساويين ومستقلين ومسؤولين في الحضارة". وفي هذا إقرار بالمساعدة المتبادلة والتضامن والمساواة وكل القيم الأخرى، التي تقوم عليها الطبقة الوسطى والاشتراكية الليبيرالية.

رابعا: تحسين العملية التربوية

من أهم أهداف الإرشاد تحسين العملية التربوية ويكون ذلك من خلال:

1- إثارة الدافعية وتشجيع الرغبة في التحصيل واستخدام الثواب والتعزيز.

2- عمل حساب الفروق الفردية.

3- إعطاء كم مناسب من المعلومات الأكاديمية والمهنية والاجتماعية تفيد في معرفة الطالب لذاته.

4- تعليم الطلبة مهارات المذاكرة والتحصيل السليم.

ومن المسلم به أن هذه الأهداف الأربعة ليست هي الأهداف الوحيدة التي يعمل الإرشاد على تحقيقها ولكنها الأهم.

خصائص المرشد الشخصية والمهنية:

يمكن الإشارة إلى خصائص المرشد من جانبين كما يلي:

أولا: فيما يتعلق بالخصائص الشخصية

ويقصد بها الجانب الشخصي الذي من المفترض أن يمتلكها الشخص الذي سيعمل كأخصائي نفسي أو مرشد، وهي لا بد أن تكون متوافرة في معظمها لدى المرشد قبل دراسته للإرشاد، ولكن يمكن تنميتها وتطويرها لدى المرشد. ومن أهم هذه الخصائص الشخصية:

• القدرة على إقامة علاقات دافئة مع الآخرين ولديه القدرة على تطوير هذه العلاقات وإنهائها في حالة الضرورة.

• يتحلى بصفات مثل الصبر والصدق والإخلاص وخاصة عند التعامل مع الآخرين فلا يطلق أحكاما ولا يستعجل النتائج.

• النضج الانفعالي: بمعنى لديه القدرة على التعامل مع انفعالاته والتعبير عنها بما يناسب الموقف وبما لا يؤذي الآخرين.

- حسن الاستماع: فهو يستمع للآخرين ولا يقاطع ولا يتذمر من حديثهم ولا يهتم باصطياد الأخطاء أثناء حديثهم فهو يستمع من أجل الفهم والدعم والتواصل وليس من أجل الحكم والانتقاد.

- يحترم نفسه، ويقدم المساعدة للآخرين ويتقبلها من قبل الآخرين، إنهم لا يعزلون أنفسهم عن الآخرين.

- لديه الإحساس بالمرح والدعابة فلا ينسى أن يضحك وخصوصا في نقاط ضعفه وتناقضه.

- بشكل عام يعيش في الحاضر ولا يستسلم للماضي ولا يركز على المستقبل، ولديه القدرة على أن يختبر الآن ويعيش في الحاضر مع الآخرين، وهو منفتح على خبراته الانفعالية في اللحظة الحاضرة.

- يقدر تأثير الثقافة ويحترم وجهات الاختلاف في اعتناق القيم من ثقافة لأخرى.

- يتخذ القرارات التي تشكل حياته، فهو على وعي بالقرارات الخاصة التي تهمه، وهو ليس ضحية قرارات يتخذها الآخرون عنه.

- منخرط بعمله ويخرج بمعنى منه، وبنفس الوقت فهو ليس عبدا للعمل فلديه اهتمامات أخرى وأهداف يطمح لإنجازها.

ثانيا: فيما يتعلق بالخصائص المهنية

ويقصد بها الجوانب المهنية الحرفية التي لابد للمرشد أو الإرشاد من تعلمها في الإرشاد، ويفترض أن يتقنها قبل عمله في الحقل الإرشادي.

ولابد من العمل على إقامة علاقة مع المسترشد: العلاقة المهنية (علاقة لا صداقة) علاقة تحكمها وتحددها معايير المجتمع وقوانينه ومعتقداته وقوانين المهنة وأسسها

ويجب أن تكون تلك العلاقة علاقة نزيهة ذات هدف إرشادي، وأن يكون المرشد معدا إعدادا علميا ومهنيا.

كما يمكن الإشارة إلى كفايات المرشد الفعال ومواصفاته: حتى يكون المرشد ناجحاً حيث يتوقع منه أن يكون قادراً على:

1- إعداد برنامج إرشادي

2- تحقيق أهداف البرنامج الإرشادي

3- إدارة الجلسة الإرشادية

4- تكوين الثقة المتبادلة بين المرشد والمسترشد

5- المساعدة في اتخاذ القرارات السلبية

6- تفهم السلوك الاجتماعي.

إضافة إلى الإشارة للجوانب المكونة كفاية المرشد، فهناك من يتحدث عن مواصفات يجب توافرها في المرشد وشخصيته، وفيما يلي سنحدد المواصفات الآتية للمرشد والممثلة فيما يلي:

أولا: معرفة المرشد لذاته Self - knowledge: المعرفة الجيدة للذات تتضمن:

- وعي المرشد لحاجاته وانفعالاته.
- التعرف على مصادر توتره في أثناء عملية الإرشاد، ومحاولة التغلب عليها ومعالجتها.
- التعرف على جوانب قوته وضعفه.

ثانيا: الكفاءة Competence

تعني الكفاءة امتلاك المرشد لمجموعة من المواصفات التي تجعله شخصا ًمفيداً في مساعدة الآخرين، ويمتلك مواصفات عقلية واجتماعية وانفعالية وخلقية وبدنية. والمرشد الفعال هو الذي يتمكن من المزاوجة بين معارفه الأكاديمية وسماته الشخصية،

ومهاراته المساعدة في عملية الإرشاد، وهو الذي يسعى لكي يصبح أكثر كفاءة ويعمل على:

- زيادة معرفته بالسلوك الإنساني وبمشكلاته
- تعريض نفسه لخبرات حياتيه جديدة
- تجريب أفكار وطرائق إرشادية جديدة
- تقييم أدائه الإرشادي بصورة مستمرة.

ثالثا: الصحة النفسية Psychological health

- يتصف المرشد بالصحة النفسية عندما يتمكن من:
- الإشباع المناسب لحاجاته النفسية و الاجتماعية والبيولوجية
- تحييد خبراته السابقة و الحالية عن المواقف الإرشادية
- إدراك ووعي تحيزه ونقاط ضعفه التي يمكن أن تؤثر في المساعدة الإرشادية
- التمتع بحياة هادئة مستقرة.

رابعا: الثقة T صلى الـله عليه وسلم ust wo صلى الـله عليه وسلم thiness

تعني الثقة أن المرشد لا يشكل موضع تهديد للمسترشد في العملية الإرشادية، والمرشد المتمتع الثقة هو الذي يتصف بالآتي:

الثبات والاتساق في أقواله و أفعاله

- سلوكه اللفظي وغير اللفظي يعزز ثقة الطرف الآخر به
- الإصغاء وحسن الانتباه بدون إصدار أحكام قيمية
- التجاوب مع المسترشد في إطار قواعد العلاقة الإرشادية.

خامسا: الأمانة Honesty

تعني الأمانة أن المرشد يتصف بالأصالة والصدق والوضوح في علاقته مع المسترشد.

سادسا: القوة St صلى الـلـه عليه وسلم ength

تعني القوة أن لدى المرشد الشجاعة الكافية لعمل ما يعتقد بقراره نفسه أنه يخدم العملية الإرشادية.

سابعا: الدفء Wa صلى الـلـه عليه وسلم mth

يعني الدفء أن يحيط المرشد المسترشد باللطف والعناية والاهتمام، والذي يظهر من خلال نبرة صوته في أثناء حديثه مع المسترشد.

ثامنا: الصبر Patience

في الصبر يعطي المرشد الفرصة لتطور المسترشد في أثناء العملية الإرشادية بصورة طبيعية تلقائية، حتى يصبح المسترشد أكثر قدرة على النضج والتعلّم والاعتماد على الذات.

تاسعا: الحساسية Sensitivity

تعني الحساسية قدرة المرشد على وعي الجوانب التي يمكن أن تلحق الأذى بمشاعر المسترشد.

عاشرا: الحرية F صلى الـلـه عليه وسلم eely

تعني الحرية قدرة المرشد على وعي الجوانب التي يمكن أن تلحق الأذى بمشاعر المسترشد.

أحدى عشر: الإدراك الكلي Holistic Awa صلى الـلـه عليه وسلم eness

الأسلوب الكلي في الإرشاد يعني أن يدرك المرشد المسترشد ككل من مختلف جوانبه الشخصية والاجتماعية.

مناهج الإرشاد النمائي والوقائي والعلاجي

هناك ثلاثة مناهج واستراتيجيات لتحقيق أهداف الإرشاد:

أولا: المنهج التنموي أو النمائي أو الإنشائي

يطلق عليه أحياناً "الإستراتيجية الإنشائية"، وترجع أهميته إلى أن خدمات الإرشاد تقدم أساساً إلى العاديين لتحقيق زيادة كفاءة الفرد الكفء وإلى تدعيم الفرد المتوافق إلى أقصى حد ممكن. يتضمن هذا المنهج الإجراءات التي تؤدي إلى النمو السوي السليم لدى الأسوياء والعاديين، خلال رحلة نموهم طوال العمر حتى يتحقق الوصول بهم إلى أعلى مستوى ممكن من النضج والصحة النفسية، والسعادة والكفاية. ويتحقق ذلك عن طريق معرفة وفهم وتقبل الذات ونمو مفهوم موجب للذات وتحديد أهداف سليمة للحياة وأسلوب حياة موفق بدراسة الاستعدادات والقدرات والإمكانات وتوجيهها التوجيه السليم نفسياً وتربوياً ومهنياً. ومن خلال رعاية مظاهر نمو الشخصية جسمياً وعقلياً واجتماعياً وانفعالياً.

ويهدف بالدرجة الأولى إلى تهيئة الظروف المناسبة لتحقيق النمو السوي المتوازن المتكامل، والذي يشمل الجوانب النمائية المختلفة (الجسمية، العقلية، الاجتماعية، النفسية) للطالب حتى يصل إلى أعلى مستوى من النضج والصحة النفسية والسعادة والكفاية، ويتم تحقيق هذا الهدف من خلال مراعاة متطلبات النمو لكل مرحلة تعليمية يمر بها الطالب، لأن النمو السوي يتطلب توفير جميع الوسائل والإجراءات التي تؤدي إلى النمو السليم، هذا إلى جانب استثمار وتنمية قدرات الطالب وطاقاته لأقصى حد ممكن.

ومن أهم مجالات تحقيق المنهج النمائي هي:

- معرفة وفهم وتقبل الذات.

- نمو مفهوم موجب للذات.

- تحقيق وتحديد أهداف سليمة للحياة.

- أسلوب موفق لدراسة القدرات والميول.

- رعاية مظاهر نمو الشخصية جسميا وعقليا واجتماعيا وانفعاليا.

كما يهتم المنهج النمائي بدراسة موضوعات مثل العادات والاتجاهات السلبية، ومفهوم الذات، وتعديل السلبيات وتدعيم الإيجابيات، وذلك من خلال البرامج الإرشادية.

ومن الجوانب التي يمكن تنميتها عند الأفراد في هذا الإطار ما يلي:

- برنامج لتنمية الاستقلالية والاعتماد على النفس.

- برنامج لتنمية الدافعية نحو التعليم.

- برنامج لتنمية روح الفريق والقيادة.

- برنامج لتنمية القدرة على التخطيط لشغل أوقات الفراغ.

- برنامج للتدريب على طرق الاستذكار الجيد.

وإلى غير ذلك من البرامج التي تهدف في المقام الأول إلى تنمية الطلاب في كافة جوانب حياتهم. وقد ورد في معجم المصطلحات التربوية أنَّ المهارات الحياتية هي: المهارات التي تساعد التلاميذ على التكيّف مع المجتمع الذي يعيشون فيه، وتركّز على النمو اللغوي، الطعام، ارتداء الملابس، القدرة على تحمل المسؤولية، التوجيه الذاتي، المهارات المنزلية، الأنشطة الاقتصادية، والتفاعل الاجتماعي.

مكونات برنامج إرشادي نمائي مقترح لتطويره لدى طلبة صعوبات التعلم:

- التواصل البينشخصي والعلاقات الإنسانية: هي مهارات الاستشفاف الوجداني والتعبير عن الأفكار

- حل المشكلات واتخاذ القرار: يتضمن مهارات البحث عن المعلومات وتقيمها وتحليلها وحل المشكلات واتخاذ القرار.

- نمو الهوية والغرض من الحياة: هي المهارات التي تسهم في تعزيز الهوية الشخصية.

- اللياقة البدنية والمحافظة على الصحة: هي المهارات اللازمة للتغذية السليمة والتعامل مع الضغوط.

- الوعي المهني: هي المهارات اللازمة للحصول على عمل مرغوب.

- حل الصراعات: مهارات الأساليب الفعالة لحل المشكلات.

- مهارات الدراسة والاستذكار: هي المهارات التي يعتمد عليها تحسين العمل الأكاديمي.

- الاهتمامات الأسرية: هي المهارة التي يعتمد عليها تحسين قدرات الأفراد على التواصل مع الوالدين والأقارب.

- أساسيات أكاديمية: القراءة والكتابة والحساب.

- مهارات إدارة الذات: تقدير الذات ـ تحديد الأهداف.

- مهارات اجتماعية: مهارات العلاقات الاجتماعية

- مهارات التأثير: الفعالية التنظيمية ـ القيادة

ثانيا: المنهج الوقائي P صلى الـله عليه وسلم evention

يقصد بالوقاية أي جهود أو ممارسات علمية تبذل بهدف تجنب أو منع أو التقليل من فرص وقوع المشكلات، سواء كانت هذه المشكلات جسمية أو نفسية أو اجتماعية أو ثقافية التي قد يواجهها بالأخص الأفراد أو الجماعات المعرضة أكثر للمخاطر People at High صلى الـله عليه وسلم isk (مثل: الرضع- الأطفال- المراهقين - الشباب - المسنين - النساء - الحوامل - المدخنين -أعضاء جماعات الأقلية....) أيضا" تتضمن الوقاية الحفاظ على مناطق القوة الحالية من قدرات ومستويات.

إن المدخل الوقائي أفضل من المدخل العلاجي من منطلق أنه يوفر الوقت والجهد والتكاليف ويخفف العبء العلاجي بصفة عامة، بالإضافة إلى انه يساهم في ترشيد استخدام موارد الرعاية الاجتماعية التي تعاني من عجز ونقص واضح.

ويطلق عليه أحياناً منهج (التحصين النفسي) ضد المشكلات والاضطرابات والأمراض النفسية، ويهتم المنهج بالأسوياء والأصحاء قبل اهتمامه بالمرضى ليقيهم ضد حدوث المشكلات والاضطرابات والأمراض النفسية. يهدف المنهج الوقائي إلى محاولة منع المشكلة أو الاضطراب، بإزالة الأسباب المؤدية إلى ذلك، كما أنها تعمل على الكشف عن المشكلات السلوكية والانفعالية في مراحلها الأولى مما يسهل التصدي لها ومواجهتها.

وللمنهج الوقائي ثلاثة مستويات:

1- الوقائية الأولية: وتتضمن محاولة منع حدوث المشكلة أو الاضطراب أو المرض بإزالة الأسباب حتى لا يقع المحظور.

2- الوقائية الثانوية: وتتضمن محاولة الكشف المبكر وتشخيص الاضطراب في مرحلته الأولى بقدر الإمكان للسيطرة عليه ومنع تطوره وتفاقمه.

3- الوقاية من الدرجة الثالثة: وتتضمن محاولة التقليل من أثر إعاقة الاضطراب أو ومنع جعل المرض مزمنا.

وتتركز الخطوط العريضة للوقاية من الاضطرابات النفسية فيما يلي:

● الإجراءات الوقائية الحيوية: وتتضمن الاهتمام بالصحة العامة، والنواحي التناسلية.

● الإجراءات الوقائية النفسية: وتتضمن رعاية النمو النفسي السوي، ونمو المهارات الأساسية، والتوافق الزواجي والتوافق الأسري والمهني والمساندة أثناء الفترات الحرجة والتنشئة الاجتماعية السليمة.

- **الإجراءات الوقائية الاجتماعية**: وتتضمن إجراء الدراسات والبحوث العلمية وعمليات التقويم والمتابعة والتخطيط العلمي للإجراءات الوقائية.

ويركز الأخصائي النفسي على ثلاثة جوانب وقائية في إطار حماية الطلاب من الوقوع فريسة للاضطرابات السلوكية والنفسية وهي:

1- **الوقاية الصحية**: وتتضمن الاهتمام بالصحة العامة للطلاب والكشف الدوري عليهم وتحصينهم ضد الأمراض الوبائية.

2- **الوقاية النفسية**: وتتضمن رعاية النمو النفسي السوي وتنمية الذات الواقعية، وتزويد الطلاب بالوسائل المتنوعة التي تعينه على تحقيق مطالبه في المراحل العمرية المختلفة.

3- **الوقاية الاجتماعية**: تتضمن تكوين اتجاهات إيجابية نحو المجتمع المدرسي، وتنمية المهارات الاجتماعية التي تسهم في التفاعل السوي بين الطالب والمحيطين به.

ومن الأمثلة التي يمكن أن يقدمها المرشد في الجانب الوقائي، الوقاية من الإعاقة ودور المرشد في توعية الأسرة:

والأسرة هي أول واهم وسيط تربوي في حياة الإنسان فهي التي تغرس قيم الدين والأخلاق في سلوكه واتجاهاته. ولقد أثبتت الدراسات المحلية والعالمية أن الأسرة تؤثر بشكل حاسم على نمو طفلها فإذا قامت الأسرة بوظائفها بشكل مناسب فان تأثيرها سيكون ايجابيا" على نمو طفلها والعكس صحيح. ووقاية الأطفال من الإعاقة هي مسؤولية مشتركة تقع على عاتق الأسرة والمدرسة والمجتمع.

وللوقاية من الإعاقة ثلاثة مستويات نذكرهم باختصار في آلاتي:

- **المستوى الأول**: (الوقاية الأولية) P صلى الله عليه وسلم ima صلى الله عليه وسلم y ويتمثل في الإجراءات الرامية إلى درء حدوث العاهات الحسية أو الجسمية أو النفسية أو العقلية أو الاجتماعية.

- المستوى الثاني: (الوقاية الثانوية Seconda) صلى الـلـه عليه وسلم y ويتمثل في الإجراءات الرامية للاكتشاف المبكر لبوادر الإعاقة والعلاج الفوري لهذه الحالات.أيضا" تتضمن الوقاية الثانوية الحيلولة دون أن تؤدي هذه العاهات إذا حدثت إلى تقييد أو عجز وظيفي دائم لدى الشخص المعاق.

- المستوى الثالث: (الوقاية من الدرجة الثالثة Te) صلى الـلـه عليه وسلم tia صلى الـلـه عليه وسلم yوتتمثل في تقديم خدمات التربية الخاصة والتأهيل للشخص المعاق لإعادته مرة أخرى كشخص متفاعل مع مجتمعه ومنتج وليس عالة على غيره.

ثالثا: المنهج العلاجي

هناك بعض المشكلات والاضطرابات قد يكون من الصعب التنبؤ بها فتحدث فعلاً، ويتضمن دور المنهج العلاجي في علاج المشكلات والاضطرابات النفسية حتى العودة إلى حالة التوافق والصحة النفسية. ويهتم المنهج العلاجي بنظريات الاضطراب النفسي وأسبابه وتشخيصه وطرق علاجه وتوفير المرشدين والمعالجين والمراكز والعيادات والمستشفيات النفسية. ويحتاج المنهج العلاجي إلى تخصص أدق في الإرشاد العلاجي إذا قورن بالمنهجين التنموي والوقائي، وهو أكثر المناهج تكلفة في الوقت والجهد، ونسبة نجاح الإستراتيجية العلاجية لا تكون 100 %، وقد يفلت الزمام من يد المرشد إذا ما بدأ العلاج بعد فوات الأوان.

وتظهر الحاجة للمنهج العلاجي نتيجة لعدة أسباب هي:

- أن الخدمات والجهود التي تقدم من خلال المنهج الإنمائي أو المنهج الوقائي مهما تنوعت أو زادت كفاءتها لا يمكن أن تفي بكل حاجات الطلبة، ذلك لأنها قد لا تصل إلى البعض منهم، أو أنها متوفرة ولكن الطلاب لا يستفيدون منها بشكل أو بأخر.

- توجد تغيرات بيولوجية وفسيولوجية واجتماعية تجعل الطلاب عرضة لأزمات وفترات حرجة في مواقف متعددة وفترة زمنية متباينة.

- من الصعب التنبؤ ببعض المشكلات والاضطرابات فتحدث بالفعل.

- ويهتم المنهج العلاجي بنظريات الاضطراب والمرض النفسي وأسباب وتشخيص وطرق علاجه. فهو يتعلق بمعالجة المشكلات والاضطرابات التي يتعرض لها الطلاب وذلك لتحقيق حالة من التوازن بين جوانب النمو المختلفة لتحقيق التوافق الشخصي والاجتماعي، ويتم تحقيق هذا الهدف بدراسة أسباب المشكلات وأعراضها وطرق علاجها.

ويتم إرشاد الطلاب وفق ما هو متعارف عليه بين الجماعة التي يعيش معها الطالب بما يحقق له الرضا والصحة النفسية، وذلك بهدف زيادة إنتاجه وتحقيق ذاته وتوافقه مع جوانب الحياة المختلفة النفسية والاجتماعية والتربوية. ومن بين البرامج العلاجية التي يمكن للأخصائي النفسي المدرسي ممارستها والمشاركة بها داخل الإطار المدرسي ما يلي:

- برنامج لمواجهة المخاوف المرضية (من المدرسة - الحيوانات - الطيور - الظلام - الأماكن المرتفعة - الأماكن الضيقة.. وغيرها) من المخاوف الأخرى.

- برنامج لمواجهة مشكلة التأخر الدراسي وصعوبات التعلم.

- برنامج لمواجهة قلق الامتحانات.

- برنامج لمواجهة مشاكل الأسرة.

- برنامج لمواجهة مشكلة الكذب.

- برنامج لمواجهة السلوك العدواني

- برنامج لمواجهة تخريب الممتلكات المدرسية

- برنامج لمواجهة الشعور بالوحدة النفسية.

- برنامج لمواجهة ضعف العلاقات الاجتماعية.

- برنامج لمواجهة نقص الانتباه والنشاط الزائد.

- برنامج لمواجهة عدم الانضباط في حجرة الدراسة.

- برنامج لمواجهة العزلة والانسحاب.

- برنامج لمواجهة التدخين وإدمان المخدرات.

- برنامج لمواجهة عدم القدرة على اتخاذ القرار.

3

الفصل الثالث

إرشاد أسر الطلبة ذوي صعوبات التعلم

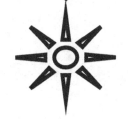

المواضيع التي يتضمنها الفصل:

◄◄ المقدمة

◄◄ أهداف الإرشاد لأسر صعوبات التعلم

◄◄ مبررات إرشاد أسر الطلبة ذوي صعوبات التعلم

◄◄ مشاركة أسر ذوي صعوبات التعلم

◄◄ تكييف أدوار الوالدين

◄◄ الضغوط النفسية لأسر الأطفال ذوي صعوبات التعلم

◄◄ ديناميات عملية إرشاد أسر ذوي صعوبات التعلم

◄◄ استبانة للتعرف على حاجات أولياء الأمور لطلبة صعوبات التعلم

الفصل الثالث

إرشاد أسر الطلبة ذوي صعوبات التعلم

المقدمة:

يتناول هذا الفصل مفهوم إرشاد أسر صعوبات التعلم، وأهدافه، ومبررات العمل مع الأسر، وضرورة مشاركة الأسر في التعامل مع أبنائهم في أي برنامج علاجي إرشادي، وضرورة تكييف أدوارهم لكي ينتقلوا من كونهم آباء محايدين أو سلبيين إلى كونهم آباء إيجابيين، كما يتحدث عن الضغوط النفسية المتوقع حدوثها معهم، ويقدم استبانة للتعرف على حاجاتهم ويمكن للمرشد الاستفادة منها في عمله الإرشادي معهم.

أهداف الإرشاد لأسر صعوبات التعلم:

تهدف عملية الإرشاد للأطفال ذوي صعوبات التعلم إلى تحسين الظروف البيئية التي يعيش فيها الطفل عن طريق الوالدين وتبصيرهما بخصائص نموه وتدريبهما على كيفية التعامل معه وتشجيعهما على تجاوز مرحلة الأزمة في تقبل الطفل، فكثيرا ما تكون الاستجابات الوالدية الشائعة نحو صعوبات الطفل تتصف بالقلق والشعور بالذنب والإحباط واليأس والعجز عن مواجهة المشكلة ثم التشكيك في التشخيص ثم الاعتراف بمشكلة الطفل وقبول صعوباته والسعي إلى تأهيله.

ويجب على المرشد أن يكون مدركاً لتلك الميكانزمات التي يسلكها الآباء حتى يسهل عليه إرشادهما وتوجيه الطفل إلى ما يتفق مع قدراته وإمكاناته وميوله؛ ومساعدة

الوالدين على تنمية استعداداتهما النفسية وعلاج مشاكلهما الزوجية والأسرية وغيرها حتى تكون أسرة متماسكة قادرة على رعاية طفلها من ذوي الاحتياجات الخاصة، وبالتالي يجب على المرشد أن يدرك شخصية وقيم ودوافع الوالدين واتجاهاتهما نحو طفلهما حتى يستطيع تحديد حاجاتهما الإرشادية والأسلوب المناسب في تبصيرهما وتقديم المشورة والمعلومات إليهما للقيام بمسؤولياتهما تجاه الطفل وقائياً وعلاجياً وإرشادياً وتعديل اتجاهاتهما نحو الطفل ونحو صعوباته.

وهناك ما يعرف باسم تعليم وتدريب أولياء الأمور Pa صلى الـلـه عليه وسلم ental Education T صلى الـلـه عليه وسلم aining؛ ومساعدة أخوة وأخوات الطفل من ذوي صعوبات التعلم وإرشادهم نفسيا وتربويا على تقبّل حالة أخيهم ومطالب نموه وتخفيف مشاعر القلق والتوتر التي تنتابهم، وإرشادهم بأهمية تعليم وتدريب وتأهيل أخيهم في مرحلتي الطفولة والمراهقة.

وتدريب الأخوة على معاملته معاملة حسنة وتكوين اتجاهات إيجابية نحو أخيهم وزيادة تقبلهم النفسي له؛ ومشاركة الوالدين في جماعات آباء الأطفال ذوي صعوبات التعلم، أو ما يعرف باسم الإرشاد الجمعي G صلى الـلـه عليه وسلم oup Counseling والذي له نتائج إيجابية مع الوالدين الذين يشعران بالعزلة عن الآخرين نتيجة ما يعانيه طفلهم من المعايير غير السوية. مثل هذه الجماعات تكون فاعلة ومؤثرة نظراً للعون المتبادل الذي يمكن أن يقدمه المشاركون في هذه الجماعات كل منهم للآخر، بحكم أنهم يواجهون نفس الظروف والمشكلات.

ولابد من وجود تعاون وثيق بين الآباء والمرشد لتعزيز التعلّم في المدرسة والبيت، حيث يساعد هذا التعاون في تخفيف الكثير من المشكلات التي تنشأ خلال مرحلة التقدم التربوي للطفل، فالطفل الذي يعاني من صعوبات التعلّم وأسرته بحاجة إلى مساعدة بهدف المحافظة على العلاقات والبناء الأسري وزيادة فهم أفراد العائلة للطفل وقبولهم لصعوبات التعلّم التي يعاني منها.

وغالبا ما تواجه أسر ذوي صعوبات التعلم جملة من المشكلات الخاصة أثناء محاولتها التكيف والتعايش مع وجود الأطفال من ذوي الاحتياجات الخاصة. وفي الوقت ذاته، فإن هذه الأسر عرضة للضغوط والتوترات التي تواجهها كل أسرة في المجتمعات المعاصرة.

وهناك ست خطوات فعلية يمكن أن يكون لها دور في وضع خطة لإرشاد أسر الأشخاص ذوي صعوبات التعلم، ومساعدتهم على التكيف مع الوضع الذي يعيشونه، وهذه الخطوات هي:

1- مساعدة الوالدين للنظر للشخص من ذوي صعوبات التعلم بصورة موضوعية بقدر الإمكان.

2- مساعدة الوالدين على فهم ما هو محتمل أن يكون سلوك الشخص من فئة صعوبات التعلم مستقبلاً.

3- مساعدة الوالدين على التعلم والتعرف على الأساليب التي تساعدهم على التكيف والتأقلم مع الشخص من فئة ذوي صعوبات التعلم.

4- مساعدة كافة أفراد الأسرة بما فيهم الأخوة على الفهم بأن الشخص من ذوي صعوبات التعلم لديه نفس الاحتياجات التي لديهم مثل الاحتياجات الجسمية والجنسية والترفيهية والتربوية.

5- مساعدة الوالدين على التعلم والتعرف على كافة المصادر المتوفرة في المجتمع.

6- مساعدة الوالدين بالاستمرارية في التعقب أو اقتفاء أثر التحسن لدى الشخص من ذوي صعوبات التعلم، نحو الأهداف العامة والأهداف الفرعية التي يجب وضعها من أجل تأسيس جهد الحوار المشترك ما بين المرشد والوالدين.

أهداف إرشاد أسر ذوي صعوبات التعلم:

يمارس المرشد عمله مع آباء الأطفال من ذوي صعوبات التعلم وأسرهم في إطار ثلاث مجموعات من الأهداف، وغالباً ما يتم الاقتصار على استخدامها جميعاً طبقاً للاحتياجات الوالدية والأسرية، وذلك في إطار خطوات التخطيط لبرنامج الإرشاد، وهي:

1- التقييم الواقعي وتحديد المشكلة

2- تحديد الاحتياجات الإرشادية

3- تحديد أولويات الاحتياجات

4- تحديد وصياغة الأهداف

5- تحديد التكنيكات المناسبة للعمل وتخطيط النشاطات اللازمة لتحقيق الأهداف

6- تقويم النتائج.

وتتلخص تلك الأهداف فيما يلي:

1- الأهداف المعرفية (خدمات المعلومات) Info صلى الله عليه وسلم mation Se صلى الله عليه وسلم vices:

وتنصب الخدمات في هذا المستوى على توفير الحقائق والمعلومات الأساسية اللازمة لإشباع الاحتياجات المعرفية للآباء فيما يتعلق بحالة الطفل الراهنة ومستقبله والخدمات المتاحة، أو توجيههم إلى كيفية البحث عن مصادر هذه المعلومات.

2- الأهداف الوجدانية (الإرشاد النفسي العلاجي) Affective:

ويهدف الإرشاد في هذا المستوى إلى إشباع الاحتياجات الوجدانية للآباء وأفراد الأسرة، ومساعدتهم على فهم ذواتهم، والوعي بمشاعرهم وردود أفعالهم، واتجاهاتهم وقيمهم، ومعتقداتهم بخصوص مشكلة الطفل، وعلاج ما قد يترتب على ذلك كله من خبرات فشل وصراعات وسوء توافق ومشكلات بالنسبة للوالدين وفي المحيط الأسري بما يكفل استعادة الصحة النفسية.

3- الأهداف السلوكية (تدريب الوالدين والأسرة):

وتختص خدمات الإرشاد في هذا المستوى بمساعدة الوالدين و أعضاء الأسرة على التحرر من الاستجابات والأنماط السلوكية غير الملائمة للتعامل مع المشكلة، وتطوير مهارات أكثر فاعلية في رعاية الطفل سواء بالمشاركة في خطط تعليمه وتدريبه في البيت، أم بمتابعة تعليمه في المدرسة، إضافة إلى تمكين الوالدين من اتخاذ القرارات المناسبة وجعلهما أكثر مقدرة على التحكم في الاحتمالات المستقبلية لمشكلة الطفل.

وبالتالي يمكننا صياغة الأهداف الأساسية لعملية الإرشاد لأسر ذوي صعوبات التعلم بشكل مباشر على النحو التالي:

- محاولة المرشد مساعدة الأطفال ذوي صعوبات التعلم في إمكانية التغلب على الآثار المباشرة لإعاقته

- محاولة المرشد في مساعدة ذوي صعوبات التعلم على إزالة الآثار النفسية الناجمة عن الإعاقة، والتي تتمثل في الانطواء أو السلوك الانعزالي

- محاولة المرشد في إمكانية تعديل اتجاهات الأسرة، نحو طفلهم ذو صعوبات التعلم.

- مساعدة ذوي صعوبات التعلم في تحقيق ذواتهم وفقاً لقدراتهم

- تحقيق التوافق والصحة النفسية لذوي صعوبات التعلم وأسرهم.

مبررات إرشاد أسر الطلبة ذوي صعوبات التعلم:

يمكننا أن نجمل أهم ضرورات ودواعي الإرشاد لآباء الطلبة ذوي صعوبات التعلم وأسرهم فيما يلي:

1- التأثير العميق للوالدين في التعليم المبكر للطلبة:

إن كثيراً من آباء الطلبة ذوي صعوبات التعلم أو المعرضين للإصابة، لا يحسنون رعاية أطفالهم، إما لجهل بحالة الطالب واحتياجاته، أو لنقص في الخبرة بتعليم الطالب،

أو لفهم خاطئ لمسئوليات الأسرة، أو لإهمال أو تقاعس عن الواجبات، أو لعدم توافر إمكانات الرعاية والعناية بالطفل، أو الانشغال عن الأسرة والأطفال.

ويمكن النظر في هذا الإطار إلى أن إرشاد آباء وأسر الطلبة ذوي صعوبات التعلم يجب أن يكون جزءاً أصيلاً ضمن برنامج التدخل المبكر لرعاية الطالب، حيث يسهم الإسراع بتقديم الخدمات الإرشادية للوالدين والأسرة في التعجيل بتخفيف الآثار النفسية السلبية المترتبة على ميلاد الطفل، وتحريك الوالدين نحو تقبل الطفل والاندماج معه وزيادة مستوى الرضا الوالدي، واكتساب الوالدين لمهارات تعامل ونماذج سلوكية أكثر ملاءمة وفاعلية بالنسبة لرعايته. كما تكفل الخدمات الإرشادية لآباء الأطفال من ذوي صعوبات التعلم وأسرهم مشاركة الآباء مبكراً وبصورة إيجابية في خطة تعليم الطالب داخل البيئة الأسرية مما يضاعف من فرص الاستغلال الأمثل للسنوات التكوينية الأولى في تطوير استعدادات الطفل، ويقلل من احتمالات تدهورها إلى أبعد مما هي عليه، كما يقلل أيضاً من مضاعفات الإعاقة سواء على جوانب النمو الأخرى لدى الطفل، أو على الحياة اليومية لأسرته، فضلاً على أن هذه الخدمات سوف تساعد – في الغالب – جميع أفراد الأسرة بما فيهم الطالب ذاته على مزيد من التوافق مع متطلبات الموقف لصالح نمو الطالب.

2- ردود الأفعال الوالدية والأسرية السلبية إزاء اكتشاف أن لدى ابنهم صعوبات تعلم:

حيث يتعرض آباء الأطفال من ذوي صعوبات التعلم إلى عدد من الأزمات تتجدد وتحدث في أوقات عدة مثلما هو الحال عندما يدخل الطفل المدرسة ولا ينجح في الصف العادي، وحينما تظهر لدى الطفل مشكلات سلوكية غير مألوفة، وحين يصبح راشداً ويتطلب العناية نفسها التي كان يستلزمها كطفل، كما تحدث عندما يمثل الطفل عبئاً ثقيلاً لا يحتمل مع افتقار الآباء لمصادر رعايته.

ويستخلص من نتائج البحوث والدراسات، إن أهم ردود الأفعال والاستجابات الوالدية الشائعة تجاه أزمة طفل من ذوي صعوبات التعلم، ما يلي:

- الشعور بالصدمة والذهول وخيبة الأمل

- التشكيك في التشخيص وعدم تصديقه والإنكار

- الشعور بالإحباط والأسى والحزن

- الخوف الزائد من نواحي عديدة

- الشعور بالارتباك والتشويش والعجز عن مواجهة المشكلة بواقعية

- الشعور العميق بالذنب ولوم الذات والتأنيب الذاتي

- رفض الطفل

- الشعور بالاكتئاب

- البحث عن علاج لحالة الطفل بأي وسيلة أو ثمن

- إعادة تنظيم الموقف والوعي التام به، والتسليم بتخلف الطفل وتقبله، وتكييف أساليب الحياة وفقاً للأمر الواقع.

كما أن وجود الطفل من ذوي صعوبات التعلم من شأنه أن يستثير لدى أبويه استجابات وردود أفعال سلبية تستلزم تدخلاً إرشاديا، وأن هذه الاستجابات تختلف من أب إلى آخر حسب عوامل مختلفة لعل من أهمها:

- درجة صعوبة الطفل وخصائصه

- نوع جنسه وترتيبه الميلادي

- التسهيلات والمصادر المجتمعية المتاحة لرعايته وتعليمه وتدريبه

- إدراك الأبوين للموقف وتفسيره

- تديّن الأبوين

- الخصائص الشخصية للآباء من مثل مدى نضوجهما النفسي والاجتماعي

- مدى توافق الزوجين وتكامل الحياة الأسرية

- مدى توافر الموارد المالية للأسرة

- اتجاهات الأهل والأقارب والجيران نحو الطفل ومدى مساندتهم

- ردود أفعال الأطباء و الأخصائيين والمعلمين.

مشاركة أسر ذوي صعوبات التعلّم:

شجع بعض الباحثين فكرة مشاركة أولياء الأمور في كل مرحلة من مراحل العلاج، ابتداءً من مرحلة التعرف إلى مرحلة التقييم، ويكون ذلك من خلال ما يأتي:

1- مرحلة التعرف: ويكون دورهم من خلال ملاحظاتهم للإشارات المبكرة لصعوبات التعلّم، والوعي بالخدمات التي ينبغي أن تقدم لهم.

2- مرحلة القياس والكشف: ويكون دورهم من خلال جمع البيانات عن الطفل في المنزل وتقديم المعلومات التي تتعلق بالقياس.

3- مرحلة اختيار البرامج: حيث يشارك الوالدين في اختيار البديل التربوي المناسب للطفل، وفي وضع الأهداف التي تتضمنها خطة الطفل التربوية الفردية ؛

4- مرحلة التنفيذ: وهنا يشارك الآباء في الأنشطة المدرسية، وقد يتطوع لمساعدة المعلم في المدرسة، وقد يشاركوا بالأنشطة المعتمدة على المنزل.

5- مرحلة التقييم: حيث يزود الآباء المعلمين بمعلومات أساسية تتعلق بمدى تقدم الطفل في المهارات الأكاديمية التي يتعلمها وأيضا المهارات السلوكية.

وهناك عدة برامج يمكن استخدامها مع الوالدين في هذا المجال:

- تساعد برامج الإرشاد الآباء في التعامل مع مشاعرهم، فهذه البرامج يتم تنظيمها بناء على طبيعة العائلة ومشاكل الطفل، وهي :

- علاج فردي: ويكون للطفل وحده، في حالة صعوبة تواجد الأبوين معه (الآباء المدمنين، الكحوليين، الذهانيين، والذين يرفضون الطفل رفضاً باتا.

- العلاج الجماعي للآباء والأمهات: وذلك للذين يرغبون في الاستفادة من تجارب غيرهم في حل المشكلات الأساسية.

- علاج الطفل والوالدين بشكل منفصل: وذلك في الأسر التي فيها العلاقات متوترة، ويكون من غير المفيد إرشاد الطفل وأبويه سوياً.

- علاج الطفل ووالديه سوياً: وهذا يكون للأسر التي يمكنها أن تشارك المعالج دون أي نزاعات أو توتر.

دور الأسرة ببرنامج صعوبات التعلم :

وفيما يلي أهم الأدوار التي يمكن للأسرة القيام بها في برامج صعوبات التعلم:

- توفير البيانات الشاملة عن التلميذ للمعلم.

- إطلاع المدرس على أي تغيير يطرأ على الأسرة أو الطالب يمكن الاستفادة منه لصالح الطالب.

- التواصل المستمر والفعال بين أسرة الطالب وبرنامج صعوبات التعلم.

- التعاون مع المدرسة بالسماح لمعلم صعوبات التعلم بإجراء التشخيص اللازم.

- الاستجابة لدعوة البرنامج للاشتراك في التشخيص وإعداد وتنفيذ وتقويم الخطط التربوية الفردية.

- متابعة تنفيذ خطة البرنامج للطالب والمساعدة في أداء الواجبات.

- توفير مكان مناسب للمذاكرة وتوفير مواد خاصة للتلميذ مع استشارة معلم صعوبات التعلم.

- تقبل الأسرة للمشكلة فلا داعي للقلق أكثر من اللازم على مستقبل التلميذ.

- تجنب عبارات السخرية والمقارنة مع الإخوة.

تكييف أدوار الوالدين:

لا توجد أسرة تكوين متهيئة لاستقبال طفل يعاني من صعوبات تعلميه، فالآباء والأمهات يتوقعون أن يكون لديهم أطفال لا يعانون من مشاكل منذ البداية، وهناك العديد من العوامل التي تؤثر على كيفية تأثر العائلة بوجود طفل ذوي احتياجات خاصة من مثل خصائص الإعاقة وطبعتها وشدتها وخصائص العائلة والخصائص الشخصية لكل فرد من أفراد العائلة بالإضافة إلى التحديات التي تواجهها العائلة، إلا أنه يجب التأكيد على أن كل أسرة تختلف عن الأخرى في نوع ردود الأفعال وحدتها واستمراريتها، حيث تتراوح ردود الأفعال بين مشاعر الحزن والأسى ولوم النفس، والشعور بالذنب والغضب والإنكار، وعملية تكييف الأهل تتضمن النقاط التالية:

- زيادة الإحساس بالمشكلة الخاصة لدى الطفل، من أجل تعلم التعامل معها لاحقا، والإحساس أيضا بالمشكلات اللاحقة بالطفل التي يمكن التعرض لها.

- الوعي بالمشكلة: لا يكفي الإحساس بالمشكلة وإنما لا بد من الوعي بوجودها وتحديدها بشكل واضح.

- مرحلة البحث عن السبب : مساعدة الأسرة على التعرف على الأسباب المشكلة لصعوبات ابنهم، من أجل تلافيها مع أبناء آخرين لاحقا.

- مرحلة البحث عن العلاج: تتضمن مساعدة الأسرة في البحث عن علاج والمساعدة في كتابة الخطة العلاجية.

- قبول الطفل: تتضمن تقبل الطفل بكل مشكلاته وسلوكياته المتوقعة.

وفي هذا الإطار ينبغي التعرف على حاجات الوالدين من المرشدين، حيث أن هناك العديد من الحاجات التي يرغب بها الوالدين، ويطلبونها من المرشد التربوي في المدرسة لكي يتم مساعدة ابنهم ذوي الصعوبات التعليمية ولعل من أهمها:

- توفير المعلومات الخاصة بصعوبات التعلّم، ومساعدة الآباء على الفهم ومراعاة مشاعرهم فيما يتعلق بمشاكل أطفالهم.

- التنسيق بين البيت والنشاطات المدرسية.

- مساعدة الأهل على إدراك أن السلوك الظاهر مهم في علاج الصعوبة التي يعاني منها الطفل، فالآباء بحاجة ماسة لأن يكونوا مهيئين لهذه التغيرات، وان يتم تزويدهم بالاقتراحات لمساعدتهم في أن يتعاملوا معه .

- مساعدة الآباء على تطوير الاستقلالية لدى أبنائهم.

- توضيح أساليب العناية الأساسية لكلا الوالدين، بحيث يصبحا أكثر قابلية للتفكير بواقعية حول احتياجات طفلهما والعناية التي يحتاجها.

- الحصول على الدعم والتعزيز المتواصل من قبل المرشدين، بحيث تزود الأسرة بالعناية الشاملة المتكاملة والمساعدة على التكيف .

الضغوط النفسية لأسر الأطفال ذوي صعوبات التعلم:

إن الضغوط النفسية التي يتعرض لها آباء وأسر الأطفال من صعوبات التعلم كثيرة وتأتي بسبب افتقارهم إلى كيفية التعايش معها وإدارتها، حيث يحيا والدا الطفل

من ذوي صعوبات التعلم تحت ضغوط متعددة، جميعها مرتبطة بالقلق على مستقبله وحياته القادمة، ومما يزيد من حدة تلك الضغوط على والدي الطفل اعتماديته عليهما، وما يفرضه وجوده عليهما من أعباء سواء داخل المنزل أو خارجه. ومن بين أهم الضغوط التي يعيش تحت وطأتها آباء وأسر هؤلاء الأطفال، ما يلي:

- قلة المعلومات بشان طبيعة المشكلة وأسبابها وكيفية التعامل معها.

- عدم المعرفة بمصادر الخدمات المتاحة، وببرامج الرعاية العلاجية والتدريبية والتأهيلية المتوافرة

- التوتر والقلق والانشغال إلى حد الخوف على مستقبل الطفل

- المشكلات السلوكية والصحية لدى الطفل، مما يستلزم اليقظة والانتباه المستمرين من الوالدين والأخوة.

- ضغوط مادية تتمثل في زيادة الأعباء المالية نتيجة ما تستلزمه رعاية الطفل من كلفة اقتصادية، وما قد يترتب على ذلك من استنزاف موارد الأسرة

- شكوك الوالدين في جدوى تعليم الطفل وتدريبه

- الشعور المرير بالحرج والحساسية وعدم الارتياح في المواقف والمناسبات الاجتماعية

- صرف معظم وقت الوالدين في رعاية الطفل، وشعورهما بالإرهاق لما تتطلبه حالته من اهتمام مستمر

- ضآلة الوقت المتاح لرعاية بقية الأبناء، وقلة فرص الشعور بمتعة الحياة الأسرية، ممارسة النشاطات الترويحية، وإشباع الاهتمامات والميول الشخصية سواء لدى الوالدين أو بقية الأبناء.

ديناميات عملية إرشاد أسر ذوي صعوبات التعلم:

ترتبط المشكلات التي تواجهها أسر الأطفال ذوي صعوبات التعلم، بالخصائص الشخصية لأبنائهم، حيث تلعب الديناميات السلوكية في الأسرة دوراً هاماً في نمو شخصية الطالب من ذوي صعوبات التعلم وتطورها ونظراً لاستجابات الحزن والأسى يبدأ الوالدان سريعاً في إظهار استجابات أخرى تجاه طفلهما من ذوي صعوبات التعلم كالأعراض، وفي حالات أخرى تظهر الحماية الزائدة المبالغ فيها للطلبة بل إن هناك بعض الطلبة لا يحصلون على العناية اللازمة من آبائهم.

وتنعكس هذه المشاعر على عملية التنشئة والتطبيع الاجتماعي، وتعتبر في غاية الأهمية بالنسبة لتكوين شخصية الأطفال من ذوي صعوبات التعلم، وهنا يتوقف سلوك الطفل إلى حد كبير على نوع المعاملة التي يعامل بها من قبل أسرته. ولذلك يعاني طلبة ذوي صعوبات التعلم إلى حد كبير على نوع المعاملة التي يعامل بها من قبل أسرته. حيث قد يعاني هؤلاء من سوء التكيف الأسري ويلقي بالتبعية في ذلك على الوالدين ويعتبران هما المسؤولان، كما أن فقدان الحب والرعاية داخل الأسرة الذي هو أحد منابع الإحباط التي تؤدي إلى نمو العدوان عند الطفل، ولقد أظهرت العديد من الدراسات بأن الأطفال ذوي صعوبات التعلم يعانون من مشكلات سلوكية خطيرة تتمثل في الحدة وغياب التحكم الداخلي والاندفاعية والعدوان والعنف وخاصة لأشكال السلطة.

ومن الطبيعي أن يختلف الآباء والأمهات في شعورهم بالقلق تجاه انحراف أطفالهم وكذلك في وجهات نظرهم فيما يتعلق بحاجات هؤلاء الأطفال. ولاشك أن أعضاء فريق العمل متعدد التخصصات يدركون أهمية برامج الإرشاد، وهنا يؤكد الكثير من المختصين في هذا المجال على أهمية أن يبدأ الإرشاد للوالدين في وقت مبكر، حتى لا يواجه كل من الطفل والأسرة مشكلات في التوافق.

اقتراحات لتكوين علاقات بناءة بين أسرة ذوي صعوبات التعلم والمرشد:

الاقتراحات التالية تهدف إلى تشجيع العلاقات البناءة القائمة على التعاون بين المرشد والآباء. وهذه الاقتراحات، في حالة تنفيذها، يجب أن تحد من المشكلات المحتملة التي وصفت سابقاً، وهذه الاقتراحات هي:

1. تبادل المعلومات والأفكار بجو مفتوح.

2. التواصل في المشاعر والحاجات والأولويات دون التخوف من ردود أفعال سلبية من قبل الآخرين.

3. طلب المساعدة دون الشعور بالضعف و عدم الشعور بالحرج عند قول "لا أعرف" أو "لا أفهم".

4. تجنب استخدام المصطلحات أو أية إجراءات تجعل الشخص الآخر يشعر أنه طرف غريب.

5. يجب على المرشد قبول أعضاء الأسرة على ما هم عليه، وأن يطوروا مهارة الاستماع لهم وتشجيعهم على التعبير والانفتاح، وعليهم أن يقاوموا النزعة نحو انتقاد اتجاهات الآباء التي تتعارض و اعتقاداتهم الشخصية.

6. من المفيد في كثير من الأحيان السماح لأعضاء الأسرة بأن يعبروا لفظياً عن المشاعر غير البناءة، لكي يتمكنوا من التعامل معها والتغلب عليها.

وفيما يأتي بعض النصائح للآباء لمساعدة الأبناء الذين يعانون من صعوبات التعلم:

1- تعلم أكثر عن المشكلة: إن المعلومات المتاحة عن مشكلة صعوبات التعلم يمكن أن تساعدك على أن تفهم أن طفلك لا يستطيع التعلم بنفس الطريقة التي يتعلم بها الآخرون، أبحث بقدر جهدك عن المشاكل التي يواجهها طفلك بخصوص عملية

التعلم، وما هي أنواع التعلم التي ستكون صعبة على طفلك، وما هي مصادر المساعدة المتوفرة في المجتمع له.

2- لاحظ طفلك بطريقة ذكية وغير مباشرة: ابحث عن المفاتيح التي تساعد على أن يتعلم طفلك بطريقة أفضل، هل يتعلم ابنك أفضل من خلال المشاهدة أو الاستماع أو اللمس؟ ما هي طرق التعلم السلبية التي لا تجدي مع طفلك. من المفيد أيضا أن تبدي الكثير من الاهتمام لاهتمامات طفلك ومهاراته ومواهبه، مثل هذه المعلومات هامة في تنشيط وتقدم العملية التعليمية لطفلك.

3- علم طفلك من خلال نقاط القوة لديه: كمثال لذلك من الممكن أن يعاني طفلك بقوة من صعوبة القراءة، ولكن يكون لديه في نفس الوقت القدرة على الفهم من خلال الاستماع، استغل تلك القوة الكامنة لديه وبدلا من دفعه وإجباره على القراءة التي لا يستطيع أجادتها وتجعله يشعر بالفشل، بدلا من ذلك اجعله يتعلم المعلومات الجديدة من خلال الاستماع إلى كتاب مسجل على شريط كاسيت أو مشاهدة الفيديو.

4- احترم ونشط ذكاء طفلك الطبيعي: ربما يعاني ابنك من صعوبة في القراءة أو الكتابة، ولكن ذلك لا يعني انه لا يستطيع التعلم من خلال الطرق العديدة الأخرى. أن معظم أطفال صعوبات التعلم يكون لديهم مستوى ذكاء طبيعي أو فوق الطبيعي الذي يمكنهم من تحدي الإعاقة من خلال استخدام أساليب حسية معددة للتعلم، إن الذوق واللمس والرؤيا والسمع والحركة، كل تلك الحواس طرق قيمة تساعد على جمع المعلومات.

5- تذكر أن حدوث الأخطاء لا تعني الفشل: قد يكون لدى طفلك الميل لان يرى أخطاءه كفشل ضخم في حياته، من الممكن أن تجعل نفسك مثالا لتعليم طفلك من خلال تقبل وقوعك أنت نفسك في الخطأ بروح رياضية، وأن الأخطاء من الممكن أن تكون مفيدة للإنسان، إنها من الممكن أن تؤدي إلى حلول جديدة للمشاكل،

وان حدوث الأخطاء لا يعني نهاية العالم، عندما يري ابنك انك تأخذ هذا المأخذ مع وقوع الأخطاء منك أو من الآخرين فانه سوف يتعلم أن يتفاعل مع أخطائه بنفس الطريقة.

6- أعترف بان هناك أشياء سيكون من العسير على ابنك عملها، أو سيواجه صعوبة مدى الحياة في عملها: ساعد طفلك لكي يفهم أن هذا لا يعني أنه إنسان فاشل وان كل إنسان لديه أشياء لا تستطيع قدراته عملها، كذلك ركز على الأشياء التي يستطيع طفلك إنجازها وشجعه على ذلك.

7- يجب أن تكون مدركا أن الصراع مع ابنك حتى يستطيع القراءة والكتابة وأداء الواجبات الدراسية من الممكن أن يؤدي بك إلى موقف معادي مع طفلك، إن هذا الصراع سيؤدي بكما إلى الغضب والإحباط تجاه كل منكما الآخر وهذا بالتالي سوف يرسل رسالة إلى ابنك أنه فاشل في حياته، فبدلا من ذلك من الممكن أن تساهم إيجابيا مع طفلك بأن تساهم في تنمية البرامج الدراسية المناسبة له وأن تشارك المدرسين في وضع تلك البرامج التي تتماشى مع قدراته التعليمية.

8- استعمل التليفزيون بشكل خلاق: إن التليفزيون والفيديو من الممكن أن يكونا وسيلة جيدة للتعلم، وإذا ساعدنا الطفل على استعماله بطريقة مناسبة فان ذلك لن يكون مضيعة للوقت. على سبيل المثال فان طفلك يستطيع أن يتعلم أن يركز وأن يداوم الانتباه وأن يستمع بدقة وأن يزيد مفرداته اللغوية وأن يتعلم أن يرى كيف أن الأجزاء مع بعضها تكون الكل وأن العالم يتكون مع مجموعة من الأشياء المتداخلة. ومن الممكن كذلك أن تقوي الإدراك لديه بان توجه له مجموعة من الأسئلة عما قد رآه خلال فترة المشاهدة، ماذا حدث أولا؟ وماذا حدث بعد ذلك؟ وكيف انتهت القصة؟ مثل هذه الأسئلة تشجع تعلم " التسلسل في الأفكار " وهي جزئية هامة من الجزئيات التي إن اختلت تؤدي إلى صعوبة التعلم في الأطفال. كذلك يجب أن

تكون صبورا طول فترة التدريب. طفلك لا يرى ولا يفسر الأحداث بنفس الطريقة التي تفعلها أنت.. إن التقدم في العملية التعليمية يحتمل أن يكون بطيئا.

9- تأكد أن الكتب الدراسية في مستوى قراءة ابنك: إن أغلب الأطفال الذين يعانون من صعوبات التعلم يقرؤون تحت المستوى الدراسي العادي، وللحصول على النجاح في القدرة على القراءة يجب أن تكون تلك الكتب في مستوى قدراتهم التعليمية وليست في مستوى السن التعليمي لهم. نم قدرة القراءة لدى طفلك بان تجد الكتب التي تجذب اهتمام ابنك، أو بان تقرأ له بعض الكتب التي يهتم بها، أيضا اجعل طفلك يختار الكتب التي يرغب في قراءتها.

10- شجع طفلك لكي يطور مواهبه الخاصة: ما هي الموهبة الخاصة بطفلك؟ ما هي الأشياء التي يتمتع بها؟ يجب أن تشجع طفلك بان تغريه على اكتشاف الأشياء التي يستطيع أن ينجح ويتقدم وينبغ فيها.

استبانة للتعرف على حاجات أولياء الأمور لطلبة صعوبات التعلم:

الأكارم أولياء أمور الطلبة المحترمين تحية طيبة وبعد،،

الاستبانة التي أمامكم والمكونة من (22) فقرة أعدت خصيصاً لحصر حاجاتكم وللتعرف على أهم المشكلات التي تواجهونها في التعامل مع الطفل ذو صعوبات التعلم بهدف المساعدة في حل هذه المشكلات.

لذا يرجى التكرم بقراءة الفقرات التالية بدقة والإجابات عليها بوضع إشارة (✓) في المكان الذي تعتقد أنه ينطبق على وضعك.

علماً بأن هذه المعلومة التي ستدلي بها سوف تكون سرية ولن تستخدم إلا لما فيه مصلحة أطفالكم.

حاجات الأهل الإرشادية

بهدف التعرف على حاجات الأهل الإرشادية المتعلقة بمشكلات أطفالهم ذوي صعوبات التعلم، قمنا بتصميم استبانة جماعية تغطي الجوانب التالية:

- بعد الحاجة للمعلومات.
- البعد الأكاديمي.
- البعد الاجتماعي السلوكي.
- البعد الانفعالي.
- البعد الاقتصادي.

أهداف هذه الاستبانة:

- تحديد حاجات الأهل الإرشادية.
- تعريف المدرسة بحاجات الأهل والمساهمة في مساعدتهم لحل مشاكلهم.
- وضع طرق واستراتيجيات لحل المشاكل التي يواجهونها مع أطفالهم.
- فتح قنوات للتواصل بين الأهل والمدرسة.

م	الفقرة	دائمًا	غالبًا	أحيانًا	نادرًا
1	بحاجة للمزيد من المعلومات حول صعوبات التعلم				
2	أحتاج إلى معلومات حول الإنجازات المتوقع تحقيقها من قبل طفلي				
3	أحتاج إلى المعلومات عن الخدمات المساندة التي يمكن أن تقدم لطفلي				
4	أحتاج إلى المزيد من المعلومات عن كيفية التعامل مع سلوك طفلي الأكاديمي				

5	أجد ضرورة لحضور محاضرة إرشادية تساعدنا على معرفة أساليب تدريس حاجة طفلي				
6	يجب أن نكون عضوا في وضع الخطة الفردية				
7	تقوم المدرسة بعقد دورات واجتماعات لتعليمنا على أساليب للتعامل مع المشكلات السلوكية لطفلنا				
8	يطلعنا المعلمون بشكل دوري على التقدم في أداء طفلي				
9	إننا بحاجة لمزيد من المساعدة في تفسير اهتمامنا بالطفل لأخوته				
10	إننا بحاجة لمزيد من الفرص للقاء آباء الأطفال ذوي صعوبات التعلم				
11	إننا بحاجة لمعرفة التصرف المناسب عندما يبدأ الأصدقاء والجيران بطرح أسئلة حول طفلنا				
12	إن (زوجتي / زوجي) بحاجة إلى المساعدة من أجل فهم وتقبل حالة طفلنا				
13	بحاجة لمعرفة القدرات المهنية لدى طفلي				
14	يجب محاولة تحسين الصورة (عن طريق دورات إرشادية داخل المدارس) السلبية المتعلقة بالأطفال ذوي الاحتياجات الخاصة				
15	أشعر بالقلق حيال مستقبل طفلي المهني				
16	أن يعامل معلمو الصف العادي طفلي كإنسان له حقوق				
17	أشعر أنني بحاجة إلى دعم معنوي من أسرتي وأقاربي				
18	اشعر أن وجود طفل يحتاج لخدمات خاصة يشكل عبء اقتصادي				
19	أحتاج إلى معلومات عن الجهات التي يمكن أن تقدم الدعم المادي لطفلي				

20	بحاجة للمزيد من المعرفة حول نقاط القوة والضعف لدى طفلنا أكاديمياً				
21	بحاجة للمساعدة في تفسير حالة طفلنا لمن حولنا وتحسين الاتجاهات السلبية				
22	بحاجة للمزيد من المعلومات عن كيفية متابعة طفلنا أكاديمياً داخل المنزل				
23	بحاجة للمساعدة في التعرف على النشاطات الترفيهية التي تناسب طفلنا				

4

الفصل الرابع

الكشف عن الطلبة ذوي صعوبات التعلم

المواضيع التي يتضمنها الفصل:

- ❧ المقدمة

- ❧ تشخيص وتقييم طلبة ذوي صعوبات التعلم

- ❧ إعداد فريق صعوبات التعلم

- ❧ المحكات المستخدمة للحكم على وجود صعوبات التعلم

- ❧ دور المرشد في الكشف عن الطلبة ذوي صعوبات التعلم

- ❧ قائمة الكشف المبكر عن صعوبات التعلم النهائية لدى الأطفال في مرحلة ما قبل المدرسة

- ❧ أدوات تشخيص طلبة صعوبات التعلم

- ❧ مقاييس كشف أولي تصلح للمرشد

- ❧ قوائم الرصد لصعوبات التعلم

- ❧ سلم تقدير الطالب ذوي صعوبات التعلم

- ❧ نموذج التقرير النهائي لصعوبات التعلم لدى الطفل

الفصل الرابع

الكشف عن الطلبة ذوي صعوبات التعلم

المقدمة:

يتناول هذا الفصل موضوعا مهما يقع على عاتق المرشد دورا فعالا به، ألا وهو الكشف وتشخيص الطلبة ذوي صعوبات التعلم، ولذلك يتحدث هذا الفصل عن دور الفريق في الكشف عنهم، والمحكات المستخدمة للحكم على وجود صعوبة تعليمية لدى الطالب، ودور المرشد في ذلك الكشف حيث أن المرشد لا يقوم بتطبيق الاختبارات المقننة، كالاختبارات الإدراكية أو التشخيصية، ولكنه يساهم في الكشف الأولي، ويقدم هذا الفصل أيضا بعض أدوات التشخيص التي يمكن للمرشد استخدامها في الكشف، وقوائم الرصد وسلالم التقدير والنموذج النهائي المستخدم لصعوبات التعلم.

تشخيص وتقييم طلبة ذوي صعوبات التعلم:

يعد التشخيص Diagnosis عملية إجرائية من خلالها يصدر الحكم على مستوى جوانب قوة وجوانب ضعف الشخص الذي يخضع لإجراءات القياس والتقويم، من خلال أدوات ووسائل محددة مقننة بهدف تصنيفه ضمن الفئة والبيئة التي تضمن تعليمه وتدريبه. تهدف عملية تشخيص الطلبة ذوي صعوبات التعلم كما تشير إليها ليرنر (Le صلى الـلـه عليه وسلم ne صلى الـلـه عليه وسلم 1976 ,) إلى جمع البيانات عن الطلبة المعنيين. التي تم الحصول عليها،

وتحليلها للوصول إلى عملية تخطيط ناجحة، تتضمن تقديم الخدمات التربوية والتعليمية المناسبة.

وتمر عملية تشخيص وتقييم صعوبات التعلم بثلاثة مستويات رئيسية هي:

1- المستوى الأول: الكشف وجمع المعلومات ويستخدم في هذا المستوى المواد التالية والوسائل التقييمية التالية: الملاحظة، قوائم الرصد، سلالم التقدير، المقابلة الأسرية.

2- المستوى الثاني: التقييم غير المقنن ويستخدم في هذا المستوى المواد التالية والوسائل التقييمية التالية: اختبار إعادة السرد، اختبار نموذج التعلم، اختبار الإغلاق، اختبار تحليل أخطاء القراءة، تحليل عينات من أعمال الطالب.

3- المستوى الثالث: التقييم المقنن ويستخدم في هذا المستوى المواد التالية والوسائل التقييمية التالية:

أ - الاختبارات الإدراكية السمعية والبصرية التالية:

- اختبار التداعي البصري الحركي.
- اختبار التكامل البصري الحركي.
- اختبار مهارة التحليل البصري.
- اختبار التمييز السمعي.
- اختبار الذاكرة السمعية التتابعية.
- اختبار سعة الذاكرة السمعية.
- اختبار التحليل السمعي.

ب- اختبار تشخيص مهارات اللغة العربية الأساسية.

ج- اختبار تشخيص المهارات الرياضية الأساسية.

إعداد فريق صعوبات تعلم:

إن المدرسة الأساسية تحوي بين جدرانها العديد من الطلبة الذين لا يستفيدون بشكل مباشر من البرامج التعليمية والأنشطة التربوية التي تقدم لهم داخل الصفوف، ومن بين هؤلاء الطلبة من يعانون من صعوبات في التعلم في مجال أو أكثر من مجالات التعليم مما يترتب عليه قلق الآباء والمربين والمهتمين بتربية وتعليم الأطفال، هؤلاء الأطفال في حاجة إلى الرعاية والاهتمام بهم شأنهم في ذلك شأن زملائهم العاديين في الفصل الدراسي، وكلما كان الكشف عن هؤلاء الأطفال و التعرف عليهم مبكراً كلما كانت برامج التدخل العلاجي أفضل وأيسر.

ومن هنا وجب علينا أن ننظر إلى هذه الفئة من الأطفال نظرة إيجابية، تنبعث من نفس إنسانية تقدر مشاعر الآخرين، وتحترمهم وتقدم لهم يد العون والمساعدة، وتنظر لهم نظرة ملؤها العطف والحنان بدلاً من السخرية والاستهزاء ونظرة الازدراء.

ويتكون فريق صعوبات التعلم المقترح من مجموعة من معلمي المدرسة، ويتم اختيار هذه المجموعة على أساس الرغبة والقدرة على تحمل مسؤولية القيام بالمهام الموكلة إلى كل عضوا من أعضاء الفريق، ويتكون الفريق من كل من:

- معلم صعوبات التعلم في المدرسة
- المرشد التربوي في المدرسة
- معلم اللغة العربية
- معلم الرياضيات
- أمين المكتبة
- ويرأس الفريق مدير المدرسة

وفيما يلي دور كل عضو بالفريق:

1- أخصائي صعوبات التعلم: منسق عمل الفريق ويقوم بالمهام التالية:

  أ - تدريب أعضاء الفريق

  ب- أجراء عمليات التقييم المقننة وغير المقننة

  ج- تقييم أداء أعضاء الفريق

  د- إعداد الخطط التربوية الفردية

  هـ- تدريس الطلبة ذوي الصعوبات القرائية والكتابية

2- المرشد التربوي: مساعد منسق الفريق ويقوم بالمهام التالية:

  أ - مقابلة أولياء الأمور

  ب- متابعة تحصيل الطلبة في غرفهم الصفية العادية

  ج- التنسيق بين أعضاء الفريق والإدارة المدرسية

  د- التنسيق بين أعضاء الفريق وبقية المعلمين

  هـ- إعداد خطط تعديل السلوك

3- معلم اللغة العربية: عضو بالفريق ويقوم بالمهام التالية:

  أ - تدريس الطلبة ذوي الصعوبات القرائية والكتابية بواقع حصة أسبوعية

  ب- إعداد الوسائل التعليمية الخاصة بذوي الصعوبات القرائية والكتابية

  ج- إعداد بعض الاختبارات غير المقننة بالتعاون مع منسق الفريق

  د- إعداد المسابقات الثقافية

4- معلم الرياضيات: عضو ويقوم بالمهام التالية:

  أ - إعداد الوسائل الخاصة بذوي الصعوبات الرياضية

  ب- تدريس ذوي الصعوبات الرياضية بواقع حصة أسبوعيا

  ج- إعداد المسابقات الرياضية

ونظراً لاختلاف كل حالة من حالات صعوبات التعلم عن الحالات الأخرى يقوم أعضاء الفريق بوضع الوثائق المتعلقة بكل حالة بملف خاص، حيث يحتوي كل ملف على الوثائق التالية:

- التقرير النفسي التربوي للحالة

- المقابلة الأسرية

- سلالم التقدير وقوائم الرصد

- الخطة التربوية الفردية

- نتائج عملية التقييم الخاصة بفاعلية الخطة الفردية

المحكات المستخدمة للحكم على وجود صعوبات التعلّم:

هناك عدد من المحكات التي يتم اعتمادها واللجوء إليها للحكم على الطالب، وفي حالة توافرها غالباً ما يحكم على الطالب بانتمائه لفئة ذوي صعوبات التعلّم، وهذه المحكات هي:

أن تحصيل الطفل لا يتناسب مع عمره أو مستوى قدرته في واحدة أو أكثر من المجالات التالية، عندما تقدم الخبرات التربوية المناسبة لعمره ومستوى قدرته، وهذه المجالات هي: التعبير الشفوي، والفهم المبني على الاستماع، والتعبير الكتابي، ومهارات القراءة الأساسية، والفهم القرائي، والعمليات الحسابية، والاستدلال الرياضي.

عندما يجد فريق التقييم بأن لدى الطفل تفاوتاً كبيراً بين تحصيله وقدرته العقلية في واحدة أو أكثر من المجالات المذكورة في الفقرة السابقة قد لا يحكم فريق التقييم على أن لدى الطفل صعوبة في التعلّم، إذا كان التباعد الكبير بين القدرة والتحصيل ناتجاً في الأساس عن: إعاقة بصرية، سمعية، وحركية، وتخلف عقلي، واضطراب انفعالي، وحرمان بيئي، ثقافي أو اقتصادي.

وكذلك اتفقت التعريفات المتنوعة فيما بينها على خمسة عناصر، هي:

ومن الممكن بيان هذه المحكات الخمسة بأسلوب مختلف، وذلك على النحو التالي:

1- **محك التباعد:**

ويقصد به تباعد المستوى التحصيلي للطالب في مادة عن المستوى المتوقع منه حسب حالته وله مظهران :

- التفاوت بين القدرات العقلية للطالب والمستوى التحصيلي.
- تفاوت مظاهر النمو التحصيلي للطالب في المقررات أو المواد الدراسية .

فقد يكون متفوقا في الرياضيات، عاديا في اللغات، ويعاني صعوبات تعلم في العلوم أو الدراسات الاجتماعية، وقد يكون التفاوت في التحصيل بين أجزاء مقرر دراسي واحد ففي اللغة العربية مثلا قد يكون طلق اللسان في القراءة، جيدا في التعبير، ولكنه يعاني صعوبات في استيعاب دروس النحو أو حفظ النصوص الأدبية.

2- **محك الاستبعاد:**

حيث يستبعد عند التشخيص وتحديد فئة صعوبات التعلم الحالات الآتية: التخلف العقلي، والإعاقات الحسية، و المكفوفين، وضعاف البصر، والصم، وضعاف السمع، وذوي الاضطرابات الانفعالية الشديدة مثل الاندفاعية والنشاط الزائد، وحالات نقص فرص التعلم أو الحرمان الثقافي.

3- **محك التربية الخاصة:**

ويرتبط بالمحك السابق ومفاده أن ذوي صعوبات التعلم لا تصلح لهم طرق التدريس المتبعة مع الطلبة العاديين فضلا عن عدم صلاحية الطرق المتبعة مع المعاقين، وإنما يتعين توفير أسلوب من التربية الخاصة من حيث (التشخيص والتصنيف والتعليم) يختلف عن الفئات السابقة.

4- محك المشكلات المرتبطة بالنضوج:

حيث نجد معدلات النمو تختلف من طفل لآخر مما يؤدي إلى صعوبة تهيئته لعمليات التعلم فما هو معروف أن الطلبة الذكور يتقدم نموهم بمعدل أبطأ من الإناث مما يجعلهم في حوالي الخامسة أو السادسة غير مستعدين أو مهيئين من الناحية الإدراكية لتعلم التمييز بين الحروف الهجائية قراءة وكتابة مما يعوق تعلمهم اللغة ومن ثم يتعين تقديم برامج تربوية تصحح قصور النمو الذي يعوق عمليات التعلم سواء كان هذا القصور يرجع لعوامل وراثية أو تكوينية أو بيئية ومن ثم يعكس هذا المحك الفروق الفردية في القدرة على التحصيل.

5- محك العلامات الفيورولوجية:

حيث يمكن الاستدلال على صعوبات التعلم من خلال التلف العضوي البسيط في المخ الذي يمكن فحصه من خلال رسام المخ الكهربائي وينعكس الاضطراب البسيط في وظائف المخ (Minimal Dysfunction) في الاضطرابات الإدراكية (البصري، والسمعي، والمكاني، النشاط الزائد، والاضطرابات العقلية، صعوبة الأداء الوظيفي).

دور المرشد في الكشف عن الطلبة ذوي صعوبات التعلم:

يعد المرشد جزءا من فريق الكشف عن الطلبة ذوي صعوبات التعلم، ويركز المرشد على الجوانب التالية في هذا المجال:

1- الكشف الأولي عن الطلبة ذوي صعوبات التعلم
2- تحديد أبرز المشكلات السلوكية والنفسية والتربوية والاجتماعية التي يعاني منها الطلبة ذوي صعوبات التعلم.
3- الاشتراك في كتابة التقرير التربوي النفسي عن الطلبة ذوي صعوبات التعلم
4- الاشتراك في وضع أهداف نفسية في الخطة التربوية المعدة للطالب.

5- الالتقاء مع ولي أمر الطالب للتعرف على ذوي صعوبات التعلم من أجل المساعدة في الكشف عنهم.

6- الابتعاد عن اتخاذ قرارات متسرعة يخبر من خلالها ولي الأمر بأن ابنه يعاني من صعوبة تعليمية.

7- الابتعاد عن تطبيق المقاييس المقننة على الطلبة، لأن ذلك من أعمال معلم التربية الخاصة وليس المرشد التربوي.

وفيما يلي أبرز المقاييس والاختبارات والقوائم التي يمكن للمرشد التربوي استخدامها وتساعده في الكشف الأولي عن الطالب ذوي صعوبات التعلم.

قائمة الكشف المبكر عن صعوبات التعلم النهائية لدى الأطفال في مرحلة ما قبل المدرسة:

بيانات:

اسم الطفل :	العمر: ....
المدرسة:	التاريخ: ....
اسم المدرس:	الفصل: ....

تعليمات:

زميلي الفاضل .. زميلتي الفاضلة ..

أمامك مجموعة من العبارات التي من خلالها يمكن التعرف على صعوبات التعلم النمائية التي يعاني منها طفلك داخل الفصل الدراسي، وعليك بقراءة كل عبارة من العبارات بدقة وتأني، وتحديد مدى انطباق العبارة على سلوك طفلك داخل الفصل من خلال تعاملك معه أثناء العام الدراسي، وذلك من خلال درجات الموافقة الموجودة أمام كل عبارة وهي:

- دائماً: تعني أن العبارة تنطبق على سلوك الطفل في كل تصرفاته.

- غالباً: تعني أن العبارة تنطبق على سلوك الطفل في معظم تصرفاته.

- أحياناً: تعني أن العبارة تنطبق على سلوك الطفل في بعض الأحيان ولا تنطبق في أحيان أخرى.

- نادراً: تعني أن العبارة نادراً ما تنطبق على سلوك الطفل.

ويجب عليك وضع علامة (✓) أسفل درجة الموافقة التي تناسب سلوك طفلك كما تلاحظها أنت وليس الآخرين, واعلم أن الإجابة الصحيحة تعتمد على الملاحظة الدقيقة لسلوك الطفل والانتباه إلى مدى تكرار هذا السلوك ومدى حدته, والمهم أن يكون الحكم على سلوك الطفل صائباً غير المبالغ فيه.

الرجاء ملء البيانات الخاصة بهذه القائمة ونشكركم على حسن تعاونكم معنا.

الأبعاد		الأول A			الثاني B					الثالث C	
	أ	ب	ج	د	هـ	و	ز	ح	ط	ي	
الدرجة											
المجموع											

م	الأبعاد والعبارات	دائماً	غالباً	أحياناً	نادراً
A	البعد الأول:				
	أ:				
1	يفهم كل ما يقوله المعلم في الفصل.				
2	يستطيع أن يردد الكلمات بعد سماعها من المعلم.				
3	يستطيع أن يردد الأعداد بعد سماعها من المعلم.				
4	يسمع صوت المعلم من أي مكان بالفصل.				
	ب:				
5	يربط بين الصورة والحرف				
6	ينطق جميع الأحرف الهجائية دون خطأ				
7	يذكر الأعداد من 1 إلى 10				
8	يستجيب للمعلم عند الحديث معه				
	ج:				
9	ينطق الكلمات بطلاقة دون خطأ				
10	قادر على الحديث الشفهي مع الآخرين.				
11	يستطيع أن يصف ما شاهده من أحداث أو مواقف.				
12	يعبر عن قصة من خلال صورة أمامه.				
B	البعد الثاني:				
	د:				
13	كثير الالتفات والحركة في الفصل وغير منتبه للشرح.				
14	يميز بين الأحرف الهجائية بعضها وبعض وخاصة				
15	المشتبه منها.				

م	الأبعاد والعبارات	دائماً	غالباً	أحياناً	نادراً
16	يستطيع أن يميز بين الألوان بعضها وبعض.				
	يميز بين الصور والأشكال بعضها وبعض.				
	هـ :				
17	يتذكر أسماء الصور والأشكال.				
18	يتذكر الأحرف الهجائية.				
19	يتذكر بعض البيانات الخاصة به والأسرة.				
20	يتذكر أحداث وقعت بالأمس.				
	و:				
21	يسمع الاسم الذي يعبر عن صورة ويشير إليها.				
22	يسمع أسماء أجزاء الجسم ويشير إليها.				
23	يمكنه التحرك للأمام والخلف بالعدد.				
24	يمكنه الوثب من المكان بالعدد.				
	ز:				
25	يستطيع أن يحدد الاختلافات بين الأشكال وبعضها.				
26	يستطيع التعرف على الأشياء المتشابهة بين الأشكال.				
27	يستطيع التوصيل بين الأشياء التي تنتمي لمجموعة واحدة.				
28	يمكنه معرفة اليمين واليسار - أعلى وأسفل.				
	ح:				
29	يمكنه التصرف في حل مشكلة بسيطة.				
30	يمكنه التصرف والوصول إلى شيء أمامه.				
31	يتصرف بأمانة إذا وجد مبلغاً من المال.				
32	يتصرف بحكمة إذا تركته سيارة المدرسة.				

م	الأبعاد والعبارات	دائماً	غالباً	أحياناً	نادراً
C	البعد الثالث:				
	ط:				
33	يمكنه تقليب صفحات الكتاب والوصول إلى الصفحة المطلوبة.				
	يستطيع ترتيب المكعبات وعمل أشكال مختلفة منها.				
34	يستطيع الإمساك بالقلم والكتابة به.				
35	يستطيع استخدام الألوان في الرسم.				
36					
	ي:				
37	يستطيع أن يقفز في أمان من ارتفاع بسيط.				
38	يستطيع السير وهو يحجل لمسافة معينة.				
39	يستطيع ارتداء وخلع ملابس الأنشطة بمفرده.				
40	يستطيع أن يقفز من مكانه لنقطة أخرى ليست بعيدة عنه.				

أدوات تشخيص طلبة صعوبات التعلم:

تهدف عملية التشخيص إلى جمع بيانات ومعلومات شاملة عن الطلبة المعنيين للوصول إلى وضع برنامج تربوي تعليمي مناسب، من خلال استخدام وسائل وأدوات قياس متعددة، من أبرزها:

أولاً: دراسة الحالة

- طرح أسئلة متعلقة بصحة الطالب، العمر باليوم والشهر والسنة، والأحداث غير العادية التي مر بها خلال عملية الولادة، والمشكلات، والأمراض الصحية،

والأمراض المزمنة وغير المزمنة، والفحوصات السمعية والبصرية التي أجريت له، ونتائجها.

- طرح أسئلة متعلقة بعملية النمو خلال سني عمره في المراحل التالية: عند الجلوس، والزحف، والمشي، ونطق الكلمة الأولى، ونطقه الجملة ذات المعنى.

- طرح أسئلة متعلقة بالنشاطات، من مثل: الإمساك بالقلم والسيطرة عليه، وكتابة الاسم، والتبول اللاإرادي، والنشاط الزائد أو الخمول الزائد، واستخدام اللغة التعبيرية بوضوح، والاستماع للقصص، وقضاء الأوقات في المنزل، والنشاطات الأخرى التي يستطيع القيام بها.

ويمكن تصميم استمارة خاصة بدراسة الحالة وفق الأسئلة السابقة حتى يتمكن المعلم من جمع البيانات اللازمة عن كل طالب.

وفيما يلي نموذجا يمكن للمرشد الاستفادة به عند دراسة حالة يشك بأن لديه صعوبات تعلم:

نموذج دراسة الحالة

المعلومات العامة عن الطفل:

اسم الطفل: .... تاريخ المقابلة: / / تاريخ الميلاد: / /

العمر الزمني: .... تشخيص الطفل: .... مصدر التشخيص: ....

العنوان: .... هاتف المنزل: .... الخلوي: ....

المعلومات العامة عن الأسرة:

اسم ولي الأمر: .... عمر ولي الأمر: ....

وظيفة ولي الأمر: ....

عمر الأب عند إنجاب الطفل: (........) عمر الأم عند إنجاب الطفل: (........)

عـدد أفـراد الأســرة : (........) ترتيب الطفـل بين إخوته: (........)

صلة القرابة بين الأب والأم:

☐ أبناء عمومة ☐ أبناء خال ☐ قرابة بعيدة ☐ لا توجد قرابة

متى تعرفت الأسرة على أن الطفل يعاني من مشكلة و كيف تم ذلك: ....

السيرة المرضية للام:

ما هي الأمراض والأعراض التي تعرضت لها الأم أثناء الحمل؟ *السكري* الضغط *تسمم الحمل

تعاطي أدوية مهدئة التعرض للأشعة *حوادث أخرى/ حددها الحصبة الألمانية * جرثومة

القطط

أمراض أخرى/ حددها ....

هل تعرضت الأم لصدمة نفسية أثناء الحمل؟ ☐ نعم ☐ لا

حددها؟ ....

هل سبق أن أجهضت الأم أجنة ميتة؟ ☐ نعم ☐ لا ، وكم مرة؟ ....

هل عانت الأم من مشكلات صحية ونفسية في الولادات السابقة أو لاحقة؟

☐ نعم ☐ لا، حددها؟ ....

السيرة المرضية للطفل:

كم مدة الحمل في الطفل بالأشهر؟ (........) شهر،

كم وزن الطفل عند الولادة؟ (........) غم

نوع الولادة: ☐ طبيعية ☐ قيصرية ☐ غير طبيعية (السبب) ....

هل احتاج الطفل بعد الولادة: ☐ حاضنة ☐ أكسجين

هل أصيب الطفل باليرقان (الصفار): ☐ نعم ☐ لا

هل استدعت حالة اليرقان دخول المستشفى؟ ☐ المعالجة الضوئية ☐ تغيير الدم

هل يتعرض الطفل لتشنجات ونوبات؟ ☐ نعم ☐ لا

هل يعاني الطفل من تشوهات خلقيــة؟ ☐ نعم ☐ لا

حددها ....

هل الرضاعة كانت: ☐ طبيعية ☐ صناعية

السبب: ....

هل يعاني الطفل من مشكلات بصرية؟ ☐ نعم ☐ لا

حددها ....

هل يعاني الطفل من مشكلات سمعية؟ ☐ نعم ☐ لا

لماذا؟ ....

هل يتناول الطفل أدوية أو عقاقير بشكل مستمر؟ ☐ نعم ☐ لا

حددها ....

هل يعاني الطفل من اضطرابات صحية في القلب؟ ☐ نعم ☐ لا

حددها ....

هل تلقى الطفل خدمات تأهيلية أو تعليمية سابقا؟ ☐ نعم ☐ لا

أين؟ ....

هل اخذ الطفل جرعات التطعيم؟

الثلاثي	☐ نعم ☐ لا ،	الحصبـة	☐ نعم ☐ لا
الشــلل	☐ نعم ☐ لا ،	الدفتيريا	☐ نعم ☐ لا
النكاف	☐ نعم ☐ لا ،	الكبد (اليرقان)	☐ نعم ☐ لا

هل يعاني الطفل حاليا من مرض مزمن؟ ❑ نعم ❑ لا

حددها ....

هل تعرض لحوادث سير أو سقوط منزلية حددها؟ ❑ نعم ❑ لا

حددها ....

ملخص التقارير الطبية عن الطفل ومصادرها؟

المظاهر والنمائية العامة لدى الطفل:

المظاهر النمائية	النمو عند الطفل	النمو الطبيعي	نسبة التأخر تقريبا
متى بدأ الطفل بالجلوس		3 شهور	
متى بدأ الطفل بالحبي		6 شهور	
متى بدأ الطفل بالمشي		1 سنة	
متى بدأ الطفل بالكلام		1 سنة	
متى بدأ الطفل بالتسنين		8 شهور	
متى بدأ الطفل بالطعام		4 شهور	
متى بدأ الطفل باستخدام التواليت		1.5 سنة	
متى بدأ الطفل باللباس		2 سنة	

المستوى التحصلي والأكاديمي للطالب:

....

متى ظهرت مشكلة التحصيل لدى الطالب:

....

التحصيل في السنوات السابقة:

....

التحصيل في المرحلة الحالية:

....

المواد التي يحصل فيها على علامات منخفضة:

....

المواد التي يحصل فيها على علامات مرتفعة:

....

العلاقة مع المعلمين والطلبة في المدرسة:

....

المستقبل الأكاديمي والمهني من وجهة نظر الطالب:

....

المشكلات السلوكية التي يعاني منها الطفل (حددها):

- ❑ قضم الأظافر
- ❑ مص الأصابع
- ❑ التبول الليلي
- ❑ اضطرابات النوم (الأرق)
- ❑ عدوانية على الغير
- ❑ شرود الذهن والسرحان
- ❑ نوبات غضب
- ❑ الصراخ والبكاء المتواصل
- ❑ نوبات صرع
- ❑ الخجل والانطواء
- ❑ العزوف عن الطعام
- ❑ العناد
- ❑ أخرى ....

النشاط الحركي والجسمي للطفل:

تناول الطعام: يأكل بنفسه أو يحتاج لمساعدة ....

الشراب: ....

الاعتناء بنظافته: ....

ارتداء ثيابه: ....

استعمال الحمام: ....

المشاركة العائلية للطفل:

....

الحالة الاقتصادية لعائلة الطفل:

....

الحد الأدنى للقسط الذي يمكن أن يشارك فيه الأهل

....

لماذا ترغب الأسرة بانضمام ابنها إلى غرفة المصادر(ما هي احتياجات الطفل من وجهة نظر الآسرة):

1- ....

2- ....

التوصيات:

1- ....

2- ....

قدم المعلومات ولي أمر الطالب: .... درجة القرابة: ....

أجرى الدراسة: .... الوظيفة: ....

التوقيع: ....

ثانياً: الملاحظة الإكلينيكية

يمكن للمعلم العادي، أو معلم ذوي الصعوبات التعليمية، أن يقوم بتصميم أداة خاصة بجمع المعلومات حول خصائص الطلبة ذوي صعوبات التعلم من خلال مقاييس التقدير (صلى الـله عليه وسلم ating scale)، ويشير كل من مايكل بست وبوشز (Mykle Bust and Boshes,1969) إلى (24) خاصية يمكن تدريجها من (1-5) نقاط، بحيث تشير النقطة الأولى إلى الأداء المتدني للطالب، والثالثة إلى الأداء المتوسط، والخامسة إلى الأداء

المرتفع. وتتمثل الخصائص التي يمكن بناء مقياس تقديري من خلالها بالجوانب التالية:

- الإدراك السمعي: ويتمثل في قدرة الطالب على الاستماع للكلمات المنطوقة، وعلى الاستيعاب داخل الصف، وتذكر المعلومات المسموعة، وفهم معاني الكلمات.

- اللغة المحكية: وتتمثل في قدرة الطالب على التعبير، والكلام، وتذكر الكلمات، وربط الخبرات، وتكوين الأفكار.

- الوعي: ويتمثل في القدرة على الاستفادة من تشجيع الآخرين، ومعرفة البيئة المحيطة، والحكم، وإيجاد العلاقات، والتعلم.

- السلوك: ويتمثل في القدرة على التعامل مع الآخرين، والانتباه للمثيرات المحيطة، والتنظيم، والتكيف مع المواقف الجديدة، والتكيف الاجتماعي، وتحمل المسؤولية، وإنجاز المهمات المعطاة لهم.

ثالثاً: اختبارات التحصيل المقننة:

تعد اختبارات التحصيل المقننة من أكثر الاختبارات الشائعة الاستعمال مع الطلبة ذوي صعوبات التعلم، وذلك لكون انخفاض التحصيل هو السمعة الرئيسية لديهم. ويمكن التعبير عن الدرجات المستخلصة بدرجات كمية، مثل: الصف المكافئ، والرتب المئينية. وتوظف نتائج هذه الاختبارات لتحديد مواطن القوة والضعف لدى هؤلاء الطلبة في المدارس، بهدف بناء خطط فردية مناسبة لكل طالب منهم، ومن هذه الاختبارات:

- اختبارات التحصيل في القراءة، كاختبار "جراي" للقراءة الشفهية، واختبار "منرو" لتشخيص القراءة، ومقياس شباش لتشخيص القراءة.

- اختبارات التحصيل في الرياضيات، ومنها: اختبار مفتاح الحساب لتشخيص الرياضيات، واختبار ستافور لتشخيص الرياضيات لـ "بيتي".

رابعاً: اختبارات القدرات العقلية:

تهدف هذه الاختبارات (ستانفورد - بنيه، وكسلر، الذكاء المصور، جود أنف) إلى معرفة ما إذا كان الطالب يعاني من تدن في قدراته العقلية أم لا: لاستبعاد أثر الإعاقة العقلية على تحصيل الطالب، فإذا تبين أن الطالب قد حصل على نسبة ذكاء (85-115)، وأظهر مع ذلك تدنياً في التحصيل، فإن ذلك يشير إلى احتمالية عالية لمعاناة الطالب من صعوبات في التعلم.

خامساً: الاختبارات التحصيلية غير المقننة:

تمتاز هذه الاختبارات بأنها يمكن أن تصمم من قبل المعلم بحيث يضع لها معياراً ميعناً ليصل إليه الطالب بنفسه، ويمكن من خلال هذه الاختبارات مقارنة أداء الطالب المفحوص بمستوى إتقان معين من التحصيل، ويعبر عن النتائج بوصف المهارات من حيث درجة الإتقان، أو عدم وجودها عند مستوى معين من الكفاءة. كما يمكن للمعلم أن يضع خطة تربوية وتعليمية مناسبة للطالب، في ضوء جوانب القوة والضعف التي يظهرها من خلال الاختبارات.

سادساً: اختبارات التكيف الاجتماعي

تهتم بالتعريف إلى مظاهر النمو والتكيف الاجتماعي للطالب للكشف عن المظاهر السلبية في تكيفه الاجتماعي. ومن الأمثلة عليها: اختبار "فاينلاد" للنضج الاجتماعي واختبار الجمعية الأمريكية للتخلف العقلي والخاص بالسلوك التكيفي.

سابعاً: الاختبارات الخاصة بصعوبات التعلم:

تفيد هذه الاختبارات بالتعرف إلى الطلبة الذين يعانون من صعوبات في التعلم. ومنها:

1- مقياس ماريانن فروستج لتطور الإدراك البصري:

ويقيس جوانب محددة متعلقة بالإدراك البصري، ويعد من أهم المقاييس في تدريب الطلبة ذوي صعوبات التعلم، وتشخيص مظاهر الإدراك البصري للطلبة من الفئات العمرية من (3-8) سنوات، ويتألف من (57) فقرة موزعة على الاختبارات الفرعية التالية:

- اختبار تآزر العين مع الحركة: يقيس ها الاختبار قدرة الطالب على رسم خط مستقيم أو منحنى ـ أو رسم زوايا ذات اتساعات مختلفة بدون توجيه من الفاحص، ويتكون من (16) فقره.
- اختبار الشكل والأرضية: يقيس درة الطالب على إدراك الأشكال على أرضيات متزايدة في التعقيد، ويتألف من (8) فقرات.
- اختبار ثبات الشكل: يقيس قدرة الطالب في التعريف إلى أشكال هندسية معينة، بأحجام مختلفة، وبفروق دقيقة، وفق سياق أو نسب معينة، وفي مواقع مختلفة، ويستخدم للتمييز بين الأشكال الهندسية المتشابهة(دوائر، مربعات، مستطيلات، أشكال بيضاوية، متوازيات أضلاع) ويتألف من (19) فقره.
- اختبار الوضع في الفراغ: يقيس الطالب على تمييز الانعكاسات، والتعاقب في الأشكال التي تظهر بتسلسل، وتستخدم رسوم تخطيطية تمثل موضوعات عامة، ويتألف من (8) فقرات.

• اختبار العلاقات المكانية: يقيس قدرة الطالب على تحليل النماذج والأشكال البسيطة التي تشمل على خطوط مختلفة الأطوال والزوايا، إذ يطلب من المفحوص نسخها، أو تقليدها، باستخدام التنقيط ويتألف من (8) فقرات.

2- مقياس مايكل بست للكشف عن الطلبة ذوي صعوبات التعلم:

يهدف ها المقياس إلى التمييز بين الطلبة العاديين وذوي صعوبات التعلم، حيث قام الكثير من الباحثين في هذا المجال باستخدام هذا المقياس للكشف عن النقاط الحرجة في الكشف عن الفئتين باستخلاص أهم الخصائص من خلال عرض فقرات الاختبار على مجموعة من المعمين في المرحلة الأساسية للتأكد من وضوح الفقرات، والتعليمات اللازمة للتطبيق، وأصبح المقياس يتكون من (24) فقرة موزعة على خمسة أبعاد هي:

• الاستيعاب.

• اللغة.

• المعرفة العامة.

• التناسق الحركي.

• السلوك الشخصي والاجتماعي.

ويمكن لمعلم الطالب العادي، أن يقوم بتعبئة نموذج التقويم بوضع إشارة (✓) على السمة التي يتصف بها الطالب من خلال اختيار بديل واحد من خمسة بدائل متدرجة من (1-5)، إذ يشير البديل (1) إلى توافر السمة في الطالب في حدها الأدنى، ويشير البديل رقم (5) إلى توافرها فيه بحدها الأعلى، ويمكن للمعلم الحصول على الدرجة الكلية للمقياس ودرجات فرعية لكل بعد من أبعاد المقياس، بحيث يمكن تشخيص الطالب فيما إذا كان يعاني من صعوبات في التعلم أم لا.

وتمثل الفقرات التالية أمثلة من هذا المقياس:

البعد الأول: الاستيعاب.

- **فهم معاني الكلمات:**

1- قدرة الطالب على الفهم متدنية جداً.

2- يصعب عليه استيعاب معاني المفردات البسيطة، كما أنه لا يفهم المفردات من مستوى طلبة صفة.

3- يستوعب الكلمات المناسبة لمستواه العمري.

4- يستوعب المفردات المناسبة لمستوى طلبة صفة، كما يفهم معاني الكلمات التي تفوق مستوى طلبة صفة.

5- يبدي قدرة عالية جداً على فهم المفردات كما أنه يستوعب كثيراً من الكلمات المجردة.

البعد الثاني: اللغة.

- **المفردات:**

1- يستخدم دائماً مفردات ضعيفة ودون مستواه العمري.

2- مفرداته اللغوية محدودة جداً، وغالباً ما يستعمل الأسماء البسيطة، والكلمات أو الوصيفة.

3- مفرداته اللغوية المناسبة لعمره وأعمار طلبة صفة.

4- مفرداته اللغوية تفوق عمره، ويستخدم كلمات وصفية دقيقة بكثرة.

5- مفرداته متطورة جداً، ويستخدم الكلمات الدقيقة والعبارات المجردة دائما.

البعد الثالث: المعرفة العامة.

- **إدراك الوقت:**

1- لا يعي معنى الوقت، فهو متأخر ومشوش بشكل دائم.

2- مفهوم الزمن لديه لا بأس به، إلا أنه يضيع الوقت، وكثيراً ما يتأخر.

3- قدرته متوسطة على فهم الوقت وإدراكه، وتتناسب مع من هم في عمره من طلبة صفة.

4- دقيق في مواعيده، ولا يتأخر.

5- مهاراته عاليه جداً على فهم المواعيد، كما أنه يخطط، وينظم وقته بشكل ممتاز.

البعد الرابع: التناسق الحركي:

- **التناسق الحركي العام، مثل (المشي، والركض، والقفز، والتسلق)**

1- تناسقه الحركي بشكل عام ضعيف جداً، وكثيراً ما يصطدم بالأشياء والأشخاص.

2- تناسقه الحركي بشكل عام دون المتوسط.

3- تناسقه الحركي متوسط، يتناسب مع مستوى عمره وأعمار طلبة صفة.

4- تناسقه الحركي أعلى من المتوسط وأداؤه جيد في النشاطات الحركية.

3- اختبار الينوي للقدرات النفس اللغوية:

يعد هذا الاختبار من أشهر الاختبارات التي تقيس القدرات النفس اللغوية، وقام ببنائه وإعداده "مكارثي وكيرك" من جامعة الينوي (Mjaca صلى الـلـه عليه وسلم thye and Ki صلى الـلـه عليه وسلم k, 1962) ويمكن لأخصائي التربية الخاصة، أو الأخصائي النفسي أو الأخصائي في النطق واللغة، أن يقوم بتطبيقه لتشخيص الطلبة الذين يعانون من صعوبات في التعلم، ونظراً لأهمية هذا المقياس، فقد قام الكثير من الباحثين في هذا المجال بتطبيق الاختبار على بيئاتهم من خلال استخراج معايير الصدق والثبات له، ويتألف المقياس من (12) فقرة تتعلق بطرق الاتصال اللغوية ومستوياتها والعمليات العقلية والنفسية والانفعالية وهذه الفقرات كانت على النحو التالي:

1- اختبار الاستقبال السمعي: ويقيس الاستقبال السمعي، والإجابة بنعم أو لا.

2- اختبار الاستقبال البصري: يقيس مطابقة صورة مفهوم ما مع صورة أخرى، ذات علاقة بها.

3- اختبار الترابط السمعي: يقيس إكمال جمل متجانسة في تركيبها اللغوي.

4- اختبار الترابط البصري: يقيس الربط بين المثيرات البصرية المتجانسة.

5- اختبار التعبير اللفظي: يقيس التعبير اللفظي عن الأشياء التي يطلب منه تفسيرها.

6- اختبار التعبير العملي: يقيس التعبير عملياً، أو يدوياً عما يمكن أداؤه بأشياء معينة.

7- اختبار الإكمال البصري: يقيس إدراك موضوعات ناصة وتمييزها، إذا تعرض على الطالب المفحوص لوحة تتضمن عدداً من الموضوعات الناقصة، ويطلب منه تمييزها.

8- اختبار التذكر البصري: يقيس تذكر الأشكال التي لا معنى لها، بطريقة متسلسلة، إذ يعرض على الطالب المفحوص كل شكل من تلك الأشكال لمدة (5) ثواني، يصل أقصى مدى لتلك الأشكال إلى (8) أشكال.

9- اختبار التذكر السمعي: يقيس تذكر سلاسل من الأرقام تصل في أقصى مدى لها إلى (8) أرقام، إذ تطرح على الطالب المفحوص بمعدل رقمين في كل ثانية.

10- اختبار الإكمال السمعي: وهو اختار احتياطي، يقيس إكمال مفردات ناقصة.

11- اختبار التركيب الصوتي: وهو اختبار احتياطي أيضاً.

12- ومقياس الينوي يصلح لاختبار الأطفال من الفئات العمرية (2-10) سنوات، ويستغرق تطبيقه ساعة ونصف الساعة، أما الوقت اللازم لتصحيحه فيستغرق (30-40) دقيقة.

مقاييس كشف أولي تصلح للمرشد:

وفيما يلي عدد من المقاييس التي تساعد المرشد في الكشف الأولي وبطريقة غير مقننة عن الطالب ذوي صعوبات التعلم:

تحديد هوية الطالب الذين يعاني من عدم القدرة على التركيز والتنظيم

لا	نعم	الفقرة	الرقم
		يفشل في تركيز انتباهه على التفاصيل الدقيقة	1
		يقترف الكثير من الأخطاء التي تتطلب فقط القليل من الانتباه	2
		كثيرا ما يلاحظ عليه عدم استماعه لما يقال له	3
		يعاني من صعوبة في تنفيذ تعليمات الآخرين، أحيانا من دون قصد	4
		قد ينسى ما هو مطلوب منه	5
		يواجه صعوبة في استكمال أداء المهمات الروتينية اليومية	6
		غالبا ما يفشل في تنظيم نشاطاته وأغراضه الخاصة	7
		غالبا ما يتردد أو يكره الدخول في نشاطات تطلب منه بذل جهد فكري	8
		كثيرا ما ينسى أشياء ضرورية لأنشطته أو واجباته المدرسية (في المدرسة أو في البيت)	9
		يسهل إلهاؤه وجذب انتباهه بواسطة أي منبه عرضي بسيط	10
		يسود مكتبه فوضى عارمة من الأوراق والأشياء التي لا يستخدمها غالبا	11
		غالبا ما تكون أوراقه وواجباته المدرسية ملطخة بالحبر أو الطعام أو الأقلام الملونة	12

13	من الصعب عليه البدء في نشاط معين		
14	لا يستطيع العمل بمفرده من دون مساعدة		
15	قد يحدق لأكثر من نصف ساعة في الورقة أو في رفاقه		
16	غالبا ما تكون ذاكرته ضعيفة		

تحديد هوية الطالب الذي يعاني من فرط النشاط

الرقم	الفقرة	نعم	لا
1	يبدي حركات عصبية: من خلال يديه أو قدميه أو جلسته المتململة		
2	يعاني من صعوبة في اللعب بهدوء		
3	دائم الانتقال من نشاط لآخر قبل الانتهاء من عمله		
4	يهرع إلى تقديم الأجوبة عن أسئلة لم يستكمل طرحها بعد		
5	يعاني من صعوبة في الوقوف انتظارا لدوره في صفوف المباريات أو أي أنشطة جماعية		
6	كثيرا ما يقاطع الآخرين أو يتطفل عليهم، كتدخله عنوة في ألعاب غيره من الأطفال		
7	يتصرف بسخافة ويبدو قليل الثقة بنفسه		
8	سريع الغضب، عنيد وغير متعاون		
9	متهور، لا يستطيع ضبط ردات فعله الفورية		
10	يظهر مخاوف كثيرة وينزعج جدا عندما يخطئ		
11	يشكوا من أن الآخرين لا يحبونه		

لا	نعم	الفقرة	الرقم
		لا يستطيع الجلوس ساكنا في مقعده	12
		لا يقف مستقيما بل غالبا ما يلقي بنفسه على الطاولة دون أن يجلس	13
		يترك مقعده ويحوم في الغرفة من دون هدف	14
		فوضوي وغير منظم، لا يعتني بمظهره الخارجي	15
		لا يستطيع التركيز على النشاط الذي يحدث في الصف، نادرا ما ينهي عملا مناطا به	16
		يعمد إلى خرق القوانين لاسترعاء انتباه المدرس أو رفاقه، يضرب ويضايق الآخرين	17
		غالبا ما يكون مهرج الصف	18
		غالبا ما يعتدي على رفاقه بالشتم أو الصراخ	19
		يستمتع بإتلاف ممتلكاته أو ممتلكات المدرسة	20
		غالبا ما يستخدم الأشياء التي يحملها في اعتدائه على الآخرين	21

تحديد هوية الطالب الذين يعاني من صعوبات إدراكية-سمعية

لا	نعم	الفقرة	الرقم
		يتجاهل التعليمات السمعية	1
		مخزونه من المفردات اللغوية ضئيل، كما أن نطقه غير واضح	2
		يحب مشاهدة الأفلام السينمائية الصامتة. ليستمتع بالفيلم نجده يركز على الصور والمحادثة أكثر من تركيزه على المحادثة	3
		يحب القيام بالأشغال الفنية أو الرسم، إلا أنه يكره حصص الموسيقى والغناء	4

5	يجد صعوبة في تمييز الأصوات المتشابهة مثل سار وصار وطار		
6	يكره التحدث أمام المجموعة كما انه لا يتنبه للأحاديث التي تدور حوله		
7	يفضل عرض أعماله على الآخرين بدلا من التحدث عنها		
8	غالبا ما يتحدث بصوت مرتفع		
9	غالبا ما يجيب على الأسئلة المطروحة عليه بكلمة واحدة أو جملة ناقصة		
10	أدائه جيد في الاختبارات الكتابية لكنه غالبا ما يفشل في أداء الاختبارات الشفهية		
11	يعاني من مشكلات في التهجئة الشفهية		
12	شديد الانتباه للمثيرات البصرية الجديدة التي قد يضيفها المدرس في الفصل		
13	يستطيع هذا الطالب أن يجلس في مكان ضوضائي دون أن يعير انتباها لكثرة الأصوات التي تحيط به		
14	يستخدم جسده ويكثر من القيام بالحركات لشرح ما يريد فهو غالبا ما يجد صعوبة في إيجاد المفردات التي تعبر عما يريد		
15	قليل الانتباه، غالبا ما يعلو وجهه نظرة خالية من المعنى تشير إلى عدم فهمه لما يدور حوله من نقاشات		
16	يثير المتاعب عندما يبدأ المدرس في الشرح		
17	عندما تقدم له التعليمات يراقب هذا الطالب زملائه قبل الشروع بالعمل		
18	يراقب شفتي المدرس عن كثب ليفهم ما يقول		

19	يعجز عن فهم التعليمات المكتوبة في حين يفهمها إذا ما قدمت له شفهيا		
20	غالبا ما يكون بحاجة إلى مساعدة شفهية لنطق الأحرف، أو تذكرها، أو كتابة الأرقام		
21	يقرأ المفردات أو الأرقام بشكل عكسي: 21/12 -		
22	يقرأ بصوت مرتفع حتى يتمكن من فهم ما يقرأه		
23	يواجه صعوبة في قدرته على القراءة وتتبع الكلمات في السطور		
24	يعجز عن تمييز خلفية الصور من ظاهرها		
25	يواجه صعوبة في رسم خط ما بين هامشين		
26	لا يستطيع إيجاد الصورة المخفية بين عدد من المثيرات البصرية		
27	يواجه العديد من الصعوبات في فهم الاتجاهات: فوق - تحت، يسار- يمين، أمام- وراء		
28	يعجز عن وضع بطاقات القصص المصورة في تسلسلها السليم		
29	يجد صعوبة في كتابة المفردات بشكل سليم ما بين خطين متوازيين		
30	لا يستطيع البدء بالكتابة إذا لم تقدم له أمثلة		
31	يواجه صعوبة في التعرف على المفردات إذا قدمت له في أحجام وألوان ومحتوى مختلف		
32	غالبا ما يكتب المفردات أو الأرقام في غير تسلسلها السليم		
33	يجد صعوبة في تطبيق بعض النشاطات مثل: المتاهات والأحاجي		
34	عندما يكتب لا يترك مسافات منتظمة ما بين المفردات أو الأرقام		
35	من الصعب عليه كتابة بعض الأحرف والأرقام لا سيما 6-9		

تحديد هوية الطالب الذي يعاني من صعوبات إدراكية-بصرية

الرقم	الفقرة	نعم	لا
1	لا يعير انتباها للمثيرات البصرية		
2	يشعر بالملل بسرعة فيتميز سلوكه بالحركة المفرطة		
3	لا يحب مشاهدة الأفلام السينمائية الصامتة؛ ليستمتع بالفيلم يركز على الكلمات والمحادثة أكثر من تركيزه على الصور		
4	لا يحب القيام بالأشغال الفنية أو الرسم، بل نجده يمل منها بسرعة		
5	غالبا ما يسقط بعض الأحرف أو الكلمات عندما يقوم بنسخ ما على السبورة		
6	تتميز كتابته بعدم التناسق. فهو قد يسقط بعض الأحرف أو يكتبها بشكل معكوس.		
7	يعاني من مشكلات في التهجئة والإملاء		
8	عند الكتابة أو القراءة، رأسه يكاد يلامس الورقة أو القصة		
9	لا يستطيع تذكر ما يقرأه لذلك نجده يفقد معنى التعليمات المكتوبة التي يقرأها وتأتي إجاباته بالتالي خاطئة. في حين انه يتذكر التواريخ والمناقشات التي تدور في الصف. وقد يجيب بسهولة على الأسئلة الشفهية التي تطرح عليه		
10	يتحدث بلا توقف وفي العديد من المواضيع نجده يحب التحدث عن عائلته وما قام به في اليوم السابق وخبراته...		
11	أخطائه في الحساب غالبا ما تأتي نتيجة عدم انتباهه للرموز أو قراءتها بشكل معكوس، أو الفشل في قراءة التعليمات وفهمها.		
12	لا ينتبه للمثيرات البصرية الجديدة التي قد يضيفها المدرس في الفصل		

13	يشير للكلمات عندما يقرأ، كما أنه يقرأ بصـوت مرتفـع نسـبيا أو يصـدر أصواتا عند القراءة		
14	غير منظم وغالبا ما تبدو ورقته غير مرتبة		
15	يجد صعوبة في تدوين الملاحظات أو واجباته المدرسية		
16	لا يفهم ما يقوله المدرس		
17	لا يدرك ما يدور داخل الفصل		
18	غالبا ما يتذمر من الأصوات الصادرة عن رفاقه		
19	غالبا ما تراه حالما. لا ينتبه لما يقوله المدرس أو لما يحدث داخل الفصل		
20	بحاجة للعديد من المداخلات ووسائل المساعدة البصرـية لفهـم مـا هـو مطلوب منه		
21	يواجه صعوبة في ربط الأحرف بأصواتها		
22	قدرته على تمييز الصوت الأول للكلمة أكبر من قدرته على تمييز الصـوت الأخير		
23	غالبا ما يسقط الصوت الأخير في الكلمة وهو يقرأ أو عندما يتكلم		
24	يجد صعوبة في تكوين جمل واضحة ووضع الكلمات بتسلسلها الصحيح		
25	يحاول التحدث عن خبراته ولكنه يعجز عن التعبير بشكل سليم		

قوائم الرصد لصعوبات التعلم:

فيما يلي قوائم رصد يمكن للمرشد استخدامها في التعرف على الطلبة ذوي صعوبات التعلم:

أولا - قائمة رصد لتشخيص القوى البصرية.

13-1 =ممتاز ، 8-10 =جيد ، 5-7= مقبول ، 0-4 ضعيف إلى مقبول

الطالب قادر على أن:

_____ 1) يتبع تعليمات بسيطة مكتوبة و\أو مرسومة.

_____ 2) يرتب أربع إلى ست صور بتسلسل سليم لقصه ما.

_____ 3) يتذكر رقم هاتف بعد مشاهدته مرات قليلة.

_____ 4) يركز على نشاط بصري لمدة تتراوح مبين 15_30 دقيقة.

_____ 5) يركز على مهمة بصرية بوجود مشتت بصري.

_____ 6) ينكب على أداء مهمة بصرية دون رفع النظر عنها أو فرك عينه.

_____ 7) يتذكر الكلمات بعد مشاهدتها مرات قليله.

_____ 8) يتذكر ويفهم الكلمات إذا رافقها شرح بالصور.

_____ 9) يقرا الكلمات دون أن يخلط بمواقع الحروف (مثلا راح يقراها حار).

_____ 10) يميز ما بين الحروف المتشابهة.

_____ 11) يميز مابين الكلمات المتشابهة.

ثانيا : قائمة رصد لتشخيص القوى السمعية

14-12=ممتاز ، 9-11=جيد ، 5-8= مقبول ،0-4=ضعيف إلى مقبول.

الطالب قادر على أن:

_____ 1) يتتبع إرشادات لفظيه قصيرة.

‫(2)_____ يكرر جملا بسيطة مكونه من ثمانية إلى اثنا عشرة كلمة.

‫(3)_____ يتذكر رقم هاتف بعد أن يسمعه مرات قليله.

‫(4)_____ يتذكر حقائق رياضيه بسيطة أو عددا من الأبيات الشعرية بعد سماعها مرات قليله.

‫(5)_____ يدرك معاني الجمل الطويلة.

‫(6)_____ يتذكر ويرتب بالتسلسل الأحداث التي نوقشت.

‫(7)_____ يستخدم مفردات وتراكيب سليمة للجمل.

‫(8)_____ ينتبه لقصه أو محاضرة لمدة 15—30 دقيقه.

‫(9)_____ يركز على المهمة السمعية حتى بوجود مشتت سمعي

‫(10)_____ يحدد ويتذكر أصوات الحروف المفردة.

‫(11)_____ يميز مابين الكلمات ذات الأصوات المتشابهة.

‫(12)_____ يميز مابين الحروف ذات الأصوات المتشابهة.

‫(13)_____ يمزج الحروف معا بسهوله لتكوين كلمة.

‫(14)_____ يلفظ الكلمات ويحافظ على مسيرة القصة.

ثالثا : قائمة رصد لتشخيص القوى اللمسية

الطالب قادر على أن:

‫(1)_____ برسم ويلون الصور.

‫(2)_____ يؤدي الأشغال اليدوية مثل الخياطة الحياكة وأو صنع نماذج.

‫(3)_____ يتذكر رقم الهاتف بعد أن يطلبه عددا قليل من المرات.

‫(4)_____ يركز على مهام لمسية لمدة 15-30دقيقة.

‫(5)_____ يمسك القلم بصورة سليمة.

‫(6)_____ يترك فراغات مناسبة عند الكتابة.

7) _____ يكتب الحروف الهجائية بصورة مقبولة وملائمة من حيث الحجم نسبة لعمره.

8) _____ يتذكر الكلمات حين يتتبع حروفها على المعجون أو ورق الزجاج.

9) _____ يتذكر الكلمات بعد كتابتها مرات قليله.

10) _____ يتذكر الكلمات بعد أن يلعب ألعابا تتضمن مثل هذه الكلمات كلعبة بنكو والدومنو.

11) _____ يتذكر أسماء الأشياء بعد لمسها مرات قليلة.

12) _____ يكتب الكلمات بصورة صحيحة بعد تتبع الكلمة بإصبعه.

13) _____ يتذكر الكلمات بعد كتابتها بحروف كبيرة مرات قليلة.

رابعا: قائمة رصد لتشخيص القوة الحركية

1) _____ يركض، يمشي يلتقف كرة، وغير ذلك بطريقه منظمه وأسلوب سلس.

2) _____ قادر على التركيز لمدة 15-30 دقيقة خلال النشاط الحركية التي تتطلب حركة الجسم بأكمله.

3) _____ يتذكر الرقصات، الألعاب، الرياضة، و/أو التعليمات بعد تطبيقها مرات قليلة.

4) _____ يحرك جسمه بسهوله وبراحه حين يمثل بمسرحية.

5) _____ يتذكر الكلمات واللافتات والإشارات خلال الرحلات.

6) _____ قادر على حفظ النص بسهوله اكبر إذا أداه فعليا في مسرحية.

7) _____ يتذكر الكلمات بصورة أفضل بعد أن يعيشها بطريقه ما (مثلا رحلة، مسرحية، العناية بحيوانات أليفة تطبيق التجارب وغيرها ....

8) _____ يتذكر الكلمات بصورة أفضل بعد أن يعيشها مثلا (النظر إلى كلمه "تفاحة" خلال أكلها أو التظاهر بأنه فيل عند دراسة كلمة فيل).

9)   يتذكر الكلمات المستخدمة في ألعاب رياضيه بعد أن يلعبها مرات قليله. _____

10) قادر على تذكر الحقائق، الشعر، سطور مسرحيه بصورة أفضل عند المشي أو الركض _____
بصورة أفضل إذا كان يقف ساكنا.

11)   قادر على تذكر الحرف الهجائي إذا قام بتشكيل صورة الحرف بجسمه. _____

12)   يتذكر المشاعر لقصه ما أفضل مما يتذكر تفاصيلها. _____

خامسا: نموذج القراءة التحليلي

غالبا الطالب التحليلي ما يتصف بما يلي:

- يركز ويتعلم حين تقدم المعلومات في خطوات قصيرة ومنطقيه.

- يستجيب لمتطلبات المنطق.

- يحل المشاكل حلا منهجيا.

- يستمتع بالأحاجي(مثلا:الكلمات المتقاطعة، وتركيب الصور).

- يحب أن يرتب الأشياء معا عن طريق إتباع تعليمات محدد (مثلا: ألعاب ميكانيكية، أشكال مجزاة)

- يصغي بعمق للتعليمات الدقيقة، كالمقاييس أو الأوزان في وصفه أو تفسير تركيب جهاز ما.

- يستمتع بالأحاجي (مثلا: الكلمات المتقاطعة، وتركيب الصور).

- يحب أن يرتب الأشياء معا عن طريق إتباع تعليمات محددة (مثلا:ألعاب ميكانيكية، أشكال مجزاة)

- يصغي بعمق للتعليمات الدقيقة، كالمقاييس أو الأوزان في وصفه أو تفسير تركيب جهاز ما.

- يستمتع بحفظ الحقائق كالتواريخ، والأسماء، وغيرها من التفصيلات.

- يتعلم الصوتيات بسهولة.
- يدرك ويطبق قواعد الصوتيات.
- نقدي وتحليلي عند القراءة.
- قادر على تحديد التفاصيل في القصص.

سادسا: نموذج القراءة الكلي

غالبا الطالب الكلي ما يتصف بما يلي:

- يركز ويتعلم عندما تقديم المعلومات كوحدة واحدة أو ككل
- يميل إلى التخيل والمرح
- يستجيب لنداء الانفعالات
- يندمج في القصة ولا يركز على الحقائق المنفصلة
- يعالج المعلومات معالجة ذاتية ووفق أنماط
- قادر على تحديد الأفكار الرئيسة في القصة
- يكره حفظ الحقائق كالتواريخ والأسماء والتفصيلات
- يتعلم بسهوله من خلال القصص
- يستخدم سياق القصة للتعرف إلى الكلمات غير المألوفة

قائمة رصد أخرى لأغراض صعوبات التعلم:

أرصد أنواع السلوك التالية بوضع الرقم (1) ليعني أن السلوك يتكرر بدرجة عالية، والرقم (2) ليدل على أن السلوك يلاحظ أحيانا ولكن بمستوى لا يتجاوز مستوى من هم في عمرة أو صفة، والرقم 3 ليدل على أن المستوى لا يلاحظ.

1- **القصور في الإدراك البصري**

- يخلط بين بعض الحروف أو الأرقام المتشابهة شكلاً: ب ت ث أو ج ح خ أو ع غ.
- يقلب بعض الحروف أو الأرقام: ب بدلاً من ن أو 7 بدلاً من 8 .
- يتثاءب في أثناء القراءة.
- يشكو من حرقة أو حكة في عينة، يهرش عينة.
- يشكو من عدم الرؤية بوضوح في أثناء القراءة (غبش في عينيه).
- يدير وجهة أو يحرف كتابة بشكل غير طبيعي.
- يغمض إحدى عينية في أثناء العمل.
- يرتكب أخطاء كثيرة في النسخ.
- يفقد بشكل متكرر الموقع الذي يصله في أثناء القراءة.
- يعيد قراءة بعض السطور أو يقفز عن بعضها.
- لا يتعرف على الشيء أو الكلمة إذ ظهر له جزء منها فقط.
- تتحسن قراءته باستخدام حروف كبيرة أو إذا كان المحتوى قليلاً على الصفحة أو بتغطية السطور التي لم يصلها في القراءة.
- تتكرر أخطاؤه عكسا أو قلبا للكلمات أو الحروف.
- لا يدرك الفكرة الرئيسية في الصورة وإنما بعض التفاصيل الصغيرة.
- بطيء في التعرف إلى التشابه والاختلاف في الكلمات أو التغيرات في البيئة.
- يكثر من المحي.

2- **القصور في الإدراك البصري الحركي**

- لا يترك مسافات مناسبة بين الحروف والكلمات.
- لا تقع الحروف على استقامة واحدة في السطر.

- يكتب الحروف بأشكال غريبة.
- يكتب كما تظهر الكتابة في مرآة (إذا أمسكت بالورقة أمام مرآة ترى الكتابة بالوضع الصحيح).
- لا يحصر الألوان في إطار الشكل (عندما يلون شكلا).
- يكتب بخط غير مقروء.
- يمسك القلم بشدة وكثيرا ما يكسر قلم الرصاص أو قلم التلوين.
- لا يستطيع القص أو القطع.
- لا يستطيع استخدام المعاجين الملونة لتكوين أشكال.
- لا يرتب أوراقه وأشياءه (ملقاة بشكل فوضوي).

3- القصور في الإدراك السمعي

- يعاني قصورا في المعالجة السمعية: لا يستوعب محادثة أو درسا يلقى بالسرعة العادية لكنه يستوعبه إذا أعيد إلقاءه ببطء شديد.
- يعاني قصورا في التمييز السمعي: لا يميز الفروق بين حركات المد القصيرة والطويلة، أو الحروف المتشابهة في النطق مثل س ص، د ض، ظ ذ، ق ك،.....
- لا يستطيع أن يحدد الاتجاه الذي يأتي منه الصوت.
- لا يستطيع التمييز بين أصوات الأشياء والكائنات المألوفة.
- تختلط علية الأصوات بحيث لا يستطيع تمييز الصوت المطلوب عن غيره من الأصوات الأخرى، كأن لا يميز صوت المعلم عن غيره من الأصوات أو كان يسمع إجابات خطا ويثبت بان هذا ما قاله المعلم (بعض الأطفال يشعرون بالتوتر في الصفوف الصاخبة).
- لا يستطيع إتباع التعليمات.
- لا يستفيد من التعليم الشفهي.

4- القصور في العلاقات ووعي الجسم

- يتوه حتى في الأماكن المألوفة كالمدرسة والحي.
- يعاني مشكلات في التوجه فهو لا يقرا أو يكتب من اليمين إلى اليسار باستمرار.
- لا يترك مسافات مناسبة بين الكلمات.
- لا يحسن كتابة الأرقام عموديا في الرياضيات.
- يصطدم بالأشياء ويتعثر ويعرض نفسه للحوادث.
- لا يعي مفاهيم مكانية من مثل: فوق، تحت، حول، خلال، الأول، الأخير، الأمامي، الخلفي، الأعلى، الأسفل.

5- القصور في المفاهيم

- لا يعي طبيعة المواقف الاجتماعية معبراً عنها بالهيئات (الأوضاع) الجسمية.
- لا يستطيع المقارنة بين الأشياء المتشابهة والمختلفة ويجد صعوبة في تصنيف الأشياء.
- لا يدرك العلاقات الزمنية مثل ألامس واليوم والغد وبعد وقبل.
- لا يستطيع أن يربط بين الفعل ونتائجه المنطقية التي تترتب عليه.
- يعاني من قصور في التصور.
- لا يتمتع بروح النكتة ولا يميز الدعابة عن الجد.
- لا يستطيع التعبير عن ذاته.
- يعاني من بطء في استجاباته.
- ليس لديه إبداع أو ابتكار أو أصالة في التفكير.
- لا يستطيع استكمال الصور أو المعاني ولا ينهي جمله ويصعب عليه ملء الفراغ.
- يسهل خداعه ويتصف بالسذاجة.
- يجد صعوبة كبيرة في الكتابة .

- لا يقدر على التفكير الاستدلالي: ماذا يمكن أن يحدث بعد ذلك؟ أو لماذا حدث هذا؟.

- يعطي إجابات مستغربة ومع أنها قد تكون صحيحة إلا انه يعبر عنها بطريقة مستهجنة.

- لا يقدر على التفكير بطريقة منطقية منظمة.

- لا يدرك مفاهيم ذات مضامين انفعالية كالشجاعة والجمال .

- تصدر عنه في الصف تعليقات في غير مكانها وتعليلاتها مستغربة.

- يجد صعوبة في مفاهيم العدد والكم مثل أكثر واقل ولا يحسن تقدير الكميات.

- يخطئ في نطق الكلمات شائعة الاستعمال.

6- **القصور في الذاكرة**

- لا يستطيع أن يتذكر ما يراه منذ لحظات.

- لا يستطيع أن يتذكر ما يسمعه منذ لحظات.

- لا يستطيع أن يتذكر سلسلة من أربعة أرقام ذكرت على سمعة.

- لا يستطيع أن ينسخ مسائل الرياضيات بدقة.

- لا يستطيع أن يتذكر تهجئة كلمات شائعة يتعرض لها مرارا .

- يعرف أشياء يوما ويجهلها في يوم آخر.

- يعاني بطيء في الحفظ عن ظهر قلب (يقع في أخطاء كثيرة)

- يعاني ضعفا في تذكر المفردات المألوفة لا يتكلم بتلقائية لضعف في مخزونة منها.

- يعاني ضعفا في التعبير اللغوي، ولا يتذكر أسماء الأشياء ويعبر عنها بترداد كلمة الشيء

- يعاني ضعفا في اللغة الاستقبالية (لا يدرك جيدا ما يسمع) .

- يرتكب الأخطاء نفسها مرارا ولا يبدو انه يستفيد من تجاربه .

- يعاني ضعفا في تنظيم الكتابة ولا يراعي علامات التشكيل والترقيم وقد يتخطى سطرا أو يغفل بدايات الفقرات.

7- المخرجات الحركية:

- يحافظ على نمطية استجاباته: يكرر نفس الاستجابة مرة بعد أخرى.

- يعاني تشوها في المهارات الحركية الكبيرة، كالحجل أو القفز، أو ضرب الكرة.

- يجد صعوبة في استعمال المقص والمعجون والكتابة وألوان يمكن ان يشير إلى الطريقة الصحيحة لكتابة الحروف ولكنه لا يتمكن من كتابتها على الورق.

- يمكن أن يشير إلى التهجئة الصحيحة ولكنة لا يضبطها في الكتابة .

- يمكن أن يسرد قصة أو فقرة ولكنة لا يستطيع أن يكتبها.

- لا يستطيع التواصل شفويا مع الآخرين بالمستوى المتوقع ممن هو في عمره.

- يتمتم بأصوات مبهمة.

- تصدر عنه حركات لا إرادية نمطية.

8- اضطراب نقص الانتباه

- لا يستقر على حال، لا يجلس بهدوء، لا يقف ساكناً.

- لا يقدر على عواقب أفعاله قبل ارتكابه لها، اندفاعي متهور.

- لا يتحمل الإحباط، سريع الهيجان.

- لا يستطيع أن يكمل ما هو مطلوب منه في الوقت المحدد.

- يتصف بسهولة التشتت البصري فيتابع جميع المثيرات الواقعة في مجاله البصري.

- يتصف بسهولة التشتت السمعي فيتابع جميع المثيرات الواقعة في مجاله السمعي.

- يتصف بقصر سعة الانتباه.

- يتململ كثيراً، ويفرقع بأصابع يديه، ويدق بقدميه، ويعبث بقلمه والأشياء حوله ويثرثر بأصوات وكلام لا ينقطع.

- ينتحي طرف المقعد ويعتريه الارتباك ولا يجلس منتصب القامة ويرتكي برأسه على المقعد ويبدو متعباً.

- يسلك سلوكا سلبيا مشاكسا.

- يتصف بفقر الإنتاجية لاستغراقه في أحلام اليقظة.

- يقرا قراءة صحيحة ولكنه لا يستوعب ما يقرا لشرود ذهنه.

- يبالغ في ردود أفعاله يحشر انفه فيما لا يخصه.

- لا يمتثل للقواعد والتعليمات ويدعي بأنه لم يسمع بها.

- قد يكون قاسيا خسيساً تجاه الآخرين ويسخر منهم.

- يتصف بأنه متقلب المزاج.

- يتصف بالفوضوية، ويضيع كتبه وأوراقه وحقيبته ومعطفه.

9- أعراض الفشل

- يصف نفسه بأنه " غبي ".

- لا يبالي ولا يتأثر بالتوبيخ.

- يتجنب النشاطات الجماعية.

- يتجنب المشاركة بأي نشاط ولا يريد أن يعمل شيئاً، يتمارض.

- يستغرق في أحلام اليقظة انسحابي

- يلعب دور مهرج الصف، ويسلك سلوكاً "مسرحياً".

- يتصف سلوكه بعدم النضج، والطفولية والاتكالية.

10- مظاهر انفعالية متطرفة:

- يتصف سلوكه بالعنف والتفجر الانفعالي والخطورة على الآخرين أو على نفسه.

- يميل إلى التخريب والتدمير ويفضل الألوان القاتمة والحمراء.
- يتصف بعدم الإنتاجية، ولا يتحمس لأي شيء.
- يتسم بضحالة مشاعره نحو الآخرين.
- ينسحب أو يعزل نفسه، قليل الاتصال بالآخرين.
- يلجا إلى أساليب الإسقاط والإنكار ولا يقر بمسؤوليته عن أفعاله.
- تسيطر عليه مشاعر الخوف والقلق والتوتر وعدم الاطمئنان.

سلم تقدير الطالب ذوي صعوبات التعلم:

فيما يلي سلم تقدير يمكن للمرشد أن يستخدمه للكشف المبدئي عن الطالب ذوي صعوبات التعلم:

فرز الصعوبات التعليمية

1- الاستيعاب السمعي والتذكر

أ- استيعاب معاني الكلمات

- مستوى نضجه في استيعاب معاني الكلمات متدن تماماً.
- يفشل في معاني كلمات بسيطة، ويسئ فهم بعض الكلمات التي تعتبر في مستوى صفه.
- يعتبر استيعابه لمعاني الكلمات في مستوى صفه وعمره.
- يستوعب معاني الكلمات في مستوى صفه أو أعلى منه.
- متفوق في استيعابه لمعاني الكلمات المجردة.

ب- إتباع التعليمات

- غير قادر على إتباع التعليمات، مرتبك دائماً.
- يتبع عادة التعليمات البسيطة إلا انه كثيراً ما يحتاج إلى مساعدة.

- يتبع التعليمات المألوفة غير المعقدة.
- يتذكر التعليمات المطولة ويتبعها.
- ماهر عادة في تذكر التعليمات وإتباعها.

ج- استيعاب المناقشات الصفية

- غير قادر دائماً على متابعة النقاش واستيعابه.
- يصغي ولكنه نادراً ما يستوعب بشكل جيد، وكثيراً ما يكون شارد الذهن.
- يصغي ويتابع المناقشات التي تقع في مستوى عمره أو صفه.
- يستوعب بشكل جيد ويستفيد من النقاش.
- يندمج في المناقشة ويستوعبها استيعاباً متميزاً.

د- تذكر المعلومات

- غالباً ما لا يتذكر شيئاً، ذاكرته ضعيفة.
- يمكنه أن يحتفظ بالأفكار والإجراءات إذا كررت عليه.
- تذكره للمعلومات عادي وفي مستوى مناسب لصفه وعمره.
- يتذكر معلومات من مصادر متنوعة، ذاكرته الآنية والبعيدة المدى في مستوى جيد.
- متميز في قدرته على تذكر التفاصيل والمحتوى العام.

2- اللغة المحكية

أ- المفردات

- يستعمل في كلامه مفردات ذات مستوى متدن من النضج.
- محدود في مفرداته وغالباً ما تتكون من أسماء بسيطة وكلمات وصفية غير دقيقة.
- مفرداته في الكلام في مستوى عمره وصفه.

131

- مفرداته في الكلام فوق المتوسط ويستخدم كلمات وصفية دقيقة وكثيرة.

- مفرداته من مستوى عال، ويستخدم دوماً كلمات دقيقة تعبر عن معان مجردة.

ب- القواعد

- يستخدم دائماً في كلامه جملاً ناقصة ذات أخطاء قواعدية.

- تكثر في كلامه الجمل الناقصة والأخطاء القواعدية.

- يستخدم في كلامه القواعد الصحيحة، وأخطاؤه القواعدية محدودة.

- لغته الشفوية فوق المتوسط، ونادراً ما يرتكب أخطاء في القواعد.

- يتكلم لغة دائماً سليمة في تركيبها القواعدي.

ج- تذكر الكلمات

- غير قادر على تذكر الكلمة المناسبة.

- كثيراً ما يتوقف حتى يجد الكلمة المناسبة ليعبر بها عما يريد.

- يبحث أحيانا عن الكلمة المناسبة وتذكره للكلمات ملائم لمستوى صفه وعمره.

- قدرته على تذكر المفردات فوق المتوسط، ونادراً ما يتردد لتذكر كلمة.

- يتكلم دائماً بطلاقة، لا يتردد، ولا يستبدل كلمة بأخرى.

د- رواية القصص والخبرات الخاصة

- غير قادر على سرد قصة بشكل مفهوم.

- يجد صعوبة في سرد أفكاره بتسلسل منطقي.

- متوسط في روايته للقصص بما هو في مستوى عمره وصفه.

- فوق المتوسط في روايته للقصص ويستخدم التسلسل المنطقي.

- متميز ويروي أفكاره بطريقة منطقية ذات معنى

هـ التعبير عن الأفكار

- غير قادر على التعبير عن حقائق متناثرة.

- يجد صعوبة في التعبير عن حقائق متناثرة وأفكاره متشتتة وغير متكاملة.
- يعبر عادة عن الحقائق تعبيراً ذا معنى بما هو متوقع في مستوى عمره وصفه.
- فوق المتوسط ويعتبر في مستوى جيد في التعبير عن الحقائق والأفكار.
- متميز في مستوى تعبيره عن الأفكار.

3- التوجه في الزمان والمكان

أ- تقدير الوقت

- يفتقر إلى إدراك الوقت فهو دائماً متأخر أو مشوش.
- يدرك إلى حد ما مفهوم الزمن، لكنه يميل إلى التلكؤ والتأخر.
- حكمه على الوقت في مستوى متوسط ومناسب لعمره وصفه.
- دقيق في مواعيده، لا يتأخر إلا لسبب مقنع.
- ماهر في تعامله مع الوقت ويستطيع أن يخطط وينظم وقته بشكل جيد.

ب- التوجه المكاني

- يبدو مشوشاً دائماً ويضل مكانه إذا تجول حول المدرسة والأماكن المجاورة.
- كثيراً ما يضيع في الأماكن المحيطة المألوفة نسبياً.
- يستطيع أن يجد طريقة في الأماكن المألوفة بشكل يتناسب مع مستوى عمره وصفه.
- فوق المتوسط في توجهه ونادراً ما يضل طريقه أو يرتبك.
- يتكيف مع المواقف والأماكن الجديدة ولا يضل طريقه إطلاقا.

ج- تقدير العلاقات (مثل:- صغير، كبير، كثير، قليل، بعيد، قريب، ثقيل، خفيف)

- أحكامه على مثل هذه العلاقات دائماً غير دقيقة.
- أحكامه على مثل هذه العلاقات في مستوى متوسط وملائم لعمره وصفه.
- أحكامه دقيقة لكنه لا يعممها إلى مواقف جديدة.
- أحكامه دقيقة بدرجة كبيرة ويستطيع أن يعممها على مواقف وخبرات جديدة.

د- معرفة الجهات

- مشوش بدرجة كبيرة لا يميز بين اليمين أو اليسار والشمال أو الجنوب.
- مشوش بعض الأحيان في تمييزه للجهات.
- يميز بين الجهات مثل يمين، يسار، شمال، جنوب.
- يميز جيداً بين الجهات، قلما يرتبك.
- متميز في حسه بالجهات.

4- التآزر الحركي

أ- التآزر العام (المشي، الركض، الحجل، التسلق)

- ضعيف جداً في تناسق حركاته.
- تحت المتوسط في تناسقه الحركي، مرتبك وغير متزن.
- متوسط في تناسق الحركة وحركاته متناسبة مع عمره.
- فوق المتوسط، وأداؤه الحركي في مستوى جيد.
- متميز في مستوى تآزره الحركي.

ب- الاتزان الجسمي

- غير متزن تماماً.
- اتزانه دون المتوسط، كثيراً ما يقع على الأرض.
- اتزانه مقبول ومناسب لمستوى عمره.
- فوق المتوسط في النشاطات التي تعتمد على الاتزان.
- متميز في مستوى اتزانه.

ج. المهارة اليدوية

- مهارته اليدوية في مستوى ضعيف جداً.
- دون المتوسط، مرتبك في استخدامه ليديه.

- مهارته اليدوية ملائمة لمستوى عمره، يمكنه التحكم يدوياً بالأشياء.

- مهارته اليدوية فوق المتوسط.

- متميز في مهارته اليدوية، يستطيع أن يتحكم يدوياً في الأدوات الجديدة بسهولة ويسر.

5- السلوك الشخصي والاجتماعي

أ- التعاون

- يعكر جو الصف باستمرار، وغير قادر على كبح تصرفاته.

- كثيراً ما يحاول لفت الانتباه إليه، وكثيراً ما لا ينتظر دوره في الكلام.

- ينتظر دوره بما هو متوقع من عمره وصفه.

- فوق المتوسط ومتعاون بشكل جيد.

- متميز في تعاونه، ولا يحتاج إلى تشجيع من الآخرين.

ب- الانتباه

- لا يستطيع الانتباه، يتشتت ذهنه بسهوله.

- قلما يصغي وكثيراً ما يشرد في انتباهه.

- مستوى انتباهه في مستوى عمره وصفه.

- فوق المتوسط في انتباهه، منتبه معظم الوقت.

- ينتبه دائماً للأشياء المهمة، فترة انتباهه طويلة.

ج- التنظيم

- غير منظم بدرجة كبيرة، لا يبالي.

- كثيراً ما يكون غير مبال في عمله، غير دقيق، وغير مكترث.

- متوسط في عنايته بتنظيم عمله.

- فوق المتوسط في التنظيم، ينظم عمله ويكمله.
- منظم بدرجة عالية وينهي واجباته بدقة متناهية.

د- السلوك في المواقف الجديدة (الحفلات، الرحلات، وتغيير الروتين)

- ينفعل بدرجة متطرفة ولا يستطيع كبح جماح نفسه.
- كثيراً ما يتجاوز الحد المقبول في الانفعال، تقلقه المواقف الجديدة.
- يتكيف بشكل يناسب لعمره وصفه.
- يتكيف بسهولة وبسرعة، واثق من نفسه.
- متميز في تكيفه، مبادر واستقلالي.

هـ- التقبل الاجتماعي

- يتجنبه الآخرون.
- يتحمله الآخرون
- يحبه الآخرون كما هو متوقع من مستوى صفه وعمره.
- يحبه الآخرون بشكل واضح.
- يسعى الآخرون إلى أن يكونوا معه.

و- تحمل المسؤولية

- يرفض تحمل المسؤولية ولا يبادر أبدا بأي نشاط.
- يتجنب تحمل المسؤولية، تقبله لدوره محدود نسبة لعمره.
- يتقبل المسؤولية بما هو متوقع ممن هم في عمره وصفه.
- فوق المتوسط في تحمله للمسؤولية، يبادر إلى تحمل المسؤولية ويستمتع بها.
- يسعى إلى تحمل المسؤولية، يتحمس لحملها.

ز- انجاز الواجبات

- لا يكمل واجباته أبدا حتى مع التوجيه.

- نادراً ما ينهي واجباته حتى مع التوجيه.

- متوسط في أدائه لواجباته ويقوم بما هو مطلوب منه.

- أداؤه فوق المتوسط، وينهي واجباته بدون حث من الآخرين.

- ينهي واجباته دائماً ولا يحتاج إلى إشراف.

ح- اللباقة

- وقح دائماً.

- لا يكترث بمشاعر الآخرين.

- متوسط في لباقته، لا يكون سلوكه أحيانا ملائماً اجتماعياً.

- فوق المتوسط في لباقته، نادراً ما يكون سلوكه غير ملائم اجتماعياً.

- لبق دائماً، لا يصدر عنه سلوك غير ملائم اجتماعياً.

نموذج التقرير النهائي لصعوبات التعلم لدى الطفل

بعد أن يتم التعرف على صاحب الصعوبة في التعلم والتأكد من صدق التشخيص وفقاً لمحكات تقييم وتشخيص ذوي صعوبات التعلم والسابق عرضها يمكن كتابة تقرير موجز عن حالة الطفل يتضمن الاسم، السن، المدرسة، والصف الدراسي، ومستوى الذكاء، والعمر التحصيلي، والعمر القرائي، ويمكن الاستفادة من ذلك بنموذج التقرير التالي. وهذا التقرير يعد أولى خطوات برنامج التدخل العلاجي لصاحب الصعوبة في التعلم، ويتم الرجوع إليه باستمرار أثناء علاج الطفل والتخفيف من حدة صعوبات التعلم لديه، وذلك لبيان مدى تحسن الطفل، والتقدم الذي أحرزه وفعالية البرنامج التعليمي العلاجي المتبع معه.

نموذج التقرير النهائي لصعوبات التعلم لدى الطفل

اسم الطالب: ....

المدرسة: .... السنة الدراسية: ....

مستوى الذكاء: .... العمر الزمني: .... العمر القرائي: ....

أهم صعوبات التعلم التي تعاني منها الحالة والأعراض الواضحة لتلك الصعوبات.

أعراض الصعوبات	أنواع الصعوبات	م
	صعوبات تعلم القراءة	1
	صعوبات تعلم الكتابة	2
	صعوبات تعلم لغوية	3
	صعوبات تعلم الحساب	4
	صعوبات في الانتباه	5
	صعوبات في الذاكرة	6
	صعوبات في الإدراك	7

تقرير عن الحالة

بعد الإطلاع على نتائج الاختبارات التحصيلية والذكاء والشخصية ونتيجة الكشف الطبي

وبيانات هذه الاستمارة يتضح أن الشخص يعاني من صعوبات تعلم في:

....

....

....

وقد يرجع السبب في ذلك إلى:

....

....

....

....

ولذلك نرى وجوب البدء في تقديم التدريبات العلاجية المناسبة للتغلب على تلك الصعوبات أو التخفيف من حدتها ونقترح الآتي:

....

....

....

....

الفصل الخامـس

صفات الطلبـة ذوي صعوبات التعلم

المواضيع التي يتضمنها الفصل:

- ⮞ المقدمة

- ⮞ الإشارة المبكرة لصعوبات التعلم

- ⮞ قائمة العلامات العامة لذوي صعوبات التعلم

- ⮞ خصائص ذوي صعوبات التعلم العامة

- ⮞ أولا: الخصائص اللغوية

- ⮞ ثانيا: الخصائص الاجتماعية

- ⮞ ثالثا: الخصائص السلوكية

- ⮞ رابعا: الخصائص الحركية

- ⮞ خامسا: الخصائص المعرفية

- ⮞ سادسا: الخصائص الأكاديمية

- ⮞ مشكلات الطلبة ذوي صعوبات التعلم

- ⮞ نموذج التعلم المناسب للطلبة ذوي صعوبات التعلم

الفصل الخامس

صفات الطلبة ذوي صعوبات التعلم

المقدمة:

يتناول هذا الفصل الإشارات المبكرة التي يمكن من خلالها التعرف على خصائص الطلبة ذوي
صعوبات التعلم، كما يتناول أهم خصائص الطلبة ذوي صعوبات التعلم المعرفية والأكاديمية
والحركية والاجتماعية والانفعالية واللغوية، كما يقدم تلخيصا لتلك الخصائص على شكل جدول،
ويتناول أخيرا مفهوم نماذج التعلم، ويتطرق إلى النموذج السمعي والبصري بدرجة أكبر كخاصية
يتمتع بها الطلبة ذوي صعوبات التعلم.

الإشارات المبكرة لصعوبات التعلم:

على المرشد أن يساعد في الكشف عن الطلبة ذوي صعوبات التعلم، من خلال الانتباه إلى
الخصائص المبكرة التي قد تظهر عليهم ولعل من أهمها:

1- اللغة: حيث يظهر تأخر وانحرافات واضطرابات في الاستماع والتحدث.

2- الكتابة: حيث تظهر صعوبة في القراءة والكتابة والحساب.

3- الحساب: ويبدو لدى هؤلاء الطلبة صعوبة في أداء العمليات الحسابية أو في المفاهيم
الأساسية.

4- الاستيعاب: ويبدو لدى هؤلاء الطلبة صعوبة في الفهم وتنظيم وتكامل الأفكار.

5- الذاكرة: ويكون كذلك لدى هؤلاء الطلبة صعوبة في تذكر المعلومات والتعليمات.

ومن الأعراض الشائعة الأخرى:

1- صعوبة التمييز بين اللون والشكل والحجم.

2- بطء في انجاز المهام المطلوبة منهم.

3- صعوبة النسخ أو النقل من نموذج بدقة.

4- ضعف المهارات التنظيمية.

5- صعوبة في التفكير المجرد أو في مهارة حل المشكلات.

6- سهولة في خلط التعليمات.

7- ضعف في الذاكرة قصيرة المدى/ طويلة المدى.

8- اندفاع في السلوك.

9- حركة مفرطة أثناء النوم.

10- ضعف العلاقات مع الأقران.

11- صعوبة في التركيز وكثرة التشتت.

12- سوء التكيف مع التغيرات البيئية.

هذا وقد حددت اللجنة الوطنية العلمية للتربية الخاصة في العراق استمارة وضحت بموجبها الخصائص الأساسية للطلبة ذوي صعوبات التعلم وهي كما يلي:

الرقم	محتوى الفقرات	باستمرار	بين الحين والآخر	نادرا	كلا
1	هل الصمت من سماته العامة داخل الصف				
2	هل يجيب عن أسئلة المعلم إجابة لا صلة لها بالسؤال				
3	هل يجلس داخل الصف دون أن ينتبه إلى شرح المعلم أو المناقشات الصفية				

الرقم	محتوى الفقرات	باستمرار	بين الحين والآخر	نادرا	كلا
4	هل يتكلم كثيرا مع زملائه داخل الصف				
5	هل يبدو شارد الذهن عندما يوجه إليه أي سؤال من قبل المعلم				
6	هل يكثر من التململ داخل الصف (سريع الضجر)				
7	هل يشاكس زملائه أثناء الدرس				
8	هل يحتاج إلى شرح الدرس عدة مرات دون بقية الطلبة				
9	هل يميل إلى التخريب (كأن يمزق كتبه أو دفاتره أو يعبث بالمقعد)				
10	هل يبدو عليه الإهمال في ملبسه أو تنظيف يديه ووجهه وتسريح شعره				
11	هل يجد صعوبة في فهم أكثر المواد الدراسية				
12	هل تظهر عليه العدوانية في علاقته مع زملائه				
13	هل يميل إلى الانطواء على نفسه داخل الصف				
14	هل هو كثير النسيان				
15	هل يميل إلى العناد				
16	هل يعاني من صعوبة في التركيز على شرح المعلم				
17	هل يحاول الهرب من المدرسة				
18	هل يمتنع عن الإجابة عن أسئلة المعلم دون تركيز أو فهم				

19	هل ينصرف عن الواجب الذي يكلف به مـن قبـل المعلـم دون أن يواصله				
20	هل هو عديم الاستجابة للنصح والإرشاد متى حاول المعلم ذلك				
21	هل تصعب السيطرة على سلوكه من قبل المعلم				
22	هل يهتم بأمور لا صلة لها بالدروس				
23	هل يميل إلى إحداث الضوضاء				
24	هل يغادر مقعده داخل الصف متى شاء دون إذن				
25	هل يقوم داخل الصف بحركات وإشـارات غـير طبيعيـة أو غـير مقصـودة بمـا يـدل عـلى الفـوضى في سـلوكه كحركـة اليـدين وإخراج اللسان				
26	هل يظهر عدم الاهتمام فـيما يطلبـه المعلـم منـه أو يوجهـه نحوه كالواجبات البيتيـة والانتبـاه داخـل الصـف أو الإجابـة على الأسئلة				
27	هل يظهر عدم الاهتمام بالاستحسـان أو التشـجيع مـن قبـل المعلم				
28	هل يجـد صعوبة في الانتبـاه السـمعي لمـا يقولـه المعلـم أو يحصل داخل الصف من مناقشات غير الصعوبة الناجمة عـن مرض عضوي				

29	هل يجد صعوبة في الانتباه البصري للمعلم لمثيرات الدرس العديدة غير الصعوبة البصرية الناجمة عن سبب عضوي				
30	هل له القدرة على التعليم بصورة طبيعية				
31	هل يتحدث مع المعلم والطلبة حديثا غير متصل ولا يرتبط بعضه مع البعض الآخر				
32	هل يبتعد كثيرا عن النقطة أو الموضوع المطروح للنقاش				
33	هل يظهر عليه السلوك اليومي الروتيني (النمطي) وعدم تقبله للتغيير والتجديد				
34	هل يظهر ضعفا في التناسق بين حركات العين وحركات اليدين				
35	هل يكثر من طلب العناية والرعاية من المعلم أكثر من الطلبة الآخرين				
36	هل تظهر عليه نزعة حب الظهور أثناء لعبة داخل الصف أو المدرسة				
37	هل يحاول التأخر عن دخول الصف في الوقت المحدد				
38	هل يميل إلى الانطواء على نفسه خارج الصف				
39	هل يعاني من صعوبة في النطق				
40	هل يندفع في الإجابة على أسئلة المعلم دون تركيز أو فهم				

ويمكن للمرشد الانتباه إلى تلك القائمة للتعرف على أهم تلك الخصائص الخاصة بهم.

قائمة العلامات العامة لذوي صعوبات التعلّم:

صلى istics of Lea صلى الـلـه عليه وسلم acte صلى الـلـه عليه وسلم al Cha صلى الـلـه عليه وسلم Behavio الـلـه عليه وسلم ning Disabled Lea صلى الـلـه عليه وسلم ning Disability

يتميز ذوو الصعوبات التعليمية عادة، بمجموعة من السلوكيات التي تتكرر في العديد من المواقف التعليمية والاجتماعية، والتي يمكن للمعلم أو الأهل ملاحظتها بدقة عند مراقبتهم في الواقف المتنوعة والمتكررة. ومن أهم هذه الصفات ما يلي:

- السلوك الاندفاعي المتهور.
- النشاط الزائد.
- الخمول المفرط.
- الافتقار إلى مهارات التنظيم أو إدارة الوقت.
- عدم الالتزام والمثابرة.
- التشتت وضعف الانتباه.
- تدني مستوى التحصيل.
- ضعف القدرة على حل المشكلات.
- ضعف مهارات القراءة.
- قلب الحروف والأرقام والخلط بينهما.
- تدني مستوى التحصيل في الحساب.
- ضعف القدرة على استيعاب التعليمات.
- تدني مستوى الأداء في المهارات الدقيقة (مثل الكتابة بالقلم و تناول الطعام و التمزيق، والقص، والتلوين، والرسم)...
- التأخر في الكلام أي التأخر اللغوي.
- استخدام الطفل لمستوى لغوي أقل من عمره الزمني مقارنة بأقرانه.

- وجود مشاكل عند الطفل في اكتساب الأصوات الكلامية أو إنقاص أو زيادة أحرف أثناء الكلام.
- ضعف التركيز.
- صعوبة الحفظ.
- صعوبة التعبير باستخدام صيغ لغوية مناسبة.
- صعوبة في مهارات الرواية.
- صعوبة إتمام نشاط معين وإكماله حتى النهاية.
- صعوبة المثابرة والتحمل لوقت مستمر (غير متقطع).
- سهولة التشتت أو الشرود، أي ما نسميه السرحان.
- ضعف القدرة على التذكر/ صعوبة تذكر ما يُطلب منه (ذاكرته قصيرة المدى) تضييع الأشياء ونسيانها.
- قلة التنظيم.
- الانتقال من نشاط لآخر دون إكمال الأول.
- عند تعلم الكتابة يميل الطفل للمسح (الإمحاء باستمرار).

وجدير بالذكر هنا، أنّ هذه الصفات لا تجتمع، بالضرورة، عند نفس الطفل، بل تشكل أهم المميزات للاضطرابات غير المتجانسة كما تم التطرق إليها بالتعريف. كما وقد تحظى الصفات التي تميز ذوو الصعوبات التعليمية، بتسميات عدة في أعمار مختلة. مثلاً، قد يعاني الطفل من صعوبات في النطق في الطفولة المبكرة، ويطلق عليها بالتأخر اللغوي؛ بينما يطلق على المشكلة بصعوبات قرائية في المرحلة الابتدائية، وفي المرحلة الثانوية يطلق عليها بالصعوبات الكتابية.

خصائص ذوي صعوبات التعلم العامة:

هناك العديد من الخصائص التي تلاحظ في الطلبة ذوي صعوبات التعلم، قد نلاحظ بعضاً منها في بعض الأطفال وليس الآخرون، كما قد نلاحظ مجموعة منها، من هذه الخصائص:

1- الخصائص اللغوية

2- الخصائص الاجتماعية والسلوكية

3- الخصائص الحركية

4- الخصائص المعرفية الأكاديمية

أولاً: الخصائص اللغوية

قد يعاني ذوو صعوبات التعلم من صعوبات في اللغة الاستقبالية واللغة التعبيرية، كما يمكن أن يكون كلام الطالب الذي يعاني من صعوبات التعلم مطولاً ويدور حول فكرة واحدة أو قاصراً على وصف خبرات حسية، بالإضافة إلى عدم وضوح بعض الكلام نتيجة حذف أو إبدال أو تشويه أو إضافة أو تكرار لبعض أصوات الحروف، هذا بالإضافة إلى مشكلة فقدان القدرة المكتسبة على الكلام وذلك بسبب إصابة الدماغ، ولعل أهم ما يميز الطلبة ذوي الصعوبات التعليمية من ناحية لغوية ما يلي:

1- صعوبات لغوية مختلفة:

لدى البعض منهم صعوبات في النطق، أو في الصوت ومخارج الأصوات، أو في فهم اللغة المحكية. حيث تعتبر الدسلكسيا (صعوبات شديدة في القراءة)، وظاهرة الديسغرافيا (صعوبات شديدة في الكتابة). كما ويعد التأخر اللغوي عند الأطفال من ظواهر الصعوبات اللغوية، حيث يتأخر استخدام الطالب للكلمة الأولى لغاية عمر الثالثة التقريب، علماً بأن العمر الطبيعي لبداية الكلام هو في عمر السنة الأولى.

2- صعوبات في التعبير اللفظي (الشفوي):

يتحدث الطالب هنا بجمل غير مفهومة، أو مبنية بطريقة خاطئة وغير سليمة من ناحية التركيب القواعدي. هؤلاء الطلبة يستصعبون كثيراً في التعبير اللغوي الشفوي. إذ نجدهم يتعثرون في اختيار الكلمات المناسبة، ويكررون الكثير من الكلمات، ويستخدمون جملاً متقطعة، وأحياناً دون معنى؛ عندما يطلب منهم التحدث عن تجربة معينة، أو استرجاع أحداث قصة قد سمعوها سابقا. وقد تطول قصتهم دون إعطاء الإجابة المطلوبة أو الوافية. إن العديد منهم يعانون من ظاهرة يطلق عليها بعجز التسمية (Dysnomia)، أي صعوبة في استخراج الكلمات أو إعطاء الأسماء أو الاصطلاحات الصحيحة للمعاني المطلوبة.

ثانياً: الخصائص الاجتماعية

ولا تقتصر المشكلات التي يواجهها الطلبة ذوو صعوبات التعلم على المشكلات الأكاديمية ولكنها غالبا ما تشتمل على ضعف في النمو الاجتماعي، والانفعالي والسلوكي، وذلك أمر متوقع فالأداء الأكاديمي يرتبط ارتباطا قويا بالأداء الشخصي والاجتماعي. وقد حظي مفهوم الصعوبات التعليمية غير اللفظية (Nonve صلى الله عليه وسلم bal Lea صلى الله عليه وسلم ning Disabilities) باهتمام كبير في السنوات الماضية. وجدير بالذكر أن هذا المفهوم يشير إلى صعوبات كبيرة في التفاعلات الاجتماعية ومهارات التواصل غير اللفظي.

وعلى وجه التحديد، يواجه الأطفال ذوو صعوبات التعلم غير اللفظية مشكلات على مستوى حل المشكلات غير اللفظية والسلوك الاجتماعي. وبعبارة أخرى فإن العجز في المهارات الاجتماعية والانفعالية يمثل أحد الأنواع الرئيسي لصعوبات التعلم غير اللفظية، ولكن الأمر يقتصر أيضا على صعوبات التعلم غير اللفظية، فمن المعروف أن أعدادا كبيرة من الطلبة ذوي صعوبات التعلم بوجه عام يفتقرون إلى المهارات الاجتماعية ولا يدركون المواقف الاجتماعية بشكل مناسب ويقبلون بالرفض الاجتماعي.

ويعتقد برايان (B صلى الله عليه وسلم yan,2000) وهو أحد الباحثين الأمريكيين المشهورين في مجال النمو الاجتماعي للطلبة ذوي صعوبات التحمل، إن أكثر من ثلث هؤلاء الطلبة لديهم مشكلات في المهارات الاجتماعية وضعف في النمو الاجتماعي والانفعالي.

وعلى وجه التحديد، يواجه الطلبة ذوو صعوبات التعلم مشكلات في:

- العلاقات الاجتماعية الايجابية مع الآخرين.
- إدراك المواقف الاجتماعية.
- الأحكام الاجتماعية.
- تفهم مشاعر الآخرين.
- التواصل الاجتماعي.
- العلاقات الأسرية.

ونظرا لما يواجهه الطلبة ذوو صعوبات التعلم من صعوبات كبيرة في المدرسة على المستوى الأكاديمي والاجتماعي ونظرا لما يمرون به من خبرات إخفاق متكررة، فالافتراض غالبا هو أن مفهوم الذات (Self – Concept) لدى هؤلاء الطلبة غالبا ما يكون متدنيا، وذلك من شأنه أن يقود إلى المزيد من الضعف قي التحصيل والى مشكلات في النمو الشخصي طويل المدى، وفي ضوء ذلك فقد اهتمت الدراسات بتطوير أساليب وبرامج تدريبية لتحسين مستوى مفهوم الذات لدى الطلبة ذوي صعوبات التعلم.

كذلك ينبغي على المرشدين أن يدركوا أن الصعوبات التعليمة غالبا ما تترك أثرا سلبيا على تقدير الطلبة لذواتهم وعلى دافعيتهم للتعلم. وذلك ليس غريبا في ضوء خبراتهم الصعبة والطويلة التي تزخر بالرفض والفشل والإحباط، ومن الأساليب التي يمكن استخدامها لتطوير مستوى تقدير الذات لدى الطلبة ذوي صعوبات التعلم وسبل استثارة دافعيتهم.

الأطفال الذين يعانون من مشكلات في التكيف الاجتماعي غالباً ما يعتبروا بخطر في مواجهة صعوبات أكاديمية بالإضافة إلى مشاكل حادة في التكيف الاجتماعي عندما يغادروا المدرسة، والأطفال ذو صعوبات التعلم ممكن أن يكون لديهم حاجات في النواحي الاجتماعية مثل:

1- تنمية مهارات التواصل:

حيث يمكن أن يشارك الطفل ذو صعوبات التعلم في عدد من السلوكيات العدائية والتخريبية داخل الصف مثل الضرب، النزاعات، نشاط زائد، كثرة الكلام، رفض الالتزام بالتعليمات، البكاء..... وغيرها الكثير. وعلى الرغم من أن العديد من هذه السلوكيات قد تكون exhibited (ظاهرة) من قبل كل الطلاب من وقت لآخر، وهذه السلوكيات ينظر إليها من قبل معلم الصف على أنها غير طبيعية، وذات تأثير سلبي على الآخرين في الصف.

2- تنمية المهارات الشخصية Inte صلى الـلـه عليه وسلم pe صلى الـلـه عليه وسلم sonal skills:

غالبا ما يعاني الأطفال ذو صعوبات التعلم من مشاكل في علاقاتهم الاجتماعية مع الأقران، حيث أظهرت البحوث أن هؤلاء الأطفال لهم أصدقاء أقل وأكثر رفضاً أو تجاهلاً من قبل الأقران. والعديد من هذه السلوكيات تعزى إلى فشل الطفل في التفاعل بسلوكيات مقبولة اجتماعياً أو بمهارات اجتماعية في نواحي إقامة صداقات، الدخول في حوار مع بعض الأشخاص، التعامل مع مشكلة. وهناك عدد من التفسيرات لوجود مثل هذه الصعوبات:

- بعض الأطفال ببساطة قد لا يعرفوا كيف يتصرفوا في هذه المواقف الاجتماعية.
- قد يكون لديهم نقص في المعلومات وذلك لأنهم لا يتعلموا من النماذج الموجودة أمامهم في البيت والمدرسة.

- وأيضاً قد يعاني الأطفال من مشاكل في قراءة الإشارات الاجتماعية عدم فهم وعدم تقدير مشاعر الآخرين.
- طلاب آخرين قد يعرفون ماذا يفعلوا – لكن لا يفعلوا.

3- التكيف السيكولوجي (نفسي وشخصي).

الطلاب ذو التحصيل الأكاديمي المتدني، والذين لا يوجد لديهم علاقات اجتماعية ناجحة غالباً ما يعانون من مشكلات نفسية وشخصية وواحدة من المشكلات الشخصية هي نظرتهم للذات، وغالباً ما يعاني الأطفال ذو صعوبات التعلم من الاضطرابات السلوكية في تدني مفهوم الذات، لديهم ثقة متدنية فيما يتعلق بقدراتهم.

أيضاً قد يعانوا من حالات شديدة من القلق والإحباط والطفل المحيط والقلق

- قد يرفض التحدث في الصف.
- غير مهتم ببعض المواضيع الحياتية.
- يظهر عليه الغضب عند إعطائه واجب.
- يتظاهر بالمرض في وقت الذهاب للمدرسة.
- يظهر تدني الثقة بالنفس عند عرض المهارات المدرسية.
- المهارات الاجتماعية والانفعالية

كما تتأثر علاقة هؤلاء الطلبة مع الآخرين، وبالتالي قد لا يقيمون علاقات اجتماعية ناجحة، ويلاحظ عليهم ما يلي:

1- عدم المجازفة وتجنب أداء المهام خوفا من الفشل:

هذا النوع من الطلبة لا يجازف ولا يخاطر في الإجابة على أسئلة المعلم المفاجئة والجديدة. فهو يبغض المفاجآت ولا يريد أن يكون في مركز الانتباه دون معرفة النتيجة لذلك. فمن خلال تجاربه تعلم أنّ المعلم لا يكافئه على أجوبته الصحيحة، وقد يحرجه

ويوجه له اللوم أو السخرية إذا أخطأ. لذلك نجده مستمعاً أغلب الوقت أو محجباً عن المشاركة؛ لأنه لا يضمن ردة فعل المعلم أو النتيجة.

2- صعوبات في تكوين علاقات اجتماعية سليمة:

إنّ أي نقص في المهارات الاجتماعية للطالب قد تؤثر على جميع جوانب الحياة، بسبب عدم قدرته لأن يكون حساساً للآخرين، وأن يدرك كبقية زملائه، قراءة صورة الوضع المحيط به. لذلك نجد هؤلاء الطلبة يخفقون في بناء علاقات اجتماعية سليمة، قد تنبع من صعوباتهم في التعبير وانتقاء السلوك المناسب في الوقت الملائم..الخ.. وقد أشارت الدراسات إلى أنّ ما نسبته 34% إلى 59% من الطلاب الذين يعانون من الصعوبات التعليمية، معرضون للمشاكل الاجتماعية. كما وأن هؤلاء الأفراد الذين لا يتمكنون من تكوين علاقات اجتماعية سليمة، صنِّفوا كمنعزلين، ومكتئبين، وبعضهم يميلون إلى الأفكار الانتحارية.

3- الانسحاب المفرط:

مشاكلهم الجمة في عملية التأقلم لمتطلبات المدرسة، تحبطهم بشكل كبير وقد تؤدي إلى عدم رغبتهم في الظهور والاندماج مع الآخرين، فيعزفون عن المشاركة في الإجابات عن الأسئلة، أو المشاركة في النشاطات الصفية الداخلية، وأحياناً الخارجية.

ثالثا: الخصائص السلوكية

يظهر على الأطفال ذوي صعوبات التعلم العديد من المشكلات الاجتماعية والسلوكية والتي تميزهم عن غيرهم من الأطفال، ومن أهم هذه المشكلات ما يلي:

1- اضطرابات في الانتباه:

تعتبر ظاهرة شرود الذهن، والعجز عن الانتباه، والميل للتشتت نحو المثيرات الخارجية، من أكثر الصفات البارزة لهؤلاء الطلبة. إذ أنّهم لا يميّزون بين المثير الرئيسي

والثانوي. حيث يملّ الطالب من متابعة الانتباه لنفس المثير بعد وقت قصير جداً، وعادة لا يتجاوز أكثر من عدة دقائق. فهؤلاء الطلبة يبذلون القليل من الجهد في متابعة أي أمر، أو أنهم يميلون بشكل تلقائي للتوجه نحو مثيرات خارجية ممتعة بسهولة، مثل النظر عبر نافذة الصف، أو مراقبة حركات الأولاد الآخرين. بشكل عام، نجدهم يعانون من صعوبات كبيرة في التركيز بشكل دقيق في المهمات والتخطيط المسبق لكيفية إنهائها، وبسبب ذلك يلاقون صعوبات في تعلم مهارات جديدة.

2- الحركة الزائدة:

تميّز بشكل عام الطلبة الذين يعانون من صعوبات مركبة من ضعف الإصغاء والتركيز، وكثرة النشاط، والاندفاعية، ويطلق على تلك الظاهرة باضطرابات الإصغاء والتركيز والحركة الزائدة (ADHD). وتلك الظاهرة مركبة من مجموعة صعوبات، تتعلق بالقدرة على التركيز، وبالسيطرة على الدوافع وبدرجة النشاط.

3- الاندفاعية والتهور:

قسم من هؤلاء الطلبة يتميزون بالتسرع في إجاباتهم، وردود فعلهم، وسلوكياتهم العامة. مثلاً، قد يميل الطالب إلى اللعب بالنار، أو القفز إلى الشارع دون التفكير في العواقب المترتبة على ذلك. وقد يتسرع في الإجابة على أسئلة المعلم الشفوية، أو الكتابية قبل الاستماع إلى السؤال أو قراءته. كما وأن البعض منهم يخطئون بالإجابة على أسئلة قد عرفوها من قبل.

4- البطء الشديد في إتمام المهمات:

تظهر تلك المشكلة في معظم المهمات التعليمية التي تتطلب تركيزاً متواصلاً وجهداً عضلياً وذهنياً في نفس الوقت، مثل الكتابة، وتنفيذ الواجبات البيتية.

5- عدم ثبات السلوك:

أحياناً يكون الطالب مستمتعاً ومتواصلاً في أداء المهمة، أو في التجاوب والتفاعل مع الآخرين؛ وأحياناً لا يستجيب للمتطلبات بنفس الطريقة التي ظهر بها سلوكه سابقاً.

رابعا: الخصائص الحركية

يظهر الطلبة ممن لديهم صعوبات في التعلم مشكلات في الجانب الحركي، ومن أوضح هذه المشكلات الحركية الكبيرة التي يمكن أن تلاحظ لدى هؤلاء الطلبة هي: مشكلات التوازن العام وتظهر على شكل مشكلات في المشي والرمي والإمساك أو القفز أو مشي التوازن، يتصف الطفل بأنه أخرق يرتطم بالأشياء بسهولة ويتعثر أثناء مشيه ولا يكون متوازناً.

المشكلات الحركية الصغيرة الدقيقة والتي تظهر على شكل طفيف في الرسم والكتابة واستخدام المقص.. وغيرها، كما يجد صعوبة في استخدام أدوات الطعام كالملعقة والشوكة والسكين أو في استخدام يديه في التلوين. ولعل أبرز هذه الخصائص ما يلي:

1- صعوبات في التآزر الحسي – الحركي (Visual- Moto صلى الله عليه وسلم Coo صلى الله عليه وسلم dination):

عندما يبدأ الطفل برسم الأحرف أو الأشكال التي يراها بالشكل المناسب أمامه، ولكنه يفسرها بشكل عكسي، فإن ذلك يؤدي إلى كتابة غير صحيحة مثل كلمات معكوسة، أو كتابة من اليسار لليمين أو نقل أشكال بطريقة عكسية. هذا التمرين أشبه بالنظر إلى المرآة ومحاولة تقليد شكل أو القيام بنقل صورة تراها العين بالشكل المقلوب. فالعين توجه اليد نحو الشيء الذي تراه بينما يأمرها العقل بغير ذلك ويوجه اليد للاتجاه المغاير. هذه الظاهرة تميز الطلبة الذين يستصعبون في عمليات الخط والكتابة، وتنفيذ المهارات المركبة التي تتطلب تلاؤم عين-يد، مثل القص والتلوين والرسم، والمهارات الحركية والرياضية، وضعف القدرة على توظيف الأصابع أثناء متابعة العين بالشكل المطلوب.

2- صعوبات في العضلات الدقيقة:

إن مسك القلم يكون غير دقيق لدى هؤلاء الطلبة، أو أنهم لا يستطيعون تنفيذ تمارين بسيطة تتطلب معالجة الأصابع.

3- ضعف في التوازن الحركي العام:

صعوبات كتلك تؤثر على مشية الطالب وحركاته في الفراغ، وتضر بقدراته في الوقوف أو المشي على خشبة التوازن، والركض بالاتجاهات الصحيحة في الملعب.

خامسا: الخصائص المعرفية

يبدو لدى هؤلاء الطلبة صعوبات في المجالات المعرفية وخاصة فيما يلي:

1- صعوبات في الذاكرة:

يوجد لدى كل فرد ثلاثة أقسام رئيسة للذاكرة، وهي الذاكرة القصيرة، والذاكرة العاملة، والذاكرة البعيدة. حيث تتفاعل تلك الأجزاء مع بعضها البعض لتخزين واستخراج المعلومات والمثيرات الخارجية عند الحاجة إليها. الأطفال الذين يعانون من صعوبات تعليمية، عادة، يفقدون القدرة على توظيف تلك الأقسام أو بعضها بالشكل المطلوب، وبالتالي يفقدون الكثير من المعلومات؛ مما يدفع المعلم إلى تكرار التعليمات والعمل على تنويع طرق عرضها

2- صعوبات في التفكير:

يواجهون هؤلاء الأطفال مشكلة في توظيف الاستراتيجيات الملائمة لحل المشاكل التعليمية المختلفة. فقد يقومون بتوظيف استراتيجيات بدائية وضعيفة لحل مسائل الحساب وفهم المقروء، وكذلك عند الحديث والتعبير الكتابي. ويعود جزء كبير من تلك الصعوبات إلى افتقار عمليات التنظيم. لكي يتمكن الإنسان من اكتساب العديد

من الخبرات والتجارب، فهو بحاجة إلى القيام بعملية تنظيم تلك الخبرات بطريقة ناجحة، تضمن له الحصول عليها واستخدامها عند الحاجة. ولكن الأولاد الذين يعانون من الصعوبات التعليمة وفي العديد من المواقف يستصعبون بشكل ملحوظ في تلك المهمة. إذ يستغرقهم الكثير من الوقت للبدء بحل الواجبات وإخراج الكراسات من الحقيبة، والقيام بحل مسائل حسابية متواصلة، أو ترتيب جملهم أثناء الحديث أو الكتابة.

3- صعوبات في فهم التعليمات:

إن التعليمات التي تعطى لفظياً ولمرة واحدة من قبل المعلم تشكل عقبة أمام هؤلاء الطلاب، بسبب مشاكل التركيز والذاكرة. لذلك نجدهم يسألون المعلم تكراراً عن المهمات أو الأسئلة التي يوجهها للطلاب. كما وأنّ البعض منهم لا يفهمون التعليمات المطلوبة منهم كتابياً، لذا يلجئون إلى سؤال المعلم أو تنفيذ التعليمات حسب فهمهم الجزئي، أو حتى التوقف عن التنفيذ حتى يتوجه إليهم المعلم ويرشدهم فردياً.

4- صعوبات في الإدراك العام واضطراب المفاهيم:

تظهر صعوبات في إدراك المفاهيم الأساسية مثل: الشكل والاتجاهات والزمان والمكان، والمفاهيم المتجانسة والمتقاربة والأشكال الهندسية الأساسية وأيام الأسبوع.. الخ.

5- اضطرابات عصبية- مركبة:

كمشاكل متعلقة بأداء الجهاز العصبي المركزي. وقد تظهر بعض هذه الاضطرابات في أداء الحركات العضلية الدقيقة، مثل الرسم والكتابة.

سادسا: الخصائص الأكاديمية

1- صعوبات القراءة

أنماط صعوبات القراءة: يلاحظ على الطلبة الذين يعانون من صعوبات القراءة صعوبات في:

- الإدراك البصري: وهو الإدراك المكاني أو الفراغي، أي تحديد مكان جسم الإنسان في الفراغ وإدراك موقع الأشياء بالنسبة للإنسان وبالنسبة للأشياء الأخرى، وفي عملية القراءة يجب أن ينظر إلى الكلمات كوحدات مستقلة محاطة بفراغ.

- التمييز البصري: لا يستطيع الكثيرون من الطلبة الذين يعانون من صعوبات في القراءة من: التمييز بين الحروف والكلمات، أو التمييز بين الحروف المتشابهة في الشكل (ن، ت، ب، ث، ج، ح. أو التمييز بين الكلمات المتشابهة أيضاً (عاد، جاد).

- الإدراك السمعي: كتحديد مصدر الصوت، والوعي على مركز الصوت واتجاهه.

- التمييز السمعي: القدرة على تمييز شدة الصوت وارتفاعه أو انخفاضه والتمييز بين الأصوات اللغوية وغيرها من الأصوات، وتشتمل هذه القدرة أيضاً على التمييز بين الأصوات الأساسية- الفونيمات - وبين الكلمات المتشابهة والمختلفة.

- الذاكرة السمعية التتابعية: ويقصد بها التمييز أو/ وإعادة إنتاج كلام ذي نغمة معينة ودرجة شدة معينة، وتعتبر هذه المهارة ضرورية للتمييز بين الأصوات المختلفة والمتشابهة وهي تمكننا من إجراء مقارنة بين الأصوات والكلمات، ولذلك لابد من الاحتفاظ بهذه الأصوات في الذاكرة لفترة معينة من أجل استرجاعها لإجراء المقارنة.

- تمييز الصوت عن غيره من الأصوات الشبيهة به: عملية اختيار المثير السمعي

المناسب من المثير السمعي غير المناسب ويشار إليه أحياناً على أنه تمييز الصورة - الخلفية السمعية.

- المزج السمعي: القدرة على تجميع أصوات مع بعضها بعضاً لتشكيل كلمة معينة.

- تكوين المفاهيم الصوتية: القدرة على تمييز أنماط الأصوات المتشابهة والمختلفة وتمييز تتابع الأصوات الساكنة والتغيرات الصوتية التي تطرأ على الأنماط الصوتية.

- القراءة العكسية للكلمات والحروف: يعتبر الميل إلى قراءة الكلمات والحروف (أو كتابتها) بشكل معكوس من الميزات المعرفية التي يتصف بها الذين يعانون من صعوبات في القراءة، يميل هؤلاء الطلبة إلى قراءة بعض الحروف بشكل معكوس أو مقلوب وبخاصة الحروف (ب، ن، س، ص) وقد يقرأ هؤلاء الطلبة بعض الكلمات بالعكس (سار بدلاً من راس) وقد يستبدل بعضهم الصوت الأول في الكلمة بصوت آخر (دار بدلاً من جار)، وهناك مجموعة أخرى من هؤلاء الطلبة ممن يغيرون مواقع الحروف في الكلمة أو ينقلون صوتاً من كلمة إلى كلمة مجاورة، وكثيراً ما يتم تفسير ظاهرة القراءة المعكوسة بعدم القدرة على تمييز اليسار من اليمين، وتعتبر هذه الظاهرة مألوفة بين الطلبة في المرحلة الابتدائية وبخاصة عند بداية تعلم القراءة، ولكن هذه المشكلة تختلف عند ذوي صعوبات التعلم من حيث مدى حدوثها وفترة استمرارها، وإذ يميل هؤلاء الطلبة إلى عكس عدد أكبر من الحروف والكلمات ولفترة زمنية أطول مما هي عليه الحال في الطلبة الذين لا يعانون من صعوبات في التعلم.

- مهارات تحليل الكلمات: إن القدرة على تحليل الكلمات بفاعلية من أهم المهارات لتعلم القراءة الجيدة، وتحدد مهارات تحليل الكلمات عادة بمدى تنوع الأساليب التي يتبعها الطالب، وتعتبر القراءة الصوتية من أكثر الأساليب شيوعاً.

أنماط الصعوبات الخاصة بالقراءة :

تعد صعوبات القراءة من أكثر الموضوعات انتشاراً بين الطلبة ذوي الصعوبات التعليمية، حيث تتمثل هذه الصعوبات فيما يلي :

1- حذف بعض الكلمات أو أجزاء من الكلمة المقروءة، فمثلاً عبارة (سافرت بالطائرة) قد يقرأها الطالب (سافر بالطائرة) .

2- إضافة بعض الكلمات غير الموجودة في النص الأصلي إلى الجملة، أو بعض المقاطع أو الأحرف إلى الكلمة المقروءة فمثلاً كلمة (سافرت بالطائرة) قد يقرأها (سافرت بالطائرة إلى أمريكا) .

3- إبدال بعض الكلمات بأخرى قد تحمل بعضاً من معناها، فمثلاً قد يقرأ كلمة (العالية) بدلاً من (المرتفعة) أو (الطلاب) بدلاً من (التلاميذ) أو أن يقرأ (حسام ولد شجاع) وهكذا .

4- إعادة بعض الكلمات أكثر من مرة بدون أي مبرر فمثلاً قد يقرأ (غسلت الأم الثياب) فيقول : (غسلت الأم ... غسلت الأم الثياب) .

5- قلب الأحرف وتبديلها، وهي من أهم الأخطاء الشائعة في صعوبات القراءة حيث يقرأ الطالب الكلمات أو المقاطع معكوسة، وكأنه يراها في المرآة: فقد يقرأ كلمة (برد) فيقول (درب) ويقرأ كلمة (رز) فيقول (زر) وأحياناً يخطئ في ترتيب أحرف الكلمة، فقد يقرا كلمة (الفت) فيقول (فتل) وهكذا.

6- ضعف في التمييز بين الأحرف المتشابهة رسماً، والمختلفة لفظاً مثل(ع و غ) أو (ج و ح و خ) أو (ب و ت و ث و ن) أو (س وش) وهكذا .

7- ضعف في التمييز بين الأحرف المتشابهة لفظاً والمختلفة رسماً مثل: (ك و ق) أو (ت و د و ظ ض) أو (س و ز) وهكذا، وهذا الضعف في تميز الأحرف ينعكس بطبيعة

الحال على قراءته للكلمات أو الجمل التي تتضمن مثل هذه الأحرف، فهو قد يقرأ (توت) فيقول (دود) مثلاً وهكذا.

8- ضعف في التمييز بين أحرف العلة فقد يقرأ كلمة (فول) فيقول (فيل) .

9- صعوبة في تتبع مكان الوصول في القراءة وازدياد حيرته، وارتباكه عند الانتقال من نهاية السطر إلى بداية السطر الذي يليه أثناء القراءة .

10- قراءة الجملة بطريقة سريعة وغير واضحة .

11- قراءة الجملة بطريقة بطيئة كلمة/كلمة .

وفيما يلي نستعرض أهم مظاهر ضعف القراءة والتوصيات التي يمكن للمرشد تقديمها لمساعدة الطلبة في تحسين تلك الصعوبات بالتحديد، سواء يمكن تقديمها للمعلمين أو لأولياء الأمور.

(1) صعوبات القراءة والعلاج

الرقم	مظهر الصعوبة	العـــلاج
1	عدم التعرف على الكلمات	1- تعويد التلاميذ على الانتباه المباشر إلى كل كلمة. 2- عرض الكلمات مقترنة بالصور والتدريب على قراءة الكلمات. 3 - تكرار التدريب على قراءة الكلمات 4- إعداد بطاقات تحتوي على الكلمات التي يخطئ الأطفال في قراءتها وتعليقها في الصف، وتدريب الطلبة عليها في الوقت المناسب.
2	القراءة من الذاكرة	- تثبيت شكل الكلمات، ونطقها غير مقترنة بالصور عن طريق استخدام السبورة واستخدام البطاقات.
3	القراءة المتقطعة	1- جعل سرعة القراءة هدفاً واضحاً، وذلك بتدريب.الطلبة على القراءة في زمن محدد عند القراءة الصامتة. 2- تشجيع القراءة التي يقوم بها الطلبة، بحيث تشبه المحادثة العادية، أي بدون انفعال. 3- إعطاء نماذج للقراءة العادية من المدرس أو الطلبة الممتازين ليحاكيها الآخرين.
4	الخلط بين الحروف المتشابهة في القراءة	1- التدريب المقصود في نطق هذه الحروف، والتنبيه إلى الفروق بينها في النطق. 2- التدريب على هذه الحروف مما عرفه الطلبة باستعمال السبورة والبطاقات في ذلك. 3- إعطاء تدريبات كتابية في كلمات وجمل تشتمل على هذه الحروف المتشابهة.

العـــلاج	مظهر الصعوبة	الرقم
4- إعداد قوائم تشمل على عدد من هذه الكلمات، وتدريب الطلبة على قراءتها بين حين وآخر. 5 - مطالبة الطلبة بالإتيان بأمثلة كهذه الكلمات من حصيلتهم اللغوية. 2- إعداد بطاقات لكلمات تشتمل على اللام الشمسية وأخرى تشتمل على اللام القمرية، وتدريب الطلبة نطقها حتى يدركوا الفروق في النطق إدراكاً واضحاً.		
1- الاهتمام بتجويد - الحرف بصوته واسمه. 2- التدريب على قراءة كلمات مما يعرفها الطلبة التي تشتمل الحركات، واستمرار التدريب حتى يتقن الطالب النطق بها. 3- إلا ينتقل من حركة إلى أخرى ألا بعد الإتقان التام للحركة الأولى.	العجز عن معرفة صوت الحرف حسب الشكل	5
1- إبراز نطق الصوت الممدود بالفتحة أو بالضمة أو بالكسرة، وتنبيه الطلبة إلى ملاحظة الفروق في الصوت المطلوب نطقه بشكل صحيح. 2- المقارنة بصوت الحرف غير الممدود في كلمات مختارة. 3- إعداد بطاقات لكلمات فيها أحرف ممدودة بالحركات الثلاث، والتدريب على القراءة بين حين وآخر. 4- لا ينتقل المعلم من خطوة إلى أخرى إلا بعد الإتقان التام للخطوة التي سبقتها.	عدم التمييز بين الصوت الممدود وغير الممدود	6
1- يقرا المعلم ثم يقرا الطلبة كلمات في آخرها تنوين لإبراز الصوت المنون، مع التنبيه إلى الفرق بين الصوت الناشئ بسبب الفتحتين، أو الكسرتين، أو الضمتين	عدم تمييز صوت التنوين	7

الرقم	مظهر الصعوبة	العـــلاج
		2- المقارنة بين صوت الحرف المضموم، و صوت الحرف المنون بالضم كلمات مثل: كتاب محمد جديد، هذا كتاب جديد، وكذالك المقارنة بين صوت الحرف المكسور وتنوين الكسر، و هكذا في مقارنة الفتح و تنوين الفتح. 3- إعداد بطاقات تشتمل على جمل فيها كلمات منونه و التدريب المتواصل على نطقها، حتى يدرك الطلبة الفروق بين الضمتين، والكسرتين، والفتحتين.
8	الخلط في النطق بين اللام الشمسية واللام القمرية	1- تكليف الطلبة بنطق كلمات فيها لام شمسية وأخرى لام قمرية بعد نطقها من قبل المعلم ليلاحظ الطلبة الفروق بينهما. 2 – إعداد وسيلة توضيحية بالحروف القمرية وأخرى بالحروف الشمسية تبقيان تحت أنظار الطلبة في الغرف الصفية. 3- إعداد وسيلة توضيحية بالحروف القمرية وأخرى بالحروف الشمسية تبقيان تحت أنظار الطلبة في الغرف الصفية.
9	التعثر في الطرق	1-تدريب الطلبة على النطق الصحيح. 2- إعداد قوائم بكلمات متشابهة ثم التمييز بينها شفهياً وبصرياً
10	القراءة العكسية	العناية باتجاه العين في أثناء القراءة عن طريق تدريبات تتضمن تتبع الحروف والإشارة بالإصبع أو وضع خط تحت الحروف أثناء القراءة .
11	إضافة كلمات غير موجودة وحذف كلمات موجودة	1-التركيز على المعنى. 2-استخدام البطاقات الخاطفة التي تحتوى على جملة ناقصة، وأخرى كاملة، مع الموازنة بينهما. 3- القراءة أمام المعلم ومتابعته لها بدقة

يحبذ استخدام مادة قرائية بين السطور فيها فراغات واسعة، ووضع خط تحت السطر في أثناء القراءة، ومساعدة الطالب على تجنب القلق والإجهاد	إغفال سطر أو أكثر	12
1- استخدام مادة قرائية سهلة. 2- التركيز على المعنى. 3- إثارة الدوافع والحوافز للقراءة 4- التدريب على القراءة باستخدام البطاقات	القصور في فهم المراد من المادة المقروءة	13
استخدام التدريبات في إكمال الجمل. وضع خطوط تحت الإجابة الصحيحة.	صعوبة إدراك المطلوب في وصف شيء من الأشياء	14

(2) صعوبات الكتابة:

على الطلبة إتقان مهارات مختلفة من أجل التمكن من الكتابة، ولا يستطيع عدد كبير من هؤلاء الطلبة تطوير مهارات الكتابة اليدوية لعدم إتقانهم عدداً من المهارات الأساسية لتطوير مثل هذه المهارات، وتشتمل المهارات الأولية على عدد من المهارات:

• القدرة على التحكم في العضلات الدقيقة
• القدرة على مسك القلم بالطريقة السليمة
• وضع الورقة بالشكل المناسب للكتابة
• إدراك المسافات بين الحروف
• إدراك العلاقات المكانية مثل تحت - فوق .
• إدراك الاتجاه من اليسار إلى اليمين
• تقدير حجم الشكل - صغيراً أو كبيراً

- تمييز الأشكال والأحجام المختلفة والقدرة على تقليدها.

- القدرة على رسم الأشكال الهندسية

ومن أجل تسهيل تعلم الكتابة لابد للطفل من اكتساب المهارات الكتابية العامة التالية:

- مهارات الكتابة الأولية

- المهارات الكتابية العادية

- مهارات التهجئة

- مهارات التعبير الكتابي

وسيتم استعراض هذه المهارات الأربعة من أجل التعرف على خصائص هؤلاء الطلبة:

أولا: مهارات الكتابة الأولية:

يحتاج إتقان مهارات الكتابة الأولية العديد من المهارات ومن أهمها:

- القدرة على اللمس ومد اليد ومسك الأشياء وإفلاتها .

- القدرة على تمييز التشابه والاختلاف بين الأشكال والأشياء .

- القدرة على استعمال إحدى اليدين بكفاءة .

ثانيا: المهارات الكتابية العادية:

ويتطلب إتقان المهارات الكتابية العادية التمكن من مهارات من مثل:

- مسك القلم (أداة الكتابة)

- تحريك أداة الكتابة إلى الأعلى والأسفل .

- تحريك أداة الكتابة بشكل دائري .

- القدرة على نسخ الحروف.

- القدرة على نسخ الرقم الشخصي .
- كتابة الاسم باليد .
- نسخ الجمل والكلمات .
- نسخ الجمل والكلمات الموجودة على مكان بعيد كالسبورة مثلا.
- الكتابة بتوصيل الحروف مع بعضها بعضاً .
- النسخ بحروف موصولة عن السبورة مثلاً .

ثالثا: مهارات التهجئة:

ويتطلب إتقان مهارات التهجئة التمكن من مهارات من مثل:

- تمييز الحروف الهجائية .
- تمييز الكلمات .
- نطق الكلمات بشكل واضح .
- تمييز التشابه والاختلاف بين الكلمات .
- تمييز الأصوات المختلفة في الكلمة الواحدة .
- الربط بين الصوت والحرف .
- تهجئة الكلمات .
- استنتاج قواعد التهجئة الكلمات .
- استعمال الكلمات في كتابة الإنشاء استعمالاً صحيحاً من حيث التهجئة.

رابعا: مهارات التعبير الكتابي:

يتطلب إتقان مهارات التعبير الكتابي التمكن من مهارات من مثل:

- كتابة جمل وأشباه جمل.
- ينهي الجملة بعلامة الترقيم المناسبة.
- يستعمل علامات الترقيم استعمالاً سليماً.

169

- يعرف القواعد البسيطة لتركيب الجملة.

- يكتسب فقرات كاملة.

- يكتب ملاحظات ورسائل.

- يعبر عن إبداعه كتابة.

- تستعمل الكتابة كوسيلة للتواصل .

أنماط صعوبات الكتابة:

يواجه الأطفال عدة أنواع من الصعوبات في تعلم الكتابة هي :

- عدم إتقان شكل الحرف وحجمه .

- الصعوبة في تذكر شكل الحرف

- الزيادة أو النقصان في شكل الحرف كإضافة نقطة أو حذفها مثلاً

- عدم الاستعداد لاستخدام أشكال وأحجام مختلفة.

- عدم التحكم في المسافة بين الحروف .

- الأخطاء في التهجئة .

- الأخطاء في المعنى والنحو .

(3) التعبير الكتابي:

تظهر مشكلات في التعبير الكتابي متعددة ومختلفة ومن أهمها:

- يواجه الطلبة الذين يعانون من صعوبات في التعبير الكتابي مشكلة في التعبير عن أفكارهم كتابة، ومن المشاكل الأخرى التي يواجهونها ضعف القواعد والمفردات وعدم إتقان أساسيات عملية.

- ويواجه الطلبة الذين يعانون من صعوبات في الكتابة مشاكل في تنظيم الأفكار في الكتابة، ويعتقد كثير من الباحثين بوجود علاقة قوية بين القدرة على التعبير

الشفوي ونوعية التعبير الكتابي، فلا يستطيع بعض الطلبة التعبير عن أفكارهم كتابة لأن خبراتهم محدودة وغير مناسبة، في حين يكون الطلاب الذين تعرضوا لخبرات لغوية شفوية متنوعة كالمشاركة في الأسئلة والاستفسار والنقاش أكثر قدرة على التعبير كتابياً عن أفكارهم من أولئك الطلبة الذين لم يتعرضوا لمثل هذه المواقف التي تتطلب تفاعلاً شفوياً مع الآخرين، ولذلك يجب التركيز في البداية على تعليم الطالب التعبير عن نفسه شفوياً حتى يكتسب الخبرات الكافية التي تساعده في الكتابة عنها .

● وهناك فئة أخرى من الطلبة ذوي صعوبات التعلم تتمثل في هؤلاء الذين اكتسبوا خبرات واسعة ولكنهم لا يستطيعون التواصل باستخدام الكتابة لأنهم بحاجة إلى التدريب على خبرات إيجابية في الكتابة.

● لا يستطيع بعض الطلبة الذين يعانون من صعوبات في التعبير الكتابي تصنيف الأفكار وترتيبها ترتيباً منطقياً، ولذلك تتميز كتابة هؤلاء الطلبة بعدم التنظيم والترتيب، وكثيراً ما نجد الفكرة الواحدة موزعة في عدة جمل وفقرات، وينبغي تدريب هؤلاء الطلبة على ربط الأفكار مع بعضها بعضاً في الكتابة عن طريق تعريفهم بالعلاقة بين الأفكار والجمل.

ويبدو لدى طالب صعوبات التعلم مشكلات في التعبير الكتابي بسبب عدة جوانب ومن أهمها:

1- النحو والصرف :

النحو والصرف فيواجه كثير من الذين يعانون من صعوبات في الكتابة صعوبة في تطبيق قواعد اللغة، لذلك تكون كتاباتهم مشوبة بكثير من الأخطاء النحوية التي تشوه المعنى في كثير من الأحيان، ومن الصعوبات التي يواجهها هؤلاء الطلبة في مجال النحو:

- حذف الكلمات .
- ترتيب الكلمات في الجمل ترتيباً غير صحيح .
- الاستعمال الخطأ للضمائر والأفعال .
- الخطأ في نهاية الكلمات وعدم الدقة في الترقيم .

2- نقص المفردات:

لا مجال للشك في أهمية المفردات للتعبير الكتابي، إذ لابد من معرفة عدد كبير من الكلمات المختلفة ليتمكن الإنسان من التعبير عن أفكاره، ومن الملاحظ أن كثيراً من الطلبة الذين يعانون من صعوبات في التعلم لا يعرفون العدد الكافي من المفردات بسبب نقص الخبرات لديهم (قراءة الكتب والرحلات) أو بسبب عدم التعرض الكافي للخبرات اللغوية الشفوية، فالأطفال الذين لا تتاح لهم الفرص للاستماع واستعمال المهارات اللغوية الشفوية سيعانون من نقص في المفردات، ومن المهم لمثل هؤلاء الطلبة تزويدهم بخبرات كالزيارات الميدانية والمناقشات من أجل تطوير المفردات لديهم ولزيادة الأفكار التي تساعدهم في الكتابة.

وهناك فئة من الطلبة ممن اكتسبوا خبرات شفوية جيدة ولكنهم يعانون من مشكلة استرجاع الكلمات المناسب في الوقت المناسب عند الكتابة، ومن المفيد في تدريب هؤلاء الطلبة أن نسمح لهم برسم الفكرة قبل البدء في الكتابة لأن الرسم كثيراً ما يساعد على التعبير الكتابي السليم

3- آليات الكتابة :

تركز عملية معالجة صعوبات الكتابة على معالجة مشكلة التعبير عن الأفكار كتابة، ويميل بعض الباحثين إلى إعطاء أهمية أقل إلى الجوانب الميكانيكية في الكتابة كالترقيم، ذلك أن التركيز على هذه الجوانب الميكانيكية يقلل من درجة التحسن في

التعبير عن الأفكار كتابياً، وعلى أي حال فإن عدداً كبيراً من الطلبة الذين يعانون من صعوبات في التعلم لا يستطيعون استعمال علامات الترقيم ولا يميزون بينها .

تعزى الصعوبات في استخدام علامات الترقيم بين هؤلاء الطلبة إلى: كون هذه العلامات رموزاً، وأن هؤلاء الطلبة يعانون من اضطرا بات في استخدام الرموز بشكل عام .

4- القدرة على التهجئة:

تعتبر القدرة على التهجئة مهارة معقدة ذات جوانب مختلفة، ويمكن النظر إلي أربعة عوامل تؤثر على القدرة على تهجئة الكلمات:

- القدرة على تهجئة الكلمات التي يتطابق لفظها مع تهجئتها.
- القدرة على تهجئة الكلمات التي تشتمل على جذور ولواحق أو سوابق باستخدام قواعد ربط هذه الأجزاء مع بعضها بعضاً
- القدرة على مشاهدة كلمة ثم كتابتها فيما بعد.
- القدرة على تهجئة بعض الكلمات التي يختلف لفظها عن كتابتها اختلافاً كبيراً والتي تشكل صعوبة للطلبة الأسوياء أيضاً.

أنماط صعوبات التهجئة:

وتدل عملية تحليل أخطاء الطلبة الذين يعانون من صعوبات التعلم عن وجود أخطاء من أبرزها:

- إضافة حروف لا لزوم لها.
- حذف بعض الحروف الموجودة في الكلمة.
- كتابة الكلمة كما كان الطالب ينطقها وهو طفل.
- كتابة الكلمة في ضوء لهجة الطالب.

- عكس كتابة بعض الكلمات.

- عكس كتابة بعض الحروف.

- التعميم الصوتي.

- عدم التمييز بين ترتيب الحروف في الكلمة

عوامل صعوبات التهجئة:

تنجم معظم أخطاء التهجئة من العوامل التالية:

1- الذاكرة البصرية:

يرتبط عدد كبير من صعوبات التهجئة التي يواجهها الطلبة الذين يعانون من صعوبات في التعلم بمشكلات في الذاكرة البصرية، إذ يواجه هؤلاء الطلبة صعوبة في تذكر الحروف وفي كيفية ترتيبها في الكلمات، ولذلك فهم يرتكبون أخطاء متنوعة في تهجئة الكلمات التي يصعب عليهم تصور ترتيب الحروف فيها، وهناك طلاب يغيّرون مواقع الحروف في الكلمة بسبب ضعف في الذاكرة البصرية التي تمكنهم من معرفة تسلسل الحروف في الكلمات، فتراهم يستذكرون شكل كل حرف ولكنهم يخطئون في ترتيب هذه الحروف عندما يكتبون كلمة أو أكثر، يواجه الطلبة الذين يعانون من مشكلات في الذاكرة البصرية صعوبات في الاحتفاظ بالصورة البصرية للكلمات، وهذا ما يجعل استذكار هذه الصورة صعباً عليهم، ومن أفضل طرق علاج هذه المشكلة استخدام طريقة فيرنالد، ويمكن لوسائل الربط الصنعية Mnemonic أي ربط الذاكرة البصرية، ولكن بعض هذه الوسائل قد يكون أصعب من تعلم تهجئة الكلمات نفسها.

2- المهارات الحركية:

يواجه بعض الطلبة من ذوي صعوبات التعلم صعوبات في تنفيذ الحركات المتتابعة اللازمة لكتابة بعض الحروف. ويعاني هؤلاء الطلبة من عدم القدرة على تذكر

الحركات في أثناء كتابة الكلمة وقد ينسوا أيضاً كيفية حركة اليد في كتابة بعض الكلمات. وعند التهجئة، ولابد للطالب من معرفة كل التفاصيل المتعلقة بكتابة الكلمة.

3- تكوين المفاهيم السمعية:

يواجه عدد من الطلبة ذوي صعوبات التعلم الذين يعانون مشكلات في المعالجة والتحليل السمعيين من متاعب في تحليل التتابعات والأنماط الصوتية المختلفة في محاولاتهم لتهجئتها.

4- صعوبات الحساب:

أيضا المشاكل الحسابية قد تكون إحدى المشاكل التي يعاني منها الأطفال ذو الصعوبات. وهذه المشاكل غالبا ما تظهر في ثمانية مناطق وهي:

- قد يصعب على الأطفال ترتيب الأرقام بطريقة عاموديه، ممكن إن يقلبوا الأرقام فمثلا (4 تكتب 3) أو (15 تقرأ 51) أو ممكن إن يطرحوا الأرقام الموجودة في الأعلى من الأرقام في الأسفل
- الوعي إلى التفاصيل البصرية: قد يقرأ الأطفال الإشارات الرياضية خطأ أو ينسوا بعض الإشارات الضرورية مثل سم.
- الأخطاء الإجرائية: قد ينسى الطلاب خطوة في مهارة حل المشكلات مثال:ممكن أن ينسوا إضافة الرقم عند جمع مسألة فيها حمل :

$$\begin{array}{r} +29 \\ 53 \\ \hline 72 \end{array}$$

- الفشل في انتقال التفكير من مشكلة إلى مشكلة من نوع آخر : قد يحل الطلاب مشاكل من نوع معين ولكن عندما يطلب منه حل مشكلة من نوع آخر قد يواجهوا بعض المشاكل فإنهم سوف يحلونها بنفس أسلوب المشكلة الأولى.

- صعوبة في تشكيل الأرقام بطريقة صحيحة.

- صعوبة في الذاكرة: فلا يتذكروا الأرقام التي تملى عليهم مثلا.

- مشاكل في الحكم الحسابي المنطقي أو السببي، فلا يلاحظوا أن إجاباتهم غير منطقية مثلا: 9-6 = 15، أو 3+ 4= 43.

- مشاكل في اللغة الحسابية : يعني صعوبة في فهم اللغة الحسابية المقروءة.

ويمكن تلخيص تلك المظاهر، والإشارة إلى الخصائص بطريقة مختلفة، يمكن استعراضها من خلال الجدول التالي، والذي وضع للتسهيل على القارئ الكريم:

الخاصية	مظاهرها
عدم الانتباه	• يخفق غالبا في إنهاء الأشياء التي يبدأها. • يبد غالبا لا يصغي. • يحول انتباهه بسهولة.
الاندفاعية	• يتصرف غالبا قبل أن يفكر، ينتقل كثيرا من نشاط لآخر، يعاني صعوبة في انتظار دوره.
النشاط الزائد	• يطوف المكان راكضا، يعاني صعوبة في الجلوس على حال، يعاني صعوبة في البقاء جالسا في مقعده، يتحدث أثناء النوم.
الذاكرة	• خلل في تصنيف المعلومات. • القدرة على تخزين المعلومات. • القدرة على استرجاع المعلومات. • الخلل في الذاكرة قصيرة المدى(حفظ لفترة بسيطة). • الذاكرة الطويلة(للاحتفاظ بالمعلومات لفترة أطول). • الذاكرة الصماء(تذكر شيء غير ذي معنى).

الخاصية	مظاهرها
	• الذاكرة التسلسلية(استرجاع وفق ترتيب). • ذاكرة الجمل: الذاكرة ذات المعنى تتضمن قياس الذاكرة بالإضافة إلى الفهم اللفظي ومعرفة بناء الجملة. • ذاكرة الأرقام الذاكرة عديمة المعنى تتضمن إعادة تنظيم المادة المستدعاة وتذكرها. • الذاكرة البصرية كذاكرة الخرز والأشياء وتتضمن قياس التخيل البصري والمرونة. • الذاكرة الحركية وهي المسؤولة عن تخزين النماذج الحركية أو تسلسلها والاحتفاظ بها وإعادتها. • ذاكرة الأحداث. • ذاكرة الأشخاص. • ذاكرة الأسماء.
المجال اللغوي	• مشكلات في اللغة الداخلية(الحديث مع الذات). • اللغة الاستقبالية(القدرة على فهم الرموز اللفظية) إتباع التعليمات وفهم معاني الكلمات. • اللغة التعبيرية(يجد صعوبة في التواصل مع زملائه، يعاني من التلعثم، يجد صعوبة في الإجابة على أسئلة الاستنتاج، يفقد الرغبة في الدروس ذات النمط الحواري، يتكلم بلهجة خجولة وسرد القصص).
مشكلات القراءة	• التمييز البصري بين الحروف المتقاربة. • التمييز السمعي بين أصوات الحروف. • عكس الحروف والكلمات.

الخاصية	مظاهرها
	• تحليل الكلمات. • الكلمات المألوفة. • الاستيعاب القرائي. • تجميع الأصوات(جمع الحروف لتشكل كلمة واحدة). • حذف بعض الكلمات أو جزء منها. • إضافة بعض الكلمات(سافرت بالطائرة). • إبدال بعض الكلمات(الطلاب التلاميذ). • تكرار بعض الكلمات أكثر من مرة. • قلب الأحرف درب بدل برد. • ضعف في التمييز بين الأحرف المتشابهة رسما(ع غ) (ج ح خ). • ضعف في التمييز بين الأحرف المتشابهة لفظا(ك ق) (س ز). • ضعف في التمييز بين أحرف العلة. • صعوبة في تتبع مكان وصول القراءة. • قراءة بطريقة غير واضحة أو بطيئة. • الخلط بين اللام الشمسية والقمرية. • عدم تمييز صوت التنوين. • عدم التعرف على الكلمات مباشرة. • القراءة السريعة غير الصحيحة. • القراءة البطيئة جيدا. • نقص الفهم الناتج عن التركيز على نطق الكلمات فقط. • الخلط في ترتيب الكلمات في الجمل.

مظاهرها	الخاصية
• تبديل مواضع الكلمات في الجملة. • انتقال العين بشكل خاطئ على السطر الواحد. • عدم فهم معنى الجملة. • صعوبة في تتبع مكان الوصول في القراءة.	
• عكس كتابة الحروف. • خلط في الاتجاهات يبدأ من اليسار. • ترتيب أحرف الكلمة دار. • خط رديء وأحرف غريبة. • عدم التزام حجم الحرف. • إمساك القلم بطريقة خاطئة. • عدم وضع نقط الحروف. • إمساك القلم بطريقة خاطئة. • صعوبات في التعبير الكتابي. • صعوبة في الالتزام بالكتابة على خط مستقيم واحد. • إهمال النقاط على الحروف وعدم وضعها. • كتابة الحروف المنطوقة وإهمال الحروف غير المنطوقة كاللام الشمسية وواو الجماعة (أشمس، ذهبو). • يضغط بشدة على القلم. • لا يميز بين الحروف الصغيرة والكبيرة.	صعوبات في الكتابة
• صعوبة في الربط بين الرقم ورمزه (3) يكتبها. • صعوبة في تمييز الأرقام ذات الاتجاهين المتعاكسة(6 2).	صعوبات في الحساب

الخاصية	مظاهرها
	• صعوبة كتابة الأرقام التي تحتاج إلى اتجاه معين 3 9 بالعكس. • عكس الأرقام الموجودة في الخانات المختلفة 25 يقراها 52. • صعوبة في إتقان بعض المفاهيم الخاصة بالجمع والطرح والضرب. • المفاهيم صعبة. • خلط المفاهيم معا كالجمع والطرح. • المحسوس. • الكسور والإعداد الكسرية، الكسور العشرية، النسب المئوية والقياس والرسوم البيانية والخرائط. • التهيئة للحساب: ألوان أشكال أحجام أطوال أوزان.
المجال الاجتماعي	• الانسحاب الاجتماعي، الاتكالية، صعوبات في المهارات الاجتماعية، المفهوم الضعيف للذات.
المفاهيم	• لا يعي طبيعة المواقف الاجتماعية. • لا يدرك العلاقات الزمنية مثلا الأمس اليوم وغد. • لا يستطيع أن يربط بين الفعل ونتائجه المنطقية تعليل. • يعاني قصور في التصور والتخيل. • لا يتمتع بروح النكتة. • لا يستطيع التعبير عن ذاته. • يسهل خداعه ويتصف بالسذاجة.
عدم الاستقرار الانفعالي	• التقلب الانفعالي، المزاجية.

• استخدام المعلومات للوصول إلى حلول تقاربية (قصور في التفكير الحسابي مع عدم القدرة على فهم المشكلات المجردة). • الاستدلال غير اللفظي: بعض فقرات الاختبار الكمي والمصفوفات والتحليل البصري والاستدلال الاستقرائي والمرونة. • الاستدلال اللفظي: الفهم والسخافات يتضمن الفهم اللفظي واستخدام خبرات الحياة والربط بينها. • الاستدلال العددي: بناء المعادلات وسلاسل الأعداد والقدرة على التعامل مع المفاهيم الرياضية والحسابية وتحليل مشكلات الكلمة والسهولة العددية ومعرفة الاتجاهات وإدراك العلاقات (صغير كبير بعيد قريب خفيف ثقيل).	الاستدلال(بمعنى ماذا يمكن أن يحدث بعد ذلك أو لماذا حدث)
• القدرة التخطيطية. • القدرة على استخدام خبرات الحياة. • تكوين المفهوم. • يحتاج لوقت طويل لتنظيم أفكاره قبل الاستجابة. • يعاني من ضعف في التفكير المجرد ديمقراطية. • لا يعطي الاهتمام الكافي للتفاصيل أو لمعاني الكلمات. • لديه قصور في تنظيم وقته. • يعاني من الاعتمادية الزائدة على المعلم.	التفكير
• التناسق البصري الحركي: التنسيق بين البصر وحركات الجسم(ربط الأزرار، ركل الكرة، رسم خط). • المهارات الإدراكية الحركية: تتمثل في فقدان التوازن ومشكلات في	التآزر الحركي البصري

	السيطرة على العين والتناسق بين العين واليد والعين والقدم بالإضافة إلى مشكلات في التوجه المكاني. • عدم التنظيم. • يرتطم بالأشياء. • يبدو مختل التوازن. • يعاني من عدم الثبات في استخدام يد معينة أو قدم معينة. • الدقة في استخدام اليدين في التقاط الأشياء الدقيقة أو الصغيرة الحجم.
الإدراك البصري	• التمييز البصري: يساعد في التعرف على جوانب التشابه والاختلاف للمثيرات ذات العلاقة فيعكس في كتابة حرف س ولا يميز الأشكال الهندسية. • الإغلاق البصري: قدرة الفرد على إدراك الشكل الكلي عندما تظهر أجزاء من الشكل فقط. • صعوبات إدراك العلاقات المكانية: يرى من اليسار لليمين. • صعوبات الذاكرة البصرية: صعوبة استرجاع الخبرات البصرية النسخ. • التخيل البصري: أكثر وضوحا لذوي صعوبات القراءة هنا لا يحدد الحروف الأبجدية ويدركها على أنها خطوط غير مترابطة. • ضعف المتابعة البصرية: يعاني من ضعف في تتبع الأشياء بصرية. مهارات التحليل البصري: القدرة على تحليل أنماط مرئية مؤلفة من أشكال هندسية متفاوتة في درجة تركيبها إلى مكوناتها الجزئية.
الإدراك السمعي	• التمييز السمعي: القدرة على تمييز الأصوات المختلفة التي يتضمنها الكلام والتمييز بين الأحرف المتشابهة (قلب، كلب).

	• الإغلاق السمعي: صعوبة في معرفة الكلمة المنطوقة إذا سمع جزء منها. • التسلسل السمعي: الترتيب المنطقي لمثيرات تؤدي في نهايتها إلى نتيجة ذات معنى. • الذاكرة السمعية: عدم القدرة على تذكر ما قيل من تعليمات شفهية أثناء الدرس عن طريق المدرس.
ضعف الدافعية	• حل المشكلات.

مشكلات الطلبة ذوي صعوبات التعلم:

وفيما يلي استعراضا لأهم المشكلات التي يمكن أن تواجه الطلبة ذوي صعوبات التعلم:

التصنيف الأول: بعض المشكلات الشائعة بين الطلاب والطالبات:

المجموعة الأولى	المجموعة الثانية	المجموعة الثالثة	المجموعة الرابعة
وتتألف من السلوك العدواني من قبيل: كثرة الشجار، والتقلبات المزاجية السلبية، والعناد، والقابلية الشديدة للتهيج، والانفجارات الانفعالية	وتشمل: الانطواء، والخضوع، والخجل، وغلبة النعاس على الفرد، والتحفظ المفرط، وقلة النشاط على المستوى العادي	وتشمل: الاستمناء، والاهتمام الجنسي غير العادي، والتهتهة	وتشمل: التبول اللاإرادي الليلي أو النهاري

التصنيف الثاني: وهو التصنيف الذي يقسم المشكلات إلى ثلاث مجموعات هي:

المجموعة الأولى	المجموعة الثانية	المجموعة الثالثة
وتشمل المشكلات التي تتعلق بالجوانب الانفعالية وهي المشكلات التي تلعب المعاملة الوالدية والظروف البيئية فيها دروا واضحا ومنها مشكلات: العناد، والغيرة، والمخاوف، والكذب، والسرقة، والبوال، واضطراب الكلام	وتشمل المشكلات التي تتعلق بالجوانب الجسمية والحسية وهي مشكلات لا تلعب المعاملة الوالدية والظروف البيئية إلا دورا طفيفا في بعضها فقط ومن هذه المشكلات: ضعف حواس الإبصار والسمع، والشلل، والكساح، والكسور، والافازيا، والصرع	وتشمل المشكلات التي تتعلق بالجوانب العقلية والذهنية وتنحصر في الضعف العقلي وهي مشكلات ولادية لا تدخل فيها العوامل البيئية إلا في الحالات التي تحدث فيها إصابات قد تؤثر على الوظائف العقلية: المعاقون إعاقة بسيطة أو متوسطة أو شديدة.

التصنيف الثالث: ويشمل المشكلات إلى خمس مجموعات وهي:

المجموعة الأولى	المجموعة الثانية	المجموعة الثالثة	المجموعة الرابعة	المجموعة الخامسة
السلوك غير الناضج ويشمل: النشاط الزائد، وضعف الانتباه، والتشتت، وأحلام اليقظة،	السلوك المرتبط بعدم الشعور بالأمن ويشمل: القلق، والخوف، وتدني اعتبارا الذات، والاكتئاب،	اضطرابات العادات وتشمل: مص الإبهام، وقضم الأظافر، والتبول اللاإرادي، والتبرز اللاإرادي،	العلاقة مع الرفاق وتشمل: العدوانية، وتنافس الأشقاء، والصحبة السيئة، والعزلة	السلوكيات الاجتماعية وتشمل: العصيان، ونوبات الغضب، وعدم الأمانة،

المجموعة الأولى	المجموعة الثانية	المجموعة الثالثة	المجموعة الرابعة	المجموعة الخامسة
والفوضوية، والأنانية، والتمركز حول الذات، والاعتمادية الزائدة	وإيذاء الذات، والحساسية الزائدة للنقد، والخجل، والكمال الزائد	اضطرابات النوم، ومشكلات الأكل، والتلعثم، واللازمات	الاجتماعية	والكذب، والغش، والكلام البذيء، والتخريب، والهرب من البيت، والهرب من المدرسة.

نموذج التعلم المناسب للطلبة ذوي صعوبات التعلم:

حتى يتم التعرف على خصائص هؤلاء الطلبة، والكشف عنهم بطريقة صحيحة، يمكن للمرشد التعرف على نموذج التعلم المناسب لهم، وغالبا ما يعاني هؤلاء الطلبة بالعموم من مشكلة في التعلم السمعي، ويلجئون إلى التعلم البصري واللمسي والحركي، وسنقدم لذلك مادة تساعد القارئ في تحديد النموذج المناسب لتعلم الطالب:

أولا: المتعلمون السمعيين

يمتلك الطلبة مهارات سمعية وبصرية، وأحياناً أخرى لمسية، أو حركية، أو حتى شمية؛ فالطلبة السمعيين يستخدمون حواسهم السمعية أفضل. ويمكن تعريفهم بأنهم: الطلبة الذين يتعلمون من خلال السمع بسهولة، حيث أنهم يعتمدون بكثرة على حاسة السمع في استقبال المعلومات، ومعالجتها. كما يعرف المتعلم السمعي بأنه: الشخص الذي يتذكر على الأقل 57% مما يناقش أو يسمع خلال فترة (40-45) دقيقة،

وكلما كان الطلبة أصغر سناً يكونون أقل احتمالاً لأن يكونوا متعلمين سمعيين. كاربو (Ca صلى اللـه عليه وسلم bo, 1983).

إن الطلبة الذين يتعلمون بسهولة وكفاءة بالاستماع يجب أن تقدم لهم المعلومات، والمهارات الجديدة بالاستماع إليها بشكل أكبر، ولما كانت حاسة السمع عندهم قوية فهي إذاً الحاسة التي يجب أن تستعمل منطقياً في الحصة الدراسية.

ويمتاز المتعلم السمعي بالصفات التالية وهي: (الوقفي، 6199)

- يحب الضوضاء / يصدر ضجة (يواجه متاعب لكونه مصدر إزعاج).
- يستمتع بالحديث والاستماع.
- يصدر أصواتاً عند القراءة (يحرك شفتيه، يهمس، يقرأ لذاته بصوت مسموع).
- يميل لاستخدام الصوتيات.
- يتذكر أسماء الأشخاص أكثر من الوجوه.
- يصغي جيدا، مفرداته التعبيرية متطورة نسبة للعمر، وقد يشكل هذا مشكلة له بسبب حديثة المستمر أو عدم استماعه للتعليمات عند إعطائها.
- يشتته الصوت بسهولة.
- يتحدث عن مشاكله، يحاول حلها بالكلام.
- اختياره لملابسة ضعيف -ليس لديه إحساس بالتناسق-.

ثانيا: المتعلمون البصريون

الطلبة البصريون هم الذين يتعلمون عن طريق البصر، ويمكن تعريفهم بأنهم: الطلبة الذين يتعلمون بسهولة بالرؤية، والرقابة، والملاحظة، ويتذكر المتعلمون البصريون ما يرونه، ويستطيعون استعادة تفصيلات، ووقائع كثيرة منه بالتركيز على الأشياء التي رأوها، وإن الأطفال الذين يتعلمون بسهولة وكفاءة بالنظر ينبغي أن تقدم

لهم المواد، والمعلومات، والمهارات الجديدة إما بالقراءة عنها أو رؤيتها، وهي تستعمل من أجل مساعدتهم في التركيز الدراسي، ولما كانت حاسة بصرهم قوية فهي الحاسة الواجب منطقياً استخدامها في بداية الدرس.

ويمتاز المتعلم البصري بالخصائص والصفات التالية: (الوقفي، 6199):

- يتعلم بالمشاهدة: يراقب ويرى ما يفعله الآخرون.
- يحب التطبيقات العملية.
- ميز الكلمات بالنظر.
- يعتمد كثيراً على الحروف (غير حروف العلة)، وشكل الكلمات.
- يحب الأشكال والصور.
- يتميز بتصوراته الحية، أحلام اليقظة، السرحان، يتخيل، يفكر بصور ملونة، وصوره فيها كثير من التفاصيل.
- يلاحظ التغييرات بسرعة.
- يلاحظ الألوان والحركة (وهذا قد يؤدي لتشتيت انتباهه).
- قادر على تذكر الوجوه أكثر من الأسماء.
- يكتب ملاحظاته.
- يتمتع بخط جيد.
- يميل إلى الهدوء والمراقبة في المواقف الجديدة.
- يحب الترتيب والدقة.
- يلاحظ التفاصيل أو العناصر (قد يغفل رؤية الكلمة).

وفيما يلي نقدم نموذجا يمكن استخدامه للكشف عن الطلبة السمعيين والبصريين:

نموذج لحصر الطلاب السمعيين

عزيزي الطالب:

أمامكَ مجموعة من الفقرات. وذلك لمعرفة نوع المهارات لديك، والمطلوب منكم قراءة كل فقرة من فقرات هذه القائمة بوضوح، وضع الإجابة عن كل فقرة بوضع إشارة (✓) بجانب كل فقرة لمعرفة درجة تكيفكم في جوانب هذه الأبعاد. علماً بأنه لا يوجد في هذا المجال إجابة خاطئة أو صحيحة وستكون الإجابات سرية ولن يطلع عليها أحد ولن تستخدم إلا لغايات البحث العلمي.

نموذج لحصر الطلاب السمعيين

الرقم	الفقرات	دائماً	غالبا	أحيانا	نادرا	قطعيا
1	أحب الضوضاء					
2	أواجه متاعب لكوني مصدر إزعاج					
3	استمتع بالحديث والاستماع					
4	أصدر أصواتاًَ عند القراءة					
5	أقرأ لذاتي بصوت مسموع					
6	أميل لاستخدام الصوتيات					
7	أتذكر أسماء الأشخاص أكثر من الوجوه					
8	أصغي جيداً					
9	لا أستمع للتعليمات عند إعطائها					
10	أتعرض للمشاكل بسبب حديثي المستمر					
11	مفرداتي التعبيرية متطورة نسبة إلى عمري					
12	يشتتني الصوت بسهولة					

13	أتحدث عن مشاكلي					
14	أحاول حل مشاكلي بالكلام					
15	أعبر عن انفعالاتي لفظياً					
16	أضحك بصوت عالي					
17	اختيار لملابسي ضعيف					
18	أفضل الموسيقى على الفنون					
19	أتبع إرشادات لفظية قصيرة					
20	أتذكر رقم الهاتف بعد أن أسمعه مرات قليلة					
21	أتذكر أبيات شعرية بعد سماعها مرات قليلة					
22	أتذكر حقائق رياضية بسيطة بعد سماعها مرات قليلة					
23	أميز بين الكلمات ذات الأصوات المتشابهة					
24	أميز بين الحروف ذات الأصوات المتشابهة					
25	أدرك معاني الجمل الطويلة					
26	أمزج الحروف معاً بسهولة لتكوين جملة					
27	أتذكر وأرتب بالتسلسل الأحداث التي نوقشت					
28	أركز على المهمة السمعية حتى بوجود مشتت سمعي					
29	أحدد وأتذكر أصوات الحروف المفردة					
30	أنتبه لقصة أو محاضرة لمدة (15-30) دقيقة					

نموذج لحصر الطلاب البصريين

عزيزي الطالب:

أمامكَ مجموعة من الفقرات، وذلك لمعرفة نوع المهارات لديك، والمطلوب منكم قراءة كل فقرة من فقرات هذه القائمة بوضوح، وضع الإجابة عن كل فقرة بوضع إشارة (✓) بجانب كل فقرة لمعرفة درجة تكيفكم في جوانب هذه الأبعاد. علماً بأنه لا يوجد في هذا المجال إجابة خاطئة أو صحيحة وستكون الإجابات سرية ولن يطلع عليها أحد ولن تستخدم إلا لغايات البحث العلمي.

نموذج لحصر الطلاب البصريين

الرقم	الفـقرات	دائمًا	غالبًا	أحيانًا	نادرًا	قطعيًا
1	أراقب ما يفعله الآخرون					
2	أحب التطبيقات العملية					
3	أميز الكلمات بالنظر					
4	أعتمد كثيراً على الحروف الصحيحة					
5	أعتمد كثيراً على شكل الكلمات					
6	أحب الصور والأشكال					
7	ألاحظ التغييرات بسرعة					
8	أتميز بأحلام اليقظة					
9	أتميز بالسرحان					
10	ألاحظ الألوان والحركة					
11	أكتب ملاحظاتي					
12	أتمتع بخط جيد					

الرقم	الفقرات	دائمًا	غالبًا	أحيانًا	نادرًا	قطعيًا
13	أميل لتحديد هدفي					
14	أفكر على شكل حل المشكلات					
15	أميل إلى الهدوء والمراقبة في المواقف الجديدة					
16	أحي الترتيب والدقة					
17	أخطط مسبقاً					
18	ألاحظ التفاصيل والعناصر					
19	أنظم عملي مسبقاً					
20	أتبع تعليمات بسيطة مكتوبة					
21	أرتب أربع إلى ست صور بتسلسل سليم لقصة ما					
22	أتذكر رقم الهاتف بعد مشاهدته مرات قليلة					
23	أركز على مهمة بصرية بوجود مشتت بصري					
24	أركز على أداء المهمة					
25	أتذكر وأفهم الكلمات إذا رافقها شرح الصور					
26	أميز بين الحروف المتشابهة					
27	أميز بين الكلمات المتشابهة					
28	أقرأ الكلمات دون أن أخلط بين مواقع الحروف					
29	أتذكر الكلمات بعد مشاهدتها مرات قليلة					
30	أركز على أي نشاط لمدة تتراوح بين 15-30 دقيقة					

صفات الشخص الحركي

- لا يستطيع الجلوس مدة أطول من 5 إلى 10 دقائق دون حركة

- يحب ثني الورق وكسر الأشياء وفك الأشياء وتركيبها.

- يهز أقدامه أو يتزحلق.

- يعبث بأدواته أو يعبث بأي شيء.

- يحب أن يلمس أي شيء. .

- يحب أن يجمع الأشياء.

- يحب أن يستحم ويأخذ وقتاً أطول يتكلم بسرعة ويستعمل حركات يده يقاطع الآخرين أثناء الكلام.

- يحتاج الحركيون إلى فترات راحة أكثر، يتعلم بتمرير إصبعه على الكلمات وعلى صنعها بمعجون أو أية مادة أو حتى على رمل، يجب أن يتعلم من صنع يديه أو حركات جسمه، في حالة الحفظ كجداول الضرب يحب القفز أثناء الحفظ، يحب الطالب التجريبي أن يجلس بالقرب من المدرس، يمكن استغلال طاقتهم في عمل وسائل تعليمية.

6

الفصل السادس

مجالات الإرشاد المقدمة
للطلبة ذوي صعوبات التعلم

المواضيع التي يتضمنها الفصل:

➤ المقدمة

➤ الإرشاد الفردي

➤ الإرشاد الجمعي

➤ الإرشاد المباشر وغير المباشر

➤ الأسلوب السلوكي في الإرشاد

➤ الإرشاد النفسي الديني

➤ الإرشاد الانتقائي

الفصل السادس

مجالات الإرشاد المقدمة للطلبة ذوي صعوبات التعلم

المقدمة:

إن موضوع مجالات الإرشاد موضوع واسع يشمل العديد من جوانب الحياة، حيث أن بعض وجهات النظر تميل إلى تصنيف مجالات الإرشاد إلى ثلاثة مجالات رئيسية، هي: الإرشاد العلاجي؛ الإرشاد التربوي؛ الإرشاد المهني. في حين أن هناك وجهات نظر تميل إلى تقسيم مجالات الإرشاد النفسي إلى أكثر من ثلاثة، حيث تضم بالإضافة إلى ما ذكر: الإرشاد الزواجي؛ الإرشاد الأسري؛ إرشاد الأطفال؛ إرشاد المراهقين والشباب؛ إرشاد كبار السن؛ إرشاد ذوي الاحتياجات الخاصة وذويهم ... الخ.

وسوف يتم استعراض أبرز مجالات الإرشاد التي يمكن تقديمها للطلبة ذوي صعوبات التعلم وأسرهم

أولا: الإرشاد الفردي Individual Counseling

وهو العلاقة المخطط لها بين المرشد والطالب، حيث يتم إرشاد فرد واحد وجها لوجه في الجلسات الإرشادية، ويعتبر بعض الأخصائيين أن التعامل مع اثنين أو ثلاثة هو علاج فردي، ويعتبر الإرشاد الفردي هو نقطة الارتكاز لأنشطة متعددة في كل من برامج التوجيه والإرشاد، ومن الوظائف الرئيسية للإرشاد الفردي تبادل المعلومات

وإثارة الدافعية لدى الفرد وتفسير المشكلات ودفع خطط العمل المناسبة، وإن كان يحتاج هذا النوع من الإرشاد إلى توافر عدد كبير من الأخصائيين لمواجهة الحاجات الفردية للإرشاد، ويتراوح وقت الجلسة الفردية ما بين (30-60 دقيقة) ويتحدد طول وقصر الفترة الزمنية على عدة اعتبارات ومنها: الهدف من الجلسة وطبيعة المشكلة وخصائص الفرد وعمره.

والعلاقة الإرشادية في الإرشاد الفردي يفترض أن تكون مبنية على التفاهم والاحترام المتبادل بين المرشد والمسترشد، وأن وتكون قائمة على أسس علمية ومهنية وإنسانية، ولبناء هذه العلاقة فعلى المرشد أن يكون: مخلصاً وفياً وأميناً، محترماً ومتقبلاً ومتفاهماً، ملتزماً بالسرية المطلقة للمعلومات التي يصرح بها، مظهراً الثقة من حيث قدرته على القيام بعملية الإرشاد، مظهراً الاهتمام الصادق بمشاعر المسترشد، متعاطفاً بصدقه وأمانته مع أحاسيس ومشاعر المسترشد.

ويعد الإرشاد الفردي هو أوج عملية الإرشاد وهو أهم مسؤولية مباشرة في برامج التوجيه والإرشاد، كما يعتبر نقطة الارتكاز لأنشطة أخرى في كل من عملية الإرشاد وبرامج الإرشاد، ويعرف الإرشاد الفردي بأنه: إرشاد مسترشد واحد وجها لوجه في كل مرة، وتعتمد فاعليته أساسا على العلاقة الإرشادية المهنية بين المرشد والمسترشد، أي أنها علاقة مخططة بين الطرفين تتم في إطار الواقع وفي ضوء الأعراض وفي حدود الشخصية ومظاهر النمو.

إن هدف الإرشاد الفردي هو تمكين الفرد من فهم ومعالجة مشكلاته الشخصية، الاجتماعية والمهنية، وتبادل المعلومات، وإثارة الدافعية لدى المسترشد، وتفسير المشكلات، ووضع خطط العمل المدرسية، والإرشاد الفردي الذي يقدم للمسترشد قصير المدى في العادة حيث في الغالب لا تزيد عدد الجلسات عن عشرة جلسات عند دراسة الحالة، ويستخدم في العادة مع الحالات التي يغلب عليها الطابع الشخصي

والحالات الخاصة جدا، والحالات التي لا يمكن تناولها بفعالية عن طريق الإرشاد الجماعي كما يستخدم في حالات ذات طبيعة خاصة في مفهوم الذات الخاص، وحالات المشكلات والانحرافات الجنسية...الخ.

ويستخدم المرشد إجراءات عدة في الإرشاد الفردي تنطلق من نظريات الإرشاد المتعارف عليها ولعل من أبرزها التعزيز والتعاقد السلوكي والتعزيز الرمزي والإطفاء والتصحيح الزائد انطلاقا من النظرية السلوكية، وتغيير الأفكار غير المنطقية انطلاقا من النظرية العقلانية، واكتشاف نمط الحياة والأخطاء الأساسية في الحياة انطلاقا من آدلر، وصياغة خطط محددة والتساؤل والمواجهة انطلاقا من النظرية الواقعية، والتعرف على أنواع التفاعلات، ومواقف الحياة المختلفة انطلاقا من النظرية التفاعلية لبيرن، وهكذا فإن المرشد يستخدم تكنيكات متعددة لكي يساعد المسترشد في الوصول للوعي بشكل أفضل مستخدما في ذلك عملية إرشادية تقوم على خطوات تبدأ عادة بخطوة العلاقة وتنمية الثقة والألفة مع المسترشد وتستمر حتى تصل لخطوة التعرف على المشكلة واختيار أهداف محددة وإجراءات إرشادية وتنفيذها والوصول إلى خطوة التقييم والمتابعة والتعرف على مدى التحسن الطارئ في مشكلة المسترشد.

حالات يستخدم معها الإرشاد الفردي:

يستخدم الإرشاد الفردي مع الطلبة الذين يعانون من المشكلات ذات الطابع الشخصي والتي لا يصلح عرضها أمام الآخرين كما في العلاج الجماعي، أي تلك الحالات التي يتطلب درجة من السرية، ويعتبر الإرشاد الفردي العملية الرئيسية في التوجيه والإرشاد وتعتمد فاعليته أساساً على العلاقة الإرشادية المهنية أي أنه علاقة مخططة بين المرشد والمسترشد، ويشتمل الإرشاد الفردي في المدارس على الطالب الذي يعاني من إحدى أو بعض المشكلات الدراسية والحالات النفسية والاجتماعية والاقتصادية والصحية على الشكل التالي:

أ- المشكلات المدرسية: مثل الإعادة وتكرار الرسوب والتأخر الدراسي والتسرب والغياب بدون عذر وبطء التعليم وصعوباته اضطراب العادات الدراسية مثل الاستذكار وحل الواجبات المنزلية وتنظيم الوقت.

ب- الحالات الاجتماعية: مثل التفكك الأسري القائم على انفصال أحد الوالدين أو طلاقهما وحالات الانحراف المختلفة كالسرقة وإيذاء الآخرين وجنوح الأحداث والتدخين والتعاطي واستنشاق المواد الطيارة

ج- الحالات النفسية: مثل العزلة والانطواء والعدوانية والقلق والسلوك اللات وافقي والمخاوف المرضية كخوف المدرسة وخوف الاختبارات وغيرها من المخاوف المختلفة وإيذاء الأطفال والسلوك ألإدماني بأنواعه.

د- الحالات الاقتصادية: مثل الفقر وقلة ذات اليد وتدني الوضع الاقتصادي بشكل عام لدى أسرة الطالب.

هـ- الحالات الصحية: مثل الإصابة بأحد أو بعض الأمراض المزمنة أو أمراض العصر وغيرها من الأمراض المختلفة أو الإعاقات الحسية والحركية والضعف البصري والسمعي أو وجود مشكلات في النطق.

الإرشاد الفردي لذوي صعوبات التعلم وأسرهم:

ويعد الإرشاد الفردي بمثابة نقطة الارتكاز في عملية الإرشاد وبرامجه، ويمثل مع الإرشاد الجماعي وجهين لعملة واحدة، ولا غنى عنهما في أي برنامج متكامل للإرشاد النفسي، وقد يبدأ الإرشاد الفردي قبل الإرشاد الجماعي، ويمهد له أو العكس، كما قد تتخلل جلسات الإرشاد الفردي جلسات أخرى جماعية أو العكس.

ولعل من بين أهم العوامل التي تحتم الإرشاد الفردي كطريقة للعمل مع آباء ذوي صعوبات التعلم وأسرهم ما يكفله من خصوصية في العلاقة الإرشادية من

جانب، وتنوع الاحتياجات الإرشادية للمسترشدين والفروق الواسعة فيما بينها من جانب آخر، ذلك أن:

حاجات الآباء القلقين المتوترين تختلف عن حاجات المتشككين في التشخيص، وحاجات الآباء غير المتبصرين تختلف عن حاجات المتبصرين بالمشكلة فالفئة الأولى في حاجة إلى المساعدة على التخلص من القلق ومشاعر الذنب واليأس؛ والفئة الثانية في حاجة إلى الإقناع والتبصير بالحكمة والموعظة الحسنة ؛ والفئة الثالثة في حاجة غلى التبصير والحصول على المعلومات؛ أما الفئة الرابعة فهي في حاجة إلى تشجيع على الاستمرار في رعاية الطفل.

ويجب أن يعي المرشد بأنه لا يتعامل مع مشكلات في فراغ، بل مع في بشر، فقد تتشابه مشكلات الآباء لكنهم يتوزعون في مستويات متفاوتة في مواقفهم من تلك المشكلات قبولاً أو رفضاً، كما أنهم لا يستمرون في نفس المواقف من حيث القبول أو الرفض من مرور الوقت، فالمشكلة الإنسانية تختلف حدة الإحساس بها عبر الزمن.

ثانيا: الإرشاد الجماعيG صلى الـلـه عليه وسلم **oup Counseling**

إن الإرشاد الجماعي لا يمكن أن يكون بديلا عن الإرشاد الفردي، فهناك بعض الأفراد الذين يستجيبون بصورة أفضل في المواقف الجماعية بينما نجد البعض الآخر يحتاج إلى رعاية فردية خاصة، ومنهم من يحتاج إلى النوعين من الإرشاد لمساعدتهم على التوافق السليم. وفيما يلي بعضا من التعاريف التي ذكرت حول الإرشاد الجمعي:

عرفه زهران (1980) بأنه: إرشاد مجموعة من المسترشدين والذين غالبا ما تتشابه المشكلات والاضطرابات النفسية التي تواجههم، وذلك في جماعات محددة. كما عرفه جازدا (Gazda,1984) بأنه: العملية الديناميكية الشخصية المتبادلة بين أعضاء المجموعة الإرشادية والمركزة على الأفكار الشعورية والسلوك وما يتصل بذلك من

إجراءات علاجية مثل التنفيس الانفعالي والثقة المتبادلة والاهتمام والتفهم والتقبل والمساندة والتأييد المتبادل بين أعضاء المجموعة من أجل تحقيق النمو النفسي لهؤلاء الأعضاء ومساعدتهم في مواجهة مشكلاتهم. وعرف كل من جورج وداستن (Geo صلى الله عليه وسلم ge and Dustin,1988) الإرشاد الجماعي بأنه أسلوب إرشادي يتم في أثنائه استخدام تفاعل المجموعة المستفيدة إرشاديا فيه، وذلك لتيسير فهم الذات وحدوث التغير المأمول في سلوك كل عضو في هذه المجموعة.

فالإرشاد الجمعي عملية مهنية، تفاعلية بين المرشد ومجموعة مسترشدين يعملون على التعبير عن ذاتهم ومشكلاتهم، أثناء الجلسة الإرشادية، ويمتازون بأنهم يعانون من مشكلة واحدة، ويساهمون كذلك أثناء وجودهم معا لدعم بعضهم البعض أثناء حديثهم عن مشكلاتهم، ويتعلمون المهارات الاجتماعية حول كيفية التعامل مع الآخرين والإصغاء لهم والحديث معهم، ويجلسون معا عدة مرات مع مرشد عادة ما يسمى في الإرشاد الجمعي بالقائد، ويتفقون على أهداف محددة ويعملون خلال الجلسات على إنجاز الأهداف المتفق عليها، كما يتفقون على معايير منذ الجلسة الأولى ويعملون على تحمل مسؤولية تنفيذها.

والإرشاد الجمعي يعد ذا فائدة للكبار والأطفال وللأصحاء والمرضى، كما يستفيد من خدمة الإرشاد الجمعي الأطفال الصغار في العمر والذين عادة ما تكون جلستهم مليئة بالألعاب والأنشطة المفيدة لهم، كما يمكن أن يستفيد منه الأفراد ذوي الإعاقة كالإعاقة السمعية والبصرية مع توفر شروط منها أن يكون المرشد قادرا على التواصل معهم في لغتهم وأن يعرف خصائصهم ويقدر حاجاتهم، ويمكن أيضا أن يستفيد منه الطلبة ذوي صعوبات التعلم وأسرهم.

ويحقق المرشد أهدافا عدة في الإرشاد الجمعي ومن أبرزها أنه يقوي علاقته بالطلبة، ويتمكن من مساعدة أكبر قدر منهم ممن لديهم مشاكل متشابهة، ومن خلال

الإرشاد الجمعي يلاحظ المرشد أيضا المسترشدين أثناء تفاعلهم في المواقف الاجتماعية فيتعرف على الخلل الذي يؤدي إلى بقاء مشكلتهم وزيادتها لاحقا، فيعمل على توجيههم ودعمهم وقتها لمساعدتهم في التخلص من مشاكلهم.

أوجه الشبه والاختلاف بين الإرشاد الفردي والجماعي:

يعتبر الإرشاد الفردي والإرشاد الجمعي وجهين لعملة واحدة، يكمل كل منهما الآخر ولا غنى عن أي منهما في البرنامج المتكامل للتوجيه والإرشاد، فقد يبدأ الإرشاد الفردي قبل الإرشاد الجمعي، ويمهد له وقد يبدأ أيضا الإرشاد الجمعي قبل الإرشاد الفردي ويمهد له، وقد يتخلل جلسات الإرشاد الفردي جلسات جماعية والعكس. وتتركز أوجه الشبه بينهما في أن كليهما يسعى لمساعدة المسترشد حتى يفهم نفسه ويساعد نفسه، وأن كليهما يستخدم الإجراءات الإرشادية نفسها.

أوجه الاختلاف بين الإرشاد الفردي والإرشاد الجمعي:

يعتبر الإرشاد الجمعي أوفر من حيث الوقت والجهد والنفقات مقارنة بالإرشاد الفردي، ويتيح فرصة لتفاعل الاجتماعي مع الآخرين ويستغل القوى الإرشادية في الجماعة وتأثيرها على الفرد، حيث يتقبل المسترشد الحلول الجماعية باعتبارها صادرة منه ومن الجماعة وفيما يلي جدولا يوضح أوجه الفروق بين الأسلوبين:

الإرشاد الفردي	الإرشاد الجمعي
الجلسة الإرشادية أقصر- بما يقارب 30-45 دقيقة	الجلسة الإرشادية أطول بين 45-90 دقيقة
يتركز الاهتمام على الفرد	يتركز الاهتمام على كل أعضاء الجماعة
يتركز الاهتمام على المشكلات الخاصة	يتركز الاهتمام على المشكلات العامة

أكثر فعالية في حل المشكلات الخاصة	أكثر فعالية في حل المشكلات العامة والمشتركة
يبدو اصطناعيا أكثر	يبدو طبيعيا
خصوصية وعلاقة إرشادية أقوى بين المرشد والمسترشد	تفاعل اجتماعي مع الآخرين ويستغل القوى الإرشادية في الجماعة وتأثيرها على الفرد
ينقصه وجود المناخ الاجتماعي	يتيح وجود الجماعة تجريب الأفراد للسلوك الاجتماعي المتعلم من خلال عملية الإرشاد
دور المرشد أسهل وأقل تعقيدا	دور المرشد أصعب وأكثر تعقيدا
يأخذ فيه المسترشد أكثر مما يعطي وأحيانا ينظر إلى ما يأخذه من المرشد على أنه مأخوذ من سلطة	يأخذ فيه المسترشد ويعطي في نفس الوقت ويتقبل الحلول الجماعية باعتبارها صادرة منه ومن رفاقه.

الإرشاد الجمعي لذوي صعوبات التعلم وأسرهم:

يتميز الإرشاد الجماعي لآباء ذوي صعوبات التعلم، وأسرهم بمميزات عديدة من أهمها ما يلي:

1- كسر طوق العزلة الاجتماعية الذي ربما فرضته أسرة الطفل من ذوي صعوبات التعلم حول نفسها، والانفتاح على الآخرين ممن لهم ظروف مماثلة، وتبادل التجارب والخبرات معهم، مما يسهم في تحسين توافقها من جانب، وتعلّم اكتساب مهارات وأنماط سلوكية جديدة تزيد من درجة التكيف مع الصعوبات التي تواجهها من جانب آخر.

2- الحد من مقاومة الوالدين وأعضاء الأسر، وطرح مشاعرهم وأحاسيسهم بخصوص الطفل ومشكلته، ومساعدتهم على التنفيس الانفعالي عنها في مناخ يتسم بالود

والفهم، مما يتيح مزيد من الفرص لتخفيض حدة التوتر والقلق والضغوط الانفعالية، ويساعد على عدم الاستغراق في لوم الذات.

3- إشعار الوالدين بالمساندة والتأييد والدعم الانفعالي والطمأنينة من خلال شعورهما المتزايد بأنهما ليسا الوحيدان اللذان يعانيان بمفردهما من مشكلات الطفل من ذوي الاحتياجات الخاصة.

4- يتضمن الإرشاد النفسي الجماعي قدراً أقل من الشعور بالتهديد لا سيما بالنسبة للآباء الذين يتحرجون من التعبير اللفظي عن مشاعرهم، ويتجنبون الإرشاد الفردي المباشر، فضلاً عن أنه - من حيث الكلفة - يخدم مجموعة من الأفراد في وقت واحد بكلفة أقل من مقارنة بالإرشاد الفردي.

أهداف عامة للإرشاد الجماعي للطلبة ذوي صعوبات التعلم:

● مساعدة المسترشد في اكتشاف ذاته وتحديد ما الذي يريده فعلا من حياته.

● تطوير قبول الفرد لذاته بأن لا يكون مشاعر لاحتقار الذات.

● مساعدة المسترشد في تطوير الإستراتيجية (الأساليب) في التكيف وامتلاك فلسفة واضحة في حياته.

● تطوير قدرة المسترشد في حل المشكلات واتخاذ القرارات .

● تطوير حساسية نحو حاجات الآخرين بحيث يصبح أكثر وعيا بالمعايير التي تحكم علاقته بالآخرين وتطوير قدرته على فهم طريقة الآخرين في التفكير والتعامل مع انفعالاته الشديدة .

● أن يصبح الطالب أكثر فاعلية في المواقف الاجتماعية ويتم من خلال برامج التدريب وتوكيد الذات ومعالجة الخوف الاجتماعي .

- مساعدة المسترشد في فحص قيمه وإعادة تقيمها، وهذا يظهر في برامج التوجيه التربوي والمهني.

- مساعدة المسترشد في أن يصبح مسؤولا بشكل أكبر عن سلوكه كفرد وكعضو في الجماعة.

- مساعدة المسترشد في فهم وتحليل المعايير التي تحكم علاقاته مع الآخرين(علاقته مع الوالدين والمعلمين والرفاق والزملاء والأقارب).

- مساعدة المسترشد في التخلص من دفاعياته في أن يقلل من استخدام وسائل الدفاع التي تؤثر سلبيا في تكيفه.

- التغلب على مشاعر الوحدة والتخلص من الشعور بالنقص.

أهداف عامة للإرشاد الجماعي لأسر ذوي صعوبات التعلم:

- مساعدة الأسرة على تفهم مشكلات ابنهما ذوي صعوبات التعلم.

- مساعدة الأسرة على التعامل بطريقة سوية مع مشكلاته السلوكية والاجتماعية.

- حث الأسرة على تشجيع ابنهما وتحميله مسؤولية لرفع مفهوم الذات لديه.

- مساعدة الأسرة على تقبل رفض ابنهما للمدرسة.

- عرض حالات مشابهة استطاعت تجاوز مشكلات الابن.

- مساعدتهم على التعبير عن المشاعر الناتجة عن التأخر الدراسي.

- المناقشة الفعالة للأسباب التي أدت إلى هذا التأخر.

- تكوين المهارات المساعدة على الاستذكار الجيد.

ونلخص المبادئ الواجب مراعاتها في الإرشاد الجماعي لذوي صعوبات التعلم على النحو التالي:

- مراعاة التجانس في تكوين الجماعة الإرشادية من حيث العمر الزمني، والاحتياجات الإرشادية، والمستوى الثقافي والاقتصادي الاجتماعي
- أن يكون المرشد خبيراً بدينامية الجماعة
- أن يتم توضيح طبيعة الإرشاد الجماعي للأعضاء، و أهدافه وفائدته بحيث يعرفوا مسئولياتهم، وماذا يتوقع منهم.
- أن تكون مدة الجلسة ساعة واحدة.
- أن يكون حجم الجماعة الإرشادية مابين 6- 7 أو 10 أشخاص على الأكثر بحيث يتيح للأعضاء المشاركين فيها الحديث بحرية، كما يتيح فرصاً أوسع للتفاعل اللفظي والتعبير عن الذات والمشاركة التعاونية.
- يفضل أن تعقب جلسة الإرشاد الجماعي جلسة على الأقل من الإرشاد الفردي، حيث يرجح في مثل هذه الحالة أن الأعضاء يحصلون على فائدة أكبر.

ثالثا: الإرشاد المباشر وغير المباشر:

ينقسم الإرشاد أيضا إلى الإرشاد المباشر والإرشاد غير المباشر

أولا: الإرشاد المباشر Di صلى الـلـه عليه وسلم ect Counseling

وسيتم الحديث في الإرشاد المباشر عن منهج (أو منحى) السمات والعوامل لوليامسون صاحب نظرية السمات والعوامل T صلى الـلـه عليه وسلم ait-and-facto صلى الـلـه عليه وسلم theo صلى الـلـه عليه وسلم y o صلى الـلـه عليه وسلم app صلى الـلـه عليه وسلم oach هو أدموند وليامسون الذي عمل بجامعة مينيسوتا أربعين عاما، حيث بدأ دراساته العليا بها تحت إشراف باترسون، وتسمى نظرية السمات والعوامل في بعض الأحيان بالإرشاد المباشر ونظرية الإرشاد المتمركز حول المرشد. وهذا يعني أن الإرشاد في هذه النظرية يعتمد اعتمادا كاملا على المرشد لأنه يستطيع أن يختار الحل المناسب لمشكلة المسترشد الذي لا يستطيع أن يختار الحل المناسب لمشكلته.

وقد قدم وليامسون أكثر من تعريف للإرشاد من أجل جعل مفهوم الإرشاد أكثر وضوحا ومنها: أن الإرشاد هو: أحد العمليات الشخصية الفردية التي تساعده على تعلم المواد الدراسية وسمات المواطنة والقيم الاجتماعية والشخصية والعادات والمهارات والاتجاهات والاعتقادات التي تصنع الكائن المتوافق السوي. وهو مساعدة فردية مأذون بها لتنمية المهارة في تحقيق فهم للذات مستنير اجتماعيا. وهو نوع فريد من العلاقة الإنسانية قصيرة الأمد بين مرشد أمين وعلى قدر من الخبرة في مشكلات النمو الإنساني وطرق حلها وبين مسترشد يواجه صعوبات بعضها واضح له وبعضها غير واضح، وذلك في طريق اكتسابه ضبط الذات وتوجيهها نحو النمو.

خطوات الإرشاد المباشر:

إن نشأة هذه النظرية في وسط تربوي أثر على تطور طبيعة عملية الإرشاد، فالمرشد مدرس في منهجه وطريقته في الحياة، وفي أخطائه واستجاباته الصحيحة في علاقاته مع الآخرين، فالتفاعل بين المرشد والمعلم هو نفس التفاعل بين المدرس والطالب، والإرشاد تعلم شخصي جدا، وقد وضع وليامسون في سنة 1937م، مع دارلي قائمة من ست خطوات تمثل عملية الإرشاد وهي:

(1) التحليل Analysis

وهدفه فهم الطالب في ضوء المتطلبات الخاصة بتكيفه في الحاضر والمستقبل، ويشتمل على جمع المعلومات والمادة العلمية عن الطالب، وذلك حتى يسهل التشخيص من خلالها للقدرات والميول والدوافع والتوازن الانفعالي وغيرها ويمكن جمعها من خلال: السجلات وسائل التقييم التي تستخدمها نظرية السمات حتى توفر فهم أكبر واكتشاف حلول للمشكلة، ويمكن جمع البيانات عن طريق ستة أدوات للتحليل وهي:

- السجلات التراكمية: Cumulative صلى الـلـه عليه وسلم eco صلى الـلـه عليه وسلم d تزود بنظرة شاملة عن معلومات المسترشد سواء التعليمية أو المهنية وتعطي مؤشرات عن درجاته ونشاطاته وعادات عمله وتاريخه الصحي.

- المقابلة: Inte صلى الـلـه عليه وسلم view تعمق إدراك المسترشد بنفسه، وتعتبر جزءا رئيسيا من عملية الإرشاد حيث تعمل على ربط إدراك المسترشد مع إدراك المرشد مع تقارير وملاحظات الآخرين.

- شكل توزيع الوقت: Time Dist صلى الـلـه عليه وسلم ibution Fo صلى الـلـه عليه وسلم m صمم لمعرفة الخط القاعدي السلوكي في الإرشاد حيث يسعى لتوضيح السلوكيات بشكل موضوعي في أزمنة وأمكنة وظروف مختلفة، وذلك لمعرفة كم ومتى وأين يمكن أن يكون السلوك بحاجة إلى تعديل.

- السيرة الذاتية: Auto Biog صلى الـلـه عليه وسلمaphy هذه الطريقة غير مقيدة، حيث تترك المسترشد يخبر عن سيرته دون مواجهة مع المرشد، ومن عيوبها أن المسترشد قد يخفي بعض المعلومات عن نفسه.

- السجلات السردية: Anecdotal صلى الـلـه عليه وسلم eco صلى الـلـه عليه وسلم ds تعرض السجلات السردية جوانب بسيطة ومحددة من حياة المسترشد، وعادة ما تقدم مثل هذه السجلات من قبل ملاحظين يراقبون المسترشد في أوضاع خاصة، حيث تزود بمعلومات ربما لا يمكن رؤيتها أو الوصول إليها من خلال وسائل القياس الأخرى.

- الاختبارات النفسية: Psychological Tests تعتبر الاختبارات النفسية قمة الأدوات التطبيقية في نظرية السمة والعامل، والسبب في ذلك أن وليامسون أعطاها أهمية كبيرة عند مقارنة المعلومات الموضوعية التي يعطيها المسترشد في جلسة الإرشاد مع المعلومات الموضوعية التي يحصل عليها من وسائل القياس

الأخرى. وكل هذه الأساليب تساعد المرشد والطالب في الوصول إلى تشخيص للمشكلة.

(2) التركيب Synthesis

هو تلخيص وتنظيم للمادة المتجمعة من عملية التحليل بأسلوب يظهر ما لدى الطالب من ايجابيات ووجوه الضعف، بمعنى آخر ترتيب لهذه المعلومات وتنظيمها مما يجعلها مفيدة.

(3) التشخيص Diagnosis

يشتمل على تفسير المادة المتجمعة في صورة مشكلات، وكذلك في صورة إيجابيات وسلبيات لدى الطالب، ويتم التوصل إليه بالاستنتاج المنطقي، ويشمل على خطوات وهي:

- عملية التعرف على المشكلة: وهذه خطوة وصفية في طبيعتها وليست مجرد وضع عنوان معين.
- اكتشاف الأسباب: وهي تتطلب البحث عن العلاقات والماضي والحاضر وبحث الإمكانات ونحو ذلك مما يساعد على فهم أسباب الأعراض.

رابعا: التنبؤP صلى الـلـه عليه وسلم ognosis

يرتبط بإعطاء صورة عن المشكلة بالمستقبل في ضوء الحقائق المتوفرة لدى المرشد، في حالة استمرت مشكلة المسترشد وفي حالة تحسنت.

خامسا: الإرشاد Counseling

وهو عبارة عن عملية تعليم موجه نحو فهم الذات، ويرى وليامسون بأن الإرشاد يعتبر المظهر العلاجي للعملية الإرشادية، وهدفه مساعدة المسترشد على صياغة الأسئلة التالية:

- كيف وصلت إلى ذلك؟

- ما العوامل التي سببت هذا السلوك؟

- ما التطورات المحتملة في المستقبل إذا استمر الوضع الحالي؟

- ما الأوضاع البديلة أو الممكنة وما وسائلها؟

- كيف أستطيع أن أعكس التوقعات المستقبلية؟ وكيف أحدث التغيير المرغوب في سلوكي؟

(6) المتابعة Follow -up

وهي تشمل ما يفعله المرشدون من أجل تقرير فعالية العملية الإرشادية التي تمت، وهي خطوة مهمة في العملية الإرشادية. إن على المرشدين المتبعين لمنهج السمة والعامل، تبنى دورا شبيه بدور الطبيب في تحديد مشكلة المسترشد ووصف العلاج لإصلاح المشكلة ومن ثم المتابعة والتأكد من نجاح المعالجة. ويستخدم مرشد "السمة والعامل" مصادر عدة ويطبق العديد منها مع كل مسترشد. وفي مرحلة التحليل يحصل المرشد على معلومات عن المسترشد من المقابلات، سجلات المدرسة، وغيرها من المصادر الذاتية. علاوة على ذلك، يستخدم القياس المكثف غالبا للحصول على معلومات موضوعية.

إن قدرة المرشد على الربط والتأليف بين المعلومات ذات أهمية كبيرة في مراحل التركيب والتشخيص والتنبؤ. ثم ينظم ويقيم المرشد المعلومات عن الفرد ويستخدم المعلومات المهنية لتأييد أو عدم تأييد خطط المسترشد أو لمساعدة المسترشد على تطوير أو قبول خطة. وفي خطوة الإرشاد، يكون المسترشد نشطا في المناقشة أو التخطيط لخطة عمل.

ويرى وليامسون أن المرشد مسؤول عن إقامة علاقة ثقة مع المسترشد ومساعدته

على فهم المسترشد لنفسه. كما يعد المرشد مخطط لبرنامج العمل، وفي بعض الأحيان كمنفذ لخطة أو كمسئول عن تحويل المسترشد إلى فرد آخر من اجل المساعدة الإضافية. وعند الحاجة، وكما يرى ولیامسون إن المرشد المسؤول عن إجبار المسترشد على الطاعة (الامتثال) أو عن تغيير البيئة أو عن تدريس المسترشد بعض المهارات أو عن تغيير بعض اتجاهات المسترشد. ولإنجاز ذلك قد يحتاج المرشد للإقناع أو الشرح أو التوجيه والقيادة.

الإرشاد المباشر لذوي صعوبات التعلم وأسرهم:

إن طريقة الإرشاد الموجه أو المباشر يكون دور المرشد فيها أكثر إيجابية من دور المسترشد، وأن من شأنها تعزيز الاعتماد على المتخصص، فإن هذه الطريقة تعد الأكثر جدوى في تحقيق أهداف المستوى العقلي المعرفي من الخدمات الإرشادية، وفي إشباع الاحتياجات التعليمية والمهارية لآباء الأطفال من ذوي صعوبات التعلم وأسرهم، حيث يفترض أنهم يعانون من عدم التأكد وغموض الأفكار، ومن الاعتقادات الخاطئة عن حالة الطفل، كما يعانون من قصور المعرفة بالأساليب التي تساعدهم على حل مشكلاتهم العملية اليومية التي يواجهونها، وبالطرق المناسبة لتدريب الطفل.

لذا، فإن أكثر ما يحتاجونه هو المعلومات الأساسية عن معنى الإعاقة، ودرجتها، وقدرات الطفل وإمكاناته الحقيقية، وحاجاته، و تأثيرات الإعاقة على جوانب نموه الأخرى، وعلى إخوته وحياة أسرته، وكيفية تعليمه وتدريبه.

وعن طريق الإرشاد المباشر يمكن للمرشد استثارة هذه الحاجة إلى المعلومات لدى الوالدين وتزويدهم بالحقائق الموضوعية عن حالة الطفل بأمانة، وطرح اقتراحات وبدائل فيما يتعلق بأنسب القرارات وطرق العمل، ويشجعهم على مناقشتها وتمحيصها، ويستخدم في ذلك كله النصح المباشر، والشرح والتفسير والإقناع بما يجب عمله من قبل الآباء في ضوء مهاراته وخبراته المهنية.

ثانيا: الإرشاد غير المباشر

وسيتم التطرق إلى نظرية الذات لكارل روجرز للحديث عن الإرشاد غير المباشر

نظرية الذات لروجرز Self Theo صلى الـلـه عليه وسلم y

وتسمى أيضا بالإرشاد المتمركز حول المسترشد، وتعرف الذات بأنها: كينونة الفرد أو الشخص، وتنمو وتنفصل تدريجياً عن المجال الإدراكي. وتتكون بنية الذات نتيجة للتفاعل مع البيئة، أما مفهوم الذات فيعرف بأنه: رأي الفرد كيف يراه الآخرون والصورة التي يود أن يكون عليها، ومفهوم الذات ثابت نسبياً إلا أنه يمكن تعديله وتغييره تحت ظروف معينة، ويتأثر بالوراثة والبيئة والآخرين والنضج والتعلم والحاجات وموجهات السلوك كالقيم والمعتقدات.

ويرى روجرز أن الفرد يعيش في عالم متغير من خلال خبرته، ويدركه ويعتبره مركزه ومحوره، ويتوقف تفاعل الفرد من العالم الخارجي وفقاً لخبرته وإدراكه لها لما يمثل الواقع لديه، كما أن الفرد يتفاعل ويستجيب مع ما يحيط به بشكل كلي ومنظم.

ومعظم الأساليب السلوكية التي يختارها الفرد تكون متوافقة مع مفهوم الذات لديه، والتكيف النفسي للفرد يتم عندما يتمكن من استيعاب جميع خبراته وإعطائها معنى يتلاءم ويتناسق مع مفهوم الذات لديه. وتقوم فلسفة نظرية الذات على الإيمان بأهمية الفرد مهما كانت مشكلاته؛ فلديه عناصر إيجابية تساعده على حل مشكلاته، وتقرير مصيره بنفسه. فان الفلسفة الأساسية هنا للمرشد هي احترام الفرد وأهليته والعمل على توجيه الذات توجيها صحيحاً ليكون جديراً بالاحترام. ووظيفة الذات هي وظيفة دافعية وتكامل وتنظيم وبلورة عالم الخبرة المتغير الذي يوجد الفرد في وسطه. ولذا فانه ينظم ويحدد السلوك. وينمو تكوينياً كنتاج للتفاعل الاجتماعي جنباً إلى جنب مع الدافع الداخلي لتأكيد الذات، وبرغم من انه ثابت تقريبا إلا انه يمكن تعديله تحت ظروف معينة.

ويرى روجرز أن الناس جميعا شأنهم في ذلك شأن الكائنات الحية العضوية لديهم حاجة فطرية للبقاء وللنمو ولتقوية النفس، إن جميع الدوافع البيولوجية تندرج تحت النزعة إلى تحقيق الذات، لأنه لا بد من إشباعها لكي يستمر الكائن الحي في نموه الإيجابي، وهذه الدفعة إلى الأمام للحياة تستمر على الرغم من العقبات، وعلى سبيل المثال فإننا نرى الأطفال الذين يبدءون في تعلم المشي، يحاولون رغم تعثرهم وانتكاساتهم أثناء المشي، ويعمدون إلى المضي في التعلم حتى يصلوا إلى مستوى رفيع من التأرجح والمهارة في حركات المشي.

المكونات الرئيسية لمفهوم الذات:

مفهوم الذات والمكونات الرئيسية لمفهوم الذات، كما هو واضح في الشكل التالي والذي يوضح التسلسل الهرمي لمفهوم الذات:

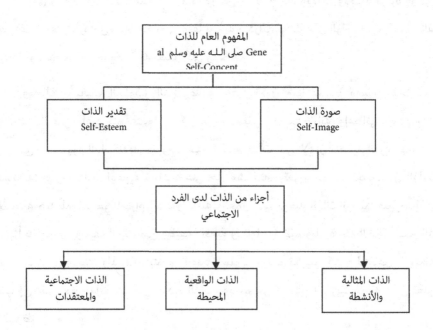

إن مفهوم الذات يحدد الهوية الشخصية التي يراها الفرد في ذاته، ويتكون هذا المفهوم من مجموعة من الاعتقادات والمبادئ والقيم والتوجهات الشخصية. ويعتبر مفهوم الذات بمثابة آلية ديناميكية حيوية ومستمرة قابلة للتطور والتعديل كما هي آلية الاتصال.

يحتوي مفهوم الذات على عدة مكونات تتمثل في طبقات موضحه في تسلسل هرمي. ففي قمة الهرم يوجد المفهوم العام للذات، وهو عبارة عن مجموعة المعتقدات التي نتخذها لأنفسنا ونتبناها ومن الصعب تعديلها أو تغييرها لأنها ترسخت بداخلنا مع مرور الزمن. وفي الطبقة التالية يوجد المكونان الرئيسيان لمفهوم الذات، وهما:

- صورة الذات: (Self-Image) وهي الصورة العقلية التي يراها الشخص لنفسه.

- تقدير الذات: (Self-Esteem) وهي مشاعر واتجاهات الفرد نحو نفسه وكيف يقيم ذاته.

وتليهما ثلاثة عناصر فرعية وهي: مفهوم الذات الجسدي والاجتماعي والنفسي، والمستمدة من المكونات الأساسية (الفسيولوجية والنفسية والاجتماعية) لتكامل الإنسان. وفي قاعدة الهرم توجد مجموعة مختصرة من العناصر التفصيلية المتعلقة بمفهوم الذات.

وكلما اتجهنا إلى أسفل في التسلسل الهرمي كلما زادت مرونة العناصر وبالتالي تزداد احتمالات التعديل أو التغيير في تفهمنا للأمور والأحداث. لأن العناصر التفصيلية يمكن أن تتغير من حالة إلى حالة، وتتطور بمرور الزمن لتؤثر علينا سواء بالسلب أو الإيجاب. وعلى سبيل المثال يمكن أن يتأثر مفهوم الإنجاز الأكاديمي لطالب في الثانوية بناءً على التشجيع المستمر من البيئة المحيطة وعلى الدرجات التي يحصل عليها في المواد الأدبية، مثلا مما قد يؤدي إلى توجه الطالب للتفكير في مهنة تتناسب مع التوجه الأدبي. ويمكن أن يتغير هذا التوجه لاحقا في ظل تغير البيئة المحيطة والإمكانات المتاحة لهذا الطالب.

ويشير روجرز لأنواع من الذات والتوافق بينها يقود إلى السلوك السوي، وهذه الأنواع هي:

يتكون من ثلاثة أجزاء: الذات المثالية، والذات الشخصية، والذات الاجتماعية. وفيما يلي تعريف بكل جزء ودوره في إدراك الذات:

1- **الذات المثالية:** (Ideal Self)

كثير منا يكون في مخيلته صورة مثالية يحب أن يكون عليها، وغالباً ما نبدأ في تكوين هذه الصورة في مرحلة المراهقة، وتستمر معنا خلال مراحل الرشد (فترة النضج). هذه الصورة المثالية تختلف من شخص لآخر، كما تختلف في الشخص نفسه في مراحل حياته المختلفة. فكلما تقدمنا في العمر وزادت تجاربنا في الحياة كلما أصبحنا أكثر واقعية وأكثر معرفة بقدراتنا، وبناءً عليه تتغير هذه الصورة المثالية.

2- **الذات الشخصية:** (Pe صلى الله عليه وسلم sonal Self)

الذات الشخصية هي الصورة الحقيقية التي نرى بها أنفسنا، وهي تخضع لمعايير شخصية بحتة، ولذلك فهي قابلة للتحيز. لقد تعرف أحد علماء النفس بعد دراسة سلوك الأفراد الذين يعتبرون أنهم سعداء بأنهم يغالون في تقديرهم لمدى تحكمهم في محيطهم، بمعنى أنهم يعتقدون أنه يمكنهم التحكم جيداً في البيئة المحيطة وفي الأحداث التي يواجهونها. وبذلك هم يعطون تفسيرا مبالغاً فيه في الإيجابية عن أنفسهم، كما يعتقدون أن الآخرين يشاركونهم في هذا التقييم.

3- **الذات الاجتماعية:** (Social Self)

الجزء الأخير من إدراك الذات يتعلق بالآخرين المحيطين بنا في مجتمعنا. فإن الصورة التي تتكون في ذهن الآخرين عنا تعكس اعتقاداتهم فينا، وفي كثير من الأحيان نبنى تصرفنا شعوريا أو لاشعوريا، على اعتقادات الآخرين عنا. مثلا يمكننا القول بأن

الممثلين الكوميديين يدركون أنهم يبثون التسلية والضحك في المحيطين بهم بناءً على اعتقاد المحيطين، المتمثل في الضحك على نكاتهم وأفعالهم. وقد أشار عالم الاجتماع Cha صلى الله عليه وسلم les Cooley منذ مائة عام إلى أن الأفراد يستخدمون الآخرين مرآة لهم، وهم بذلك يراقبون ردود أفعال الآخرين على تصرفاتهم ويتخذونها معايير تساهم في تقييم أنفسهم.

وتتداخل أجزاء إدراك الذات الثلاثة وتتفاعل مع بعضها في منظومة متكاملة لتشكيل إدراك الذات، بمعنى أن التغيير في أحد الأجزاء الثلاثة يؤثر على الجزأين الآخرين. كما تؤثر هذه الأجزاء الثلاثة في مجملها في كفاءة التواصل مع الآخرين، فإذا كانت النظرة إلى الذات سلبية ستؤثر سلبا على "الذات الشخصية" مما يؤدي إلى تدني الثقة بالنفس في فاعلية الاتصال مع الآخرين، وبالتالي تؤدي إلى صعوبة تفسير إشارات الاتصال وصعوبة تحقيق أهداف الاتصال. ومما تقدم نستنتج أن إدراكنا لذاتنا من خلال الذات المثالية والشخصية والاجتماعية يؤثر على الصورة الذهنية التي يكونها الآخرون عنا.

كلما كان هناك توافقا أكثر كلما زادت منطقة الاتفاق بين أنواع الذات المختلفة، وبالتالي تزداد الصحة النفسية لدى الفرد.

أما سوء التوافق والتوتر النفسي فينتج عندما يفشل الفرد في استيعاب وتنظيم الخبرات الحسية العقلية التي يمر بها، والخبرات التي لا تتوافق مع مكونات ذات الفرد تعتبر مهددة لكيانه، أما الخبرات المتوافقة مع الذات فيتفحصها الفرد ثم يستوعبها، وتعمل الذات على احتوائها وبالتالي تزيد من قدرة الفرد على تفهم الآخرين وتقبلهم كأفراد مستقلين.

ويحدث السلوك المضطرب وغير المتوافق بسبب:

1- عدم التطابق بين العالم الشخصي والواقع الخارجي (العالم كما هو)

2- عدم التطابق بين الذات الشخصية والذات المثالية

3- صراع بين الذات والكائن العضوي فيشعر الفرد انه مهدد وقلق ودفاعي وتفكيره محدود.

حيث ينشأ السلوك المضطرب من وجود شروط للأهمية (هي شروط يضعها المحيطين بالفرد لقبوله، وتتطلب منه تحقيق ما يريده الآخرون بدلا مما يريده هو، والمشكلة في زيادتها لأن الفرد قد يعتمد عليها، فيبتعد عن ذاته ويصبح يستجيب لمطالب الآخرين بعيدا عما يريده حقيقة، مما يجعله يبتعد عن ذاته ولا يحققها) تقف حائل بين الفرد وإشباع حاجاته للاعتبار الإيجابي وتؤدي شروط الأهمية إلى إنكار الفرد لجانب من خبراته أو تشويهها وبالتالي ينشأ عدم التطابق الذي يعتبره روجرز مرادفا للاضطراب النفسي.

فإذا لم يستخدم الناس الوصول إلى الكائن الموجود بداخلهم (نتيجة لعدم التطابق) ولتحقيق الذات فإنهم يستخدمون أحكام الآخرين التي استدمجوها في أنفسهم (شروط الأهمية)، مما يؤدي إلى أن تحل شروط الأهمية مكان التقويمات الذاتية. وبالتالي يؤدي ذلك إلى تنافر بين الذات والخبرة وهذا بدوره إلى الإدراك الانتقائي. وهنا يستجيب الناس لخبراتهم الذاتية بطريقة انتقائية، فالخبرات التي تكون متسقة مع شروط الأهمية تدرك وترمز بصورة دقيقة في الوعي، أما الخبرات التي لا تتسق مع شروط الأهمية فإنها تشوه أو تستبعد من الوعي وبعد نمو شروط الأهمية فان الأفراد يحذفون من وعيهم تلك الخبرات التي تعتبر معاكسة لهذه الشروط، وبالتالي يستبعدون خبرات قد تكون مفيدة لهم وبالتالي عدم التطابق بين الذات والخبرة، وهذا عدم التطابق هو السبب في المشكلات وإزالة عدم التطابق بساعد في حل المشاكل وهو يرى أن عدم التطابق يمكن أن يمر به كل الناس وبالتالي فان أي خبرة يمر بها الناس يمكن أن: يتم إنكارها، أو تشويهها مما يؤدي إلى عدم التكيف.

وفي حالة الاضطراب النفسي يفشل الفرد في استيعاب، وتنظيم الخبرات الحسية العقلية التي يمر بها، إضافة إلى الفشل في تنمية المفهوم الواقعي للذات، ووضع الخطط التي تتلاءم معه؛ لذلك أفضل طريقة برأي روجرز لتغيير السلوك هي تنمية مفهوم ذات واقعي موجب.

العلاقة الإرشادية كما يراها روجرز:

هناك ثلاثة صفات للمعالج تساعد الشخص على أن يصبح على ما هو قادر عليه وهي نفسها شروط العلاقة الإرشادية وأدوار المرشد:

أولا: الأصالة والصدق في المشاعر Genuine

معنى الأصالة أن يكون الفرد ذاته دون تصنع، وحتى تكون أصيل: وجود السلوك غير اللفظي الداعم لدى المرشد، ووجود الاتصال البصري الصادق، وتوفر سلوك الدور الذي لا يتغير بسبب الدور المهني، وأن يكون هناك انسجام عند المرشد، وعفوية وتلقائية بمعنى: القدرة على أن يعبر عن ذاته بشكل طبيعي وان يكون لبق بنفس الوقت، وأن يكون المرشد لديه القدرة على الانفتاح وكشف للذات.

بمعنى أن يحتفظ المرشد بذاته كشخص وأن يتعامل مع المسترشد كموضوع، فإن ذلك لا يتضمن احتمالية مرتفعة للمساعدة، كما أن ذلك لا يعين المرشد على التصرف بهدوء واستمتاع عندما يكون المسترشد غاضب وناقد بالفعل، ولا تساعد على التصرف والتدبر في إجابات المسترشد التي لا أعرفها، ولا تساعد على دعم أي محاولة للحفاظ على المظاهر، وللتصرف بطريقة واحدة ظاهرياً بينما هو يمر بخبرة داخلية مختلفة تماماً.

ثانيا: التقمص والفهم العاطفي Empathy

بمعنى القدرة على فهم الناس من إطارهم المرجعي وليس من إطارك المرجعي، مثلا الاستجابة التقمصية، أنت تشعر بعدم القدرة على وليس لا بد أن تحاول. ويتضمن التقمص العاطفي: أن ترى بعيون المسترشد، وان تشعر وتحس بتجاربه وخبراته.

بالإضافة إلى الصدق والأصالة يجب أن يدرك المرشد أنه شخص متعاطف مع العالم الداخلي للمسترشد بما فيه من مشاعر ومعاني شخصية، وبدلاً من اللجوء إلى التفسيرات المتعمقة فإن على المعالج أن يظل منتبهاً للتعبيرات اللفظية وغير اللفظية الصادرة عن المسترشد (بما في ذلك نغمة الصوت وحركات الجسم). وأن يعكس ثانية المعاني المدركة لهذه التعبيرات، وعلى سبيل المثال إذا لاحظ المسترشد أنه لأول مرة منذ شهور يفكر في مشكلاته ولا يهتم بها بشكل فعلي، فإن على المعالج أن يستجيب له قائلاً "لدي انطباع بأنك لست سيئاً، وأعتقد أنك سوف تفكر في مشكلاتي أنا شخصياً وليس هذا شعورك على الدوام (نحو ذاتك) "فإذا كانت نظرة المعالج صحيحة سيرد المسترشد قائلاً" ربما يكون هذا هو ما حاولت ذكره، ولم أستطع ذلك بالفعل، ولكن نعم، هذا ما أشعر به فعلاً، وعلى العكس من ذلك فإن عدم موافقة المسترشد تدل على خطأ في فهم المعالج النفسي لأكثر من كونها مظهر للمقاومة كما يدعي فرويد، ويفيد التعاطف الصحيح كعام لمساعد قوي في النمو السري لأنه يزود المسترشد بإحساس عميق بأنه أصبح مفهوماً من أشخاص آخرين لهم أهميتهم ومكانتهم، هو ما يعطيه انطباع بأن أي مزيد من تعرية للذات (Self – Exposu) صلى الـله عليه وسلم (e ستكون آمنة ومفيدة إلى حد بعيد.

كنتيجة للدفء العاطفي في العلاقة مع المعالج النفسي، يبدأ المسترشد في الشعور بالأمان، ولكما وجد أن ما يعبر عنه من اتجاهات أصبح مفهوماً بنفس الطريقة التي يعبر بها وأصبح مقبولاً في نفس الوقت، إنني أحاول فهم المشاعر والأفكار التي تبدو

مزعجة للغاية بالنسبة للمسترشد وكذلك ذات التأثير الضعيف، وكذلك المثيرة والمربكة، وأتركه حراً تماماً ليعبر عما يوجد في أركان الخفية والزوايا المظلمة من خبراته الداخلية الدفينة.

ثالثا: الاحترام الايجابي غير المشروط

بمعنى القدرة على تقييم المسترشد كشخص له قيمة وكرامة. وعناصر الاحترام الايجابي غير المشروط:

- الرغبة في العمل مع المسترشد
- بذل جهد للفهم
- التوجه لعدم إصدار الأحكام القيمية
- الدفء لفظيا وغير لفظي
- الفورية للمرشد أي: يكشف المرشد مشاعره خلال العملية الإرشادية في اللحظة الحالية.

ويستعمل المعالج نفسه بشكل أساسي كوسيلة لإحداث التغيير ولذلك من المهم أن يكون المعالج واقعي في العلاقة مع المسترشد ويضع المسؤولية الكاملة على المسترشد ويرفض أن يكون دوره كسلطة أو دور العمل تابعا له، باختصار فإن دوره الأساسي هو تأسيس مناخ علاجي يساعد المسترشد على النمو.

ومن هنا نرى أن دور المرشد لا يقوم بإعطاء وسيلة العلاج ولا يقترح على المسترشد ما يجب عمله لذلك فان دوره هو فقط زيادة الوعي حول عالم المسترشد دون الدخول فيه. لذلك يجب أن يكون التعاطف موضوعيا وبدون أي تدخل كما يعكس مشاعر المسترشد ومدى فهمه واستيعابه لما يقوله ويشعر به.

ولا يعد تحقيق الاحترام الإيجابي غير المشروط والتعاطف والأصالة مهمة سهلة

بأية حال من الأحوال، ولا يتوقع قيام المرشد بكل ذلك على طول الوقت، لكن المتابعة المستمرة المعقولة لهذه الصفات الثلاثة بحيث يدركها المسترشد بدرجة كافية، يعد من وجهة نظر روجرز أمراً ضرورياً وكافياً لإحداث تقدم واضح في العملية العلاجية.

ويمكن تلخيص وظيفة المرشد على شكل مراحل كما يلي:

• المرحلة الأولى: تكون مهمة المرشد تنحصر في خلق جو من المودة والتعاون والتقبل والتوضيح.

• المرحلة الثانية: وظيفة المرشد هي عكس مشاعر المسترشد وتجنب التهديد.

• المرحلة الثالثة: توفير مدى واسع من أنواع السلوك لتوضيح الاتجاهات الأساسية لذلك يقوم المرشد بإتباع مجموعة من المعطيات لتكوين صورة عن المسترشد وذلك كي يدرك المشكلة كما يراها المسترشد.

ومن هنا نرى أن دور المرشد لا يقوم بإعطاء وسيلة العلاج ولا يقترح على المسترشد ما يجب عمله لذلك فان دوره هو فقط زيادة الوعي حول عالم المسترشد دون الدخول فيه. لذلك يجب أن يكون التعاطف موضوعيا وبدون أي تدخل كما يعكس مشاعر المسترشد ومدى فهمه واستيعابه لما يقوله ويشعر به.

خطوات الإرشاد النفسي عند روجرز:

يعتقد معظم الباحثين أن الإرشاد يتضمن موقفا خاصا بين المرشد والمسترشد يضع فيه المسترشد مفهومه عن ذاته كموضوع رئيسي للمناقشة، بحيث تؤدي عملية الإرشاد إلى فهم واقعي للذات والى زيادة التطابق بين مفهوم الذات المدرك ومفهوم الذات المثالي الذي يعني تقبل الذات وتقبل الآخرين والتوافق النفسي والصحة النفسية.

وتؤكد معظم الدراسات والبحوث العلاقة والارتباط القوي بين مفهوم الذات والتوافق النفسي، وان سوء التوافق عن إدراك تهديد الذات أو إدراك تهديد في المجال الظاهري أحدهما أو كلاهما وان الأفراد ذوي مفهوم الذات الموجب يكونون أحسن توافقا من الأفراد ذوي مفهوم الذات السالب. ويمكن الحديث عن خطوات الإرشاد على الشكل التالي:

1- إزالة التفكك في المشاعر: ويكون الحديث في هذه المرحلة متصلا بالجوانب الخارجية فقط.

2- تغيير في أسلوب معايشة الخبرة: ويكون المسترشد في البداية يرى المشكلات أنها خارجة عنه وغير مسؤول عنها ويكون ما يزال يعيش في الماضي.

3- تغيير من عدم التطابق إلى التطابق: ويبدأ لدى المسترشد اعتراف بالمتناقضات في خبرته.

4- تغيير في الصورة التي يرغب بها الفرد: ويتم في هذه المرحلة بعض الاكتشافات حول بنية الذات ويتكون الإحساس بالمسؤولية الذاتية في حدوث المشكلة.

5- إزالة التفكك في الخرائط المعرفية للخبرة: ويعبر المسترشد في هذه المرحلة عن مشاعره الراهنة ويكون قريبا من معايشة تامة لمشاعره، رغم أن الخوف وعدم الثقة لا تزال موجودة.

6- تغيير في حالة الفرد: وهنا يعايش الشعور الذي حبس من بشكل مباشر ويتحول من عدم التطابق إلى التطابق وتنتهي مشكلاته الداخلية والخارجية.

7- يبدو الفرد مستمرا في قوته الدافعة ويحدث التقدم في العلاج في هذه المرحلة خارج الجلسات وعلى أرض الواقع الذي يعيش به الفرد.

الإرشاد غير المباشر لذوي الحاجات الخاصة وأسرهم:

يتمثل دور المرشد في هذه الطريقة غير المباشرة في تقبّل المسترشد كما هو، والإصغاء التام له، ومساعدته على طرح مشاعره الحقيقية، وتفهمها كما يدركها المسترشد، وفي تهيئة مناخ إرشادي يقوم على التسامح والتعضيد دون تدخل مباشر بإعطاء نصائح أو تقديم حلول جاهزة حتى يتسنى للمسترشد اكتشاف ذاته على حقيقتها، ويخبر شعورياً العوامل التي أدت إلى سوء توافقه، ويصل إلى فهم أكثر لمشكلاته، ويزداد اعتماده على نفسه في تحمل مسئولياته واتخاذ قرارات مناسبة بنفسه لحل هذه المشكلات.

ويغلب أن يكون الإرشاد غير المباشر أكثر فاعلية في تحقيق أهداف المستوى الوجداني من الخدمات الإرشادية بالنسبة لآباء الأطفال من ذوي الاحتياجات الخاصة وأسرهم، وذلك لما يمكن أن يسهم به في حل مشكلاتهم الانفعالية، وتحقيق المزيد من توافقهم وصحتهم النفسية، وتمكين الوالدين وأعضاء الأسرة من فهم ما قد يكون لديهم من ردود أفعال ومشاعر سلبية نحو الطفل وتحريرهم منها، وزيادة تقبلهم الوجداني له، ومساعدتهم على عدم الاستسلام للضغوط ومشاعر الإحباط.

إذا للمرشد استخدام الإرشاد المباشر وغير المباشر عند التعامل مع الطلبة ذوي صعوبات التعلم، مع تفضيلنا لاستخدام الإرشاد غير المباشر سواء عند التعامل مع الطلبة ذوي صعوبات التعلم أو مع أسرهم. لما له من أهمية في تحسين العلاقة، والابتعاد عن النصح، والتركيز على المسترشد نفسه.

ومن الضروري أن يكون المرشد على دراية بالطرق الإرشادية جميعاً، والنظريات التي تستند إليها كل منها، بحيث يمكنه الاختيار الوظيفي من بينها تبعاً لمقتضيات الموقف، و احتياجات المسترشدين، وغالباً ما يتم الجمع بين أكثر من طريقة أو أسلوب واحد اعتماداً على عدة مصادر لإشباع احتياجات المسترشد بشكل أفضل، وهو ما يشار إليه بالأسلوب الانتقائي Electic Technique.

رابعاً: الأسلوب السلوكي في الإرشاد:

يركز الإرشاد السلوكي على تعديل السلوك الخاطئ بدلاً من التركيز على إحداث تغييرات أساسية في الشخصية، وبدلاً من سبر غور اللاشعور أو النفاذ إلى أفكار المريض ومشاعره، فإن المرشد السلوكي يهتم باستبعاد الأعراض وتعديل الأنماط القاصرة والمعبرة عن سوء التكيف بتطبيق فنيات التعلّم الأساسية مثل التشريط البافلوفي والتشريط الإجرائي والعلاج التنفيري والكف المتبادل والتحصين التدريجي. وينبثق عن الإرشاد السلوكي بشكل أساسي تعديل السلوك، لذلك سيتم التحدث عن تعديل السلوك:

تعديل السلوك من وجهة نظر واطسون: هو شكل من أشكال العلاج النفسي ويعني أساسا بتغيير السلوك المشاهد الملاحظ، وموضوع الاهتمام الرئيسي فيه هو السلوك الذي يمكن ملاحظته في الطفل؛ لأن الممارس حين يريد التعرف على مشكلة الطفل فإنه يلاحظ سلوكه دون البحث في درجة ذكائه أو الجداول التشخيصية التقليدية الأخرى مثل إصابات المخ أو التخلف أو الانفصام أو المنغولية أو المسائل التي لا تخضع للملاحظة.

كما يعرف تعديل السلوك أيضا بأنه: العلم الذي استمد أصوله من قوانين التعلم ومن البحوث الأساسية في علم النفس ويهدف إلى تغيير السلوك نحو الأفضل أكاديميا ونفسيا وتربويا واجتماعيا مستعينا بإجراءات تعديل السلوك. وقد عرف كوبر وهيوارد الوارد ذكره في(أبو حميدان، 2003). ويعرف أيضا بأنه: "العلم الذي يشتمل على التطبيق المنظم للإجراءات التي انبثقت عن القوانين السلوكية". كما وعرف كازدين تعديل السلوك بأنه " الميدان الذي استمد أصوله من بحوث التعلم وقوانينه وهو في جوهره تعديل للظروف البيئية والاجتماعية وإعادة تنظيمها. وينظر إلى تعديل السلوك على انه أحد مجالات علم النفس التي تهتم بتحليل السلوك الإنساني وتعديله.

الأهداف العامة لتعديل السلوك:

لكي ينجح معدل السلوك في تغير سلوك الفرد فلا بد من صياغة خطط إرشادية ترتكز في أساسها على تحقيق الأهداف التالية:

1- مساعدة الفرد على تعلم سلوكيات جديدة غير موجودة لديه.

2- مساعدة الفرد على زيادة السلوكيات المقبولة اجتماعياً والتي يسعى الفرد إلى تحقيقها.

3- مساعدة الفرد على التقليل من السلوكيات غير المقبولة اجتماعياً مثل التدخين، الإدمان، تعاطي الكحول، ضعف التحصيل الدراسي... الخ.

4- تعليم الفرد أسلوب حل المشكلات.

5- مساعدة الفرد على أن يتكيف مع محيطه المدرسي وبيئته الاجتماعية.

6- مساعدة الفرد على التخلص من مشاعر القلق والإحباط والخوف.

7- مساعدة الفرد على نمذجة بعض السلوكيات الإيجابية وتقليدها.

8- مساعدة الفرد على التوقف نهائيا عن بعض السلوكيات من مثل الإيذاء الذاتي أو إيذاء الآخرين.

9- مساعدة الفرد على المحافظة والاستمرار في أداء سلوكيات معينة بنفس الآلية، لأنه قد يقوم بها الآن بطريقة مقبولة ولكنه معرض لتغير مستواها أو معدلها، وبالتالي يستخدم معدل السلوك أساليب من مثل التحصين ضد التوتر لمساعدة الفرد على المحافظة على سلوكه

بعض أساليب ضبط السلوك الصفي:

فيما يلي توضيحا مبسطا عن أهم أساليب تعديل السلوك التي يمكن للمرشد استخدامها في التعامل مع سلوكات الطلبة ذوي صعوبات التعلم، مع تعريف لكل أسلوب من تلك الأساليب:

الأسلوب	التعريف
التعزيز الايجابي positiver einfo rcement	تقوية السلوك أو تدعيمه أو المحافظة على استمراريتة من خلال توفير أحداث أو أشياء إيجابية تلبي حاجات الطالب بعد قيامة بتأدية السلوك
التعزيز السلبي Negativer einfo rcement	تقوية السلوك أو تدعيمه أو المحافظة على استمراريتة من خلال إزالة مثيرات منفرة لا يحبها الطالب بعد قيامه بالسلوك
التغذية الراجعة Feedback	تزويد الطالب بمعلومات توضيحية وتصحيحية بطريقة إيجابية وذلك بهدف توجيه سلوكه المستقبلي
التسلسل Chaining	تحليل السلوك المراد ضبطه إلى الاستجابات التي يتكون منها، ومن ثم تدريب الطالب على تأدية الاستجابات على نحومتدرج من السهل إلى الصعب
التشكيل Shaping	تعزيز الاستجابات التي تقود إلى السلوك المراد تحقيقه وتجاهل الاستجابات التي لا تقود إلى تحقيق السلوك المطلوب
النمذجة Modeling	استخدام أسلوب التقليد والتعلم بالملاحظة بحيث يتم تقديم إيضاحات كافية للطالب ليتعلم منها
الإخفاء Fading	الإلغاء التدريجي للتعليمات والتوجيهات التي يتم استخدامها لتلقين الطالب الاستجابات الصحيحة
التعاقد السلوكي Behavio Ral Contr acting	الاتفاق مع الطالب حول السلوك المطلوب منه والمكافأة التي سيحصل عليها بعد تأديته لذلك السلوك
الإطفاء Extinction	إيقاف التعزيز الذي يحدث بعد السلوك وذلك من اجل إيقاف السلوك نفسه ويعرف هذا السلوك أيضا بالتجاهل المخطط له.

تكلفة الاستجابة response Cost	أسلوب الكبح السلوك غير المقبول يشمل حرمان الطالب من جزء من المعززات المتوفرة لديه.
العزل Time Out	أسلوب لكبح السلوك غير المقبول يتضمن إزالة البيئة المعززة أو حرمان الطالب من فرصة التمتع فيها.
التصحيح الزائد Over corection	أسلوب عقابي يتضمن إرغام الطالب على إزالة الأذى الذي نتج عن سلوكه الخاطئ.
التوبيخ rep rimanding	التعبير اللفظي أو غير اللفظي عن عدم الرضا عن السلوك وذلك بهدف تقليل احتمالات حدوثه في المستقبل.
تعزيز السلوك البديل reinfo rcement of Othe r Behavior	أسلوب الكبح السلوك غير المقبول من خلال تعزيز سلوك مناقض له.
تعزيز غياب السلوك Omission T raining	أسلوب لكبح السلوك غير المقبول من خلال تعزيز الطالب عندما يمتنع عن القيام بذلك السلوك.
تعزيز انخفاض السلوك reinfo rcement of low rates	أسلوب لكبح السلوك، يتضمن تعزيز الطالب عندما يصبح سلوكه اقل من مستوى معين يتم تحديده مسبقا.
ضبط المثير Stimulus cont rol	التحكم بالسلوك من خلال التحكم بالأحداث التي تسبقه أو تنظيم الظروف التي يحدث فيها لكي يظهر السلوك في المواقف المناسبة ويختفي في المواقف غير المناسبة.
التعميم Gene ralization	تدريب الطالب على نقل المهارات التي تعلمها في موقف محدد إلى مواقف مشابهة للموقف الأصلي (وهذا يسمى تعميم المثير) أو تدريبه على إظهار استجابات مشابهة للاستجابة الأساسية التي تم تعليمها له (وهذا يسمى تعميم الاستجابة).

التمييز Disc rimination	تدريب الطالب على التفريق بين الاستجابة المناسبة والاستجابة غير المناسبة وذلك من خلال توظيف التعزيز التفاضلي والذي يشتمل على تعزيز الاستجابة في مواقف معينة وعدم تعزيزها (تجاهلها) عند حدوثها في المواقف الأخرى.
لعبة السلوك الجيد Good Behavio rGame	أسلوب ضبط جماعي يشتمل على تقسيم الطلاب إلى فريقين وتوضيح قواعد السلوك لهما وشروط الفوز باللعبة وهي شروط يترتب عليها تنافس بين الفريقين على تأدية السلوك المقبول والامتناع عن القيام بالسلوك غير المقبول
تغيير المثير Stimulus Change	أسلوب لكبح السلوك غير المقبول وذلك من خلال إزالة الظروف التي تهيئ الفرصة لحدوثه.
التنظيم الذاتي Self- regulation	تدريب الطفل على ملاحظة سلوكه وتسجيله ذاتيا وتنظيم شروط التعزيز والعقاب وتطوير استراتيجيات حل المشكلات.

بيان بأنواع مشكلات الطفل وما يلائمها من أساليب علاجية سلوكية:

فيما يلي نعرض بعضا من المشكلات التي يمكن ان يتعرض لها طلبة صعوبات التعلم، ونعرض أيضا للأساليب السلوكية العلاجية التي يمكن استخدامها في التعامل مع تلك المشكلات:

(إبراهيم، الدخيل، إبراهيم، 1993)

الأساليب العلاجية	أنواع المشكلات التي يستخدمها لعلاجها بفاعلية
تقليــل الحساســية التدريجي	المخاوف المرضية، القلق، العزلة والتجنب الاجتماعي
التعزيـــز الإيجـــابي والتعزيز الرمزي	مشكلات النطق واللغة، والحركة الزائـدة، الصراعات الاجتماعيـة، العـدوان، المخاوف المدرسية، اضطراب العادات الصحية (كالتبول اللاإرادي، التغوط، نظافة الفم والبدن) ومشكلات الطعام (نقص الشهية، الشراهة، العزوف عن الطعـام)، واضطرابات الانتبـاه، والمهـارات الدراسـية، واضطرابات السـلوك (السرقة، المشاجرات، الكـذب، وتعـاطي المخـدرات) صعوبات التـعلم (مشكلات القراءة والكتابة وتنظيم عادات الدراسة).
التشـكيل والتقريـب التدريجي	اكتساب المهارات الحركية (الكتابة، تنظيف الـذات) المهارات الاجتماعية (الحديث، اللغة البدنية) والمهارات الدراسية(كتنظيم جدول للعمل).
النمذجة	المخـاوف والسـلوك التجنبـي أو الهـروبي، جوانـب القصـور في السـلوك الاجتماعي (الخجل، التعبيرات البدنية، مهارات الحـديث، مهارات الحركـة، مشكلات الجنوح)
الإطفاء	المشكلات السلوكية داخل الصف الدراسي، الصراخ، البكاء، العدوان، التهتهة، لفت الانتباه، التفاخر، المعاندة والمجادلة، الإفراط في الملبس أو المظهر.
الإشباع	إشعال النيران، بعض حالات السلوك القهري
التصحيح الزائد	السلوك الفوضوي
الإقصاء	السلوك التخريبي، المشاجرات والعراك، الشتائم والنحيب.

نوبات الغضب، العدوان، السرقة، التململ، الإفراط الحركي داخل الصف الدراسي، الجنوح، إشعال النيران، الفوضوية في السلوك.	تكلفة الاستجابة
نواحي الضعف في السلوك الاجتماعي بما فيها الخجل، عدم القدرة على رد الإهانات، التعامل مع العداوة الخارجية، العجز عن التعبير عن النفس.	تأكيد الذات
نواحي النقص في السلوك الاجتماعي، المشاحنات الأسرية بما فيها المواجهات التي تحدث بين المراهق وأسرته.	لعب الدور
مواجهة الأزمات الطارئة، المواقف الحرجة مثل الانفصال، قلق الموت، السلوك الإدماني، مواقف الصراع، المخاوف، العدوان، مواقف التوافق مع الضغوط	حل المشكلات
الصراعات الاجتماعية، الاندفاع، الخوف، التقاعس عن الأداء الأكاديمي، الإفراط الحركي، ضعف الدافعية للعمل والنشاط.	التدريب على التعليم الذاتي
السلوك التخريبي، السرقة، الصراخ، الصراع، رفض المدرسة، أو الهرب منها	التعاقد السلوكي
زيادة الوزن أو السمنة، أو الهزال، مشاكل السلوك الوالدي	ضبط الذات

خامسا: الإرشاد النفسي الديني:

يعد الإرشاد الديني من أنجح أساليب الإرشاد في مساعدة الوالدين في التخفيف من مشاعر الصدمة، وتحريكهما صوب الرضا بما أصابهما وتقبل أبنهما من ذوي الاحتياجات الخاصة، لاسيما وان تدين الوالدين هو احد العوامل الهامة المؤثرة في نمط استجابتهما

وطبيعة ردود أفعالهما إزاء أزمة ولاة طفل من ذوي صعوبات التعلم، وعلى أساس أن الإيمان بقضاء اللـه وقدره هو من أهم مصادر السكينة و الطمأنينة والأمن النفسي، والتكيف مع المتغيرات و الأحداث من حولنا، والسيطرة على مشاعر القلق والخوف والجزع واليأس التي تولدها المصائب و الأحداث الأليمة والمفجعة في حياتنا، وذلك بالصبر على المكاره والتحرر من مشاعر الإثم، والتحلي بروح الأمل والتفاؤل، و الأخذ بالأسباب وتحمل المسئولية عن طريق العمل الموضوعي في مواجهتها ابتغاء لرحمة اللـه ومثوبته، مصداقاً لقوله سبحانه وتعالى: (وَلَنَجْزِيَنَّ الَّذِينَ صَبَرُوا أَجْرَهُمْ بِأَحْسَنِ مَا كَانُوا يَعْمَلُونَ)(النحل: 96) ، وقوله عز وجل (مَنْ عَمِلَ صَالِحًا مِنْ ذَكَرٍ أَوْ أُنْثَى وَهُوَ مُؤْمِنٌ فَلَنُحْيِيَنَّهُ حَيَاةً طَيِّبَةً وَلَنَجْزِيَنَّهُمْ أَجْرَهُمْ بِأَحْسَنِ مَا كَانُوا يَعْمَلُونَ) (النحل: 97).

وهذا ينطبق على التدين عند المسلمين والمسيحيين، حيث يعتقد المسيحيون أن الإعاقة من قضاء اللـه، وفيها تكفير عن الخطيئة البشرية بصفة عامة، أو فيها عقاب لوالدي الطفل أو أحدهما لتخليصهما من خطيئة ارتكبت في الماضي أو الحاضر، ولحصولهما على الثواب في الآخرة. أما المسلمون فيعتقدون أن إعاقة أبنائهم ابتلاء من اللـه لتمحيص إيمانهم، وعليهم بالصبر والاحتساب، وطلب الثواب من اللـه في الدنيا و الآخرة، كما يشير أيضاً إلى أن الإرشاد سوف يكون أكثر تأثيراً في تخفيف أزمة الإعاقة، إذا اعتمد المرشد على التفسير الطبي على التفسير الديني الذي يرجع الإعاقة إلى مسبب الأسباب وهو اللـه سبحانه وتعالى، الذي يصور ما في الأرحام ويجعل من يشاء سوياً أو غير طبيعي.

وفيما يلي نستعرض عددا من الطرق الإرشادية في الإسلام

1- **الطرق الإقتدائية:** قال تعالى: (لَقَدْ كَانَ لَكُمْ فِي رَسُولِ اللـهِ أُسْوَةٌ حَسَنَةٌ لِمَنْ كَانَ يَرْجُو اللـهَ وَالْيَوْمَ الْآخِرَ وَذَكَرَ اللـهَ كَثِيرًا)(الأحزاب: 21).

2- الطرق الوعظية: تعتمد أسلوب النصح والموعظة والترغيب والترهيب. وللموعظة أثرها البالغ في النفوس، لذا فلم يكن المربي الأول صاحب الرسالة صلى الـلـه عليه وسلم يغيب عنه هذا الأمر أو يهمله فقد كان كما وصفه أحد أصحابه وهو ابن مسعود س : «كان رسول الـلـه صلى الـلـه عليه وسلم يتخولنا بالموعظة في الأيام كراهة السآمة علينا» (رواه البخاري).

3- الطرق العقلية و الانفعالية: تدور حول مخاطبة العقل و مشاعر الإنسان قال تعالى: (يَا أَيُّهَا الَّذِينَ آَمَنُوا اجْتَنِبُوا كَثِيرًا مِنَ الظَّنِّ إِنَّ بَعْضَ الظَّنِّ إِثْمٌ وَلَا تَجَسَّسُوا وَلَا يَغْتَبْ بَعْضُكُمْ بَعْضًا أَيُحِبُّ أَحَدُكُمْ أَنْ يَأْكُلَ لَحْمَ أَخِيهِ مَيْتًا فَكَرِهْتُمُوهُ وَاتَّقُوا الـلـهَ إِنَّ الـلـهَ تَوَّابٌ رَحِيمٌ)(الحجرات: 12) ويقوم على فكرة مناقشة الفرد ، لإقناعه بأن ما حدث معه أو مع ابنه هو امر طبيعي، ويجب أن يتقبله، ويعمل على علاجه قدر المستطاع.

4- الطرق القصصية: يشتمل القران الكريم على عدد كبير من قصص الأنبياء والحوار الذي يدور بينهم و بين قومهم. إن القصة أمر محبب للناس، وتترك أثرها في النفوس، ومن هنا جاءت القصة كثيراً في القرآن، وأخبر تبارك وتعالى عن شأن كتابه فقال: (نَحْنُ نَقُصُّ عَلَيْكَ أَحْسَنَ الْقَصَصِ بِمَا أَوْحَيْنَا إِلَيْكَ هَذَا الْقُرْآَنَ) يوسف: 3)، (لَقَدْ كَانَ فِي قَصَصِهِمْ عِبْرَةٌ لِأُولِي الْأَلْبَابِ مَا كَانَ حَدِيثًا يُفْتَرَى) (يوسف: 111) وأمر نبيه صلى الـلـه عليه وسلم بذلك فقال: (فَاقْصُصِ الْقَصَصَ لَعَلَّهُمْ يَتَفَكَّرُونَ)(الأعراف: 176) ولهذا فقد سلك النبي صلى الـلـه عليه وسلم هذا المنهج واستخدم هذا الأسلوب.

5- استخدام الحوار والنقاش: ويكون من خلال محاورة ولي الأمر لإقناعه بضرورة التعامل الإيجابي مع مشكلات ابنه السلوكية والاجتماعية.

6- التشجيع والثناء: التشجيع والثناء وحث للآخرين، عندما يبدأ الآباء أو المعلمين بالتعامل مع أبنائهم أو طلبتهم وعندما يساعدوهم في حل مشكلاتهم المختلفة.

سادساً: الأسلوب الانتقائي:

هذا الأسلوب يمثل ما يخص الإرشاد بأن الطريقة التي تعالج معها هذه الحالات، ليس الإرشاد التقليدي أو النظريات الأخرى، وإنما هو اختيار أنسب الطرق من بين كافة النظم والنظريات والأساليب، لذلك تعتقد هذه النظرية، إن الإرشاد التوفيقي أو الانتقائي، لا تتبنى أسلوب واحد أو تفضل نظرية على غيرها، لأنها كما تقول هذه النظرية، إن اعتماد المرشد على أسلوب أو نظرية ما تجعله محصوراً ومقيداً في نطاق ضيق، وعليه أن يستخدم المرشد ما يلبي حاجات العميل.

وبناءاً عليه يتميز المرشد الذي يتبنى هذا الأسلوب:

- أن يكون المرشد متبني وجهة نظر علمية عن الإنسان

- أن يكون المرشد ذو مهارة تشخيصية عالية

- أن يتميز المرشد بالانفتاح الذي يتيح له المرونة في الأسلوب الذي يقدمه، وذلك لأن في تعامله مع حالات المسترشد سوف يأخذ من كل النظريات ما يتلاءم وطبيعة الحالة، فتوفر المرونة تعني العلم المسبق بهذه الأساليب، فيجب أن يكون لديه العلم والدراية والخبرة في النظريات .

الفصل السابع

دور الأسرة والمدرسة في رعاية الطلبة ذوي صعوبات التعلم

المواضيع التي يتضمنها الفصل:

- المقدمة

- إرشادات يقـدمها المرشـد للمعلم للتعامـل مـع الطالـب ذوي صـعوبات التعلم

- إرشادات للمعلم للتعامل مع الطالب الذي يعاني من الدسلكسيا

- إرشـادات للمعلـم للتعامـل مـع الطالـب الـذي يعـاني مـن مشـكلات في التهجئة

- إرشادات للمعلم تتعلق بالكتابة وتدوين الملاحظات

- إرشادات للمعلم يمكن للمرشد تقديمها تتعلق بتحسين سلوك الطلبة

- إرشادات يمكن للمرشد تقديمها تتعلق بالبيئـة الماديـة المحيطـة بالطالب ذوي صعوبات التعلم

- أساليب يمكن للمرشد تقديمها لـلأسرة للتعامـل مـع ابنهـا ذوي صـعوبات التعلم

- التدريس العلاجي توصيات عامة للمعلم وولي الأمر.

الفصل السابع

دور الأسرة والمدرسة
في رعاية الطلبة ذوي صعوبات التعلم

المقدمة:

يتناول هذا الفصل أهم الإرشادات العامة التي يمكن للمرشد تقديمها إلى كل من المدرسة والأسرة في التعامل مع مشكلات محددة يعاني منها الطالب ذوي صعوبات التعلم، وخاصة مع مشكلات من مثل الدسلكسيا والتهجئة والكتابة وتدوين الملاحظات، كما يتناول إرشادات يمكن تقديمها تتعلق بتحسين سلوك الطالب، وأخرى تتعلق بالبيئة المادية المحيطة بالطالب، كما يتحدث عن أساليب يمكن للمرشد تقديمها للأسرة للتعامل مع ابنها ذوي صعوبات التعلم.

إرشادات يقدمها المرشد للمعلم للتعامل مع الطالب ذوي صعوبات التعلم:

في حالة اكتشاف طالب يعاني من هذه الصعوبات في صفك حاول:

- شرح هذه الصعوبات لأسرة الطالب، لأن تعاون الأسرة وتجاوبها وتفهمها من النقاط الأساسية في نجاح البرامج العلاجية لهذا الطالب.

- تعرف على مختلف مظاهر المقدرة، والعجز عند الطالب، وفي هذا المجال، فإن الأخطاء التي يقع بها الطالب، لها أهمية خاصة، حيث أن تحليل هذه الأخطاء يفيدنا

كثيراً في تبين جوانب الضعف، وفي تعرف نمط الأخطاء التي يقع بها الطالب، وبالتالي تفيدنا في رسم البرنامج العلاجي .

- تجنب أي احتمال يؤدي إلى فشل الطالب، وفي هذا المجال يمكننا العودة إلى المستوى الذي سبق إحساس الطالب بوجود صعوبة لديه، أي حين كان التعلم ما يزال سهلاً بالنسبة له، ومن ثم نبدأ ببطء، مواصلين التشجيع، والإطراء على الأشياء التي يفهمها جيداً، والهدف هو إزالة التوتر عنه .

- أن يكون لديك - كمعلم - الإلمام الكافي بالمهارات الأساسية القبلية اللازمة لكل مهارة؛ فالانتباه، ومعرفة الاتجاهات، ومعرفة المتشابه والمختلف من الأصوات والأشكال، وما شابه ذلك، كلها مهارات قبلية لازمة، ينبغي أن يتقنها الطالب، قبل أن نبدأ بتعليمه مهارات أخرى أكثر تعقيداً .

- استخدام طريقة التعليم الفردي ـ قدر الإمكان ـ مع الطالب .

- تزويد الطلاب ببرنامج يومي أو أسبوعي شامل يوضح المهام والواجبات، التي على الطالب إنجازها خلال ذلك الأسبوع ؛ لأن كثيراً من هؤلاء الطلبة يجدون صعوبة في تنظيم أوقاتهم .

- التعاون مع معلم التربية الرياضية في المدرسة؛ بحيث يتم التركيز مع هذا الطالب على ألعاب التوازن، والألعاب التي لها قواعد ثابتة، والألعاب التي تقوي العضلات، والحركات الكبيرة كالكرة، والألعاب التي تعتمد على الاتجاهات .

- استغلال حصة النشاط في داخل الصف بإعطائه مسئوليات محدودة، مثل عمل مشروع معين، أو إعطائه مهمة معينة؛ تساعد على تنمية الاتجاهات، تتضمن المطابقة، ومعرفة أوجه التشابه والاختلاف، ما شابه ذلك .

- تشجيعه ومدحه على الأشياء التي يعملها بصورة صحيحة، ركز دائماً على النقاط الإيجابية في إنجازه، وأشعره بتقديرك له الجهد الذي بذله .

- مساعدته بأن تضع إشارة مميزة على الجهة اليمنى من الصفحة لإرشاده من أين يبدأ سواء في القراءة أو الكتابة: تذكر أن هذا الطالب يعاني من صعوبة في تميز الاتجاهات .

- اعتماد مبدأ المراجعة دائماً للدروس السابقة، فهذا سيساعده على زيادة قدرته على التذكر وسيساعد كل طلاب الصف أيضاً .

- تشجيعه على العمل ببطء، وإعطاؤه وقتاً إضافياً في الاختبارات.

- تشجيعه على استعمال وسائل ومواد محسوسة، في العمليات الحسابية، كذلك المسجل في حالة إلقاء الدرس .

- تشجيعه على النظر للكلمات بالتفصيل، لمساعدته على تمييز أشكال الأحرف، التي تتكون منها هذه الكلمات .

- إعطاؤه قوانين محددة، وثابتة تتعلق بطريقة الكتابة، وهذا يساعده على الإملاء .

- قراءة ما يكتب على اللوح بصوت عالي .

- تقليل المشتتات الصفية قدر الإمكان .

إرشادات للمعلم للتعامل مع الطالب الذي يعاني من الدسلكسيا:

لمساعدة الطلبة الذين يعانون من الدسلكسيا يمكن للمرشد تقديم التوصيات التالية:

استراتيجيات تتعلق بالكلام والاستماع:

- تكلم بصورة واضحة ولا تستخدم كلمات غريبة لا يفهمها الطلبة.

- تأكد من أن جميع الطلبة يسمعونك وتأكد من عدم تأثير أي عوامل تشتت خارجية على استماع الطلبة .

- إذا كانت لديك أسئلة، اسألها سؤالا سؤالا ولا تسأل أسئلة كثيرة مرة واحدة.
- حاول قدر الإمكان أن تستعمل القواعد النحوية أثناء كلامك بما يناسب مستويات واحتياجات الطلبة الذي تتحدث إليهم.
- حاول أن تشجع استخدام طريقة التفكير النقدية والكلمات التي تحفز الطلبة على ذلك مثل: " ماذا لو..؟ نعم ولكن..؟ وبعدها، أما.. أو..؟
- استخدم التضاد والفرق بين الأشياء وركز على وظائف الأشياء وأسبابها ونتائجها.
- يجب عليك دائما أن تظهر استحسانك لكل محاولة يقوم بها الطالب للاستجابة لك واستخدام هذه المحاولة كأساس للسؤال التالي.
- شجع على التفكير الاستكشافي بصوت مرتفع لتدريب استخدام أسلوب المنطق والتفكير عند الطلبة.
- لا تجبر الطلبة المعسرين قرائيا على القراءة بصوت مرتفع على ملء ومسمع بقية الفصل إلا إذا طلبوا أو تطوعوا لعمل ذلك أو إذا أعطيت لهم وقتا كافيا للتدريب على ذلك.
- تأكد من أن المطويات والأوراق التي تقوم بتوزيعها واضحة وسهلة القراءة والمسافات بين السطور واضحة.
- استخدم خطوطا أكبر حجما قليلا وأنواع معينة من الخطوط المريحة للمعسرين قرائيا.
- لا تملأ الصفحة عن آخرها بالكتابة.
- حاول إبراز الكلمات الرئيسية في المطويات أو الأوراق التي توزعها على الطلبة من خلال جعلها بلون مختلف أو بلون ثقيل أو بحجم خط أكبر من بقية الكلمات.
- حاول استخدام شفرة معينة للكلمات وأنواعها (مثلا: يمكنك أن تستخدم اللون الأحمر للمضارع، واللون الأخضر للجمع واللون الأزرق للكلمات المؤنثة وهكذا..).

- استخدم أوراق مختلفة الألوان لبعض الطلبة الذين قد يساعدهم تغيير لون الصفحات على القراءة.

- حاول أن تصف شفهيا ما هو مكتوب على الأوراق التي توزعها أو الذي تقوم بكتابته على السبورة.

- حاول أن تستخدم الكتب المسجلة بالصوت للمساعدة على تحسين القدرة على القراءة.

- اسمح باستخدام المواد التعليمية الإلكترونية المساعدة للقراءة كما تراه ملائما.

- عند تقسيم الطلبة إلى مجموعات بداخل فصلك، تأكد من أن هناك طالب يجيد القراءة وآخر لا يجيد القراءة في كل مجموعة على الأقل لتنقل الخبرة والاستفادة لمن لا يجيد القراءة بصورة غير مباشرة.

- إذا كان الطفل أثناء القراءة لا يعرف أو غير متأكد من قراءة كلمة ما، أخبره بالقراءة الصحيحة مباشرة ولا تتركه يعاني كثيرا لأنه لا يعرف قراءة كلمة ما.

- شجع ودرب الطلبة في فصلك على المهارات المتعلقة بالقراءة، مثل مهارات تقصي الحروف، إذا يمكنك تحضير قطعة قراءة وإعطاء مهمة لطلابك بأن يضعوا خطأ أو دائرة حول كلمة: "الذي" على سبيل المثال التي تظهر في هذه القطعة، وبعد الانتهاء في غضون ثلاث دقائق مثلا يمكنك معرفة كم كلمة "الذي" وضع الطالب دائرة حولها. ويمكنك تكرار اللعبة أو التمرين لمرات كثيرة حتى تزداد قدرة الطالب على التقصي البصري الذي يساعد ويثبت من عملية القراءة.

إرشادات للمعلم للتعامل مع الطالب الذي يعاني من مشكلات في التهجئة:

يمكن للمرشد تقديم توصيات مختلفة للمعلم ولولي الأمر لمساعدته في التعامل مع مشكلات التهجئة:

- من المحبط للغاية للمعسر قرائيا أن يرى جميع أخطائه الإملائية قد تم إبرازها في الورقة، وربما يكون من الأفضل أن تضع خطا أو نقطة بلون مختلف تحت الكلمة المكتوبة خطأ بدلا من تصحيح كل كلمة بالورقة.

- حاول أن تشجع الطالب وتجازيه على المهارات الإملائية التي يقوم بها بطريقة صحيحة وضع له هدف يحققه في كل شهر مثلا أو عند كل تدريب أو واجب على التهجئة بحيث يركز على تعلم مهارة تهجئة جديدة في زمن معين ثم تقوم بقياسها بعد ذلك.

إرشادات للمعلم تتعلق بالكتابة وتدوين الملاحظات:

يمكن للمرشد تقديم توصيات مختلفة للمعلم ولولي الأمر لمساعدته في التعامل مع تدوين الملاحظات، ولعل من أهمه:

- اسمح باستخدام القواميس الإلكترونية أو الآلات الحاسبة بداخل الفصل الدراسي إن أمكن.

- اسمح باستخدام أجهزة الكمبيوتر المحمولة بداخل الفصل الدراسي إن أمكن.

- شجع على تجربة أنواع مختلفة من أشكال وأحجام الكتابة إذا كانت توجد مشكلة مع الكتابة باليد عند الطالب.

- الطالب ذوي صعوبات التعلم يحتاج إلى تعليمات مباشرة وواضحة وبسيطة بخصوص كيفية كتابة الجمل والفقرات.

- حاول أن تشجع الطالب على البدء في عمل قاموسه الخاص به، ويمكن أن يبدأ الطالب بقص بعض الحروف الأبجدية (حرفا حرفا) ثم كتابة الكلمات الجديدة التي يعرفها أو يريد تذكرها بجانب كل حرف.

- استراتيجيات تتعلق بمهارات التعلم.
- اشرح للطالب كيفية التأكد من المعلومات التي تعلمها عن طريق التعبير عنها بأسلوبه الخاص.
- اكتب الروتين اليومي وضعه في المكان الذي يسهل من خلاله رؤيته.
- حاول تشجيع استعمال المفكرات والجداول اليومية لتذكير الطلبة بما عليهم فعله في جميع الأوقات.
- شجع الطلبة على التفكير فيما جعلهم ينجحون في أداء مهمة ما ومناقشة ذلك الأمر وناقش معهم كيف يمكن لهم أن يستخدموا نفس الأسلوب في مواقف أخرى أو في بقية المواد الدراسية الأخرى.

إرشادات للمعلم يمكن للمرشد تقديمها تتعلق بتحسين سلوك الطلبة:

يمكن للمرشد تقديم العديد من التوصيات للمعلم ولولي الأمر لمساعدتهم في تحسين سلوك الطالب ذوي صعوبات التعلم ومن أهمها:

- حاول تشجيع الطالب على اتخاذ بعض المخاطر بداخل الفصل الدراسي، إذ دائما ما يفقد الطلبة الذين يعانون من صعوبات تعلم خاصة من ثقتهم في تجريب أشياء جديدة بداخل الفصل الدراسي أو تجنب وضعهم في محط أنظار بقية أقرانهم في الفصل الدراسي.
- علّم الطلبة ودربهم على استخدام أساليب التحدث عن النفس وإقناع النفس الإيجابية: يمكنني أن أقوم بذلك..
- شجع وكافئ قدر الإمكان على النجاحات البسيطة والجزئية التي يقوم بها بعض

الطلبة للمساعدة على المزيد من بذل الجهد لتحقيق النجاحات الكبيرة والكلية. مثل هذا الجزء ممتاز...

- حاول تدريب الطلبة وتعليمهم مهارات التحكم في التنفس للتخلص من القلق والضغط العصبي.

- حاول أن تكافئ السلوك العفوي الجيد ومدحه.

- حاول التأكد من أن الأطفال ذوي صعوبات التعلم خاصة يفهمون بالضبط ما يتوقع منهم.

- الطلبة ذوو صعوبات التعلم الخاصة يتجاوبون مع الأشياء الروتينية اليومية ولا سيما إذا كان لهم دور في التخطيط والإعداد لهذه الأعمال الروتينية.

- حاول مساعدة الطلبة على تعريف المشكلة وكيف حدثت وكيفية التخطيط لحلها وبعدها الالتزام بهذا الحل.

- الاعتماد على أسلوب النموذج والتقليد يعتبر ناجحا في التعلم من خلال المواقف والتعلم من الخبرات الحياتية.

إرشادات يمكن للمرشد تقديمها تتعلق بالبيئة المادية المحيطة بالطالب ذوي صعوبات التعلم:

يمكن للمرشد تقديم العديد من الإرشادات للمعلم ولولي الأمر تتعلق بالبيئة المحيطة ومن أهمها:

- حاول أن تجعل الطفل ذا صعوبات التعلم الخاصة يجلس في أول الفصل الدراسي بحيث يتسنى لك ملاحظته والتأكد مما إذا كان يفهم التعليمات أم لا، وللتقليل من عوامل التشتت.

- اعمل على التقليل من عوامل الضوضاء والتقليل من عوامل التشتت البصري بداخل وخارج الفصل الدراسي.
- حاول توفير إضاءة جيدة ولا تسمح بالإضاءة التي تومض وتنطفئ.
- حاول أن تسمح لبعض الطلبة المعسرين قرائيا باستخدام أقلامهم أو أية أشياء أخرى موجودة على مكتبهم الدراسي بحيث يمسكونه ويلعبون به أو يلمسونه أثناء الحصة الدراسية، فحرمان مثل هؤلاء الطلبة أو نهرهم عن فعل هذا قد يدفعهم للبحث عن أشياء أخرى يؤدون بها نفس الغرض أو قد يؤدي إلى تشتتهم أكثر.
- اسمح للطلبة الذين يحتاجون للتحرك من مكان لآخر بفعل ذلك، اسمح لهم مثلا بتوزيع الكتب على بقية الفصل الدراسي وبتنظيف السبورة الدراسية مثلا.

أساليب يمكن للمرشد تقديمها للأسرة للتعامل مع ابنها ذوي صعوبات التعلم:

يمكن للمرشد تقديم توصيات عامة لأسرة الطالب ذوي صعوبات التعلم ومن أهمها:

- لا بد من تشجيع الوالدين على فهم مشكلة ابنهما ومدى تأثيرها في تطوير شخصيته ونموه العام، واعتبارا للدور الفعال الذي يلعبه المحيط العائلي في إثراء لغة الطفل وتطوير كلامه يهتم المرشد في:
- إشباع رغبة الوالدين في الحصول على الإيضاحات الكافية حول انعكاسات الطالب الذي يعاني من مشاكل في صعوبات التعلم والمطمئنة على مستقبل ابنها إذا تعهدته بالتربية الصحيحة.
- مد الوالدين بالإيضاحات الكافية حول كيفية استغلال الحواس لاستغلالها على أحسن وجه.

- توجيه الوالدين توجيها صحيحا لضمان علاقة مثلى مع ابنهما وتحذيرهما من الانعكاسات السلبية للتصرفات المتطرفة كالإهمال أو الإفراط في الرعاية.

- دعوة الوالدين إلى تجاوز المشكلة وتجنيد طاقاتها لاستغلال شتى الوضعيات والمناسبات لتوفير فرص التخاطب التلقائي مع ابنهما وإثراء رصيده اللغوي كلما سنحت الفرصة.

- دعوة الوالدين إلى توفير مناخ عائلي ملائم يشجع الطفل على التعبير عن مشاعره وأحاسيسه بكل ثقة وانشراح وبرغبة بصفة تلقائية ومستمرة في التواصل والمتخاطب بواسطة الكلام.

- الإنصات إلى الوالدين في بداية كل حصة لتقييم التطورات الحاصلة وإيجاد الحلول لاستفساراتهم حول المشاكل والصعوبات التربوية التي تعرضها.

- تقديم الإيضاحات المبسطة حول الأهداف التي يرجى تحقيقها من خلال عملية التربية المبكرة وتعريف الوالدين بقدرات ابنهما ونقائصه.

التدريس العلاجي توصيات عامة للمعلم ولولي الأمر:

- حافظ على اتصال الأعين بينك وبين هؤلاء الطلبة خلال عمليات التدريس اللفظي

- اجعل التعليمات واضحة ومركزة ومنطقية ومتسقة مع المتطلبات اليومية

- تأكد من فهم الطلبة للتعليمات أو التوجيهات قبل بدئهم العمل اليومي على المهام.

- بسّط التعليمات الصعبة أو المعقدة مع تجنب الأوامر المتعددة

- كرر التعليمات بصورة هادئة وواضحة وإيجابية عند الحاجة إلى ذلك.

- اشعر الطلبة بالراحة، والترحيب بتقديم المساعدة لهم، حيث أن معظم الطلبة ذوي صعوبات الانتباه يقاومون حاجاتهم للمساعدة.

- خفّض تدريجيا من حجم المساعدات التي تقدمها لهؤلاء الطلبة، مع الأخذ في الاعتبار أنهم يحتاجون إلى مساعدات تفوق في المتوسط ما يحتاجه أقرانهم العاديين.

- احرص على وجود دفتر أو مذكرة يومية للواجبات

- تعديل السلوك وتعظيم تقدير الذات

- كن هادئا دائما وأوجد ظروف مواتية للتفاعل، وتجنب التشكيك في قدرات وإمكانيات الطالب.

- أوجد نوع من القواعد المحددة للسلوك السوي والآثار التعزيزية المترتبة علي

- طبق مترتبات السلوك بصورة فورية، واستثر قواعد السلوك المرغوب

- عزز انضباط واتساق قواعد السلوك الايجابية المرغوبة داخل الفصل.

- ليكن العقاب مرتبطا تماما بالسلوك المعاقب، دون تهوين أو تهويل.

- تجنب التأنيب أو التوبيخ، وتذكر أنهم يجدون صعوبة في الضبط الذاتي للسلوك أو التحكم فيه.

- تجنب إجبار الطلبة على أخذ أدويتهم، أو أخذها أمام أقرانهم، أو التحدث عنها أمام الآخرين.

- قدم التعزيزات وعبارات التشجيع

- كافئ أكثر مما تعاقب، كي تبني مفهوم وتقدير ذات إيجابي.

- امنح جائزة أو تعزيزات فورية لكل سلوك أو أداء جيد أو مرغوب

- عدّل نوع التعزيز أو المكافآت إذا رأيت أنها غير مؤثرة في تفعيل أو استثارة الدافعية لدى الطلبة لتغيير أو تعديل السلوك غير المرغوب

- أوجد أساليب متعددة ومتنوعة كي تشجع الطلبة، وتعزز تقدمهم وسلوكياتهم المرغوبة.

- درّب الطالب على مكافأة نفسه، مع تشجيع التحدث الذاتي الإيجابي. مثل (كان أداؤك رائعا اليوم وأنت جالس في مقعدك، حيث يشجع هذا الطلبة على التفكير إيجابيا حول ذواتهم أو ذواتهن).

8

الفصل الثامـن

دور المرشد في التعامل مع المشكلات السلوكية

النشاط الزائد، تشتت الانتباه، والدافعية

المواضيع التي يتضمنها الفصل:

↳ المقدمة

↳ الأعراض بشكل عام

↳ أسباب الاضطراب عموما

↳ تشخيص تشتت الانتباه والنشاط الزائد والاندفاعية

↳ ملاحظات عامة للأهل

↳ تشتت الانتباه

↳ النشاط الزائد والاندفاعية

الفصل الثامـن

دور المرشد في التعامل مع المشكلات السلوكية : النشاط الزائد، وتشتت الانتباه، والاندفاعية

المقدمة:

لقد تم البدء باستعراض هذه المشكلة لدى طلبة صعوبات التعلم، بسبب انتشار هذا المشكلة، ومعاناة كل من المعلمين والمرشدين والآباء في التعامل مع هذه المشكلة، ولأن هذه المشكلة أيضا تؤثر في التحصيل الأكاديمي، وتؤثر أيضا في سلوكيات الطلبة، كما تظهر غالبا بشكل متكامل، حيث يبدو الطالب يعاني من تشتت الانتباه والنشاط الزائد والاندفاعية، مع مراعاة أن هذه المشكلة قد تظهر كل جانب منها بشكل منفصل.

حيث يصاب من ثلاثة إلى خمسة بالمائة من طلاب المدارس بهذه الحالة والذكور أكثر إصابة من الإناث، ويشكل وجود طفل مصاب بهذه الحالة مشكلة حقيقية أحيانا للأهل وحتى الطفل المصاب يدرك أحيانا مشكلته ولكنه لا يستطيع السيطرة على تصرفاته، ويجب على الوالدين معرفة ذلك ومنح الطفل المزيد من الحب والحنان والدعم .

قبل تشخيص هؤلاء الأطفال وإصدار حكم بأن لديهم فرط في النشاط وتشتت الانتباه، يجب التأكد مما يلي:

- التأكد أولاً من سلامة أجهزة النظر والسمع والكلام.

- إجراء اختبار مستوى الذكاء.

- إجراء بعض الفحوص المخبرية.

- ملاحظة سلوك الطفل في المدرسة والمنزل مهم أيضا.

من أعراض نقص الانتباه والنشاط الزائد: المغص، الاهتياج والإثارة، صعوبة السيطرة على الذات، عدم القدرة على الانتباه (وهذه هي السمة الغالبة والأساسية لهذه الاضطرابات)، الاندفاعية (وتتضمن عدم القدرة علي التحكم في النفس وسهولة الاستشارة)، النشاط المفرط أو الزائد عن الحد (حيث يشكو الآباء والمدرسون من حركة أبنائهم الدائمة).

الشكوى الدائمة من عدم مقدرة هؤلاء علي التكيف الاجتماعي (حيث يمكن وصفهم بعدم النضج، عدم التعاون، العدوانية، القيادية والتحكم في الآخرين، صعوبات في القراءة، وبعض المشاكل المتعلقة بالناحية التعليمية والأكاديمية وهى من أكثر الأعراض شيوعاً).

أحيانا يكون من الصعب جدا تشخيص هذه الحالة حيث أنها تتشابه مع مشكلات كثيرة أخرى، وتبدأ الأعراض عادة قبل أن يبلغ الطفل سن السابعة ويجب قبل وضع التشخيص استبعاد كل الأمراض والاضطرابات العاطفية الأخرى، ويجد هؤلاء الأطفال صعوبة في التركيز ويكونون عادة اندفاعيين ولديهم زيادة في الحركة، وبعض الأطفال تكون مشكلتهم على شكل نقص انتباه دون فرط الحركة، و يجب التذكر أن أي طفل طبيعي يتصرف بهذه الطريقة أحيانا، أما الأطفال المصابين بكثرة الحركة ونقص الانتباه فهم دائما على نفس الحال من فرط النشاط.

الأعراض بشكل عام:

عادة تكون القدرات الذهنية لهؤلاء الأطفال طبيعية أو أقرب للطبيعية. وتكون المشكلة الأساسية لديهم هو أن فرط النشاط و/ أو ضعف التركيز لا يساعدهم على

الاستفادة من المعلومات أو المثيرات من حولهم، فتكون استفادتهم من التعليم العادي أو بالطريقة العادية ضعيفة، حيث يحتاجون أولاً للتحكم في سلوكيات فرط الحركة وضعف التركيز؛ وذلك لأن من الأعراض المعروفة لهذا الاضطراب:

1- عدم إتمام نشاط والانتقال من نشاط إلى آخر دون إتمام الأول، حيث إن درجة الإحباط عند هذا الطفل منخفضة؛ ولذا فإنه مع فشله السريع في عمل شيء ما، فإنه يتركه ولا يحاول إكماله أو التفكير في إنهائه.

2- عدم القدرة على متابعة معلومة سماعية أو بصرية للنهاية، مثل: برنامج تلفزيوني أو لعبة معينة، فهو لا يستطيع أن يحدد هدفًا لحركته، ففي طريقه لعمل شيء ما يجذبه شيء آخر.

3- نسيان الأشياء الشخصية، بل تكرار النسيان.

4- عدم الترتيب والفوضى.

5- الحركة الزائدة المثيرة للانتباه، عدم الثبات بالمكان لفترة مناسبة، حيث يكون هذا الطفل دائم التململ مندفعًا.

6- فرط أو قلة النشاط.

7- عدم الالتزام بالأوامر اللفظية، فهو يفشل في إتباع الأوامر مع عدم تأثير العقاب والتهديد فيه. وهذه بعض الأمثلة فقط.

وطبعًا يشكّل الصف المدرسي بما يتطلبه من انضباط ونظام وواجبات مهما كانت بسيطة عبئًا على هؤلاء الأطفال، ليس لأنهم لا يفهمون المطلوب، بل لأنهم لا يستطيعون التركيز والثبات في مكان والانتباه لفترة مناسبة "لتدخل" هذه المعلومة أو تلك إلى أذهانهم، وبالتالي تحليلها والاستفادة منها بشكل مناسب، طبعًا مع مراعاة ما يناسب كل سن على حدة.

وتساعدك القائمة التالية لتعرف فيما إذا كان الطفل مصاب بهذه الحالة:

أولا: الأطفال ما بين سن الثلاث إلى خمس سنوات

- الطفل في حالة حركة مستمرة ولا يهدأ أبدا.
- يجد صعوبة بالغة في البقاء جالسا حتى انتهاء وقت تناول الطعام.
- يلعب لفترة قصيرة بلعبه و ينتقل بسرعة من عمل إلى آخر.
- يجد صعوبة في الاستجابة للطلبات البسيطة.
- يلعب بطريقة مزعجة أكثر من بقية الأطفال.
- لا يتوقف عن الكلام و يقاطع الآخرين.
- يجد صعوبة كبيرة في انتظار دوره في أمر ما.
- يأخذ الأشياء من بقية الأطفال دون الاكتراث لمشاعرهم.
- يسيء التصرف دائما.
- يجد صعوبة في الحفاظ على أصدقائه.
- يصفه المدرسون بأنه صعب التعامل.
- قد يعاني بعض هؤلاء الأطفال من بكاء مستمر.
- وهم عرضة للحوادث، والعديد منهم مندفعين.
- ويزعجون آبائهم والأشخاص الذين يعتنون بهم.
- ويقومون بإزعاج الأطفال الآخرين باستمرار.

الأطفال ما بين ستة إلى اثني عشر سنة:

- يتورط هؤلاء الأطفال عادة بأعمال خطرة دون أن يحسبوا النتائج.
- يكون الطفل في هذا العمر متململا كثير التلوي والحركة ولا يستطيع البقاء في مقعده.
- ويستغرقون في أحلام اليقظة.

- وغالبا ما يرتكبون أخطاء ناتجة عن لا مبالاة.
- ويمكن أن يخرج من مقعده أثناء الدرس ويتجول في الصف.
- من السهل شد انتباهه لأشياء أخرى غير التي يقوم بها.
- لا ينجز ما يطلب منه بشكل كامل.
- يجد صعوبة في إتباع التعليمات المعطاة له.
- يلعب بطريقة عدوانية فظة.
- يتكلم في أوقات غير ملائمة ويجيب على الأسئلة بسرعة دون تفكير.
- يجد صعوبة في الانتظار في الدور.
- مشوش دائما ويضيع أشياءه الشخصية.
- يتردى أدائه الدراسي.
- يكون الطفل غير ناضج اجتماعيا وأصدقاءه قلائل و سمعته سيئة
- يصفه مدرسه بأنه غير متكيف أو غارق بأحلام اليقظة.

سماته العاطفية:

- التهور، وسرعة الغضب والهيجان .
- الاستجابة بسرعة ودون تفكير .
- اللامبالاة بعواقب الأمور ونتائج تصرفاته .
- الميل إلى لوم الآخرين على تصرفاتهم الخاطئة.
- الإلحاح وعدم الصبر وعدم انتظار دوره.
- تذبذب المزاج وسرعة تقلبه.
- انخفاض مستوى نضجه العاطفي وعدم تناسبه مع عمره.
- صعوبة التكيف مع الظروف الجديدة.
- صعوبة إظهار مشاعره وما في داخله.

سمات العلاقة مع الآخرين:

- الافتقار إلى المهارات الاجتماعية، مثل السلام وتبادل التحية.

- فشله في تكوين الصداقات لعلاقاته غير السوية مع أقرانه وتكون صداقاته مع من يكبره سنا لأنهم يدركون طبيعة سلوكه.

- إقحام نفسه فيما لا يعنيه.

- عدم التعاطف مع الآخرين.

سمات الأداء الأكاديمي:

- وجود صعوبات تعليمية لديه في النطق والكتابة والقراءة والحفظ.

- الافتقار إلى مهارة حل المشكلات واعتماده على الآخرين باستمرار (اتكالي).

- عدم ترتيب الأفكار والعمل، وفقد الأدوات المدرسية في الغالب.

- عدم وجود اهتمام بالوقت، فإما أن يقوم بالعمل ببطء شديد وإما أن ينهي العمل بسرعة دون تحري الدقة.

- انخفاض الاستجابة وانخفاض التفاعل مع الحوافز أو التخويف.

- يكون أداؤه الأكاديمي أقل ممن هم في عمره بسنة أو سنتين.

- صعوبة إيصال المعلومات التي يعرفها لغيره.

الحركة المفرطة والاندفاع/التهور:

- الوصول في الوقت المناسب

- يجدون صعوبة في إطاعة الأوامر

- يجدون صعوبة في إتباع القواعد

- عصبيون ونافذو الصبر

- لا يستطيعون تأجيل حاجاتهم

- يتصرفون دون تفكير

- ويجدون صعوبة في انتظار دورهم.
- يقاطعون الآخرين خلال حديث ما.
- يتحدثون كثيرا بصوت عال وبسرعة.
- يتفوهون بأول ما يخطر على بالهم.
- يوسمون بالكسالى، وبغير المسؤولين.

أسباب الاضطراب عموما:

أ ـ العوامل البيولوجية:

إن للوراثة دورا كبيرا في حدوث مثل هذا الاضطراب حيث قد يتوارثه أفراد العائلة. وهناك سبب آخر وهو نقص بعض الموصلات الكيميائية العصبية بالمخ مما يتسبب في اضطراب النشاط الحركي الزائد. علماً بأن هذا النقص يتلاشى بالعلاج الدوائي.

كما أن نقص نضج المخ نفسه يؤدي إلى انخفاض في النشاط المخي خصوصا في الفص الأمامي من المخ. وقد يكون من المسببات البيولوجية حدوث تلف بالمخ نتيجة لتعرض الدم لمواد ضارة أثناء الحمل مثل التدخين أو تعاطي بعض الأدوية، وأحيانا نتيجة للولادة قبل الأوان أو لعُسر الولادة، مما ينتج عنه تلف لبعض خلايا المخ بسبب نقص الأوكسجين.

ب ـ العوامل الاجتماعية والنفسية:

- عدم استقرار الأسرة: حيث تتعرض بعض الأسر لاضطرابات اجتماعية ونفسية واقتصادية؛ تخلّ بالعلاقات بين أفرادها وتؤثر عليها ويكون الأطفال أكثر عرضة لنتائج هذا الاضطراب.

- سوء الظروف البيئية:مثل التلوث بالسموم والمعادن كالرصاص الذي يؤدي إلى زيادة الحركة عند الأطفال.

- انتقال الطفل إلى بيئة جديدة كبيئة المدرسة دون تمهيد وتهيئه نفسية مما قد يسبب اضطراب نقص الانتباه لذلك الطفل.

تشخيص تشتت الانتباه والنشاط الزائد والاندفاعية

ولتشخيص تشتت الانتباه والنشاط الزائد والاندفاعية اتبع ما يلي:

لا بد أن تكون أعراض عجز الانتباه المصحوب بالنشاط الزائد موجودة على الأقل في موقفين لإجراء التشخيص كالبيت والمدرسة ولا بد أن يكون بداية الأعراض قبل سن السابعة ويكون التشخيص أكثر ثباتا عندما يعود الاضطراب إلى مرحلة بداية المشي، أي أن السمة الفارقة المميزة لاضطراب الانتباه والنشاط الزائد أن يكون واضحا قبل سن السابعة من العمر أما السمات المستمرة فهي:

1- يحدث في موقفين أو أكثر.

2- أداء اجتماعي وأكاديمي عاجز.

3- عدم إصابة الفرد بمرض ذهاني.

4- عدم إصابته باضطراب نمو سائد.

5- عدم وجود اضطراب مزاجي أو قلق.

6- عدم وجود اضطراب الفصام أو اضطراب الشخصية.

7- عدم وجود حالة فسيولوجية.

أما السمات المتغيرة فهي:

1- يحدث أكثر لدى الأولاد

2- العدوانية مرافقة

3- تاريخ اسري لوجود اضطراب عدم انتباه ونشاط زائد

4- انخفاض في تشبع الفصوص الجبهية

5- رسم المخ الكهربائي ليس شاذا

6- قد يصاحبه اضطراب العناد والتمرد

7- قد يوجد اضطراب اكتئابي مصاحب

وهناك خمس خطوات إرشادية للعلاج بشكل عام:

1- فهم وتقبل حالة المشكلة والتركيز علي أنها حالة مرضية تحتاج لعلاج.

2- تحديد النتائج المرجو الوصول إليها.

3- استخدام الأدوية التي تعدل من السلوك، في حالة كانت المشكلة تستدعي ذلك.

4- إعادة تقييم العلاج غير الفعال.

5- عناية ومتابعة علي نحو مستمر.

ولكي يأتي العلاج بالنتائج المرجوة، لا بد وأن يقوم المرشد بمساعدة الآباء والمدرسين بالحصول على بعض المعلومات لتحديد الخطة العلاجية. ويحتاج هؤلاء الأطفال إضافة إلى التشخيص المناسب إلى التدريب المناسب. ويعتمد العلاج السلوكي بالأساس على تعزيز الطفل لشيء يحبه، وتدريبه على التركيز أولا لمدة 10 دقائق، ثم ننتقل إلى زيادتها إلى 15 دقيقة، وهكذا.

لكن يشترط لنجاح هذه الإستراتيجية في التعديل أمران:

• الأول: الصبر عليه واحتماله إلى أقصى درجة، فلا للعنف معه؛ لأن استخدام العنف معه ممكن أن يتحول إلى عناد، ثم إلى عدوان مضاعف؛ ولهذا يجب أن يكون المرشد على علاقة جيدة بالطفل، ويتصف بدرجة عالية من الصبر، والتحمل، والتفهم لحالته.

- الثاني: يجب أن يعلم الطفل بالتعزيز (الجائزة)، وأن يوضع أمامه لتذكيره كلما نسي، وأن يعطى التعزيز فور تمكنه من أداء العمل.

ملاحظات عامة للأهل:

- من صفات الطفل ذو الحركة الزائدة أن لدية قدرة ضعيفة على تحمل الإحباط والفشل ولدية تآزر حركي ضعيف ومدة انتباه قصيرة وقابلية مستمرة للتشتت.

- تبدأ الحركة الزائدة بالانخفاض عادة بين 14 – 15 سنة.

- وخلال فترة الرضاعة: تكثر لديهم إصابات المغص القولوني وعدم الاستقرار ومشكلات في النوم.

- وأثناء الحبو وبداية المشي: يكون الطفل أكثر نشاطا وميالا للثرثرة ويتعرض للحوادث بكثرة.

- وما قبل المدرسة: يغلب عليهم عدم الانتباه ويمارسون سلوكيات عدوانية.

- خلال المدرسة الابتدائية: تسوء علاقاتهم مع الزملاء

- في المراهقة: يتراجع مستوى النشاط لديهم ولكن يبقى لديهم عدم الاستقرار.

- يكون الطالب ذو الحركة الزائدة أكثر عرضة لترك المدرسة.

- التسلسل اللفظي لديهم يحدث بطريقة مندفعة تفتقر إلى الصبر حيث يحاولون إخراج جميع الكلمات دفعة واحدة.

- ليس لديهم قدرة على التأجيل أو التمهل ويقومون بالمهمات التي تطلب منهم بسرعة وبدون تفكير.

تشتت الانتباه:

هو ضعف قدرة الطفل على التركيز في شيء محدّد خاصة أثناء عملية التعلم. وقد يأتي هذا الاضطراب منفردا، و قد يُصحَب بالنشاط الحركي الزائد والاندفاعية غير الموجهة.

مظاهر نقص الانتباه:

- القلق والاضطراب و التوتر.
- الانطوائية والخجل.
- الانسحابية، والابتعاد عن مواجهة الآخرين.
- قصر فترة الانتباه أثناء المهام المدرسية أو أثناء القيام بأي نشاط يحتاج انتباه
- صعوبة متابعة التوجيهات والإرشادات الموجّهة إليه. وكأنه لا يستمع إلى المتحدث.
- الظهور بمظهر من يحلم أحلامَ اليقظة.
- كثرة النسيان وتكرار الأخطاء البسيطة.
- صعوبة التركيز لفترة طويلة.(شرود ذهني متكرر).

يعد الانتباه الصفي شرطاً أساسياً للتعلم والنجاح المدرسي، والطالب الذي يعاني من ضعف الانتباه الصفي يمكن أن تصدر عنه سلوكيات غير مناسبة في الصف تؤثر على تحصيله. إن الانتباه مهارة قابله للتعلم، ويمكن للمرشد في المدرسة أن يسهم في تحسين مستوى مهارة الانتباه لدى الطلبة والتخطيط لبرامج وقائية تقلل من احتمال حدوث حالات ضعف الانتباه ورسم برامج علاجيه لمساعدة الطلبة الذين تظهر لديهم هذه المشكلة.

ويشير مفهوم الانتباه الصفي إلى الوضع الذي يتجه فيه الانتباه إلى موضوع لا يتلاءم مع النشاطات الصفية. وضعف الانتباه الصفي هو الحالة التي يكون فيها

الطالب منشغلاً معظم الوقت بموضوعات خارجة عن نطاق الموضوع الدراسي مثل النظر إلى النافذة أو الرسم....الخ

العوامل الخارجية والداخلية المؤثرة في الانتباه:

يتأثر الانتباه بعوامل خارجية هي:

1- شدة المثير: كالصوت القوي والضوء الساطع.

2- جدة المثير: المثيرات الجديدة بالنسبة للفرد تلفت انتباهه.

3- تغير المثير: مثل اختلاف نغمة الصوت لدى المعلم عندما يتحدث عن موضوع معين.

كما يتأثر بعوامل داخل وهي:

1- الاهتمام : الموضوعات التي يهتم بها الطالب تجذب انتباهه أكثر من التي لا تهمه

2- الحرمان الجسمي والاجتماعي: الموضوعات التي تتصل بحاجات الانتباه.لدى الفرد تجذب انتباهه.

3- التعب: الطالب المرهق جسمياً أو عقلياً يكون عرضه لتشتت الانتباه .

4- مستوى الإثارة: وجود مستوى من القلق لدى الطالب يؤدي إلى حاله من الإثارة تزيد من دافعية الطالب للتعلم.

أسباب ضعف الانتباه الصفي ذات العلاقة بالطالب:

1- عوامل نفسيه: تتعلق بالنضج العصبي أو صعوبات في الإدراك.

2- عوامل نفسيه : مثل القلق وعدم الشعور بالأمن .

3- أحلام اليقظة : تقلل أحلام اليقظة من قدرة الطالب على تركيز الانتباه على المثيرات الخارجية.

4- التعزيز الايجابي أو السلبي: يتعلم الطالب ضعف الانتباه إذا كوفئ عندما يتشتت للحالة والمعلم له (تعزيز ايجابي) أو بالإعفاء عن مهمة لا يرتاح إليها (تعزيز سلبي)

5- تقليد نموذج: ضعيف الانتباه كالأب أو الأم.

الوقاية من ضعف الانتباه :

يمكن العمل على وقاية الطلبة من تشتت الانتباه عن طريق:

1- زيادة فرص النجاح والشعور بالكفاءة لدى الطالب ويتطلب ذلك أن يكلف الطالب القيام بأعمال ذات صعوبة متوسطه تقع ضمن إمكاناته.

2- تعليم الانتباه وتعزيزه: إعطاء الطالب مهمات يحبها مثل الألعاب أو القصص وتشجيعه على القيام بالمهمة وتعزيزه مادياً أو معنوياً عندما يقوم بذلك.

تشخيص تشتت الانتباه:

ويشخص تشتت الانتباه بالدلالات الآتية، كما أوردها الدليل الإحصائي التشخيصي الرابع للاضطرابات العقلية (DSM4) يستمر 6 أو أكثر من الأعراض التالية لمدة لا تقل عن 6 شهور:

1- يفشل الفرد غالبا في منح الانتباه للتفاصيل أو ارتكاب أخطاء أو إهمال في العمل المدرسي.

2- يجد الفرد صعوبة في مواصلة الانتباه في المهام أو أنشطة اللعب.

3- غالبا لا يبدو منصتا عندما يتحدث الآخرون إليه مباشرة.

4- غالبا لا يتابع التعليمات ويفشل في الاهتمام بالعمل المدرسي.

5- يجد صعوبة في تنظيم المهام والأنشطة.

6- يتجنب أو يبغض أو يقاوم الاشتراك في مهام تتطلب جهدا عقليا مستمرا.

7- يفقد الأشياء الضرورية للمهام أو الأنشطة (الألعاب- الواجبات المدرسية- الأقلام – الرصاص- الكتب- الأدوات)

8- غالبا يتشتت بسهولة من المثيرات الخارجية

9- غالبا ينسى الأنشطة اليومية

10- لا بد أن يحدث في موقفين أو أكثر.

قائمة ملاحظة سلوك الطفل لمعرفة مدى توافر مشكلة تشتت الانتباه لديه:

قائمة ملاحظة سلوك الطفل- إعداد : معتز المرسى المرسى

اسم الطفـــل : ....   نوع الطفل : (ذكر/أنثى) ....

تاريخ التقدير : ....   اسم المدرسة : ....

تاريخ الميلاد : ....   الصف الدراسي : ....

العمر الزمني : ....   اسم الملاحظ: الأستاذ/ ....

تعليمات التقدير :

فيما يلي قائمة من العبارات التي تصف سلوك الطفل (التلميذ) في الفصل أو خارجه، والمطلوب منك قراءة هذه العبارات بعناية وأن تحدد تكرار تواجدها في سلوك الطالب ـ لا تنس أية عبارة دون أن تستخدمها في تقدير سلوك الطالب .

درجة تكرار السلوك				العبارات " الصفات "
دائماً	غالباً	نادراً	لا يحدث	صعوبات الانتباه :
				يفشل في إنهاء الأعمال التي بدأها
				يصعب عليه تركيز انتباهه في أثناء شرح المعلم
				يجد صعوبة في إنهاء لعبة ما بدأها
				يصعب عليه تركيز انتباهه في أثناء حل التدريبات
				ينصرف عن الأعمال التي تتطلب الاستمرار في تركيز الانتباه
				يسهل جذب انتباهه إلى أي صوت خارجي
				يبدو أنه لا يستمع إلى الآخرين الذين يحادثونه
				يجد صعوبة في التركيز على مثير معين
				يطلب المعلم منه تركيز انتباهه في أثناء الشرح
				يسهل تشتته بمجرد وجود أي مثير جديد
				يبدو أنه شارد الذهن
				يكرر رسم النقط أو الخطوط دون فائدة من هذا التكرار
				يكرر كتابة الحروف أو الأرقام دون فائدة من هذا التكرار
				يصعب عليه الانتقال من جزء معين من العمل إلى جزء آخر فيه
				يستمر في ترديد لفظ أو جملة بعد انتقال المعلم إلى لفظ أو جملة أخرى...
				يستمر في الأنشطة لمدة طويلة بعد فقدان قيمتها أو أهدافها
				يصعب عليه تركيز انتباهه عند توجيه أسئلة إليه في الفصل

263

				يصعب عليه تعرف كلمة معينة في جملة ما
				يصعب عليه تعرف حرف معين في كلمة ما
				يصعب عليه تعرف رقم معين في وسط مجموعة من الأرقام
				يجد صعوبة في فهم التعليمات والإرشادات الموجهة إليه
			التكرار	
			الدرجة	

علاج تشتت الانتباه:

أولاً: إعطاء مهمات واضحة محددة جذابة وتقليل المشتتات:

تزيد طول فترة الانتباه لدى ضعيفي الانتباه عندما تعطيهم مهمات ذات طبيعة محددة مع تعليمات واضحة حول ما هو مطلوب.

ثانياً: تعزيز إطالة فترة الانتباه: لا تقدم المعززات للطالب إلا بعد زيادة فترة الانتباه.

ثالثاً: تدريبات لإطالة فترة الانتباه:

- زيادة الانتباه من خلال التدريب على مهارات الاتصال.
- الانتقال بين الشكل والخلفية.
- انتقاء المثيرات السمعية المناسبة.
- الملاحظة والتمييز.
- الضبط الذاتي للانتباه.

رابعا: التدخل التربوي

- حجرة الدرس أو الصف مجهزة بحيث تكون بعيدة عن الضوضاء.
- حجرة الدراسة أو الصف جيد الإضاءة والتهوية.
- حجرة الدراسة أو الصف تخلو من اللوحات
- يتم تدريس الطفل بطريقة فردية قدر الإمكان.
- لا تزيد مدة التركيز في البداية من 5-15 دقيقة.
- لا يكثر المعلم أو الأهل من النقد للطالب، لأن ذلك يجعل الطالب عنيد.

خامسا: العلاج باللعب

- وضع لائحة بالوسائل التي تحفز الذاكرة عند الطالب مثل البحث عن النواقص في رسمين متشابهين، أو البحث عن الكلمة الضائعة، أو اللعب بالدومينو الخ.
- مشاركة الطفل باللعب، واختيار الألعاب المناسبة للطفل والحركية والتي تساعد الطفل على التنفيس الحركي عن ذاته.
- اختيار الألعاب التي تساعده في تنميته مهاراته الحركية وتساعده في التعلم بنفس الوقت.

سادسا: العلاج الأسري

- من خلال المناقشات الأسرية مع الطفل وإشراكه بالمناقشة.
- من خلال تجنب الشجارات داخل الأسرة أمام الطفل.
- من خلال تحميله لمسؤوليات بسيطة داخل الأسرة تشعره بالانتماء.
- من خلال المشاركة الأسرية في البرنامج العلاجي.
- من خلال الصبر عليه وعدم إهماله أو القسوة عليه.
- من خلال المطالعة المستمرة للمساعدة في تحسينه وتعلم كل جديد حول مشكلته.

سابعا: العلاج بالهوايات

- ينبغي شغل وقت الطفل وتصريف طاقته وتحويلها من الهدم للبناء عبر ممارسة هوايات مختلفة.

- بالإضافة لممارسة إحدى الهوايات مثل الرسم.

ثامنا: العلاج من خلال الحواس

- يجب أن يتم التواصل البصري مع الطفل مباشرة، وهو ما يسمّى (eye to eye contact)

- يجب أن يكون مكتب الطالب فارغًا من المشتتات البصرية من أشياء ملونة أو براقة أو ألعاب مع تقليل الأدوات المكتبية المستخدمة قدر المستطاع.

- ويفضل أن يكون مكتبه موجهًا للحائط، ومع الحرص على تقليل المثيرات المحسوسة بالمكان وما يلفت النظر ككرسي دوار أو متأرجح أو غير ذلك.

- العلاج من خلال الحواس السمعية: يجب أن تتم المهمة بشكل جهري كالقراءة مثلاً مع تغيير نغمات الصوت وانفعالاته بشكل يجذب الانتباه ويمتع في الوقت نفسه. ويجب خلو المكان من أي مشتتات سمعية أو أشياء تصدر أصواتا ولو حتى غطاء القلم الذي يضغط فيحدث صوتًا، ويجب إعداد ملخص بعد الانتهاء من كل جزئية تم شرحها واسترجاع ملخصها مرة أخرى، ثم سؤاله عما استوعبه أو فهمه أو استمتع به مما قيل.

- العلاج من خلال الحواس اللمسية الحركية: يجب أن يتم التواصل باللمس عن طريق الربت أو التمليس على الشعر أو اليدين كل فترة من قبل والديه لتنبيه حاسة اللمس أيضًا.

تاسعا: العلاج من خلال تنظيم الوقت

يساعد في تقسيم واجبات الطفل خلال اليوم على أن لا تتعارض مع نصيبه من الوقت المخصص للعب. فهناك أوقات محددة لتناول وجبات الطعام، وكتابة الفروض المدرسية، ومشاهدة التلفزيون، وتحديد موعد محدد للنوم.

عاشرا: العلاج من خلال تحميله المسؤولية:

تسليم الطفل مهمات محددة ليقوم بها بشكل روتيني يومياً مثل رعاية إخوانه وتنظيف نفسه وغسيل يديه وترتيب ملابسه. ويمكن في الصف أن يكون مسؤولا عن الطبشورة أو مسح السبورة.

أحدى عشر: العلاج من خلال التعزيز

- يساعد على بناء ثقة الطفل بنفسه وعلى تكرار الأعمال التي تلاقي استحساناً من القيمين عليه كأولياء الأمر والأساتذة. وجزء من التعزيز مادي ولفظي واجتماعي

- يجب أن يستخدم التعزيز بالبداية بشكل مكثف ثم يتم استخدامه بشكل متقطع. العبوس للتعبير عن عدم الرضا للأفعال غير اللائقة التي يقوم بها الطفل خارج المنزل ومحاسبته عن أفعاله غير اللائقة عند العودة إلى المنزل بأسلوب الوقت المحدد.

اثني عشر: العلاج من خلال القدوة:

وهو من الأساليب الهامة في علاج السلوك. والمقصود به تقديم نموذج توضيحي للسلوك المرغوب بطريقة صحيحة. ويتم جذب انتباه الطفل لمتابعة الأداء، ثم يطلب منه أن يحتذي به.

ثالث عشر: العلاج من خلال تنظيم البيئة

- تأسيس بيئة تعلم ملائمة: اجلس الطلبة ذوي صعوبات الانتباه قرب منضدة المعلم مع ترتيب مقاعدهم لتكون ضمن نظام ترتيب مقاعد باقي الطلبة.

- شجع وجود الأقران أو المرشدين من الطلاب والتعلم التعاوني

- تجنب إجلاس هؤلاء الطلبة قرب المكيفات أو المدافئ أو الأبواب أو النوافذ أو أماكن الطرقات أو دورات المياه.. الخ.

- تجنب التغيير في الأماكن أو الجداول أو الأساليب والطرق

- شجع الآباء على تهيئة بيئة أو مكان ملائم للمذاكرة في البيت بعيدا عن أي مشتتات أو مثيرات غير مرغوبة، مع تحديد أو قات ثابتة وإجراءات روتينية يومية يسهل تعود الطالب عليها.

- شجع الآباء على مراجعة تنظيم الطالب لحقيبته، ومتطلبات جدوله اليومي من الكتب والكراسات والأدوات وغيرها.

النشاط الزائد والاندفاعية:

يُعرَّف النشاط الحركي الزائد بأنه حركات جسمية تفوق الحد الطبيعي المعقول. و يعرف بأنه سلوك اندفاعي مفرط وغير ملائم للموقف وليس له هدف مباشر، وينمو بشكل غير ملائم لعمر الطفل ويؤثر سلبا على سلوكه وتحصيله ويزداد عند الذكور أكثر منه عند الإناث.

وكثيرا ما يؤدي النضج والعلاج إلى التناقص في النشاط خلال سنوات المراهقة، إلا أن اضطراب النشاط الحركي الزائد وضعف القدرة على التركيز قد يستمر خلال سنوات الرشد عند بعض الأشخاص والذين يمكن تقديم المعالجة لهم أيضا.

الأعراض الظاهرة على الطفل ذي النشاط الحركي الزائد:

- الشرود الذهني وضعف التركيز على الأشياء التي تهمه وعدم الاستجابة للمثيرات الطارئة بسهولة.
- كثرة التململ والتذمر والنسيان.
- عدواني في حركاته، وسريع الانفعال ومتهور، ومندفع دون هدف محدد
- سرعة التحول من نشاط إلى نشاط آخر.وكأنه محرك يعمل دون توقف.
- عدم الالتزام بأداء المهمة التي بين يديه حتى إنهائها. وإذا سئل أجاب قبل انتهاء السؤال دون تفكير. ويتكلم بشكل مفرط.
- لا يستطيع أن يبقى ساكنا حيث يحرك يديه و قدميه، ويتلوى باستمرار ويضايق تلاميذ الصف، مع إشغاله بأمور سطحية أثناء الدرس.
- تأخر النمو اللغوي.
- الشعور بالإحباط لأتفه الأسباب مع تدني مستوى الثقة بالنفس.
- اضطراب العلاقة مع الآخرين حيث يقاطعهم، ويتدخل في شؤونهم ويزعجهم بشكل متكرر.
- عدم القدرة على التعبير عن الرأي الشخصي بوضوح.
- يثار بالضحك أو البكاء العنيف لأتفه الأسباب.

تشخيص النشاط الزائد والاندفاعية:

ويشخص النشاط الزائد والاندفاعية كما يلي:

اضطراب سلوكي معرفي يصيب حوالي 3-5% من الأطفال بعد عمر الستة سنوات. وتستمر هذه المشكلة في بعض الأحيان إلى ما بعد البلوغ لتتدخل في عملهم، وصداقاتهم

وحياتهم العائلية متسببة في بعض الاضطرابات النفسية. وتنتشر من سن 6-12 سنة وتشيع بين الذكور 1-6، ويشخص بالدلالات الآتية، كما أوردها الدليل الإحصائي التشخيصي الرابع للاضطرابات العقلية: (DSM-IV) حيث يظهر ستة من الأعراض التي ستذكر بعد قليل. وعادة تكون القدرات الذهنية لهؤلاء الأطفال طبيعية أو أقرب للطبيعية. وتكون المشكلة الأساسية لديهم هو أن فرط النشاط و/ أو ضعف التركيز لا يساعدهم على الاستفادة من المعلومات أو المثيرات من حولهم، فتكون استفادتهم من التعليم العادي أو بالطريقة العادية ضعيفة، حيث يحتاجون أولاً للتحكم في سلوكيات فرط الحركة وضعف التركيز؛ وذلك لأن من الأعراض المعروفة لهذا الاضطراب:

- عدم إتمام نشاط والانتقال من نشاط إلى آخر دون إتمام الأول، حيث إن درجة الإحباط عند هذا الطفل منخفضة؛ ولذا فإنه مع فشله السريع في عمل شيء ما، فإنه يتركه ولا يحاول إكماله أو التفكير في إنهائه.

- عدم القدرة على متابعة معلومة سماعية أو بصرية للنهاية، مثل: برنامج تلفزيوني أو لعبة معينة، فهو لا يستطيع أن يحدد هدفًا لحركته، ففي طريقه لعمل شيء ما يجذبه شيء آخر.

- نسيان الأشياء الشخصية، بل تكرار النسيان.

- عدم الترتيب والفوضى.

- الحركة الزائدة المثيرة للانتباه، عدم الثبات بالمكان لفترة مناسبة، حيث يكون هذا الطفل دائم التململ مندفعًا.

- فرط أو قلة النشاط.

- عدم الالتزام بالأوامر اللفظية، فهو يفشل في إتباع الأوامر مع عدم تأثير العقاب والتهديد فيه. وهذه بعض الأمثلة فقط.

- وطبعًا يشكّل الصف المدرسي بما يتطلبه من انضباط ونظام وواجبات مهما كانت بسيطة عبئًا على هؤلاء الأطفال، ليس لأنهم لا يفهمون المطلوب، بل لأنهم لا يستطيعون التركيز والثبات في مكان والانتباه لفترة مناسبة "لتدخل" هذه المعلومة أو تلك إلى أذهانهم، وبالتالي تحليلها والاستفادة منها بشكل مناسب، طبعًا مع مراعاة ما يناسب كل سن على حدة.

علاج النشاط الزائد:

أولا: العلاج الطبي (الدوائي)

ويتم ذلك في العيادة الطبية حيث يفحص الطفلُ من قبل طبيب الأطفال أولا للتأكد من سلامته السمعية وخلوه من الأمراض معدية أو غيرها ومن ثم يحال إلى الطبيب النفسي أو طبيب الأمراض العصبية وهو بدوره يحصل على أكبر قدر ممكن من المعلومات عن طريق الوالدين والمدرسين والمرشد ومن كل من له علاقة مباشرة في التعامل مع الطفل. وبعد التشخيص يمكن أن يصف له عقار (الريتالين) ولا يستخدم إلا تحت إشراف الطبيب المختص.

ثانيا: العلاج السلوكي

يفضل استخدام العلاج السلوكي مع هؤلاء الأطفال لتدريبهم في التحكم في الذات والاسترخاء وتدريبهم على ملاحظة أنفسهم وفيما يلي بعضا من هذه الأساليب:

- يمكن استخدام التدعيم الإيجابي اللفظي للسلوك المناسب، وكذلك المادي، وذلك بمنح الطفل مجموعة من النقاط عند التزامه بالتعليمات، تكون محصلتها النهائية الوصول إلى عدد من النقاط تؤهله للحصول على مكافأة، أو هدية، أو مشاركة في رحلة، أو غيرها، وهذه الأساليب لتعديل السلوك ناجحة ومجربة في كثير من السلوكيات السلبية، ومن ضمنها "النشاط الحركي الزائد"، ولكن يجب التعامل

معها بجدية ووضوح حتى لا تفقد معناها وقيمتها عند الطفل، مع الأخذ في الاعتبار طبيعة الطفل، وأنه لا يمكنه الاستقرار والهدوء لفترة طويلة.

- جدولة المهام، والأعمال، والواجبات المطلوبة، والاهتمام بالإنجاز على مراحل مجزأة مع التدعيم والمكافأة. وذلك بشرح المطلوب من الطفل له بشكل بسيط ومناسب لسنه واستيعابه، والاستعانة بوسائل شرح مساعدة لفظية وبصرية مثل الصور والرسومات التوضيحية والكتابة لمن يستطيعون القراءة. وعمل خطوات معينة يجب عملها تبعًا لجدول معين وفي وقت معين، ويتم تطبيق هذا البرنامج بواسطة المرشد وبالتعاون مع الأهل، والمعلم، والطبيب (إذا كان هناك حاجة مرضية مثل نقص مواد معينة بالجسم أو وجود ضرورة التحكم في فرط النشاط عن طريق أدوية معينة).

- استخدام أسلوب تكلفة الاستجابة وهو إحدى فنيات تعديل السلوك، ويعني (فقدان الطفل لجزء من المعززات التي لديه نتيجة سلوكه غير المقبول، وهو ما سيؤدي إلى تقليل أو إيقاف ذلك السلوك) ومثل ذلك إلغاء بعض الألعاب، بل وسحبها مقابل كل تجاوز يقوم به الطفل خارج حدود التعليمات.

- استخدام العقود: و يعني بذلك عقد اتفاق واضح مع الطفل على أساس قيامه بسلوكيات معينة، ويقابلها جوائز معينة، والهدف هنا تعزيز السلوك الإيجابي وتدريب الطفل عليه، ويمكننا إطالة مدة العقد مع الوقت، ويجب هنا أن تكون الجوائز المقدمة صغيرة ومباشرة، وتقدم على أساس عمل حقيقي متوافق مع الشرط والعقد المتفق عليه، ومثال ذلك العقد:

سيحصل الطفل كل يوم على "عشرة قروش إضافية مثلاً -حسب الظروف- إذا التزم بالتالي:

- الجلوس بشكل هادئ أثناء تناول العشاء.
- ترتيب غرفته الخاصة قبل خروجه منها.
- إكمال واجباته اليومية في الوقت المحدد لها.

ويوقع على هذا العقد الأب والابن، ويلتزم الطرفان بما فيه، ويمكن للأب أن يقدم للطفل أو المراهق بعض المفاجآت الأخرى في نهاية الأسبوع، كاصطحابه في نزهة أو رحلة، أو أي عمل آخر محبب للابن إذا التزم ببنود العقد بشكل كامل، وتكون هذه المفاجآت معززًا آخر يضاف لما اتفق عليه في العقد.

نظام النقطة: ويعني به أن يضع المرشد أو الأب جدولاً يوميا مقسما إلى خانات مربعة صغيرة أمام كل يوم، ويوضع في هذه المربعات إشارة أو نقطة عن كل عمل إيجابي يقوم به الابن سواء إكماله لعمله أو جلوسه بشكل هادئ أو مشاركته لأقرانه في اللعب بلا مشاكل، ثم تحتسب له النقاط في نهاية الأسبوع، فإذا وصلت إلى عدد معين متفق عليه مع الطفل فإنه يكافأ على ذلك مكافأة رمزية.

ويمكن استخدام العلاج السلوكي المعرفي من خلال التخيل أنه يقوم بالأشياء ببطئ، ومن خلال تعليمهم كيفية حل المشكلات وضبط الذات والتدريب على المهارات الاجتماعية.

ويمكن الانتباه إلى التغذية من خلال إبعادهم عن الحلويات والشوكلاته، والابتعاد عن الصبغيات والكيماويات والابتعاد عن أطعمة تسبب الحساسية مثل العنب والخوخ والفراولة والبرقوق والطماطم والأيس كريم.

أما إذا فشلت كل هذه الطرق في تحقيق النتيجة المأمولة، فيمكن إعطاء الأطفال بعض الأدوية (بعد موافقة الطبيب على ذلك) والأطعمة الخاصة المناسبة، من أجل حدوث الاسترخاء العضلي لدى هؤلاء الأطفال، وتدريبهم على التنفس العميق وممارسة بعض التدريبات العضلية التي لها تأثير إيجابي.

ويفضل عمل جميع الفحوصات المطلوبة للتأكد من أن هذه الأعراض ليست مظهرًا مصاحبا لمشكلة أخرى، "فقد بينت الدراسات أن اضطراب نقص الانتباه أو فرط النشاط تترافق مع عدد من الاضطرابات النفسية الأخرى، والاضطرابات العضوية واستعمال بعض الأدوية"، وهذه الفحوصات تشمل الفحوصات الطبية، واختبار الذكاء، واختبارات صعوبات التعلم؛ وذلك لتحديد إن كان هذا عرض لمشكلة أخرى أم أنه ما يعرف بمتلازمة فرط النشاط وضعف التركيز فقط.

ثالثا: العلاج السلوكي المعرفي

ويسعى هذا النوع من العلاج إلى التعامل مع خللٍ سلوكي محدّد مثل الاندفاعية، أو خلل معرفي مثل التشتت الذهني فيتم تدريب الطفل على تخطي هذه المشكلات. إن أهم المشكلات التي تواجه الطفل المصاب بهذا الاضطراب هو نقص القدرة على السيطرة على المثيرات الخارجية، ولذلك يحتاج هذا الطفل إلى برنامج متكامل وفق الآتي:

1- المرحلة الأولى: تتضمن تأمين وتهيئة بيئة اجتماعية تقل بها المثيرات الخارجية، وخاصة خلال الجلسة التعليمة أو أداء الواجبات المنزلية.

2- المرحلة الثانية: تطبيق أساليب وفنيات العلاج السلوكي مثل التدعيم الإيجابي والسلبي والعزل، حيث أن هذا الطفل يحتاج إلى معزّزات خارجية أكثر من غيره من الأطفال.

3- المرحلة الثالثة: تدريب الطفل على عملية الضبط والتنظيم الذاتي لسلوكه، حيث أن هناك مجموعة من الفنيات العلاجية لسلوك الطفل غير المرغوب فيه داخل الأسرة أو في المدرسة، ولكن بتضافر جهود الجميع يصبح العلاج فعّالا.

إن من فنيات العلاج السلوكي المعرفي المناسبة لهذا الطفل ما يلي:

1- أسلوب التدريب على حل المشكلة في الموقف الجماعي.

2- أسلوب لعب الأدوار لتدريب الطفل على بعض المهارات الاجتماعية.

3- أسلوب الضبط الذاتي للسلوك.

4- أسلوب المطابقة: ويتم تدريب الطفل على فكرة مطابقة ما يقوله مع ما يفعله.

رابعا: العلاج الأسري ويتضمن:

ويكون من خلال تدريب الآباء : Pa صلى الـلـه عليه وسلم ent T صلى الـلـه عليه وسلم aining حيث اتجه عدد من الباحثين والممارسين والأخصائيين إلى اختبار كفاءة برامج التدريب للآباء وفاعليتها على اعتبار أنهما - أي الوالدان - هما أكثر الأشخاص البالغين تواجدًا ومعايشة واهتمامًا بحياة الطفل، والسيطرة على سلوكهم لأكبر فترة ممكنة، قد لا تتوافر لأي فئات التدخل العلاجي الأخرى .

ومن التكنيكات المستخدمة في تدريب الآباء ما يلي :

أ - تعظيم أو تعزيز قيمة انتباه الوالدين :

ويتأتى ذلك من خلال إثارة الآباء إلى ضرورة زيادة الاهتمام بملاحظة الطفل ومتابعته وقضاء وقت يومي في الانغماس في أنشطة سارة ومُبهجة للطفل، وعدم محاولة إجهاده أو الضغط عليه، أو توبيخه، أو تهديده بالنتائج المترتبة على سلوكه.

ب- تعزيز سلوك المطاوعة أو الطاعة لدى الطفل :

بهدف تخفيض الأنشطة أو الأنماط السلوكية غير المرغوبة التي تصدر عن الطفل، ومن ثم تؤثر عملية تعزيز سلوكه مطاوعة الطفل للكبار وبناء جسور من الثقة بينه وبينهم في التخلص التدريجي من السلوكيات غير المرغوبة أو على الأقل تخفيضه .

ج- إيجاد نظام أسرى للكسب والخسارة :

انطلاقا من فكرة التعزيز المباشر لسلوك الطفل إيجابا أو سلبا يجب وضع نظام أو قواعد تقوم على المكسب أو الخسارة اعتمادا على السلوكيات المرغوبة وغير

المرغوبة التي تصدر عن الطفل، فيحصل الطفل على قيم نقدية رمزية مع زيادة رصيده من السلوكيات المرغوبة، ويخسر الطفل قيما نقدية رمزية مع نقص رصيده أو مع تكرار السلوكيات غير المرغوبة .. ويمكن عمل قائمة بهذه الأنماط مثل قوائم المكسب والخسارة .

د - تخصيص وقت حر تلقائي لا يتقيد فيه الطفل بالأوامر :

هذا الوقت يكون بلا أية تعزيزات أي خارج نطاق التعزيز، ويستهدف وضع الطفل في مواقف سلوكية يعبر فيها عن ذاته بشكل حر وتلقائي ودون التقيد بالآثار المرتبطة بأشكال التعزيز، مع ملاحظة الأنماط السلوكية التي تصدر عن الطفل خلال هذه المواقف، وإلى أي مدى استطاع الطفل أن يعمم السلوكيات المرغوبة في المواقف المختلفة خارج نطاق التعزيز .

هـ- شمول أو إتاحة مدى أكبر للسلوكيات :

يمكن إتاحة مدى أكبر لأنماط أخرى من السلوك. ومتابعة تقدم الطفل وتعميمه للسلوكيات المرغوبة خلالها. وهكذا حتى يستوعب الطفل مدى أكبر من السلوكيات في الاتجاه المرغوب (فتحي مصطفي الزيات، 1998) .

ويمكن أن يتضمن العلاج الأسري أيضا:

- المناقشات الأسرية مع الطفل وإشراكه بالمناقشة.
- تجنب الشجارات داخل الأسرة أمام الطفل .
- تحميل الطفل لمسؤوليات بسيطة داخل الأسرة تشعره بالانتماء.
- المشاركة الأسرية في البرنامج العلاجي .
- الصبر على الطفل وعدم إهماله أو القسوة عليه .
- القراءة المستمرة للمساعدة في تحسينه وتعلم كل جديد .

أما الدعم النفسي من الأسرة فيشمل ما يأتي:

- تجنب السخرية
- التعاون بين الأخوة في مساعدة الطفل
- تجنب الانتقاد بأشكاله
- تجنب الألقاب والأحكام
- العطف والعناق المستمر
- الابتسامة بوجه الطفل أثناء هدوئه
- الغناء والحديث مع الطفل ومعاملته كطبيعي

خامسا: العلاج الغذائي ويكون من خلال

تشير الدراسات والبحوث التي أجريت على استخدام التدخل العلاجي بالتغذية للأطفال ذوى اضطرابات الانتباه فرط النشاط إلى وجود علاقة إيجابية بين الحساسية للتغذية واضطراب فرط النشاط لدى الأطفال . وقد اعتمدت الدراسات على اختيار مفحوصيها من الأطفال الذين لديهم نوع من الحساسية للتغذية. ومن الدراسات الجديدة في هذا المجال دراسة "كابلان" وآخرون (Kaplan .et al 1989) التي أجريت على عدد من المفحوصين الذين يعانون من الحساسية لأنواع معينة من التغذية . . وقد أظهرت النتائج أن 42% من المفحوصين قد حققوا تحسنا بمعدل 50% من سلوكياتهم، وأن 16% حققوا تحسنًا بنسبة 12% فقط . ويمكن أن يشمل العلاج الغذائي أيضا:

- الابتعاد عن الحلويات والشوكولاته.

- الابتعاد عن الصبغيات والكيماويات.

- الابتعاد عن أطعمة تسبب الحساسية مثل العنب والخوخ والفراولة والبرقوق والطماطم والأيس كريم

توصيات للتعامل مع الطلبة ذوي النشاط الزائد:

- عدم الحكم على الطفل بأنه مصاب باضطراب نشاط حركي زائد إلا بعد ملاحظته ومراقبته (مدة لا تقل عن ستة أشهر) للتأكد من وجود التشتت والعدوانية والسلوك المندفع المصحوب بنشاط مفرط (غير عادي) يمارسه الطفل.وذلك من قبل الوالدين والمعلمين والمرشد.

- الأخذ في الاعتبار أنه قد يصاب بعض الأطفال بتشتت وضعف تركيز دون النشاط الحركي الزائد لأسباب متعددة.

- يجب على الآباء مراجعة الطبيب المختص. وعلى المرشدين تحويل الطفل إلى وحدة الخدمات الإرشادية في حال الشك بأنه يعاني من هذا الاضطراب بعد الملاحظة ألدقيقه للوقت الكافي.

- عدم استثارة الطفل المضطرب حتى لا تزيد عدوانيته، حيث أن العدوانية هي السلوك الغالب عليه.

- إبعاد الأشياء الثمينة والخطرة والقابلة للكسر عن الطفل وأن يكون المنزل خاليا منها قدر الإمكان.

- يحتاج هذا الطفل إلى علاقة حميمة للتأثير فيه، وتوجيه سلوكه. مع التعزيز اللفظي والمادي بالثناء والمديح وتقديم مكافأة مادية له عندما يقوم بنشاط مقبول وهادف، (وهذا يناسب الأطفال الأصغر سنا).

- يحتاج هذا الطفل إلى الضبط لتعديل المواقف دون اللجوء إلى العنف أو الاستهزاء، ويمكن إجراء التعاقد التبادلي،حيث يتم الاتفاق مع الشخص المضطرب ووالده أو معلمه على تقديم مكافآت في مقابل التقليل من النشاط الزائد.

- يمتاز هذا الطفل بالذكاء في الغالب. فينبغي تعزيز ذلك.

- عدم أخذ الطفل إلى رحلات طويلة بالسيارة، أو أخذه إلى الأسواق لساعات طويلة، وذلك مخافة التنبيه الزائد المستمر للطفل حيث أن ذلك يصعد نشاطه.

- إن هذا الاضطراب يؤثر على مستوى التحصيل الدراسي للطفل، ولكن بتضافر الجهود بين المدرسة والمنزل يمكن الأخذ بيد الطفل إلى بر الأمان.

- يحتاج الطفل المضطرب إلى تدريب تدريجي مستمر للجلوس على الكرسي دون حركة مفرطة أطول فترة ممكنة.

- من الأهمية ألا تزيد فترة الاستذكار عن عشرين دقيقة في بداية الأمر، ثم يمكن زيادتها تدريجياً بعد فترة، مع أهمية تهيئة الطفل لذلك مسبقا.

- من الأفضل تجنب التشويش والمقاطعة أثناء الاستذكار،مع أهمية الهدوء التام في المنزل لزيادة التركيز ولسرعة الانجاز، مع الحرص على الهدوء قبل موعد النوم بمدة كافية.

- تقسيم المهارات المطلوبة والواجبات إلى وحدات أصغر لإنجازها وفق جدول منظم.

- تذكير الطفل بالعودة إلى عمله الذي يقوم به في المدرسة أوفي المنزل. مع أهمية تطبيق نظام ثابت من المتوقع أن يستطيع الطفل تطبيقه بدقة، مع ضرورة التعزيز الفوري، وأن ينفذ وفق خطوات سهلة وواضحة وقليلة.

- التأكيد على المراقبة المستمرة لسلوك الطفل بشكل عام، ووضعه على إحدى المقاعد الأمامية بالفصل، لأن ذلك يساعد على ضبطه بدرجة أكبر.

- مراعاة أن اللعب مع شخص أو شخصين أفضل من اللعب مع مجموعة.

- توجيه الطفل إلى الألعاب الهادئة والمفيدة بشكل عام.

- عدم تدعيم السلوك المضطرب (النشاط الحركي المفرط)، بل اعتراضه وتوقيفه دون عنف، وتوجيهه إلى سلوك آخر إيجابي.

- تدعيم أي سلوك بديل (مناقض) لنقص التركيز، أو لزيادة النشاط غير الموجه.

- عدم تكليف الطفل بأكثر من طلبين في نفس الوقت لأن ذلك يشتت انتباهه.

- إذا وصف الطبيب للطفل دواء (الريتالين) فيجب التقيد بتعليماته بدقة مع أهمية الاستمرار في تطبيق الإرشادات التي ذكرت، وكذلك الغذاء الجيد دون الإسراف في تناول السكريات وكذا المنبهات والمشروبات الغازية التي تحتوي مادة الكافيين المنبهة والتي قد تساعد على زيادة الحركة.

برنامج علاجي لمعالجة النشاط الزائد:

أولا: معلومات أولية و أسرية

التاريخ: ....

الاسم .... العمـــر: ....

المدرسة: .... الصـــف: ....

عدد الإخوة: .... ترتيبه بين الأخوة: ....

تقييم الأب لسلوك الحالة: ....

تقييم الأم لسلوك الحالة: ....

تقييم الإخوة لسلوك الحالة: ....

وجود أخوه آخرين لديهم نشاط زائد: ❑ نعم ❑ لا

طرق تنشئة الأهل لابنهم: ❑ دلال ❑ حماية زائدة ❑ قسوة ❑ إهمال

❑ ضرب ❑ مفاضلة ❑ مقارنه

محاولات سابقة لحل المشكلة ....

هل يسكن أقارب مع الأسرة: ....

عمل الأب: .... عمل الأم ....

مصروف الطالب اليومي: ....

ثانيا: معلومات صحية ونفسية

هل هناك مشاكل صحية ترافق الطفل، اذكرها ....

هل هناك مشاكل سلوكية ترافق الطفل مثل: ❑ قضم الأظافر ❑ مص الإبهام

❑ تبول ليلي ❑ العـــدوان ❑ التأتاه

غيرها، اذكرها: ....

العمر الذي شعر الأهل أن لدى الطفل حركة زائدة عنده ....

هل يتناول أدوية للتخلص من مشكلته.................................

هل تزيد الحركة الزائدة في المدرسة أم في البيت ....

هل يعتبر عصبي المزاج ....

يطلب الذهاب إلى الحمام كثيراً ....

نوعية الأغذية التي يتناولها (التي يفضلها) ....

عدد ساعات النوم لدى الطالب.: ....

الطريقة المستخدمة في الولادة: ....

هل يمتاز بالصوت المرتفع ....

هل يحاول إخراج جميع الكلمات دفعة واحدة ....

هل يعاني من التأتأه أو التلعثم: ....

هل معدل الكلام أكثر أم اقل من الطبيعي: ....

هل يمتاز بسرعة التحول من نشاط لآخر: ....

هل لدية اندفاع في حل المشاكل مما يؤدي إلى ارتكاب الكثير من الأخطاء: ....

ثالثا: معلومات تحصيلية

استيعاب الطفل: ....

إتباع الطفل للتعليمات: ....

مستوى تحصيل الطفل في المدرسة: ☐ ممتاز   ☐ جيد جدا   ☐ جيد

☐ متوسط   ☐ ضعيف)

المواد التي يعانني ضعف فيها: ....

هل ينجز واجباته كاملة: ....

هل يشكو المعلمون من حركته الزائدة. ....

نظرة الطفل للمدرسة. ....

هل يتشتت انتباهه بسرعة ....

رابعا: معلومات اجتماعية

هل يقيم علاقات مع زملائه: ....

هل يعتبر كثير الشجار مع زملاء: ....

هل يكثر المزاح مع زملائه: ....

هل يشتكي علية زملائه في الصف: ....

ابرز أصدقائه: ....

هل يشترك بالألعاب الجماعية: ....

البرامج التي يشاهدها في التلفاز: ....

خامساً معلومات عامة

هل يعبر عن ذاته بأنه خجول ....

هل يتشتت انتباهه كثيرا ....

هل يشعر بالملل بسرعة ....

هل يفضل الأماكن المفتوحة ....

هل يفضل الجلوس مع أشخاص لا يعرفهم ....

هل يذهب للمدرسة برفقة أحد ....

الهوايات التي يفضلها ....

كيفية قضاء أوقات الفراغ ....

كيف يتعامل مع الجنس الآخر ....

هل ينظر إلى المتحدث بعيونه ....

البرامج التي يشاهدها في التلفاز ....

مدة مشاهدته للتلفاز ....

جلسة:

مقياس الحركة الزائدة:	لا شيء	قليلا	كثيرا نوعا ما	دائما
1- لا يستقر على حال	0	1	2	3
2- لا يتم المهمات المطلوبة منه	0	1	2	3
3- كثرة الخروج للحمام	0	1	2	3
4- يستفزه الآخرون بسرعة	0	1	2	3
5- عدم المقدرة على الجلوس في المقعد لفترة طويلة.	0	1	2	3
6- عدم جدوى الطرق الاعتيادية لضبطه	0	1	2	3
7- اندفاع في حل المشاكل	0	1	2	3
8- سوء التصرف مع الآخرين	0	1	2	3
9- كثرة التململ	0	1	2	3
10- يحاول إخراج جميع الكلمات دفعة واحدة	0	1	2	3
11- يرغب بالحصول على كل نتيجة ممكنة بسرعة كبيرة	0	1	2	3
12- مصر على القيام بكل شيء بنفسه	0	1	2	3
13- لا يفضل المهمات ذات الطابع الروتيني	0	1	2	3
14- لدية صفة عدم التركيز والانتباه لأي شيء عابر	0	1	2	3
15 لدية نوبات غضب	0	1	2	3
16 - لدية معدل كلام أكثر من الآخرين	0	1	2	3
17 - لدية تآزر حركي ضعيف	0	1	2	3
18 - لديه قدرة ضعيفة على تحمل الإحباط	0	1	2	3
19 - يزعج ويستفز الآخرين بكثرة	0	1	2	3
20 - غالباً ما يبكي وبسهولة	0	1	2	3

أعلى علامة على المقياس: 60 والطفل الذي يحصل على 35 من 60 يتصف بالحركة الزائدة.

دائماً	غالباً	نادراً	لا يحدث	الاندفاعية
				يندفع في فعل ما دون تفكير
				يجد صعوبة في انتظار دوره في اللعب
				يجيب عن الأسئلة قبل اكتمالها دون تفكير
				يتسرع في أداء الأعمال منه مما يزيد من أخطائه
				ينادى رفاقه في الفصل مخلاً بالنظام في أثناء شرح المعلم
				ينتقل من نشاط لآخر دون اكتماله
				يُعرض نفسه للمخاطر دون أن يفكر في النتائج
				يجد صعوبة في انتظار دوره في المواقف الجماعية
				شديد الاندفاع والتهور في أعماله
				التكرار
				الدرجة

العلاج:

السلوكيات التي تظهر على الطفل وتدل على حركة زائدة:

1- ....

2- ....

3- ....

4- ....

5- ....

6- ....

المكان الذي تكثر فيه السلوكيات: ....

الزمان الذي تكثر فيه السلوكيات: ....

بوجود الأشخاص التاليين تكثر السلوكيات: ....

بعد أن يقوم بالسلوك يحصل على: ....

الانفعالات التي تظهر على الطفل خلال الحركة الزائدة: ....

الظروف المسبقة التي تعزز الحركة الزائدة والتي لابد من ضبطها وإبعاد الطالب عنها:

....

جلسات العلاج المقترحة:

جلسة1:

استخدام تكتيك السلحفاة حيث تتم مساعدة الطفل على ضبط ذاته بإخباره قصة عن طفل اسمه، السلحف الصغير، الذي كان لا يحب المدرسة وبدلا من أن يهتم بالبقاء بعيدا عن المشاكل كان يسعى وراءها دائما، مثلا عندما يغضب كان يقوم بتمزيق كل أوراقه في الصف، وفي احد الأيام حيث كان ملحوظا علية انه غير سعيد قابل في طريقة (الأرنب) الذي بادره بقوله هيه، أنت يا ولد عندي ما سأقوله لك ... إلا تلاحظ بأنك تحمل الحل لمشكلتك عل ظهرك، ولم يدري سلحف الصغير عما يتكلم الأرنب ... انه درعك ... قوقعتك ... قوقعتك يا سلحف). اخذ الأرنب يصرخ ... لديك قوقعه لهذه الغاية إذ تستطيع أن تخبئ نفسك فيها كلما ورادتك هذه المشاعر بداخلك والتي تنبئك بأنك ستغضب أو تصرخ أو تركل أو تقفز ... فعندما تكون في قوقعتك تستطيع أن ترتاح لبرهة من الزمن وان تفكر مليا بما يجب عليك عمله إزاء تلك المشاعر ... لذا في المرة القادمة عندما تغضب فقط ادخل قوقعتك) وتستمر القصة

286

مبينة كيف انه في اليوم التالي عندما بدا يغضب تذكر الأرنب حيث يدخل داخل قوقعته ويبقى بهذه الوضعية حتى يتوصل لفكرة بصدد ما يريد عمله وهنا لا بد من إعادة القصة على الطفل أكثر من مرة وتذكر الطفل بصفات القصة وربطها بتصرفاتنا وما يمكن أن نقوم به.

جلسة 2:

إيقاف التفكير: حيث يشعر الطفل بحاجة إلى الحركة وبأنة يقوم بالأعمال بسرعة أو بحاجة للغضب والعدوان فانه يوقف تلك الأفكار التي تتطلب حركة زائدة، وان يعد ببطء حتى 10 أولا بصوت عال ثم بصوت منخفض ثم بينه وبين نفسه ويقوم الطفل باستعراض سلوكه ومراقبته وتعزيزه بنفسه (بتحقيق المرح لذاته).

جلسة 3:

التآزر: أداء تمرينات تآزرية متنوعة مثل تدريبات بسيطة لأصابع الطفل الذي يعاني من مشكلة التحكم بالحركات الدقيقة، تمرينات مشي ببطء، وقوف ببطء.

جلسة 4:

العلاج باللعب: أما التفكير بالحل ونطلب من يفكر بعد أن تعطيه أسئلة سهلة أو تمرينات تثبيت الجسم حيث يديه وقدمه على المقعد أو أطول فترة ممكنة دون حركة. أو لعبة الحجل على رجل واحدة ولا بد من تركيز.

جلسة 5:

إعطاء الطفل تعليمات معينة مثلا كيف يتعامل مع المعلمة، الأهل، كيف يجيب على الطلبات وتعزيزه في حالة قيامه بهذه التعليمات بالشكل السليم. وفي هذه الجلسة يعقد برنامج تعزيز رمزي حيث تحدد السلوكيات التي يقوم بها في الخط القاعدي

وعندما تقل إلى حد معين يتم تعزيزه بنجمه أو أزرار وتستبدل عند حد معين بمعززات مادية أو اجتماعية.

جلستين 6 و7:

التخيل: يتخيل الطفل نفسه يجلس بهدوء في الصف مع إبقاء الأرجل الأربعة للكرسي على الأرض والنظر بشكل ثابت ومستقيم للمعلم مع الاستماع لكل كلمة يقولها ويتخيل نفسه يقوم بالحركة 16 مرة. وفي أثناء التخيل نتحدث له عن أهمية الكلام الداخلي والخارجي ونطلب منه أن يقول لنفسه أن اعمل كذا داخليا ونعلم التكلم مع ذاته كان يقول: أنا الآن اهبط بطائرتي يجب أن أفعل ذلك بهدوء انزل شوي شوي بدي أدير بالي أحسن اخبط هاي كراجها ولازم أحطها فيه نشجع الطفل على أن تمثيل دور برج المراقبة الذي يخبر الطيار بالتمهل والدوران .....ونعلم الطفل التحدث بعبارات ذاتية بجمل بسيطة مثل قف، فكر، انتظر، يجب أن أعد للعشرة حتى اهدأ .... الخ.

جلسة 8:

تعليم الطالب تقسيم المهمات إلى خطوات وإعطاء 5 مهمات كأمثلة يمكن تقسيمها إلى خطوات ومساعدة الطالب على تقسيمها.

جلسة 9:

الاسترخاء: تدريب الطفل على شد العضلات وإرخائها عشر مرات + اخذ التنفس 10 مرات. ثم نطلب منه بعد الجلسة زيادة مدة بقائه يشاهد التلفاز.

قبل العلاج

خط قاعد ي:

عدد مرات حدوث السلوك

الرقم	السلوك	عدد مرات حدوثه في البيت	عدد مرات حدوثه في الصف

بعد العلاج

خط قاعدي:

عدد مرات حدوث وتكرار السلوك

الرقم	السلوك	عدد مرات حدوثه في البيت	عدد مرات حدوثه في الصف

الفصل التاسع

دور المرشد في التعامل مع المشكلات السلوكية

العناد، والسلوك العدواني، والتبول اللاإرادي، نقص السلوك التوكيدي

المواضيع التي يتضمنها الفصل:

▷ المقدمة

▷ أولا: العناد

▷ ثانيا: السلوك العدواني

▷ ثالثا: التبول أللإرادي

▷ رابعا: نقص السلوك التوكيدي

الفصل التاسع

دور المرشد في التعامل مع المشكلات السلوكية : العناد، والسلوك العدواني، والتبول اللإرادي، نقص السلوك التوكيدي

المقدمة:

يتناول هذا الفصل أربعة من المشكلات السلوكية الشائعة لدى طلبة صعوبات التعلم وهي: العناد، حيث يشكو كثير من المعلمين المتعاملين مع طلبة صعوبات تعلم وأسر هؤلاء الطلبة بوجود مشكلات تتعلق بالعناد لديهم، كذلك يتناول السلوك العدواني الشائع لديهم، وكذلك معاناة بعضهم من وجود تبول لإرادي، ونقص السلوك التوكيدي لديهم بسبب نقص في مفهوم الذات. إن هذا الفصل عند تحدثه عن تلك المشكلات يحاول أن يقدم تعريفا مبسطا لكل مشكلة، ويحاول أن يساعد المرشد في تشخيص هؤلاء الطلبة، ويقدم تفسيرا مبسطا لحدوث المشكلة المعنية، مع توضيح لأهم طرق العلاج المستخدمة، ويقدم بعضا من البرامج الإرشادية المساعدة في التعامل مع تلك المشكلات.

أولا: العناد

ينتشر العناد بين طلبة صعوبات تعلم ، وربما يعود ذلك إلى خلل في الإدراك السمعي ، أو عدم قدرة على الاستيعاب، أو تدني في مفهوم الذات.

مفهوم العناد:

إن العناد ظاهرة شائعة بين الأطفال وفيه لا ينفذ الطفل ما يؤمر به من الكبار ويصر على تصرف ما ربما وهو يعلم أن هذا التصرف خاطئا أو غير مرغوب به، غير أن الطفل يتخذ هذا السلوك للتعبير عن رفضه لرأي الآخرين أو الرغبة في تحقيق أهداف ومقاصد معينة، ويتميز العناد بالإصرار وعدم التراجع حتى في حالة الإكراه والقسر ويكون الطفل عادة واعيا بموقفه وبعض الأطفال بالعموم يكون عنادهم مؤقتا.

ولا يظهر العناد قبل سن الثانية من العمر وفي سن الثانية يبدأ بعض الأطفال بالشعور بالاستقلالية وتبدأ بوادر التعارض بين رغبات الطفل ورغبات الكبار، ويتمادى الطفل في الإصرار على الخطأ مما يجعل الكبار في حالة من الغيظ والغضب وهذا حقيقة ما يريده بعض الأطفال، وفي سن 6-3 سنوات يظهر العناد كرد فعل طبيعي لنمو الطفل لأنه يبدأ بتوكيد ذاته ورفضه لسيطرة الآخرين عليه وتسلطهم وكبتهم لرغباته، وهنا العناد فقط مهم لأنه يساعد على تشكيل الإرادة والشخصية القوية،أما إذا استمر العناد في سن الثامنة فتظهر مرحلة من العناد الشديد والتحدي لأوامر الكبار بدرجة غير طبيعية ويسمى هنا اضطراب العناد الشارد حسب تصنيف DSM4 فإذا استمر هذا السلوك لمدة ستة أشهر بالأعراض التالية (فقدان الأعصاب، معارضة أو رفض الإذعان لطلبات أو أوامر الكبار،القيام بما يضايق الآخرين عن عمد،لوم الآخرين على الفشل الشخصي، الحساسية، الغضب، الحقد، مجادلة الكبار، وتعمد استفزاز الآخرين) فعندها يصبح العناد مشكلة سلوكية عند الطفل بحاجة إلى علاج.

الصورة الإكلينيكية للعناد:

يتحدى الأطفال طلبات الكبار، ويتعمدون مضايقتهم، كما يميلون إلى إلقاء اللوم على الآخرين على أخطائهم أو سلوكهم، ويظهر هذا عادة في المنزل ولا يظهر في المدرسة

أو الرفاق وقد ينتقل من المنزل إلى المدرسة عند الكبر، ويظهر أن المشكلة تتسبب في زيادة الألم والكرب للمحيطين بالطفل أكثر من الطفل شخصيا.

ويظهر العناد على أشكال كثيرة ومنها:فقد يكون عناد التصميم والإرادة حيث يصر الطفل على محاولة إصلاح لعبته بنفسه ويكرر المحاولة وهو جيد ويجب تشجيعه، وقد يكون عنادا مفتقدا للوعي فيصر الطفل مثلا على الخروج إلى المدرسة رغم المطر بملابس خفيفة، أو يسهر على التلفاز إلى منتصف الليل وذلك على حساب المدرسة في اليوم التالي، وقد يكون عنادا مع النفس فيرفض تناول الطعام من الأم مع جوعه ويزداد إصراره كلما حاولت الأم إقناعه ويصبح في صراع داخلي مع نفسه، وقد يكون عنادا كاضطراب سلوكي فهو هنا نمطا ثابتا في الشخصية وبحاجة هنا إلى علاج نفسي حيث انه يعاند بكل شيء من اجل المعاندة .

إن أهم ما يرافق العناد: قلة في العلاقات الاجتماعية، ضعف في الأداء المدرسي، الإصرار على حل المشاكل دون مساعدة الآخرين، ضعف تقدير الذات، المزاج المكتئب.

تشخيص العناد:

يشخص بالدلالات الآتية، كما أوردها الدليل الإحصائي التشخيصي الرابع للاضطرابات العقلية (DSM-IV): ، وهو نمط من سلوك السلبية العدائية والجراءة يستمر على الأقل 6 شهور ويظهر خلال 4 أو أكثر من التالية:

1- فقد الأعصاب غالبا

2- جدال مع الكبار غالبا

3- غالبا ما يعارض أو يرفض أن يستجيب لمطالب الكبار

4- غالبا ما يتعمد مضايقة الرفاق

5- غالبا ما يلوم الآخرين على أخطائه

6- غالبا ما يكون شديد الحساسية أو يتضايق بسهولة من الآخرين

7- غالبا ما يكون غاضبا وسريع الامتعاض

8- غالبا ما يكون حاقدا أو انتقاميا

أن الاضطراب يسبب خللاً إكلينيكياً واضحاً اجتماعياً أو دراسياً أو وظيفياً .

أن لا يحدث الاضطراب خلال مسار اضطراب ذهاني أو اضطراب وجدان .

أن لا تتفق هذه المواصفات مع مواصفات اضطراب السلوك، وإذا بلغ الشخص الثامنة عشرة من عمره، فإن مواصفاتها لا تتفق مع اضطراب الشخصية المضادة للمجتمع .

أما الصورة الإكلينيكية للعناد فتظهر من خلال:

- يتحدى الأطفال طلبات الكبار
- يتعمدون مضايقتهم
- يميلون إلى إلقاء اللوم على الآخرين على أخطائهم أو سلوكهم

ويظهر هذا عادة في المنزل ولا يظهر في المدرسة أو الرفاق وقد ينتقل من المنزل إلى المدرسة عند الكبر

ويظهر أن المشكلة تتسبب في زيادة الأم والكرب للمحيطين بالطفل أكثر من الطفل شخصيا.

وللعناد أشكال كثيرة ومن أهمها:

- قد يكون عناد التصميم والإرادة حيث يصر الطفل على محاولة إصلاح لعبته بنفسه ويكرر المحاولة وهو جيد ويجب تشجيعه

- قد يكون عنادا مفتقدا للوعي فيصر الطفل مثلا على الخروج إلى المدرسة رغم المطر بملابس خفيفة، أو يسهر على التلفاز إلى منتصف الليل وذلك على حساب المدرسة في اليوم التالي

- قد يكون عنادا مع النفس فيرفض تناول الطعام من الأم مع جوعه ويزداد إصراره كلما حاولت الأم إقناعه ويصبح في صراع داخلي مع نفسه

- قد يكون عنادا كاضطراب سلوكي فهو هنا نمطا ثابتا في الشخصية وبحاجة هنا إلى علاج نفسي حيث انه يعاند بكل شيء من اجل المعاندة.

ويرافق العناد بشكل عام:

- قلة في العلاقات الاجتماعية
- ضعف في الأداء المدرسي
- الإصرار على حل المشاكل دون مساعدة الآخرين
- ضعف تقدير الذات
- المزاج المكتئب.

أسباب العناد:

هناك أسباب كثيرة للعناد ومنها:

أولا: أسباب تعود للطفل

- بسبب الإحباط أو من أجل تلبية رغبة معينة

- عدم النضج، يعني انه غير قادر على التمييز بين الخطأ والصواب.

- التمركز حول الذات، يرى نفسه كأنه مركز الكون. الإجهاد: الإنسان عندما يتعب يتصرف بانفعال.

- للوراثة عامل كبير، نحن نرث من الآباء كفاءة الجهاز العصبي والجهاز الغدّي.

- المرونة السيكولوجية: كلما كان الإنسان مرتاحاً وسعيداً في علاقته الزوجية والأسرية كلما كان أكثر مرونة.
- عدم تحقيق حاجات الطفل البيولوجية كالغذاء
- عدم الشعور بالأمن وإتباع السلوك الخاطئ مع الأطفال

ثانيا: أسباب تعود للأهل

- تقييد حرية الطفل: يصر الأهل على إرغامه على إتباع تعليمات معينة في المعاملة وآداب الطعام وآداب الحديث والذهاب إلى الفراش وتمشيط الشعر وتدخل الوالدين الزائد في حياة الطفل لوقايته حرصا على ألا يصيبه أذى.
- عصبية الآباء وكثرة النقد الموجه للأبناء: هنا يثور الوالدين لأتفه الأسباب ودون مبرر فيأتي الطفل بعد ذلك متشبها بالوالدين
- التربية ومشاكل الزوجين فيلجئ الأولاد للعناد.
- المعايشة مع الآخرين، الإنسان يتعلم الأخطاء من الوالدين أو المحيطين به.
- الإصرار: ويقصد به المساحة التي أعطيها للآخرين في تعاملي معهم فمثلاً نحن نربي أولادنا على العناد عندما نجبرهم على إطاعتنا
- الحماية الزائدة من جهة تجعل الطفل يشعر بالعجز والاعتمادية على والديه معطلاً قدراته هو. و قد يرفض ذلك بنوع من العناد للخروج من دائرة الحماية الوصاية والحصول على قدر أكبر من الحرية.
- الإذعان للطفل: له و تشجيعه بالمكاسب التي يمي لها الطفل، إما خوفاً عليه أو لإنهاء الموقف، و هنا يتعلم الطفل أن مزيداً من الإصرار سيجبل له التنازلات و المكاسب.

- التذبذب في معاملة الطفل: فيكون الأب على سبيل المثال في صف الطفل وتكون الأم على نقيضه أو العكس فتارة يدللانه وتارة يهملانه وتارة يقسوان في معاملته.

- علاقة الأم بالطفل: قد يؤدي تفضيل الأب أو الأم لأحد الأبناء إلى رغبة الطفل المهمل في اجتذاب انتباه الراشدين من حوله عن طريق العناد.

- غياب احد الوالدين أو كلاهما.

- عدم تهيئة الأسرة الجو المناسب لنمو الطفل نموا طبيعيا فضلا عن تعرضه لمعايشة النزاع بين الأبوين.

- عدم تمكين الأسرة من إعطاء الطفل الحب والحنان والرعاية الكافية والاطمئنان للطفل.

- التذبذب في معاملة الطفل واضطراب أسلوب الوالدين فتارة يدلل بإفراط وتارة يهمل كليا.

- تعزيز سلوك العناد: فتلبية مطالب الطفل ورغباته نتيجة ممارسته العناد تعلم الطفل سلوك العناد وتدعمه لديه ويصبح الأسلوب الأمثل للطفل أو احد الأساليب التي تمكنه من تحقيق إغراضه ورغباته فالعناد سلوك مكتسب ومدعم من قبل الأهل.

ثالثا: أسباب تعود للمجتمع المحيط والبيئة

- كبرامج التلفاز التي يشاهدها الأطفال.

علاج العناد:

يسير العلاج في ثلاثة جوانب أو مجالات:

أولا: العلاج الفردي: وهنا لا بد من

- دراسة الحالة الصحية للطفل: فقد يكون العناد راجعا إلى زيادة في إفرازات الغدة الدرقية أو إلى زيادة الطاقة الجسمية وقد يرجع إلى الشعور بالإجهاد أو سوء التغذية.

● دراسة الحالة النفسية: لا بد هنا من دراسة أسلوب التربية المتبع وأسلوب المعاملة في المنزل والمدرسة والتعرف على شغل أوقات الفراغ وأصدقاء الطفل.

ثانيا: العلاج النفسي:

وهنا لا بد من تدريب الطفل على المهارات الاجتماعية التي تساعده على تنمية حس النجاح وتكليفه بمسؤوليات حتى يتحمل مسؤولية أعماله والثقة بقدرة الطفل على حل مشاكله بنفسه وتجاهل السلوكيات غير المستحبة التي تصدر عن الطفل والاهتمام بنفس الوقت بالسلوكيات الحسنة التي تصدر عنه مهما كانت بسيطة،وعدم مطالبته بالتحسن مرة واحدة .

ثالثا: العلاج الأسري

وهنا لا بد من تدريب الوالدين على مهارات التعامل مع الطفل والتركيز على ما يلي عند الآباء :

● عدم التدخل المبالغ في حياة الأبناء

● عدم العصبية والثورة لأتفه الأسباب أمام الطفل على الطفل أو على أي شيء آخر في المنزل

● عدم نقد الطفل أو السخرية منه أمام الآخرين أو وحده

● احترام ممتلكات الآخرين

● ثبات المعاملة بين الوالدين وعدم تذبذبها بين الشدة والرخاء

● أن يتم شغل أوقات فراغ الطفل وتشجيعه على الاختلاط بالأقران

● مساعدة الأطفال على حل مشاكلهم بأنفسهم واستخدام التوجيه والنصح الهادئ دون تحيز لطفل

- عدم مقارنة الطفل بإخوته مهما كانت الأسباب
- عدم القول بان الطفل عنيد أمامه أو أمام الآخرين
- المرونة في معاملة الطفل
- الحوار الدافئ المقنع عند ظهور موقف العناد

وفيما يلي نقدم نموذجا يساعد في تشخيص حالة العناد لدى الطفل:

دراسة حالة للعناد

اسم الطفل: .... تاريخ الميلاد: ....

هاتف المنزل: .... تاريخ المقابلة: ....

عمل الأب: .... عمل الأم: ....

عمـر الأب: .... عمـر الأم: ....

المؤهل العلمي للأب: .... المؤهل العلمي للام: ....

عدد أفراد الأسرة: ....ترتيب الطفل بين إخوته: ....

صلة القرابة بين الأبوين: ....

متى تعرفت الأسرة على إن الطفل لديه مشكلة؟ ....

مشاكل صحية أو نفسية لدى الآباء..................................

مشاكل صحية أو نفسية لدى الإخوة ....

تأثير العناد على صحة الطفل ....

تأثير العناد على الوضع التحصيلي للطفل ....

تأثير العناد على علاقة الطفل بإخوته ....

تأثير العناد على علاقة الطفل بأقربائه ورفاقه ....

هل يعاني الطفل من مشاكل في البصر؟ ....

هل يعاني الطفل من مشاكل في السمع؟ ....

هل يعاني أمراض عموما؟ ....

مشاكل نفسية مترافقة من مثل: قضم الأظافر، مص الأصابع، التبول اللاإرادي، اضطراب النوم، عدوانية على الآخرين، شرود الذهن، نوبات غضب، صراخ وبكاء متواصل، خجل، عزوف عن الطعام، الكمالية الزائدة، الخوف، السرقة، الكذب

الحلول السابقة للمشكلة ....

المشكلة من وجهة نظر الآباء ....

المشكلة من وجهة نظر الإخوة المشكلة من وجهة نظر المدرسين والرفاق

اتجاهات الأشخاص في البيت تجاه الطفل: دلال، إهمال، قسوة، كراهية، مرونة، تحجر، مقارنة،حماية زائدة،ضرب، شتم، تهديد،حب، مزاح، تذبذب في المعاملة

النمو اللغوي: .... عدد أصدقائه المفضلين: ....

كيفية قضاء وقت فراغه: .... برامج التلفاز التي يشاهدها : ....

هل يمتاز بحب الاستطلاع؟ .... هل يمتاز بالتأمل وأحلام اليقظة؟: ....

الانفعالات والمشاعر التي تحدث قبل المشكلة (غضب،كره،راحة..) ....

الانفعالات والمشاعر التي تحدث بعد المشكلة (غضب،كره،راحة..) ....

الأحاسيس الجسدية التي تحدث قبل المشكلة (وجع رأس،الم في المعدة) ....

الأحاسيس الجسدية التي تحدث بعد المشكلة (وجع رأس،الم في المعدة) ....

السلوكيات الخارجية التي تحدث قبل المشكلة (صراخ، بكاء، ضرب ...) ....

السلوكيات الخارجية التي تحدث بعد المشكلة (صراخ، بكاء، ضرب ...) ....

مكان حدوث المشكلة: .... زمان حدوث المشكلة: ....

الحديث الذاتي الذي يقوله لنفسه قبل المشكلة: ....

الحديث الذاتي الذي يقوله لنفسه بعد المشكلة: ....

الأشخاص الذين ترتبط المشكلة بوجودهم (الموجودين عند حدوث المشكلة): ....

ماذا يستفيد الطفل من قيامه بسلوك العناد؟أي المكاسب الثانوية التي يحققها؟ ....

هل يغار الطفل من إخوته والآخرين؟ ....

هل هنالك في الأسرة تعليمات يجب أن ينفذها الطفل بحذافيرها وما هي؟......................

هل يمتاز الأبوين بالعصبية؟ ....

هل يوجه النقد بشكل مستمر للطفل؟..

هل يتفق الأبوين دائما على أسلوب معاملة الطفل؟ ....

هل يحب الطفل والديه؟ ....

هل مر الطفل بتجارب نجاح في حياته وتجرب إحباط يرجى التحديد؟.........................

هل يطلع الطفل على شجار الأبوين؟ ....

هل يرعى الطفل الأبوين معا؟ ....

هل يبدو أن الطفل يحاول إثبات ذاته؟ ....

هل يلبي الأهل استجابات الطفل بعد عناده؟ ....

هل يمتاز أي من الأبوين أو الأقارب أو الإخوة بالعناد؟...

برنامج علاجي لمعالجة العناد يفيد الوالدين والمعلمين:

الإجراء	مبرراته وطريقته
بناء علاقة مع الطفل	من أجل أن يحبك الطفل فيستمع لكلامك وأوامرك ويتطلب ذلك تقليل الأوامر قدر الإمكان واستبدالها بالمشاورة وتحميله مسؤوليات.
دراسة الحالة الصحية للطفل	فقد يكون العناد راجعا إلى زيادة في إفرازات الغدة الدرقية أو إلى زيادة الطاقة الجسمية وقد يرجع إلى الشعور بالإجهاد أو سوء التغذية. هل يعاني الطفل من مشاكل في البصر؟ هل يعاني الطفل من مشاكل في السمع؟ هل يعاني أمراض عموما؟
الاستجابة لطلبات الطفل	كلما استجبت لطلبات الطفل كلما تشجع للاستجابة لطلباتك فالاحترام يجب أن يكون متبادل وسيستجيب عندها بطيب خاطر
استخدم أسلوب الحوار المنطقي	فلا تكن متسلطا واسمح للطفل أن يبدي رأيه وأشعره أن رأيه مهم وخذ به في بعض الأحيان ولا تكن جامدا في ذلك بل اسمح بقدر من المرونة
كن قدوة	لان الطفل يقلد من حوله فإذا شعر أن الأم ترفض ما يطلبه الأب فسيرفض هو بدوره
-اذكر السبب	اشرح أسباب طلبك من ابنك لأمر معين وبكل لطف ولا تعلم الطفل على الطاعة العمياء
اطلب عددا قليلا من المطالب	لا تزيد من مطالبك اليومية بل قلل منها وركز على المفيد منها والتي من الممكن للطفل أن يحققها والتي يحبها
تحدث بطريقة ايجابية مع الطفل	فلا تقل كف عن الصراخ ولكن قل اخفض من صوتك، وبدلا من كف عن الأكل بطريقة مقرفة قل كل باستخدام الشوكة والملعقة بطريقة أفضل وهكذا مع كل السلوكيات.

أعط الطفل خيارات	مثلا قل للطفل بإمكانك أن تأكل هذا الصحن الآن أو تأكل بعد نصف ساعة واترك له أن يقرر لتلزمه بما قال ويفضل أن يكتب ما يلتزم به
التعزيز الرمزي	في كل يوم يأكل وحده يحصل على نجمة وعندما يحصل 10 نجوم مثلا يستبدلها بأمر يحبه كشراء لعبة أو الخروج في رحلة
التجاهل والإطفاء	في كل مرة يحاول أن يقوم الطفل بسلوك غير مقبول من أجل أن يلفت انتباهنا إليه نتجاهله ونهتم به فقط عندما يقوم بسلوك مقبول
عقد الاتفاقية	اعقد اتفاقية مكتوبة مع الطفل تبين فيها ما له وما عليه وماذا سيحصل عندما يحقق ما عليه ودعه يوقع عليها ووقع أنت عليها وحدد في العقد مدته وشروطه وماذا سيتعلم
اسمح ببعض التمرد	كل الأطفال لا يحبون الاستجابة للتعليمات دائما فلا تكن قاسيا مع ابنك واسمح له ببعض العصيان أحيانا ولكن اظهر له وقتها انك لم تكن راضيا عنه ولا تستخدم التهديد معه وحاول تجاهله
تعليمــــه مهــــارات الحديث	علمه كيف يستجيب عندما تطلب منه بان يفكر قليلا ويستجيب بألفاظ مختلفة ويطرح ما يشاء من الأسئلة لتزيد من تفكيره قبل الاستجابة النهائية
تعليمــــه مهــــارات اجتماعية	من مثل كيف يؤكد ذاته فلا يقبل أي شيء ولا يكون بنفس الوقت عدوانيا وبان يعبر هنا عن مشاعره وان يتجه بنظره للآخرين ويتحدث معهم عما يريد
شغل وقت فراغه	ولا يكون ذلك إلا من خلال تحميله مسؤوليات عديدة في البيت مهما صغر عمره وبنفس الوقت إشغاله بأمور حياتية قد تكون خارج الدراسة والمدرسة ومن خلالها ينمي هواياته ويطورها ويتعرف على أصدقاء

الطفل مدرسة كبرى نتعلم منها ما لا نتعلمه من غيرها.. وشخصية الطفل تتشكل خلال السنوات الثماني الأولى من عمره، فهو أداة لاقطة تسجل وتلحظ وتشم وتتحسس حتى تصبح هذه الأمور قيماً أخرى وأخلاقا أخرى تأصلت في هذا الطفل حتى أصبح شيخاً كبيراً.. الطفل إنسان حركته كثيرة لا يمكن وصفها بالعبثية على الإطلاق وبالملاحظة والتجربة يمكن إدراك معنى تحركاتهم حتى قبل السير	فهم الطفل
الطفل إنسان وكتلة من المشاعر والأحاسيس ويحتاج لمن يفهمه ويعلمه ويأخذ بيده لا ان يضربه ويولد كراهية في نفسه من الناس وعلينا نحن الكبار فهم نفسيات الأطفال وبراءتهم وعدم النظرة إليهم نظرة سطحية ودونية أو التقليل من شأنهم أمام الآخرين.. فعقل الطفل خال تماما من كل المهارات والأساليب المرفوضة أو المقبولة في المجتمع	التفاهم أساس التعلم
التلفزيون جهاز له ايجابياته وسلبياته ومنه قد يتعلم رفض بعض الأوامر، أو ينشغل عنك بسببه	تأثير التلفزيون
الطفل يحب التقليد وبالأخص تقليد الكبار فليس الأب والأم هما المثل الأعلى له، بل كل الكبار المحيطين به مثل المدرس وأصدقاء الأب والأم وغيرهم، وفجأة نجد أن الأم تصطدم بتصرفات طفلها أو طفلتها وتطلب تفسيراً لهذا السلوك غير اللائق مع الطفل. ومعظم السلوكيات السلبية يتعلمها من المحيطين	سوء القدوة
الدعاء الدائم للأولاد بالصلاح والتقوى والرزق والتوفيق والدعاء لهم كذلك بالبركة كما كان يفعل النبي صَلى الـله علي وسلم، فعن أبي موسى الأشعري رضي الـله عنه قال: "ولد لي غلام فأتيت به النبي صلى الـله عليه وسلم ، فسماه إبراهيم، وحنكه بتمرة، ودعا له بالبركة، ودفعه إليَّ ".	دور الدعاء

دور الرضاعة	الرضاعة الطبيعية مهمة في تقوية العلاقة بين الأم ووليدها مما يربي الكثير من المشاعر الإيجابية تجاه الحياة عامة ويؤدي إلى استقرار نفسية الطفل.
التربية بالترويح	بحيث يكون اللعب جزءًا بالغ الأهمية في التربية يكتسب الأطفال من خلاله المهارات الحركية واللازمة لقضاء وقت الفراغ بشكل بناء، ودخول الوالدين في بعض لعب أولادهم ليقوي الرابطة بين الآباء والأبناء بشكل كبير.
كن صانع مفاتيح	استخدم كل الوسائل وبكل الأوقات لفتح الباب فلا تقل ابني مشاكس أو غبي أو خجول وتقف ساكناً
تعرف على من يمتلك المشكلة	من صاحب المشكلة، مثال: يريد الأب ان يكون أبنه هادئا، أو يريد الأب أن يحصل ابنه على معدل مرتفع ليدخل طب، مع علمه أن ابنه لا يرغب بذلك، والأب يريد أن يحقق طموحه الذي عجز عن تحقيقه،أو يريد أن يكون كما يريد هو حتى لو كان ما يريده غير مقبول، وينسى أنهم خلقوا لزمان غير زماننا
الزجر بالتلميح أفضل من الزجر بالتصريح	اللطف واللين خير من العنف والشدة، يقول ابن سحنون(علموا ولا تعنفوا، فان المعلم خير من المعنف)، وللأسف كثيرا ما يضرب الأبناء على سلوك لم يتعلموه بعد أو لم يميزوه (الكذب، الملكية)، ويرى ابن خلدون(العقاب وسيلة للإصلاح ولا يتحقق عن طريق الضرب ويرفض العقاب المبني على المزاجية (الأب مزاجي تعبان والذي يقترب مني أضربه))
الدلال الزائد	لا تكن رطباً فتعصر ولا يابساً فتكسر، ويرى القابسي الذي يؤمن بالمقولة السابقة بأن العقاب على درجات (اللوم، الإنذار، التهديد، الوعيد، والذي يراه حل نهائي ولا يزيد عن ثلاث ضربات)

الاستماع الفعال	أول خبرة استماع يمر بها الطفل عن طريق والديه،والأب المستمع: يعطي انتباهاً كاملا لابنه عندما يتحدث، ينظر بعينيه للطفل، يستخدم تعبيرات جسمه ووجهه أثناء التفاعل، يستفسر عن معنى ما يقوله ابنه، يستفسر عن مشاعر ابنه، لا يقاطع ابنه، يقدم تغذية راجعة لابنه لكي يفهم ما يقال.
الحذر من اللعبة التي يلعبها الطفل	لعبة لا أعرف التي يستخدمها الطفل تساعد الأب على الإجابة المتسرعة حتى يزود الطفل بالمعلومات، واللعبة الذكية التي يستخدمها الطفل عدم الإجابة حتى لو عرفوا بعض الشيء وبالتالي الصوت الوحيد الذي تسمعه في البيت صوت الأب، والطفل سلبي جداً، دع الطفل يتعلم من أخطائه
النقد البناء	على المربي أن يسأل نفسه قبل أن ينتقد الطفل: ما السلوك الذي أريد تغييره؟ كيف سأغيره؟ هل يستطيع ابني تغييره؟ ما هو هدفي من انتقاد ابني؟ هل قمت بالانتقاد أمام إخوته؟
استكشـــاف البـــدائل والخيارات	إن وضع خيارات متعددة يعنى مساعدة أبنائنا في التعرف على أكبر قدر ممكن من الحلول المتوفرة، ثم الطلب منهم اتخاذ قرار مناسب، أفضل بكثير من النصح المتكرر
افصــل الفعــل عــن الفاعل	أنت تقدر إنسانيتك ابنك وتحترمه حتى لو كذب أو سرق ولكن تكره وتتضايق من سلوكه، فلا تجعل حصول ابنك على علامة منخفضة بداية على انخفاض علاقتك به
لا تقل نعم بينما تعني لا	تقول لابنك: سأحضر لك ما تريد لتخلص منه وفي الواقع لا تريد أن تحضر شيء.
ابعد الطفل عن مشاكلك الزوجية	لا تناقش زوجتك أمام طفل ذو الأربع سنوات ولا تصرخ أمام طفلك على والدته ذو الثلاث سنوات، ولا تضربها أمام طفلك ذو السنتين، ولا تخاصمها وتهجرها وهو جنين.

يحتفظ الطفل بحوالي 20% مما يسمعه، و30% مما يشاهده، و50% مما يسمعه ويشاهده، و70% مما يقوله، و90% مما يعمله ويقوله	علم طفلك كما يحب
أضف مرحاً مع كل أمر تطلبه من أبنك، باختصار اجعل ابنك يتعلم الضحك كما ولد وهو يبكي، كان الرسول يقبل الأطفال ويحث على ذلك، وكان يداعب الحسن والحسين ويقول (نعم الجمل جملكما ونعم العدلان أنتما)، وكان يصف عبد وعبيد الله وكثير أبناء العباس ثم يقول (من سبق إلى فله كذا وكذا)ويقول (من لا يرحم لا يرحم)	ملعقة سكر تسهل شرب الدواء
يفترض أن يكون نصف ساعة يومياً مع كل طفل بانفراد ووقت للأسرة ككل	قضاء وقت للعب والتسلية
ولا نذكرهم باستمرار بأخطائهم وابتعد عن الضربات الشرطية سأقبلك إذا كنت شاطرا وأحضرت علامات عالية فقط، ويقول لفنسن الأمريكي(كل طفل يولد على هذه الأرض يحمل رسالة إلى البشرية ويده الصغيرة تقبض على ذرة من الحقيقة لم تتكشف بعد على مفتاح سر قد يحمل لغزا للإنسان وأن لديه وقتا قصيرا لتأدية رسالته ولن تتاح له أو لنا فرصة أخرى وهو قد يكون أملنا والوحيد، لذا يجب أن نعامله بإجلال)	تقبل الطفل بعيوبه
يجب أن يشعر الطفل ان له قيمة وفائدة والحاجة للنجاح من أهم الحاجات النفسية التي يحتاجها الطفل والأب مصدرها لسنوات مهما كانت قدرات طفله	ركز على جوانب القوة لدى ابنك
مهما كان فقد بذل جهد ودورك الاهتمام به	الاعتراف بالجهد والتحسن

تجنب الشفقة	الشفقة ليست التعاطف، والتعاطف مطلوب لتفهم أفكار الابن ومشاعره وهو مصدر قوة، أما الشفقة فتشعر الطفل بعدم القوة وخاصة إذا كان يعاني من حاجة خاصة.
لا تتصرف	كالعارف بكل شيء: لا تظهر لابنك بأنك العارف بكل شيء
المعايير المزدوجة	القوانين التي يضعها الآباء يفترض أن يلتزم بها الجميع، فلا يجوز أن نسمح لابننا المدلل أن يخرج برحلة مدرسية لأكثر من مرة ولا نسمح لأخيه.
استخدم النتائج	المنطقية والطبيعية بدلاً من العقاب ومن خلالها: يتعلم الطفل إذا لم يدرس يرسب، النتائج الطبيعية إذا لم يرتدي ملابسه يبرد.
اعرف أهداف السلوك الذي يقوم به الطفل	الانتباه:يجب أن ينتبه له الآخرون، وبالتالي يحدث إزعاج لننتبه له، انتبه له عندما يقوم بسلوك إيجابي، القوة: الطفل لا يشعر أنه قوي إلا إذا أظهر أنه قوي وعدواني وبالتالي يغضب ويتحداك، الثأر والانتقام: يصبح لديه قناعة أنه غير محبوب وبأن الآخرين يؤذوه ويحاول أن ينتقم من الأب أو الأم، إظهار العجز: يصبح يشعر بأن لا أمل له ولا قيمة له، ويصبح كالمعاق ويشعر باليأس والإحباط.
المعايير المرتفعة	فوق اللزوم: يريد الأب أن يكون الطفل الأحسن أداء في كل شيء، والمعايير لا تتناسب مع القدرات، ويريد مثلا أن يحصل ابنه على علامات عالية
أدوار يلعبها الآباء وتؤثر سلبيا على الطفل	القائد العام: الأشياء عنده تحت السيطرة والضبط ويهدد ويضرب، الواعظ: يستخدم دائما كلمة يجب مما يضايق ابنه، العارف بكل شيء: يعتقد الأب أن لديه خبرة بكل شيء فيجيب عن كل أسئلة الطفل ويعطي نصائح بلا حدود ويحاول أن يظهر أنه متفوق، القاضي: يعقد جلسات في البيت ويحكم على أحد أبنائه أنه مخطئ

	ومذنب وحتى دون محاكمة، الناقد: يسخر باستمرار من سلوك ابنه ويعطي أسماء وينكت على ابنه، المحلل النفسي: يحاول يحلل المشكلة ويشخص وضع الطفل ويستجوب ويسأل ويفسر، المواسي والمعزي: يظهر لابنه أن كل شيء على ما يرام ويستخدم عبارة لا تقلق باستمرار مع أن الأمور لا تكون على ما يرام.
السؤال	لماذا؟ سؤال يخافه الأطفال وغالبا ما يهدف للتهديد والتحقيق، ويعلم الأطفال الكذب، استخدام أكثر من سؤالين في كل موقف يشتت الطفل ولا يسمح بالحوار والمناقشة ويقلب اللقاء مع الطفل إلى تحقيق صحفي.
شجع الاستقلالية	إذا تريد أن يعيش الطفل حياة رشيدة وسعيدة فساعده على أن يعتمد على نفسه، حتى يشعر بالكفاءة وشجعه على المغامرة والمخاطرة ولا تستخدم الحماية الزائدة.
تكلم قليلا وأكثر من الفعل	لا تتكلم إلا عندما يكون هنالك جو من الصداقة وعندما يكون لدى الطفل الرغبة في الاستماع
ضع نفسك مكان طفلك	وضع نفسك مكان زمانه وعمره ووضعه الصحي والاجتماعي والاقتصادي والنفسي وبعد ذلك تحدث مع طفلك
لا تصر على اعترافه	لا تخبره أنه يجب أن يعترف وإلا ستعاقبه، وعندما يعترف تبدأ توبخه ولا تنسى له ما قام به من سلوك سلبي
ازرع حب القراءة لدى أطفالك	يهدف الناس من القراءة (التسلية، الفائدة، الهروب من الواقع) لذا شجع كل مبادرة للقراءة من قبل الطفل،اصحبه إلى المكتبة،اقرأ ليقرأ طفلك

خاطبه على قدر عقله	وعامله على قدر عقله هو وليس على قدر عقلك فاعرف مثلا بأنه لا يدرك الأمور المجردة قبل سن الثانية عشر.
ابتعد عن الحقن	وهي رسائل تعطي للطفل تؤلمه وتقلقه وهي: لا تفعل (لا يشجعه على اتخاذ القرار)، لا تكون (ليتك لم تولد)، لا تكن قريبا (لأنني لا أريدك أن تقترب مني جسديا) لا تكن مهما (لا أسمع لك عندما تتحدث، ولا حتى أنظر لك)، لا تكن طفلا (أنت الكبير بين إخوتك) لا تكبر أو تنمو(لا تكبر وتتركني ولا تصبح بالغا جنسيا) لا تنجح (مهما حققت لن تحقق طموحي ولن تصل) لا تكن نفسك (لو كنت ولد بدلا من بنت) لا تنتمي (إلى الأسرة لا أشعر بأهميتك في الأسرة)
اهتم بشخصية طفلك	وهذا يعني أن تهتم بالأبعاد الستة في الشخصية وهي البعد الجسمي،البعد الاجتماعي، البعد الانفعالي،البعد الفكري، البعد الروحي،البعد البيئي (البيئة الجيران المدرسة العمل)
نظرة الحب	اجعل عينيك في عين طفلك مع ابتسامة خفيفة وتمتم بصوت غير مسموع بكلمة (أحبك يا فلان) 3 أو 5 أو 10 مرات ثم قل له اشتقت إليك
لقمة الحب	أمام العائلة يضع الأب لقمة في فم ابنه ويقول:(ولدي و الـلـه اشتهي أن أضع لك هذه اللقمة، هذا عربون حب يا حبيبي)
لمسة الحب	ليس من الحكمة إذا أتى الأب ليحدث ابنه أن يكون وهو على كرسين متقابلين، يُفضل أن يكون بجانبه وأن تكون يد الأب على كتف ابنه (اليد اليمنى على الكتف الأيمن) { كان النبي صلى الـلـه عليه وسلم يلصق ركبتيه بركبة محدثه وكان يضع يديه على فخذيْ محدثه ويقبل عليه بكله }. وقد ثبت الآن أن مجرد اللمس يجعل الإحساس بالود وبدفء العلاقة يرتفع إلى أعلى الدرجات.

ضمة الحب	لا تبخلوا على أولادكم بهذه الضمة، فالحاجة إلى الضمة كالحاجة إلى الطعام والشراب والهواء كلما أخذتَ منه فستظلُ محتاجاً له.
قبلة الحب	قبّل الرسول صلى الله عليه وسلم أحد سبطيه إمّا الحسن أو الحسين فرآه الأقرع بن حابس فقال: أتقبلون صبيانكم؟!! و الله إن لي عشرة من الولد ما قبلتُ واحداً منهم !! فقال له رسول الله أوَ أملك أن نزع الله الرحمة من قلبك
تنمية مشاعر التسامح	الطفل كالصفحة البيضاء، تتحكم به غرائزه الفطرية التي فطرها الله فيه، وهي التي تدفعه إلى قضاء حوائجه من تناول الغذاء والنوم والعمليات الإخراجية، يشعر بالسعادة والارتياح عند تحقيق حاجاته. فلغة التسامح وتقبل الآخر والتفاهم معه والتعاون بما يحقق الهدف الإنساني العام سمة وصفة من الصفات التي ينبغي على التربويين والقائمين على العملية التربوية والمعنيين بها

ثانيا: السلوك العدواني

أي شكل من أشكال السلوك الذي يتم توجيهه إلى كائن حي آخر ويكون هذا السلوك مزعجا له، وهو يهدف إلى أحداث نتائج تخريبية أو مكروهة أو السيطرة من خلال القوة الجسدية أو اللفظية على الآخرين، ويحدد انطلاقا من خصائص السلوك نفسه كالاعتداء الجسمي وشدة السلوك وخصائص الشخص المعتدي وخصائص المعتدى عليه، وتشترك التعاريف في أن العدوان: سلوك يهدف إلى تعمد إيذاء طرف آخر أو الأضرار به أو مخالفة العرف السائد في التعامل مع الناس ويأخذ صورا متعددة كالعدوان البدني أو اللفظي وقد يكون مباشر أو غير مباشر.

تطور العدوان ونموه:

يظهر العدوان لدى الطفل، في مرحلة مبكرة من النمو؛ حين يبدأ عض ثدي الأم، بعد ظهور أسنانه، في النصف الثاني من عامه الأول. وهو سلوك قد يكون غير مقصود، أو ناتج من إحباط نقص اللبن. ولكن حين تبادله الأم العداء، فإنه يرد بزيادة العض على الثدي، التي قد تكون بداية لدائرة مفرغة من العدوان، بين الأم وطفلها .

والطفل، في هذه المرحلة وهي الفمية، يلزمه أن يكتسب الشعور بالأمان، والثقة بالآخر. وحين لا يتحقق له ذلك، ويقل الإشباع في هذه المرحلة، فإنه سوف يبالغ فيما بعد، في إنجازات المستقبل، وسوف تخفي مبالغته الحاجة الاحتياج إلى الثقة، وتصبح بديلاً منها. فبدلاً من أن يطلب الحب والقبول مباشرة، يلجأ إلى القوة للحصول عليهما، فينكر حاجته إلى الحب، ويبدو قاسياً عنيفاً، ولكنه في الحقيقة يمارس رد فعل لحاجته الماسة إلى الثقة والأمان، أي حاجته إلى الحب، بل قد يصل الأمر إلى الشك في الآخر والبارانوية(paranoid)، فينكر شعور الحب الداخلي تجاه الآخر، فيصبح في صورة (أنا لا أحبه)، ثم يسقطه على الآخر، في صورة (هو لا يحبني)، ثم يحوله إلى (هو يكرهني)، ويحمل شعوراً بالاضطهاد، فيبرر لنفسه كراهية الآخر، ويعيش عداء مع العالم الخارجي. وحين يبادله العالم الخارجي عداء بعداء، فإنه يؤكد لنفسه ما سبق أن توهّمه من كراهية الآخرين، وعدم حبهم له.

وحين ينتقل الطفل إلى مرحلة الشرجية (عند فرويد)، أو الاستقلال، في مقابل الشك والخجل (Autonomy ve rsus Shame and Doubt) عند إريكسون، يكون العدوان في صورة العناد والخوف من الخضوع لإرادة الأم، والمبالغة في رغبة الاستقلال، التي تخفي وراءها شعوراً بالتعلق والاعتمادية. وأحياناً، يكون العناد خطوة نحو إثبات الذات والاستقلال، إلاّ أن المبالغة هي التي تجعله سمة مرضية. وما العناد إلا شكل من العدوان السلبي. وهو أسلوب العدوان للضعيف، الـذي لا قدرة له على

مواجهة من هو أقوى منه. ويرتبط العدوان بهذه المرحلة؛ إذ إنها بداية للتحكم والسيطرة العضلية، سواء عضلات الوقوف والمشي، أو عضلات التحكم في المخارج؛ وليس خافياً مدى ارتباط العدوان بالطاقة العضلية .

وحين ينتقل الطفل إلى مرحلة القضيبية (عند فرويد)، أو المبادرة في مقابل الشعور بالذنب (Initiation ve rsus Guilt) عند إريكسون، فإن عدوانه يتجه نحو احتلال مركز من هو أفضل منه، الذي كثيراً ما يكون الأب، أو الأم، في حالة الطفلة الأنثى، فتكون المنافسة والطموح .

ونظراً إلى نقص إمكانات الطفل، مقارنة بأبيه، خلال هذه المنافسة، فإنه يعوض هذا الشعور بالنقص، بالمبالغة في انتصاره في الخيال. وقد يصل إلى تخيلات قتل الأب، مما يولد لديه الشعور بالذنب، ولكنه يسقط هذا العدوان على أبيه، فيتخيل أن أباه سينتقم منه، ويتمثل هذا في خوف الخصاء. Castration Fear

في مرحلة الكمون عند فرويد، أو المثابرة من أجل تعلم مهنة، في مقابل الدونية (Industry versus Inferiority) عند إريكسون، يكبت الطفل صراعاته، وعدوانه. ويؤجل منافسته لأبيه، إلى أن يكتسب خبراته، ويصبح نداً له، فيتوحد به، ويجعله مثله الأعلى، تجنباً لانتقامه، بل يكتسب حبه ويتعلم منه. وإذا فشل الطفل في ذلك، لفساد بيئة المدرسة، أو غياب القدوة من جانب الوالدَين، واضطراب الأسْرة، فإن العدوان، يظهر في صورة اضطراب السلوك، إذ ينتهك الطفل حقوق الآخرين أو قِيم المجتمع وقوانينه .

Identity versus Roleالهوية، في مقابل غموض الدور وحين يصل الطفل إلى مرحلة المراهقة، أو مع بزوغ القدرة الجنسية. ويتجه ، كما يسميها إريكسون، تعود الصراعات إلى الظهور،(Confusion فيترجح بين اعتمادية الطفل وعناد المستقل. كما أنه المراهق إلى تحرير نفسه من الارتباط بوالدَيه، الكبار ويحتاج في الوقت نفسه إلى إرشاد وتوجيه. ويختبر المراهق يكون متناقضاً؛ فهو يرفض سيطرة

إلى أي حد يمكنه أن يذهب. فهو يحتاج إلى حدود ليشعر بالأمان، كما أن تقلبات نمط السلطة، ليرى وما يكمن لديه شائعة. وأحياناً، لا تستطيع قوى الضبط الداخلي لديه، المتمثلة في نضج الأنا، المزاج المتزايدة، فتحدث نوبات خلفه من جهاز القِيم، الأنا الأعلى، أن تتكيف مع النزعات الغريزية .العدوان

ومن الحيَل الدفاعية، التي يمارسها أنا(Ego)، المراهق، بصورة لاشعورية، وقد ينشأ عنها العدوان، ما يلي :

1- النقل (Displacement)

إذ ينقل الحاجات الاعتمادية، من الوالدَين إلى بدلائهما من الأقران. وقد ينسلخ المراهق من سيطرة والدَيه، إلى درجة الاندماج في جماعة الأقران، في نشاط مضاد للمجتمع، بغية اكتساب رضائها. فينقل ولاءه من الأسرة إلى جماعة الرفاق، وهذا يعطي الدور الخطير لرفاق السوء، في عنف المراهقين المضادّ للمجتمع. فإذا كان بين الرفاق من له أفكار عدائية، مضادّة للمجتمع، فإنه يبثها في الآخرين، ويجد صدى لما يريد، وأرضاً خصبة، يزرع فيها ما يشاء من عدوان، ضد المجتمع أو الأفراد .

2- قلب المشاعر إلى الضد(Reaction Formation)

المراهق الذي لا يستطيع الانفصال عن والدَيه، قد يعكس اعتماديته نفوراً، ويحول الحب إلى عناد، والارتباط إلى ثورة، والاحترام إلى سخرية، وأن الكبار للأسف لا يعون العصر؛ ومن ثَم فهم على خطأ، ولا بد من مواجهتهم بشكل إيجابي، في صورة عدوان ضدهم أو تجاهلهم، لأنهم لا يفهمون ما يفهمه المراهق. ويكون العناد تعبيراً عن العدوان السلبي، الذي يظهر في المجادلة في كل الأمور، التي تطلب منه، ويصل الأمر أشده، حين لا يقنع بشيء، فيتوقف عن فعل أي شيء، بل كل شيء، فيصاب

بالعجز التام، أو يظهر عدم الاستماع لِما يقال، أو يفعل عكس ما يطلب منه، أو يبحث عما يضايق الآخرين ويفعله .

ومصداق ذلك شكوى إحدى الأمهات، أن ابنها المراهق، ذا السبع عشرة سنة، توقف عن فعل أي شيء، سواء الذهاب إلى المدرسة، أو الاستذكار في البيت، أو استجابة أي مطلب، يطلب منه، على الرغم من سلامته العقلية، وتفكيره المتسق، وبالحوار المنفرد معه، لوحظ عدوانه الشديد تجاه والدَيه، الذي يظهره في صورة عناد، وصل إلى حالة من العجز التام .

3- المثالية :

يرى المراهق الأمور، في غمرة حماسته الأخلاقية، بيضاء أو سوداء، أي يراها كمبادئ قاطعة، يجب تطبيقها، من دون مراعاة للموقف، ولو كان بالعنف؛ فيعنف تحت ستار شعارات مثالية براقة، من دون واقعية منطقية. لذا فهو يرى الناضج، الواقعي كشخص ميئوس منه، أخلاقياً. ومن ثَم يكون التمرد على الكبار في صورة العدوان .

تشخيص العدوان:

ويشخص العدوان بالدلالات الآتية، كما أوردها الدليل الإحصائي التشخيصي الرابع للاضطرابات العقلية (DSM-IV): . يعتبر الطفل قد قام بسلوك عدواني إذا كان لديه نية للإيذاء وطبيعة العدوان اللفظي والبدني ومستوى الضرر الناتج والعلم بالنتيجة المحتملة، كما يجب الاهتمام بـ:

1-   خصائص السلوك نفسه كالاعتداء الحسي والاهانة وإتلاف الممتلكات

2-   شدة السلوك كحدة الصوت

3-   خصائص المعتدى علي.

من أشكال من العدوان:

- العدوان البدني جسمي كالضرب واللكم للآخرين
- العدوان اللفظي كالشتم والصراخ للآخرين.
- تدمير الممتلكات.
- عدوان مادي اجتماعي كالقتال من اجل الوطن ومطاردة مجرم.
- عدوان مادي غير اجتماعي كاحتجاز إنسان وقتله والانتقام من ظالم بوحشية والخروج على المعايير والقيم.
- عدوان الغضب وهو عدوان يثيره الإحباط ويأتي بعد الغضب.
- العدوان الموجه نحو الذات يوجه الفرد عدوانه نحو ذاته كضربه لنفسه أو امتناعه عن النوم أو الأكل.
- العدوان المباشر يوجه الفرد العدوان إلى فرد آخر هو مصدر الإحباط.
- العدوان غير المباشر عندما يفشل في توجيه العدوان إلى المصدر الأصلي فيحول العدوان إلى شخص آخر هو كبش الفداء لوجود صلة تربطه بالمصدر الأصلي.
- العدوان الرمزي ويرمز إلى احتقار الأخر وإهانته.
- العدوان الوسيلي ويسلك به الفرد للوصول إلى أهداف معينة.

مقياس السلوك العدواني:

ويمكن للمعلم أو المرشد استخدام مقياس السلوك العدواني للكشف عن مدى توفر السلوك العدواني لدى طالب صعوبات التعلم:

حضرة المعلم/ المعلمة المحترم...

بين يديك قائمة بفقرة، أنماط السلوك العدوانية، يرجى منك المساعدة في التعرف على الطلبة الذين يظهرون مثل هذه الأنماط وذلك بالاستعانة بالقائمة المرفقة.

الرجاء قراءة كل فقرة، وتحديد ما إذا كانت تنطبق على الطالب أم لا. فإذا كانت لا تنطبق علية ضع دائرة حول الرقم (صفر). وإذا كانت تنطبق عليه أحيانا ضع دائرة حول (1) الرقم، وإذا كانت تنطبق عليه دائما أو باستمرار ضع دائرة حول الرقم (2).

الرقم	الفقرة	لا يحدث	أحيانا	باستمرار
1	يسبب الأذى للآخرين بطريقة غير مباشرة	0	1	2
2	يبصق على الآخرين	0	1	2
3	يدفع أو يخمش أو يقرص الآخرين	0	1	2
4	يشد شعر الآخرين أو آذانهم	0	1	2
5	بعض الآخرين	0	1	2
6	يرفس أو يضرب أو يصفع الآخرين	0	1	2
7	يحاول خنق الآخرين	0	1	2
8	يرمي الأشياء على الآخرين	0	1	2
9	يستعمل أشياء حادة (مثل السكين) ضد الآخرين	0	1	2
10	يمزق أو يشد أو يمضغ ملابسه	0	1	2
11	يلوث ممتلكاته	0	1	2
12	يمزق دفاتره أو كتبه أو أي ممتلكات أخرى	0	1	2
13	يمزق دفاتر أو كتب أو أي ممتلكات للآخرين	0	1	2
14	يمزق أو يشد أو يمضغ ملابس الآخرين	0	1	2

15	يلوث ملابس الآخرين	0	1	2
16	يمزق المجلات والكتب. أو أي ممتلكات عامة أخرى	0	1	2
17	يتعامل بخشونة مفرطة مع الأثاث (كضربة أو كسره أو رميه على الأرض).	0	1	2
18	يكسر الشبابيك.	0	1	2
19	يبكي ويصرخ.	0	1	2
20	يضرب الأشياء بقدميه وهو يصرخ ويصيح	0	1	2
21	يرمى بنفسه على الأرض ويصيح ويصرخ	0	1	2
22	يضرب بقدميه أو يغلق الأبواب بعنف	0	1	2
يقوم بأشياء أخرى (حددها):				

التصحيح وتفسير النتائج:

- عدد فقرات المقياس (22) فقرة.
- الأوزان: لا يحدث أبدا (صفر) يحدث أحيانا (1) يحدث دائما (2).
- الدرجة الكلية للمقياس تتراوح بين (صفر- 44).
- اعتبرت العلامة (18) فما فوق مستوى عال من العدوانية (العمايرة، 1991).

أسباب العدوان:

1- الغرائز الفطرية:

هنا غريزة الموت توجه الدفعة العدوانية إلى خارج الفرد كوسيلة لحماية الذات، وسماها ادلر: إرادة القوة أو غريزة التفوق التي تهدف إلى أن يكون الإنسان مسيطرا على غيره.

2- العوامل البيولوجية:

هنا البناء الجسمي لدى المجرمين يقترب بهم من الشراسة والعنف، ويوجد كذلك إفرازات هرمونية تعد الفرد للقتال مثل هرمون التستستيرون وهرمون الأدرينالين الذي ينشط المراكز العصبية في المخ.

3- الوراثة:

حيث قد يرث بعض الذكور خللا في كر وموسوم y، مثل وجود كروم وسوم xyy بشكل غير طبيعي.

4- الإحباط:

يرى دولارد وميلر أن العدوان استجابة للإحباط، ويروا أن الإحباط يعني إعاقة تحقيق الهدف وهذا بدوره يؤدي إلى استثارة دافع إيذاء الآخرين وعندما يكبح السلوك العدواني ويعاقب عليه فانه يلجأ إلى العدوان على الذات.

5- التعلم الاجتماعي:

فالسلوك العدواني هو سلوك اجتماعي متعلم كغيره من السلوكيات الأخرى، ويتم اكتسابه نتيجة النمذجة، وكذلك من خلال التنشئة الاجتماعية، وكذلك أوضح باندورا إلى أهمية العمليات المعرفية في تنظيم السلوك العدواني مثل أن يقول العدواني أن الضحية ظالمة أساسا (توقعات الشخص) .

6- سمات الشخصية:

وهو ما يشير إليه ايزنك: أن جميع الناس يولدون بأجهزة عصبية بعضهم سهل الاستثارة وبعضهم صعب الاستثارة، والشخصيات سهلة الاستثارة يكون لدى صاحبها استعداد سهل في أن يكون عدواني أو مجرم.

7- العوامل النفسية:

ومن العوامل النفسية التي تلعب دورا ما يلي:

1- الرغبة في تحقيق وتأكيد الذات: فجو القهر والتسلط والتعسف في محيط الأسرة يعمل على إضعاف تأكيد الذات.

2- الحاجة للحرية: فالحرية شرط ضروري للصحة النفسية والنمو السوي والأطفال الذين يشعرون أنهم لا حول لهم ولا قوة، يلجئون إلى العناد والتخريب ورفض الطعام والتبول اللاإرادي.

3- الرغبة في الانتقام: وذلك من اجل إعادة الاستقرار والعدالة وهو يمحو العدوان الأول وكأنه دين استرده الدائن من المدين.

4- الإحساس بلذة التعذيب (السادية): وهو هنا يحقق لصاحبه الراحة والشعور بالقوة وينزل الألم على شخص آخر حتى الموت، ويكون لا حول له ولا قوة ولدى السادي الرغبة في تجريح مشاعر الآخرين.

8- عوامل اجتماعية:

وهي إما أن تكون في المدرسة مثل تفضيل المعلمين لبعض الطلبة أو صعوبة المنهاج، أو الفشل الدراسي، أو أسباب تعود للمعلم مثل: اضطرابه الانفعالي وهياجه أمام التلاميذ، أو عوامل تعود للأسرة مثل: التفكك الأسرى والطلاق وتعدد الزوجات وفقدان الترابط الأسرى وجهل الوالدين بأصول التربية وعصبية الآباء وثورتهم لأتفه الأسباب، أو أسباب تعود للرفاق كسوء معاملة الإقران وشعوره بالنقص وسط رفاقه.

9- تعاطي العقاقير والمخدرات:

ويؤدي الإدمان إلى العنف إلى طرق عدة فالسكر المتكرر يفقد الفرد القدرة على

التحكم في ذاته، ويسبب تلفا في المخ من جراء تأثير المسكرات على الخلايا العصبية، مما يؤدي لتدهور الشخصية من خلال الشك والخوف اللذين لهما ما يبررهما فينعزل الفرد عن الناس، ويظهر الذهان البرانوي كأحد مضاعفات الإدمان.

علاج العدوان:

أولا: الإرشاد والعلاج النفسي الفردي

ويحب أن يشمل الأسرة والمدرسة والوسط الاجتماعي ويتم استخدام أساليب مثل:

1- التدعيم الإيجابي: الثناء على الطفل عندما يقوم بشيء مرغوب.

2- التدعيم السلبي: وذلك بإزالة شيء غير مرغوب من الطفل إذا امتنع عن السلوك العدواني وكذلك يستخدم أسلوب الإقصاء عند قيام الطفل بالسلوك غير المرغوب .

3- التدريب على المهارات الاجتماعية: وهي سلسلة من الأنشطة تصمم لمجموعة صغيرة لتعلم مهارات التفاعل والتواصل الاجتماعي الإيجابي مثل الاستماع والحديث بطريقة ملائمة وعدم التسرع في الحكم على الأمور.

4- التدريب على التحكم في الباعث وقيادة الغضب: وهنا يتم تعليم الفرد أسلوب حل المشكلات ودراسة الموقف من جميع الجوانب والتريث عند مواجهة موقف صعب.

5- محاولة تصحيح السلوك العدواني بتعديل مفهوم الذات لدى الطفل وحل الصراعات وإزالة التوتر.

6- العلاج المعرفي: ويهدف إلى تبديل أفكار الطفل العدواني ومعتقداته نحو نفسه ونحو الآخرين

ثانيا: العلاج الأسرى

لتدريب الآباء على الأساليب السوية في معاملة الأبناء وإرشادهم وذلك على النحو التالي:

1- الإقلال ما أمكن من التدخل في أعمال الأبناء حتى لا يشعروا باليأس.

2- الإقلاع عن العصبية والثورة لأتفه الأسباب .

3- الإقلاع عن استفزاز أو معايرة الأبناء بأخطائهم.

4- الإقلاع عن الحزم المبالغ فيه والسيطرة المبالغ فيها .

5- الامتناع عن مقابلة غضب الأبناء بالغضب بل عليهم أن يكونوا قدوة حسن.

6- توفير الجو العائلي الهادئ القائم على المحبة والتعاون والثقة .

7- يجب شغل أوقات الفراغ لدى أبنائهم باللعب والرياضة .

ثالثا: الإرشاد التربوي

من خلاله يتم التركيز على ما يلي :

1- إتاحة الفرصة للطلاب للتنفيس عن توتراتهم من خلال الأنشطة.

2- إمداد المعلمين بالمعلومات التربوية عن الطلاب ومشكلاتهم.

3- أن يقوم المرشد بالتخلص من العدوان عن طريق التوعية من خلال المناقشات والمحاضرات والسيكودراما، ومن خلال استخدام أساليب الثواب والعقاب والتعزيز، ومن خلال استنفاذ الطاقات العدوانية في أنشطة مفيدة.

رابعا: العلاج بالعقاقير

ثالثا: التبول اللاإرادي

التبول اللاإرادي من أكثر الاضطرابات شيوعا في مرحلة الطفولة ويعني عدم قدرة الطفل على السيطرة على مثانته فلا يستطيع التحكم في انسياب البول. فإذا ما تبول الطفل في فراشه أثناء نومه سمي تبولا ليليا وإذا تبول أثناء لعبه أو جلوسه أو وقوفه سمي تبولا نهاريا .

تشخيص التبول اللإرادي:

ولا يعد تبول الطفل لاإراديا حتى سن الخامسة مشكلة ولا يعد تبلبل الطفل لفراشه وملابسه مرات قليلة مشكلة ما لم يتكرر العرض . ويشخص بالدلالات الآتية، كما أوردها الدليل الإحصائي التشخيصي الرابع للاضطرابات العقلية :(DSM-IV)

1- التخلص المتكرر من البول في الفراش او الملابس لا إراديا او مقصودا

2- أن يكون السلوك مستوفيا إكلينيكيا وهي: إما تكرار الحدث مرتين أسبوعيا لمدة ثلاثة شهور متتالية على الأقل، أو قلق أو ضعف في العلاقات الاجتماعية.

3- يكون العمر الزمني 5 سنوات على الأقل.

4- ألا يكون السلوك بسبب الآثار الفسيولوجية المباشرة للمواد والأدوية المدرة للبول أو الظروف الصحية العامة.

أسباب التبول اللاإرادي:

1- الأسباب الفسيولوجية والعضوية:

كأمراض الجهاز البولي المتمثلة في التهاب المثانة أو التهاب قناة مجرى البول أو ضعف صمامات المثانة وربما التهاب الكليتين أو بسبب التهاب فتحة البول أو تضخم

لحمية الأنف، حيث تسبب للطفل صعوبة في التنفس أثناء النوم مما يؤدي إلى الإجهاد واستغراق الطفل في النوم مما يؤدي لإفراغ هذه المثانة أثناء الاستغراق في النوم، كذلك بسبب فقر الدم ونقص الفيتامينات إذ يؤدي الضعف العام لعدم السيطرة على عضلات المثانة وكثرة شرب السوائل قبل النوم .

2- أسباب وراثية:

يلعب العامل الوراثي دوره في حدوث هذه المشكلة فيرث الطفل هذا السلوك من والدية فهناك دلائل تحتاج إلى تأكيدات تشير إلى وجود علاقة وراثية بين الآباء والأطفال في مشكلة التبول اللاإرادي، كما أن هناك علاقة بين تبول الأطفال وتبول إخوة لهم، كما أن الضعف العقلي الناتج عن خلل كروموزومي يصاحبه غالبا تبول لاإرادي.

3- أسباب اجتماعية وتربوية: ومنها

● تقصير الأبوين وعجزهم في تكوين عادة ضبط البول لدى الطفل عدم مبالاة الوالدين بمراقبة الطفل ومحاولة إيقاظه ليلا في الأوقات المناسبة لقضاء حاجته وإرشاده للذهاب إلى الحمام قبل النوم.

● سوء علاقة الطفل بأمه الذي يعود للأم مما يجعل تدريب الطفل على التحكم بعضلات المثانة أمرا صعبا.

● الاهتمام المبالغ فيه في التدريب على عملية الإخراج والتبول والنظافة وإتباع أسلوب القسوة والضرب والحرمان كي يتعلم الطفل التحكم في بوله.

● تعويد الطفل على التحكم في بوله في سن مبكرة وقد وجدان حالات التبول اللاإرادي تنتشر بشكل أفضل لدى الأمهات اللاتي يبكرن في عملية تدريب أطفالهن على التحكم في البول.

- تدليل الطفل أو حمايته والتسامح معه عندما يتبول وهذا يعزز لدي الطفل هذا السلوك ويعتقد انه على صواب.

- التفكك الأسري وفقدان الطفل الشعور بالأمن كترك احد الوالدين للمنزل أو الطلاق وكثرة الشجار من الوالدين أمام الأبناء.

- وجود مشاعر الغيرة لدى الطفل كوجود منافس له أو زميل متفوق عليه في المدرسة.

- وفاة شخص عزيز على الأسرة وخاصة إذا كان ممن يعتني بالطفل .

4- الأسباب النفسية: ومنها

- خوف الطفل من الظلام أو بعض الحيوانات أو الأفلام والصور المرعبة أو من كثرة الشجار داخل المنزل.

- الخوف من فقدان الرعاية والاهتمام نتيجة قدوم مولود جديد .

- غيرة الطفل عندما يشعر انه ليس له مكانته وان احد إخوته يتفوق عليه فيدفع هذا الطفل إلى النكوص أي: استخدام أسلوب طفولي يعيد له الرعاية والاهتمام مثل سلوك التبول.

- شعور الطفل بالحرمان العاطفي من جانب الأم إما بسبب غيابها المتكرر أو الانفصال بين الوالدين

- الإفراط في رعاية الطفل وحمايته تنمي عدم ثقته في الاعتماد على نفسه وعدم تحمله مسؤولية التصرفات السلبية كالتبول اللاإرادي.

علاج التبول اللاإرادي:

- إراحة الطفل نفسيا وبدنيا بإعطائه فرص كافية للنوم حتى يهدأ جهازه العصبي ويخف توتره النفسي الذي قد يسبب له الإفراط في التبول .

- التحقق من سلامة الطفل عضويا وفحص جهازه البولي والتناسلي وجهاز الإخراج وإجراء التحاليل للبول والبراز والدم والفحص بالأشعة والفحص عند طبيب الأنف والإذن والحنجرة
- منع الطفل من السوائل قبل النوم .
- التبول قبل النوم وإيقاظه بعد عدة ساعات ليتبول .
- تدريبه على العادات السليمة للتبول وكيفية التحكم في البول .
- عدم الإسراف في تخويفه وعقابه وتأنيبه وبث الطمأنينة في نفسه وإشعاره بالمسؤولية بإشراكه مع والديه والإيحاء له بأنه يستطيع السيطرة على بوله .
- تشجيعه عندما نجد فراشه نظيفا و استطاع أن يذهب لدورة المياه ومكافئته إذا كان فراشه غير مبلل وإخباره انه سيحرم من هذه المكافأة إن بلل فراشه
- تجنب مقارنته بأخوته الذين يتحكمون في البول وعدم استخدام التهديد والابتعاد عن السخرية منه و التشهير به إمام الآخرين
- استخدام أسلوب الكف المتبادل: ونعني به كف نمطين سلوكيين مترابطين بسبب تداخلهما وإحلال استجابة متوافقة محل الاستجابة غير المتوافقة بكف النوم حتى يحدث الاستيقاظ والتبول وكف البول باكتساب عادة الاستيقاظ أي أن كف النوم يكف البوال وكف البوال يكف النوم بالتبادل .
- استخدام العلاج الطبيعي بإعطاء الطفل ملعقة صغيرة من العسل فبل النوم مباشرة فهو مفيد لأنه يساعد على امتصاص الماء في الجسم والاحتفاظ به طيلة مدة النوم كما أن العسل مسكن للجهاز العصبي عند الأطفال ومريح أيضا للكلى.

برنامج علاجي لمعالجة التبول اللاإرادي الليلي

أولا: معلومات أولية و أسرية

التاريخ: ....

الاسم .... العمـر: ....

المدرسة: .... الصـف: ....

عدد الإخوة: .... ترتيبه بين الأخوة: ....

تقييم الأم لسلوك طفلها: .... تقييم الأخوة لسلوك أخوهم: ....

طرق التنشئة الأهل لابنهم: ☐ دلال ☐ حماية زائدة ☐ قسوة

☐ إهمال ☐ ضرب ☐ معايرة.

ردود الفعل من قبل الأهل: ☐ الإنزعاج ☐ القلـق ☐ المبالغة

☐ الضرب ☐ اللامبالاة.

هل يتشاجر الوالدان أمام الطفل: ....

هل يتشاجر الطفل مع إخوته: ....

ثانيا: معلومات صحية ونفسيه

هل مارس الأهل ضغوطات على الطفل لضبط مثانته: ....

هل لديه نوم عميق أم متقطع: ....

العمر الذي بدا به بالتبول: ....

هل يعاني الطفل من مشكلات نفسية من مثل: ☐ مص الإبهام ☐ العدوان

☐ التأتأه ☐ الحركة الزائدة ☐ الخجل

ثالثاً: معلومات تحصيلية

استيعاب الطفل: ....

إتباع الطفل للتعليمات: ....

رابعاً: معلومات اجتماعية

علاقة الطالب مع أصدقائه: ....

هل يفضل العلاقة مع من هم اكبر منه سناً: ....

هل هو محبوب بين أصدقائه: ....

خامساً: معلومات إضافية

كيف يقضي وقت فراغه: ....

نوعية البرامج التلفزيونية التي يشاهدها ....

كم يجلس أمام التلفزيون يوميا: ....

هل لديه صفة التأجيل: ....

أ- برنامج التبول الليلي تعبأ من قبل الأهل:

اليوم	التوقف عن تناول الطعام بعد الساعة السابعة مساء	الذهاب للحمام عند الساعة الثامنة والتاسعة	التوقف عن مشاهدة المشاهد المخيفة	التوقف عن شرب السوائل بعد الساعة السادسة	ساعة الاستيقاظ 12 ليلا	ساعة الاستيقاظ 3 ليلا	هل لبس ملابس واسعة عند النوم وخلال النهار	هل تم تعزيز الطفل في حالة عدم تبوله على نفسه	هل تبول على نفسه	كيف تصرف معه الأهل في حالة التبول على نفسه
الأحد										
الاثنين										
الثلاثاء										
الأربعاء										
الخميس										
الجمعة										
السبت										
الأحد										
الاثنين										
الثلاثاء										
الأربعاء										
الخميس										
الجمعة										

										السبت
										الأحد
										الاثنين
										الثلاثاء
										الأربعاء
										الخميس
										الجمعة
										السبت
										الأحد
										الاثنين
										الثلاثاء
										الأربعاء
										الخميس
										الجمعة
										السبت
										الأحد

ملاحظة: يمكن تقريب المواعيد أو أبعادها حسب حالة الطفل فيمكن إضافة ساعات جديدة ومع الوقت يقل الفارق بين الأوقات

ب- برنامج التبول النهاري يعبأ من قبل الأهل (الاحتفاظ بالبول)

ج - برنامج التبول في النهار يعبأ من قبل الأهل (تدريب المثانة)

يقوم على تدريب المثانة حيث يسمح للطفل بشرب كميات من السوائل، تولد لديه الرغبة في التبول ويعطي كل ساعة كوبين، وبعد انقضاء نصف ساعة يشعر الطفل بحاجته للتبول وعندها يسمح له أن يذهب للحمام ويجلس لقضاء حاجته ولكن لا يقضيها بشكل كامل حيث يقطع تبوله وينظف نفسه ويخرج من الحمام وتستمر هذه العملية لمدة أسبوع.

الرقم	اليوم والتاريخ	هل أعطي سوائل ليشربها عند الساعة 2 ظهرا	عدد مرات ذهابه للحمام من الساعة 2-6	كم مرة خرج دون قضاء حاجته كاملة من 1-5 مرات
1				
2				
3				
4				
5				
6				
7				
8				
9				
10				

ملاحظات للوالدين:

- لا بد من توفير العناية والرعاية اللازمتين للطفل وعدم توبيخه أو نقده ومعايرته.

- لا بد من الثقة في البرنامج والتعاون وبذل الجهد ليساعد في تحسن الطفل.

- لابد من مراعاة عدم شرب الطفل للسوائل بكثرة بعد الساعة السادسة مساءا.

- طريقة العقاب تكون بالطلب من الطفل وبكل هدوء أن يغير فراشه وملابسه وإذا كان كبيرا يطلب منه أن يغسل ملابسه.

رابعا: نقص السلوك التوكيدي

يعرف السلوك التوكيدي بأنه القدرة على الحصول على الحقوق الشخصية، دون الاعتداء على حقوق الآخرين. ويلاحظ بشكل عام ان طلبة صعوبات التعلم لديهم نقص في السلوك التوكيدي، حيث يبدو ذلك نتيجة انخفاض في تقديرهم للذات، وشعورهم بأن مستواهم التحصيلي أقل من الآخرين.

فوائد التدريب على السلوك التوكيدي:

- يولد شعوراً بالراحة النفسية ويمنع تراكم المشاعر السلبية.

- به يحافظ الشخص على حقوقه ومصالحه ويحقق أهدافه.

- يقوي الثقة بالنفس.

- يعطي انطلاقاً في ميادين الحياة " فكراً وسلوكاً " بعد التخلص من المشاعر السلبية المكبوتة.

مجالات استخدام أسلوب التدريب التوكيدي مع طلبة صعوبات التعلم:

- للأفراد الذين لا يستطيعون التعبير عن غضبهم

- للأفراد الذين يجدون صعوبة في طلب معروف: حيث يشعر الفرد بأنه ليس من حقه طلب ذلك من أجل نفسه.

- للأفراد الذين يجدون صعوبة في قول لا

- للأفراد الذين يجدون صعوبة في البدء بالحديث: فهو انطوائي ولذلك يعتقد أن لدى الناس موهبة عظيمة في الحديث وهو لا يستطيع مجاراتهم ولذلك من الأفضل له أن يصمت.

- للأفراد الذين يجدون صعوبة في تقديم وتلقي المديح: حيث يملك درجة منخفضة من تقدير الذات، ويجد صعوبة في مواقف تلقي المجاملات ويشعر بالإحراج واحمرار الوجه حين يتلقى المجاملات من الآخرين.

- للأفراد الذين يجدون صعوبة في تقديم وتلقي الشكوى: يجد هنا الفرد صعوبة في التذمر والشكوى، وعادة ما يعتذر وبدون تمييز، وحتى لو لم يكن على خطأ فيعترف بأنه على خطأ.

- للأفراد الذين يجدون صعوبة في التواصل البصري

- للأفراد الذين يجدون صعوبة في التعبير عن مشاعرهم وأفكارهم

ولابد للمرشد أن يتعرف على أنماط الاستجابات المختلفة للمسترشدين حتى يميز الاستجابة المؤكدة وتقسم هذه الأنماط إلى ثلاث أقسام:

النمط	غير المؤكد	المؤكد	العدواني
الانفعال المصاحب	- يوجه انفعاله نحو الداخل. وغالبا يخشى من التعبير عن انفعالاته .	- يوجه انفعاله بطريقة مناسبة ويعبر بطريقة لا تؤذي الآخرين	- انفعاله فيه تهديد ووعيد للآخرين - عواطف غاضبة ومتفجرة باستمرار
اللغة اللفظية	- قلة الحديث والتردد عند الحديث. - صوت خافت. - عباراته فيها ضعف عام مثل: لا أستطيع، أنا أسف (يبدأ كلامه بذلك)	- عباراته مناسبة للموقف مثل: ما رأيك؟ دعني أتحدث ثم أترك لك الفرصة للحديث؟	- كلام تحقير وإساءة وتجريح وإهانة للآخرين - البدء بعبارات مثل: إذا لم تنته، أنا أريد، اعمل ما أقوله لك وإلا
السلوك غير اللفظي	- عيون مسدلة وتجنب اتصال بصري مباشر مع الآخرين. - تهدل في أعضاء الجسم، وجسد يكاد يتداعى للسقوط وفرك في الأيدي وتردد وتمتمة وحشرجة في الصوت.	- متزن مستقر يتواصل بصريا بما يناسب الموقف. - نظرة ثابتة إلى عيون الآخرين - غير متوتر ونبرة صوت عادية ثابتة	- عيون محملقة، التوجه إلى الأمام - الإشارة بالأصابع - نبرة صوت مرتفعة تنم عن التهديد والوعيد.

مقياس توكيد الذات Measu صلى الله عليه وسلم e of Self-asse صلى الله عليه وسلم tion

يمكن للمرشد الاستفادة من المقياس الحالي في تشخيص مدى وجود توكيد للذات لدى المسترشد أو ضعف في توكيد الذات أو عدوانية، من أجل علاجه لاحقا.

يتكون المقياس الحالي من الأبعاد التالية:

1- السلوك غير اللفظيNon-Ve صلى الله عليه وسلم bal Behavio صلى الله عليه وسلم : هنا الفرد يواجه الموقف ويدلل على الطريقة التي يستطيع بها ان يدافع عن نفسه بطريقة مستقلة، وعندما يكون الشخص مؤكدا لذاته فإنه ينظر بنظرة ثابتة بعيني الآخر، كما يقف بشكل مريح وبأقدام ثابتة، ويتحدث بصوت قوي وبنغمة ثابتة، وتقيسه الفقرات (4-5-11-12- 18-19-25-26-32-33)

2- نوع الانفعال المصاحب Emotion Associated: ويقصد به ميل الفرد إلى إدراك والتعامل مع مشاعره كما تحدث، فلا يعطي نفسه حقها في الانفعال، ولا يستعمل ذلك لإنكار حقوق الآخرين، فالتوتر يبقى في المستوى المقبول والمدى البناء، وتقيسه الفقرات (6-7-13-14-20-21- 27-28-34-35)

3- اللغة المستعملة عند الاستجابة The Language used when صلى الله عليه وسلم esponding: يستخدم جملا مناسبة ويستطيع التعبير عن نفسه ويقدم المديح والنقد بشكل بناء، وتقيسه الفقرات (1-2-3-8-9-10-15-16-17-22-23-24-28-29-30)

الرقم	الفقرة	دائما	غالبا	أحيانا	نادرا	قطعيا
1	لدي القدرة الاجتماعية على الحديث مع الغرباء في المواقف المختلفة.	5	4	3	2	1
2	أحاول سعيا للتعبير عن وجهة نظري.	5	4	3	2	1
3	لا اعرف ما أقوله للأشخاص الذين يعجبونني.	1	2	3	4	5
4	أتقبل النقد والاعتذار عندما يكون مناسبا للموقف.	5	4	3	2	1
5	أتردد في إجراء مكالمات هاتفية لأي غرض من الأغراض حتى لا أحرج الآخرين.	1	2	3	4	5
6	لا أتردد في التعبير عن مشاعري السلبية وبطريقة مناسبة إذا وجه لي أحدهم إهانة أو تحقير.	5	4	3	2	1
7	أغضب بشكل مبالغ فيه عند حديثي مع الآخرين.	1	2	3	4 ،	5
8	أتجنب النقاش حول الأسعار مع البائعين حرصا على مشاعرهم أو خوفا من الإحراج.	1	2	3	4	5
9	أفصح عن هويتي وأعرف عن نفسي بجرأة.	5	4	3	2	1
10	عندما أقدم تحية للآخرين أتحدث بصوت خافت جدا	1	2	3	4	5
11	أستطيع إنهاء العلاقة مع الأفراد الآخرين إذا شعرت أنها مؤذية.	5	4	3	2	1
12	أتواصل بصريا مع الآخرين الذين أتحدث معهم بشكل مناسب.	5	4	3	2	1
13	احرص على تجنب إيذاء مشاعر الآخرين حتى عندما أشعر بأنه قد جرح مشاعري	5	4	3	2	1

14	إذا ضايقني قريب أو صديق أو زميل، فإنني أفضل أن اخفي مشاعري بدلاً من أن اعبر عن ضيقي منه.	1	2	3	4	5
15	عندما أكون في موقف جديد أستطيع التعبير عن احتياجاتي وبالشكل المناسب	5	4	3	2	1
6	إذا كنت في نقاش مع مجموعة من الأفراد فإنني لا أستطيع التعبير عن وجهة نظري بطريقة لبقة	1	2	3	4	5
17	إذا كنت في موقف تعليمي فإنني أتردد في سؤال المعلم عما لا أفهمه	1	2	3	4	5
8	أتعامل مع المواقف المحرجة بطريقة عدوانية	1	2	3	4	5
19	إذا مدحني شخص ما فإني أشكره بالطريقة المناسبة	5	4	3	2	1
20	إذا أعجبت بشيء ما أو شخص ما فإنني أختار الوقت المناسب للتعبير عن مشاعري	5	4	3	2	1
21	أشعر بالكره والرغبة في التهجم على الآخرين	1	2	3	4	5
22	ليس لدي القدرة في تقديم المديح للآخرين بالشكل المناسب	1	2	3	4	5
23	أستطيع تقديم الشكوى للآخرين عندما يسببوا لي الإزعاج والإيذاء بالشكل المناسب	5	4	3	2	1
24	إذا كان بجانبي اثنان يتحدثان بصوت عال وأريد الإنصات أطلب منهما التزام الهدوء أو إتمام محادثتهما في ما بعد.	5	4	3	2	1

25	أتردد في دعوة الآخرين لزيارتي أو تناول الطعام عندي بسبب خجلي	1	2	3	4	5
26	أجد إحراج في إعادة شيء اكتشفت أنه غير مناسب، وكنت قد اشتريه	1	2	3	4	5
27	أكون لطيفا مع الآخرين ولو على حساب مصلحتي الذاتية	1	2	3	4	5
28	اعبر عن مشاعري بصراحة و وضوح.	5	4	3	2	1
29	أعرف متى أقول: نعم ومتى أقول: لا	5	4	3	2	1
30	أتردد في المطالبة بحقوقي عندما تكون قليلة جدا ، وغير مهمة كباقي أجرة	1	2	3	4	5
31	أعطي الآخرين حقوقهم بطريقة لبقة ومؤدبة ولا أعمل على تأجيلها	5	4	3	2	1
32	إذا وجه لي شخص ما انتقادا فإنني أعرف كيف أتعامل معه بشكل مناسب	5	4	3	2	1
33	أجد صعوبة في الحديث أمام المسؤولين عن موضوع يخصني وعندها قد يبدو عليّ تردد وحشرجة في الصوت	1	2	3	4	5
34	الجأ إلى كبت مشاعري بدلا من إظهارها حتى لا أزعج الآخرين	1	2	3	4	5
35	لدي ثقة بقدرتي على التعبير عما يجول في خاطري	5	4	3	2	1

طريقة التصحيح والتفسير:

عدد فقرات المقياس هي (35) ويتكون المقياس من ثلاثة أبعاد، وتتراوح العلامة الكلية من (35-175) والمتوسط هو (105) وكلما زادت العلامة عن (105) دل ذلك على امتلاك الفرد للتأكيد الذاتي.

خطوات التدريب التوكيدي:

أولا: التخمين الأولي

هل المسترشد غير مؤكد: أشارت الدراسات أن المسترشدين نادرا ما يطلبون التدريب التوكيدي، وفي هذه الخطوة لا بد من تحديد درجة انزعاج المسترشد من خلال أسئلة مثل: هل تجامل أصدقائك؟ هل تعتذر عندما تخطئ بالشكل الصحيح أم المبالغ به؟ هل تقاوم ضغط الباعة؟ هل ترفض الضغط الموجه لك من قبل الآخرين؟ هل تخبر شخص أنت منزعج منه لقيامه بعمل أزعجك؟ هل تطلب زيادة راتبك؟ هل تستفسر عن أشياء شخصية؟

ثانيا: مناقشة مفهوم التدريب التوكيدي مع المسترشد

بعد أن يتعرف المرشد على أن مشكلة المسترشد تعكس افتقاره إلى التوكيد، عندها يقوم المرشد بتعريف المسترشد بهذا التكنيك، ويشارك المسترشد بالنقاش حول مبررات التدريب التوكيدي.

ثالثا: قياس الخط القاعدي

وفيه يتعرف المرشد بشكل محدد ودقيق على الدلائل اللفظية وغير اللفظية التي تظهر عدم التوكيد، ويتعرف على عواطف وانفعالات المسترشد التي تدل على عدم التوكيد، ويبين للمسترشد نتائج عدم توكيده لذاته، وكيف يمكن أن يتغير سلوكه عندما يصبح أكثر توكيدا.

رابعا: تطبيق الإجراءات المدعمة على المسترشد

باستخدام التكنيكات والاستراتيجيات التي أرفق بعضها بعد هذه الخطوات

خامسا: الوظائف البيتية

والتي تعطى يوميا لمساعدة المسترشد على التخلص من عدم التوكيد في الحياة مثل: حديث الذات، السؤال بلماذا؟ النظر إلى الناس بأعينهم، حديث التحية، الحديث عن المشاعر.

استراتيجيات التدريب التوكيدي:

أولا: الدراما النفسية أو السيكودراما لمورينو

طورت السيكودراما على يد مورينو كأسلوب علاجي جمعي حيث يستطيع المسترشد من خلالها أن يلعب دورا أو يمثل الماضي والحاضر وما يتوقعه من أوضاع أو مواقف مستقبلية، وذلك من أجل أن يتوصل إلى فهم أفضل لمشاكله، أو تنفيس انفعالاته ليصل للتكيف مع متطلبات ذاته والبيئة المحيطة به، ويعتبر لعب الدور أو السيكودراما من أهم التكنيكات المستخدمة في التدريب التوكيدي، حيث أنه يساعد المسترشد في تطوير مهارات سلوكية أفضل وفي التعبير عن مشاعره التي لم يعبر عنها حتى الآن.

المبدأ الذي تستند إليه: أن على كل فرد لعب أدوار متعددة وربما متضاربة في مسرح الحياة منها دور الطفل ودور الأب والمعلم والصديق والمسيطر والمحب إلى غير ذلك، وقد تتضارب هذه الأدوار، وقد تحدث صراعات وتظل مكبوتة، وهنا يشجع العميل على تمثيل هذه الأدوار بشكل تلقائي.

وهذه الطريقة تساعد على تقليل التوترات وإعادة الفرد لتحسين علاقاته مع الآخرين وازدياد اتصاله معهم.

وينبغي أن لا يكون لعب الدور مجرد إنجاز أو عمل سطحي فمن الممكن جدا أثناء لعب الدور أن يعبر المسترشد عما يحسه أو يشعر به وعن مخاوفه أو عما يريد أن يكونه، كما أن لعب الدور يمكن المسترشدين من تلمس طريقهم نحو أجزاء من أنفسهم، لم يكونوا على وعي بها، ويسمح للمسترشدين من الاستمرار في خلق أبعاد جديدة لأنفسهم.

ثانيا: الاستجابة البسيطة الفعالة ثم التصعيد

وهي تتطلب التعبير المناسب عن المشاعر مثل الضيق والغضب، ويحقق من خلالها المسترشد الهدف بأقل جهد وأقل درجة من الانفعالات السالبة،على سبيل المثال قد يكون الفرد في موقف يود أن يستمع إلى شيء ولكن الآخرين يحدثون ضجيجا مثلا عند عرض أحد الأفلام الثقافية أو أثناء إجراء حوار في ندوة، ويمكن هنا أن يلفت هذا الشخص إلى الجلوس الحاضرين قائلا في صوت هادئ: يا إخواني: ألا يمكن أن نكون أكثر هدوء؟

وفي بعض الأحيان فإن مثل هذا الضجيج أو هذه الفوضى قد تثير أحد الحضور فيقف صائحا في غضب شديد: ما هذه الفوضى؟ ما هذا الضجيج؟ لو كان هذا المكان منضبطا ما حدث هذا؟ أنا أحمل المسئولين عن دعوتنا ما يحدث الآن.. الخ، وبالطبع مثل هذا الانفعال الشديد قد يترك آثاره السلبية على الشخص نفسه، وكذلك على جمهور الحاضرين أيضا..

وهناك مواقف كثيرة يجد المرء نفسه فيها بحاجة إلى مثل هذه الاستجابة البسيطة والفعالة في نفس الوقت، خذ على سبيل المثال النماذج التالية:

● عندما يجد الفرد نفسه بعد تناوله للعشاء في أحد المطاعم، وقد قدمت له فاتورة حساب تشتمل على أشياء لم يطلبها، ربما يكفي في مثل هذه الحالة أن يقول: أظن أن هناك خطأ ما في هذه الفاتورة، هل يمكن أن تعيد حسابها مرة أخرى؟

- عندما يتبين لك أن أحد الركاب قد أخذ مكانك: قد يكون من المناسب أن تقول له: أظن يا أخي أنه قد حدث خطأ في رقم المقعد، هل يمكن أن تراجع تذكرة الحافلة.

- طالب يجد نفسه ليلة الامتحان وجها لوجه مع صديق أو قريب له جاء يزوره ليمضي معه بعض الوقت في أحاديث عابرة، يمكن أن يقول له على سبيل المثال: صديقي، أنت تعلم أن لدي في الغد امتحانا، وأنا بحاجة إلى مراجعة بعض الموضوعات قبل أن أنام في وقت مبكر هذه الليلة، وأرجو أن نلتقي في وقت آخر بعد انتهاء الامتحانات.

أما التصعيد فمن خلاله:

وهو أسلوب يستخدم لزيادة ثقة المسترشد بنفسه ويساعد على تعميم السلوك المؤكد في المرات القادمة ويمكن استخدامه للتعامل مع مواقف يمكن التنبؤ بها سابقا، ويقع ضمن خطوات سيتم الحديث عنها بالمثال التالي:

- الاستجابة الأقل دونية في الفعالية: يقوم أحد الجيران برفع صوت المسجل وأنت تريد المذاكرة لامتحان مهم، والاستجابة الفعالة الدنيا هي الذهاب إليه: وقول بلطف أعتقد بأن صوت المسجل مرتفع قليلا هل يمكن إخفاض صوت المسجل؟

- زيادة مستوى الفعالية إذا لم يستجب: العودة إليه مرة ثانية لقد قلت أن صوت المسجل مرتفع وطلب تخفيض الصوت ولكنه ما زال مرتفعا، وأنا أريد المذاكرة، فهل سمحت بتخفيض صوت المسجل حتى أركز في مذاكرتي؟

- زيادة مستوى الفعالية بشكل أكبر: العودة إليه مرة ثالثة في حال لم يستجب لطلبك، وقول: هذه المرة الثالثة التي أعود للحديث بلطف معك، ولكنك لم تستجب لحق الجيرة أو المعرفة وما زلت ترفع صوت المسجل دون مراعاة لمشاعر الآخرين.

- زيادة مستوى الفعالية بشكل أكبر: إخباره أنك ستتصل بالشرطة للشكوى عليه إذا لم يخفض صوت المسجل.

وتتطلب في تنفيذها أن تكون العلاقة الإرشادية بين المرشد والمسترشد قد تقدمت.

ثالثا: الاستبصار

حيث يطلب من المسترشد أن يتعرف على أخطائه وأن يتعلم أساليب أخرى بديلة أكثر ملائمة، كذلك يصاحب ذلك الإيحاء القوي الذي يستهدف تخليص المسترشد من أنماط سلوكية قديمة، وأن يتبنى المعايير التي يقترحها له المعالج، وعلى المعالج أن يوضح له أن الشخص الذي لا يؤكد ذاته يلقى كثيرا من المظالم الكبرى.

رابعا: الحوار مع النفس

من أنجح الوسائل للتغلب على المعتقدات الخاطئة، حيث تساعد المسترشد على الانتباه للأفكار أو الآراء التي يرددها بينه وبين نفسه، ويرى السلوكيون الجدد أن الحوار مع النفس عند أداء نشاط معين من شأنه أن ينبه المسترشد إلى تأثير أفكاره السلبية في سلوكه، ويطرح المعالجون منهجا للمرشد من خلاله يطلب من المسترشد أن يعيد ويردد عبارات معدلة للفكرة الخاطئة مثل: "توقف، فكر قبل أن تجيب ، عد للعشرة قبل أن تجيب".

خامسا: المخطوطة

ويساعد هذا الأسلوب على التعبير عن المشاعر دون التسبب بالامتعاض أو الاستياء من قبل الآخرين، قبل أن تواجه الفرد، أكتب نص (ضع خطة) متضمنا ما تنوي قوله أو فعله بشكل موجز، كن لطيف ومهذب ، وليتضمن النص: طبيعة المشكلة، كيف تؤثر عليك؟ كيف تشعر حيالها؟ ماذا تريد أن تغير.

الفصل العاشـر

دور المرشد في التعامل
مع المشكلات الانفعالية والاجتماعية
لدى طلبة صعوبات التعلم

المواضيع التي يتضمنها الفصل:

‹› المقدمة

‹› العلاج النفسي لذوي صعوبات التعلم

‹› تقدير الذات لدى طلبة صعوبات التعلم

‹› مقياس روس بيرج لتقدير الذات

‹› التأتأة عند طلبة صعوبات التعلم كمشكلة نفسية

‹› الخجل

‹› مقياس الخجل

‹› القلق الاجتماعي

‹› مقياس الخجل الاجتماعي

الفصل العاشر

دور المرشد في التعامل مع المشكلات الانفعالية والاجتماعية لدى طلبة صعوبات التعلم

المقدمة:

يتناول هذا الفصل مفهوم العلاج النفسي لدى طلبة صعوبات التعلم، كما تم اختيار أهم المشكلات النفسية والاجتماعية التي يمكن أن تعترض الطالب ذوي صعوبات التعلم، والتحدث عن أساليب في التشخيص، وبعض المقاييس المستخدمة في الكشف عنهم، وتم التطرق أخيرا لأساليب الإرشاد المستخدمة معهم أيضا.

أولاً: العلاج النفسي لذوي صعوبات التعلم:

بلغت نسبة المصابين بالوسواس القهري من البالغين ذوي صعوبات التعلم 5.2%، ونسبة الاكتئاب 4%، وتعود وستوود (Westwood,1997) بالتفسير إلى خبرات الماضي فيما سمته بـ "دائرة الفشل" The Failure Cycle وأساسها "إنك إذا لم تنجح في البداية، فلن تنجح"، ومعنى ذلك أن الطفل الذي يعاني من صعوبة في التعلم يعاني من مشكلات ذاتية وأسرية، ومن مشكلات مرتبطة بزملائه في الفصل وخارج الفصل من جماعة الأقران، ومرتبطة بعلاقته بالمدرسين وغير ذلك، وقد تفضي بدورها إلى المزيد من صعوبات التعلم، مما يوضح خطورة صعوبات التعلم على مناحي الحياة الاجتماعية عامة، فضلا عن آثارها السالبة على المتعلم، الذي ينتابه فكرة تؤثر بشكل كبير على

مفهومه لذاته، فيكره مادة ما ثم يتجنبها لأنها لا يقدر وحده وبدون برامج مساعدة على مسايرة زملائه، فيها فيتعرض للسخرية والنقد بما ينعكس على حياته الشخصية والاجتماعية.

كذلك إن ذوي صعوبات التعلم يعانون من اضطرابات القلق الآتية كما أوضحتها دراسة كووري وباكلالا (Cooray Bakala, 2005)هي: الهلع، والفوبيا، والوسواس القهري، وأشارت الدراسة إلى أن التحصين التدريجي والعلاج بالغمر من العلاجات الناجحة للوسواس القهري والفوبيا الاجتماعية.

وكذلك العلاج المعرفي والسلوكي كل على حدة ومجتمعين له تأثير فعال في علاج اضطرابات القلق، ويساعد على ذلك فنيات الاسترخاء والعلاج الدوائي.

أما أنصار النظرية السلوكية فيرون أن السبب في حدوث صعوبات التعلم لا يكون دائما نابعا من داخل الفرد، فقد تنجم تلك الصعوبات عن بعض المتغيرات الموقفية، أو بسبب عدم تعلم الطفل جوانب هامة وأساسية في نموه، أو بسبب عدم استمرار تحقيق تقدم المهارات الأكاديمية، وبالتالي فإن علاج مشكلات الفرد يمكن أن يتم بصورة صحيحة في إطار تعديل البيئة وشروط التعلم، لكنها لا يمكن أن تفسر لماذا لا ينجحون في شيء وينجحون في شيء آخر.

وتنبع صعوبات التعلم في نظر السلوكية من الأساليب الخاطئة في التحصيل الدراسي والتي قد ترجع إلى استخدام طرق تدريس غير مناسبة، أو إلى افتقار الطلبة إلى الدافعية الملائمة للتعلم، أو إلى وجودهم في ظروف بيئية غير مناسبة في الأسرة والمدرسة والمجتمع، أو عدم استخدام التعزيز الموجب لتدعيم الأنماط السلوكية المرغوبة، وبالتالي يرتكز علاج صعوبات التعلم في نظر السلوكيين على إتباع البرامج الفردية في العلاج التي تتمركز حول الطفل، وتركز على تعديل السلوك الظاهر، دون الاهتمام الكبير بعوامله وأسبابه.

وأوضح عبد الباسط خضر(2005) عددا من الأساليب التي يمكن استخدامها مع الطلبة ذوي صعوبات التعلم، باعتبارهم طلبة منبوذين وهي:

- إعادة الدمج في جماع: Regrouping بمعنى أن ينضم الطلبة في جماعات أقل انتقادا وأكثر وفاقا، فلا يجلس المرفوض مع الرافض، حتى يتسنى له أن تقبل ويتعلم المهارات التواصلية.
- الكشف عن مهام جماعية: Finding Group Jobs
- الحث على الاندماج التدريجي: Using Gradual Induction وذلك بإتاحة الفرصة للطالب بأن يعمل في جماعة صغيرة، حتى يشعر تدريجيا بالارتياح.
- البحث في القدرات الخاصة: Finding Special Skills فحتى الطالب الضعيف في مستوى الذكاء لديه مهارات، زد على ذلك انه إذا كان الطالب يعمل في نشاط محبب إليه، فإنه سوف يتعلم الثقة بالنفس والمكانة بين زملائه.
- التدريب على المهارات: Training In Skills مثل ما يحدث في الألعاب الرياضية، أو التمثيل أو الأنشطة الجماعية.
- المناقشة: Discussion وذلك بهدف تغيير العادات السيئة في السلوك إلى عادات حسنة، وبهدف الاستبصار بالصفات الحسنة المقبولة اجتماعيا.
- التوجيه الشخصي: Personal Guidance وذلك من قبيل مجرد اقتراح بسيط على الطالب، مما قد يعاونه في إيجاد الطريق إلى الانضمام إلى الجماعة، إذ يقتصر البعض على المعرفة أو الثقة بالنفس، في تمكنيهم من اختراق جماعة ما.

وتعتمد النظرية المعرفية في تناول الأمراض النفسية عل تفسير الكيفية التي تتم من خلالها معالجة المعلومات. وتفترض هذه النظرية أن الاضطرابات لدى الفرد ناتج وجود أخطاء في معالجة المعلومات لديه، مما يترتب عليها وجود أبنية معرفية (مخططات)

كامنة عاجزة عن التكيف تسيطر على المريض، بناء على ما ينتج عنها من أفكار تلقائية تصاحب الاضطراب وتساعد على استمراره.

ثانيا: تقدير الذات لذوي صعوبات التعلم

إن تقدير الذات هو: طريقة شعور الفرد نحو ذاته، بما في ذلك درجة احترامه وقبوله لها. Co صلى الـله عليه وسلم (sini.1987) وهو أيضاً تقييم الفرد لقدراته وصفاته وتصرفاته. (Woolfolk, 2001) ويبدأ تقدير الذات في التطور منذ الطفولة ويعتمد تطوره على اتجاهات الوالدين وآراء الآخرين إلى جانب خبرة الأطفال في السيطرة على البيئة التي يعيشون فيها في السنين الأولى من العمر، وتنشأ مشاعر الأطفال حول قيمهم وقدراتهم من داخلهم، وتعتمد بشكل أعلى على الاستجابات الفورية الصادرة عن أولئك الذين حولهم وبمرور الوقت يصبح لتطور تقدير الذات صلة بالجماعات الأخرى مثل الأصدقاء والأسرة، إذ يحاول الأطفال أن يجدوا مكانهم في الجماعات من خلال الأصدقاء والأندية، فعندما يتعلم الأطفال المشي يستكشفون بيئتهم ويلعبون ويتحدثون وينخرطون في جميع التفاعلات الاجتماعية، وهم ينظرون إلى والديهم والراشدين الآخرين من أجل ردود أفعالهم وهكذا فإن تقدير الذات يتطور مبدئيا نتيجة للعلاقات الشخصية داخل الأسرة فالمدرسة ثم المجتمع الكبير. (Atkinson& Hornby, 2002).

ويلعب تقدير الذات دوراً مهماً في زيادة دافعية الفرد للانجاز والتعلم وفي تطور شخصيته وجعلها أقل عرضة للاضطرابات النفسية المختلفة فقد تبين أن تقدير الذات العالي يرتبط بالصحة النفسية والشعور بالسعادة في حين أن تقدير الذات المنخفض يرتبط بالاكتئاب والقلق والتوتر والمشكلات النفسية (Mruk,1995)، وتنشأ مشكلة تقدير الذات المنخفض عندما يقيم الأشخاص أنفسهم على أساس سلوكهم أو انجازاتهم أو أعمالهم التي تظهر عدم كفايتهم وأخطائهم وفشلهم (Patterson,1980)، وقد عرف روسن بيرج (Rosenberg, 1965) تقدير الذات بأنه العور بالقيمة (-Self worth) حيث

يرى أن تقدير الذات يمثل اتجاها نحو الذات، إما أن يكون ايجابيا أو سلبيا والذي يتمثل بشعور الفرد بأنه ذو قيمة ويحترم ذاته لما هي عليه. (Allen et l, 202).

حسب دراسة تشابمانن (1988) حصل طلبة صعوبات التعلم على درجات أقل من غيرهم في مقاييس فهم الذات وتقدير الذات، ويعزو رافيف وستون (1991) ذلك إلى:

- فشل متكرر في المدرسة
- مشاكل في التقبل الاجتماعي
- مستويات متباينة من التحصيل الأكاديمي.

وبشكل عام فإن مستوى تقدير الذات لدى طلبة صعوبات التعلم يمتاز بأنه: أقل من غيرهم من الطلبة العاديين؛ إلا أن الدراسات أظهرت وجود تباينات كبيرة ضمن مجموعة صعوبات التعلم. ويمكن تفسير هذا التباين باستخدام إطار الخطر والمرونة عن طريق تحديد عوامل الخطر والحماية الآتية:

- نقاط القوة في مجالات غير أكاديمية: (جمال المظهر، والسلوك نقاط القوة في مجالات غير أكاديمية، والمهارات الرياضية) تعوض عن الضعف الأكاديمي وبالتالي ترفع مستوى تقدير الذات.
- التقليل من أهمية المجال الأكاديمي: دراسة هارتر عام 1990 تبين قلة الفارق بين تقدير الطلبة لأهمية المجال الأكاديمي وإدراكهم لمستواه المتدني كان مرتبطا مع زيادة في تقدير الذات.
- دعم الوالدين والمعلمين (مُدرك مقابل متوفر) كيف يكون إيجابيا فهم صعوبات التعلم أو سلبيا توقع خاطئ.
- نظرة الأقران وتأثيرهم: يشير روبنسون عام 1995 أنه قد تكون هناك عوامل خطورة أو حماية في حالة النقاط التالية: التقبل الاجتماعي، الشعبية، المكانة، المحاكمة الاجتماعية، الانعزال، المقارنة.

مقياس روسن بيرج لتقدير الذات   Rosenberg Self-Esteem Scale

تفيد هذه القائمة نظرا لاختصارها وللدراسات العديدة التي أجريت عليها في التعرف على مدى قدرة الطلبة في إصدار أحكام أكثر ايجابية عن أنفسهم.

ضع دائرة حول الفقرة التي توافق عليها بشكل أكثر

غير موافق بشدة	غير موافق بدرجة بسيطة	بين الموافقة وعدمها	موافق بدرجة بسيطة	موافق بقوة	الفقرة	الرقم
0	1	2	3	4	في المجمل أنا راض حول نفسي	1
0	1	2	3	4	أعتقد أحيانا أنني جيد في كل شيء	2
0	1	2	3	4	أشعر بأن لدي عدد من الأمور ذات النوعية الجيدة	3
0	1	2	3	4	قادر على أن أعمل أشياء جيدة كما معظم الآخرين	4
0	1	2	3	4	أشعر بأنه ليس لدي الشيء الكثير لأخجل منه	5
4	3	2	1	0	بالتأكيد أشعر بعدم الفائدة في بعض الأحيان	6
0	1	2	3	4	أشعر بأنني شخص له قيمة أو على الأقل مساو لمستوى الآخرين	7
0	1	2	3	4	أرغب أن أملك احترام أكثر مع نفسي	8
4	3	2	1	0	بشكل عام، أميل إلى الشعور بأنني فاشل	9
0	1	2	3	4	لدي اتجاه إيجابي تجاه نفسي	10

١ (Rosenberg, 1965)

ومن أنواع العلاج المستخدم لتعزيز تقدير الذات

1- العلاج باستخدام الكتب حيث يعمل على ما يلي

● يساعد هذا النوع من العلاج على مساعدة الشخص على التبصر وفهم سلوكه ومشاعره

● يستند في تحقيق ذلك على توفير تفاعل ديناميكي بين شخصية القارئ (وأحيانا المستمع) ومحتوى النص.

● الشخصية الأساسية في النص تشبه شخصية القارئ وتواجه نفس مشاكله.

● يركز هذا النوع من العلاج على استجابة القارئ الانفعالية على محتوى النص، بحيث يساعد هذا العلاج القارئ على التعرف على استجابته الانفعالية وتصنيفها وتقييمها.

● الدعم يمكن أن يأتي من المعلم أو الوالدين أو المرشد.

2- استخدام الأنشطة التي تساعد على التفاعل النشط مع المادة الدراسية.

3- تعزيز المادة الدراسية بالأمثلة والشواهد والعروض الإيضاحية الشيقة.

4- استخدام الوسائل المساندة من أشرطة فيديو وأشرطة سمعية إضافة إلى الصور والملصقات والرسوم والأشكال والجداول والقوائم.

5- زيادة التفاعل بين المعلم والطالب.

6- تقديم التعزيز المتكرر المناسب للطالب وفق احتياجاتهم

7- زيادة وعي الطالب للهدف من التعلم.

8- زيادة مبادرة الطالب وسعيهن لتحقيق الإنجاز.

9- زيادة الفرص التعليمية المؤدية إلى النجاح.

10- حث الطلبة على الإجابة على الأسئلة التي تلي كل وحدة دراسية وذلك بـ:-

- استثارة الطلبة لحل الأسئلة الصعبة.

- إزالة مشاعر العزلة لدى الطلبة، من خلال التواصل والتفاعل بين المعلم والطالب.

- شعور الطالب بالإنتاجية والرضا النفسي عن قدراته لنجاحه في حل الأسئلة.

- توفير تغذية راجعة للطالب.

11- تزويد الأهل بتقارير دورية عن أداء الطالبات.

12- احترام الطلبة وتقدير ورفع الروح المعنوية لديهم.

13- عدم تسفيه رأي الطالب واحتقاره.

14- تقبل إجابة الطالب حتى لو كانت خطأ بطريقة ايجابية، وإعطاء الجواب الصحيح، بدون إحراج الطلبة الآخرين.

15- عدم ربط جدارة الطالب والجهود الدراسية بالتحصيل الدراسي.

16- إعطاء فرصة المشاركة لجميع طلبة الصف، وعدم التركيز على فئة معينة.

17- تقييم أداء الطلبة وإبداء الإعجاب به، حتى لو كان بسيطا لتحفيزه على الاستمرار.

18- الابتعاد عن الألفاظ التي تقتل الدافعية لدى الطالبات مثل عبارة (متخلف، بطيء التعلم...) أو أي عبارة توحي بعجزه أو تنال من كرامته ومن تقديره لذاته.

19- تنمية الشعور بالهوية والوعي الذاتي الواضح للشخصية التي ترغب:

- في أن يكون عليه أو يرغب في تحقيقه.

- تشجيع الطالب على امتلاك هذا التصور بعيد المدى للشخصية من خلال مساعدته على وضع أهداف لنفسه والإفادة من الإمكانيات والمصادر المتاحة لتحقيق هذا التصور.

- تقديم نماذج من الشخصيات الناجحة التي يمكن للطالب الاحتذاء بها وتقمص أدوارها.

20- توفير الجو المدرسي المناسب.

21- مساعدة الطالب على التفكير المنطقي وفهم ذاته.

22- تشجيع الكفاءة والاستقلال والاستمتاع بالعمل وذلك عن طريق:

- مساعدة الطالب على توقع المشكلات، وفي تجنب الأخطاء وفي الحفاظ على الشجاعة وفي التفكير بطريقة واضحة.
- تعليم الطالب الرغبة بالنجاح.
- قيام المعلم بتكليف الطالب بواجبات وأعمال بسيطة ليقوم بها وأن يكون قادرا على إتمامها، وأن يحصل على مكافآت وإطراء مناسب.
- أن يمتدح المعلم الجزء الصحيح من تصرفات الطالب ولا يتوقع منه الكمال.

23- تعليم الطالب أن يصبح أكثر تمييزا، فالمواقف التي لا تحسن العمل فيها يمكنها أن تترك القيادة لغيرها، أما المواقف التي تناسب قدراتها، فيمكنها أن تصبح فيها أكثر سيطرة وتفوقا.

ثالثا: التأتأه عند طلبة صعوبات التعلم كمشكلة نفسية:

التأتأه هي أحد مظاهر اضطرابات الكلام وصفتها أن يكرر المتحدث الحرف الأول من الكلمة عدة مرات، أو أنه يكون عرضة للتردد عند نطق كلمة، وتصحب هده الحالة تغيرات جسمية وانفعالية تظهر واضحة في تغير تعبيرات الوجه، وحركة اليدين وكذلك احمرار الوجه، والعرق أحيانا.

أسباب التأتأه:

تشمل أسباب التأتأه الجوانب النفسية والاجتماعية كتلك التي تتعلق بالتربية والتنشئة الاجتماعية، فأساليب التربية التي تعتمد على العقاب الجسدي والإهانة والتوبيخ كثيراً ما تؤدي إلى إصابة الفرد بآثار نفسية وإحباطات من شأنها أن تعيق عملية الكلام عند الأطفال، فكثيراً ما يلجأ الآباء إلى إهانة الأبناء أمام الغرباء وتوبيخهم ومعاملتهم دون احترام. كما أن إهمال الآباء للأبناء ومحاولتهم إسكات أبنائهم عند التحدث أمام الآخرين يؤدي في النهاية إلى خلق رواسب نفسية سلبية ،، تعمل على زعزعة الثقة بالنفس لدى الطفل مما يجعله يشك في قدرته على التحدث بشكل صحيح أمام الآخرين.

كما أن هناك أسباب تشريحية عضوية كأن يعاني الشخص المصاب من خلل واضح في أعضاء الكلام أو يصاب بهذه المشكلة نتيجة لإصابة الجهاز العصبي المركزي بتلف في أثناء أو بعد الولادة، ويعتقد بعض علماء النفس أن هذا السلوك بدأ إرادياً وأصبح بعد ذلك لاإرادياً.

آثار التأتأه:

كثيراً ما يميل الأشخاص المصابون بالتأتأة إلى الانسحاب والابتعاد عن النشاطات الاجتماعية، فهم لا يحبذون الاختلاط مع الآخرين، لكيلا يتعرضوا للإحراج ممن حولهم، وبالنسبة للأطفال المصابين فإن الوالدين يشعران بالألم خاصة عندما يتكلم أبنهما أمام الآخرين ويبادله هؤلاء الشفقة أو السخرية، فكثيراً ما يعتقد الوالدين بأنهما السبب في ذلك فيتولد لديهما شعور بالذنب، وقد يعمدان إلى محاولة عدم ترك الطفل يتحدث أمام الآخرين حتى لا يلفت النظر إليه.

أسباب حدوث التأتأه لدى الأطفال وما هي أنواعها؟

للتأتأة أسباب عضوية، بيئية ونفسية على النحو التالي:

1- الأسباب العضوية ونلاحظ وجودها من خلال:

- نظرية التداخل السمعي: ويكون خلف التأتأه خلل في الإدراك السمعي، ويبدو في صورة تأخر وصول المعلومات المرتدة.

- نظرية اضطراب التوقيت: وهي نظرية تفسر الأمر على ضوء التناول النفسي، وتشير إلى حدوث تشوش في توقيت حركة أي عضلة، لها علاقة بالكلام مثل الشفتين والفك. وفي العموم يجب على الأهل أن يعرفوا، أن عوامل النطق الصحيح وسلامته تتطلب من الناحية العضوية: سلامة الأذن التي تستقبل الأصوات، وسلامة الدماغ الذي يحلل الأصوات.

2. الأسباب البيئية:

يكون تأثير البيئة في كثير من الأحيان أقوى واشد تأثيرا من الأسباب النفسية والعضوية، ويبدأ هذا التأثير بعد السنة الثانية من العمر، بالإضافة إلى أن الضغط النفسي يساهم بشكل ما في إظهار تلك العلة، وفي بعض الأحيان نرى أن بعض الأهل يجبرون الطفل على الكلام، وهو ما يزال في سن الثانية أو الثالثة من عمره، الأمر الذي يسبب له اضطرابات في الكلام، كما أن بعض الآباء يأمرون أطفالهم بإعادة الكلمة التي قالوها بتلعثم، ويطلبون منهم التحدث ببطء، أو يقولون للطفل كن حذرا. وفي اغلب الأحوال فإن هذه التعقيبات تجعل الأطفال قلقين، الأمر الذي يؤدي إلى تلعثمهم بشكل اكبر وهنا تتفاقم المشكلة، ونلاحظ في أوقات كثيرة أن بعض الأطفال يستمرون في استخدام لغتهم الطفولية بسبب الدلال وتشجيع الكبار لهم على هذه اللغة.

3- الأسباب النفسية

يعتبر الجدل العنيف أو المستمر في الأسرة، مصدر قلق لكثير من الأطفال، مما يؤدي إلى التوتر داخل الأسرة وبالتالي تلعثم الأطفال، ونلاحظ أن خوف الطفل من أن يبدو بطيئا أو بليدا، وكذلك خوفه من انتقادات الآخرين يجعله يتوقع انه لن يتكلم بشكل جيد، ويشير بعض علماء التحليل النفسي، إلى أن التأتأه عارض عصابي تكمن خلفه رغبات عدوانية مكبوتة، مما يعني أن التأتأه تأجيل مؤقت للعدوان، ويعتقد أن عدم تعبير الطفل عن مشاعر الغضب يعتبر سببا رئيسيا للتأتأة.

أنواع التأتأة لدى الأطفال:

توجد أنواع عديدة من التاتأة تصيب الأطفال وتختلف باختلاف مراحلهم العمرية وهي:

- التأتأه النمائي: ويكون لدى الأطفال الذين تتراوح أعمارهم بين 2-4 سنوات ويستمر لعدة أشهر.
- التأتأه المعتدل: ويظهر في الفئة العمرية من 6-8 سنوات، ويمكن أن يستمر مع الطفل لمدة سنتين أو ثلاث سنوات.
- التأتأه الدائم: ويظهر لدى الأطفال من عمر 3-8 سنوات، ويمكن أن يستمر معهم لفترة، إلا إذا عولج بأسلوب فعال.
- التأتأه الثانوي: ومعه تبدو تكشيرة في الوجه، حركات الكتفين، تحريك الذراعين أو الساقين ورمش العينين أو تنفس غير منتظم.

الحلول المناسبة:

المرحلة الأولى:

يخطئ من يعتقد أن التأتأه لا علاج لها، خاصة إذا كانت ناتجة عن أسباب نفسية، إذ ينبغي علينا اللجوء إلى المختصين والبحث معهم في إمكان علاج هذه المشكلة. ومن المؤلم أيضاً أن نحاول إخفاء الشخص المصاب عن أعين الناس، والمؤلم أكثر هو أن تمنعه من البحث عن علاج لهذه المشكلة. أما تجنب الظاهرة فيتحقق بأن تعتمد الأسرة في بداية تنشئتها للأطفال إلى تشجيعهم على التعبير الصوتي لما يجول في أنفسهم، كما ينبغي أن نكف عن عقاب الأطفال عندما يحاولون التحدث والمناقشة وإبداء الرأي. فلندعهم يتكلمون ولنستمع إليهم كما ينبغي ألا نعاقبهم عند محاولتهم إثبات ذواتهم والتحدث مع الآخرين، أما الإهانة والتوبيخ للطفل أمام الآخرين من شأنه أن يؤدي إلى خلق شخصية غير سوية للطفل. فتدريب الأطفال على أصول الاجتماعي مع الآخرين وتوضيح ذلك كله يعلمهم العادات والتقاليد التي تخص مجتمعهم وتساعدهم على التمييز بين ما هو مقبول وما هو مرفوض من قبل الأسرة، ونكرر مرة أخرى يجب ألا نترك الطفل يكتسب الخبرة بعد العقاب.

المرحلة الثانية:

الخطة العلاجية التي تعتمد على الطرق التالية التي نستعين خلالها بأخصائي النطق:

• طريقة تأخير التغذية الراجعة السماعية: وتكون عندما يواجه هؤلاء الأشخاص بأصواتهم ونُسمِعَها لهم بعدة تسجيلات على آلة التسجيل، وتتم إعادة سماعها عدة مرات حتى يتعرف الفرد إلى طبيعة الحروف والكلمات. عندئذ يعمد إلى التحكم وتجريب الكثير من التغيرات مثل السرعة في الكلام فيبطئ، ويجب أن يتم التدريب تحت إشراف أخصائي.

- الحديث الإيقاعي: ويتم ذلك بتدريب الفرد على التحدث بإيقاع معين متزامن. إن عملية ضبط الوقت من شأنها أن تزيد السلاسة أو الطلاقة في الكلام.

- التعلم الإجرائي: في هذه الطريقة نستعمل أساليب التعلم الإجرائي مثل التعزيز الذي يقدم للفرد عندما يتقن عملية الكلام بدون تأتأة. هذا بالإضافة إلى الكثير من الإجراءات السلوكية التي ممكن أن تتعلمها أسرة الشخص المصاب بعد مراجعتهم لأخصائي النفسي

رابعا: الخجل

يعرف زيمباردو الخجل بأنه: معاناة للذات لدى الأفراد، وهو خبرة عامة يصاحبها اضطراب أو خلل وظيفي وأفكار مضطربة ومزعجة (Zimba صلى الله عليه وسلم do,1986) ويعرفه بص (Buss,1980) بأنه الاستجابة في وجود غرباء أو تطلع الآخرين مما يصيب الفرد بالتوتر والاهتمام أو مشاعر الحرج وعدم الراحة وكف السلوك الاجتماعي السوي المتوقع .

وتتخلص مشكلات الطالب الخجول فيما يعانيه من اضطرابات لدى وقوفه في موقف يتعامل فيه مع الآخرين سواء في المناسبات الاجتماعية أو عند الحاجة للتعبير عن نفسه حيث تنتابه مشاعر عدم الارتياح والرغبة في الهروب من الموقف ونقص القدرة على التعبير عن النفس.

سلوك المشكلة:

- البعد عن المواقف الاجتماعية كلما أمكن ذلك.
- الإحساس بالضيق والتوتر والقلق عند اضطراره للتعامل مع المواقف التي لا يحبها.
- أعراض القلق.

والطالب الخجول عندما يضطر للتعامل مع مواقف فيها اتصال بأشخاص آخرين أو عندما يكون موضع ملاحظة من الآخرين تنتابه مشاعر نقص القيمة ونقص التقدير الذاتي كما أنه يعاني من عجز في التعبير عن الذات وكذلك تنقصه القدرة على تأكيد ذاته والحزم في المواقف والدفاع عن حقوقه الخاصة.

وقد يسبب له ذلك مجموعة من المشكلات مثل بعده عن مواقف الترويح والتعرف على أشخاص جدد، وتدني الدرجات في الاختبارات الشفهية وفقدانه لبعض مصالحه لعدم قدرته على اتخاذ موقف حازم تجاه بعض التصرفات من الآخرين.

العوامل المساعدة على ظهور المشكلة:

1- جوانب بدنية (مثل قصر القامة الشديد – وجود إعاقات ... الخ).

2- جوانب ثقافية.

3- جوانب اقتصادية (انخفاض المستوى الاقتصادي).

4- التنشئة الأسرية (الحماية الزائدة – العقاب الزائد).

5- نقص المهارات الاجتماعية.

6- معاملة المدرسين.

7- اتجاهات الزملاء وسلوكياتهم.

مقياس الخجل:

إعداد: شيك وباص Cheak& Buss

تعريب : بدر محمد الأنصاري

تعليمات: اقرأ عبارة وقرر درجة انطباقها عليك حيث أن كل منا لديه درجة من السلوك قد تكون كبيرة أو قليلة.

الرقم	الفقرة	أبداً	قليلاً	توسط	كثيراً	دائماً
1	إنني غير اجتماعي الأمر الذي يلزم تكوين علاقات حديثة بالآخرين	1	2	3	4	5
2	لا أجد صعوبة في مبادرة الحديث مع الغرباء من الناس	5	4	3	2	1
3	أشعر بالتوتر حينما أتواجد في مجموعة من الناس لا أعرفهم	1	2	3	4	5
4	ينتابني الشعور بالقلق أثناء المحادثة خشية من قول شيء يدل على الغباء	1	2	3	4	5
5	أشعر بالقلق عندما أتحدث إلى شخص ذي سلطة أو نفوذ	1	2	3	4	5
6	ينتابني الشعور بعدم الراحة والضيق في الحفلات والنوادي الاجتماعية الأخرى	1	2	3	4	5
7	أشعر بأنني مقمع أو مكبت في المواقف والنواحي الاجتماعية	1	2	3	4	5
8	أشعر بصعوبة النظر أو التحديق في مرمى بصر شخص ما	1	2	3	4	5
9	إنني أكثر خجلا مع أفراد الجنس الآخر عن أفراد جنسي	1	2	3	4	5

الأنصاري(2002).

تصحيح وتفسير المقياس:

يحتوي مقياس الخجل على 9 بنود، وتتراوح الدرجة بين (9-45)، ويتم تصحيح المقياس بأن تجمع تقديرات العبارات مع بعضها للحصول على درجة كلية، ويمكن أن تتفاوت الدرجة الكلية على المقياس بأكمله من 9 درجات (الحد الأدنى) إلى 45 درجة (الحد الأقصى) وتعكس الدرجة العالية للمقياس الخجل المرتفع على حين تعكس الدرجة المنخفضة الخجل المنخفض.

الأساليب الإرشادية:

1- التدريب على المهارات الاجتماعية.

2- النمذجة.

3- الاسترخاء.

4- التخلص التدريجي من الحساسية.

5- الاشتراك في الأنشطة (من خلال جماعات النشاط).

6- التعزيز.

7- العلاج العقلاني الانفعالي.

8- العلاج المعرفي.

9- التدريب على السلوك ألتوكيدي.

10- الغمر.

11- العلاج المتمركز حول الشخص.

12- العلاج بالواقع.

13- العلاج الجشطلتي.

خامسا: القلق الاجتماعي

حالة من القلق والخوف تعتري الفرد بصفة خاصة عند التعرض لمواقف اجتماعية يخشى أن يتعرض فيها للنقد أو التقويم وتزداد هذه الحالات بشكل خاص في مراحل الطفولة والمراهقة ويتوقع وجودها في كل مراحل التعليم .

يحدث القلق الاجتماعي عندما يظهر عدد من المخاوف في مجموعة مختلفة من مواقف التفاعل الاجتماعي، حيث يتجلى القلق كالخوف من الجمهور الناتج عن وجود الإنسان في موقف اجتماعي أو موقف عام، الأمر الذي يقود إلى ظهور ردود فعل القلق عند حدوث هذه المواقف. وتعد درجة معينة من القلق الاجتماعي سوية وعادية وبخاصةً في المواقف التي تتضمن متطلبات جديدة، وعند الحديث أمام الجمهور ...الخ، غير أننا نتحدث عن القلق الاجتماعي بالمعنى غير السوي عندما يصبح الخوف من المواقف الاجتماعية مزعجاً للشخص وموتراً له ومستمراً وعندما يتضرر الشخص في مجالاته الحياتية بشكل كبير .(Marks1987).

ويقصد بالقلق الاجتماعي هنا الخوف غير المقبول وتجنب المواقف التي يفترض فيها للمعني أن يتعامل أو يتفاعل فيها مع الآخرين ويكون معرضاً بنتيجة ذلك إلى نوع من أنواع التقييم (Margraf & rudolf, 1999 P. 4). فالسمة الأساسية المميزة للقلق الاجتماعي تتمثل في الخوف غير الواقعي من التقييم السلبي للسلوك من قبل الآخرين(Stangie & Heidenreich, 1999, P.40) والتشوه الإدراكي للمواقف الاجتماعية لدى القلق اجتماعياً (roede& Margraf, 1999 p. 61). والمعنيون غالباً ما يشعرون بأنهم محط أنظار محيطهم بمقدار أكبر بكثير مما يعنونه أنفسهم لهذا المحيط، ويتصورون أن محيطهم ليس له من اهتمام آخر غير تقييمهم المستمر وبطبيعة الحال فإنهم يتصورون دائماً أن التقييم لابد وأن يكون سلبياً. أما النتيجة فهي التضخيم الكارثي للعواقب الذي يتمثل مثلاً من خلال التطرف في طرح المتطلبات من الذات بحيث يتحول أدنى

خطأ يرتكبه المعني إلى كارثة بالنسبة له تغرقه في الخجل وتعزز ميله للقلق الاجتماعي يظهر وفق ثلاثة مستويات (Kafne, reinecker& Schmeltzr, 1990):

- **المستوى السلوكي:** ويتجلى في سلوك الهرب من مواقف اجتماعية مختلفة وتجنبها كعدم تلبية الدعوات الاجتماعية والتقليل من الاتصالات الاجتماعية... الخ. وتقيسه الفقرات: 1، 5، 9، 10، 11، 12، 13، 14، 18، 21، 22، 23، 24، 25، 29.

- **المستوى المعرفي:** ويتمثل في أفكار تقييميه للذات، وتوقع الفضيحة أو عدم لباقة السلوك، والمصائب والانشغال المتكرر بالمواقف الاجتماعية الصعبة أو المثيرة للقلق، وعما يعتقده الآخرون حول الشخص نفسه، والقلق الدائم من ارتكاب الأخطاء ... الخ. وتقيسه الفقرات: 2، 6، 8، 16، 20، 27، 28.

- **المستوى الفيزيولوجي:** ويتضح من معاناة الشخص من مجموعة مختلفة من الأعراض الجسدية المرتبطة. الاجتماعية المرهقة بالنسبة له، كالشعور بالغثيان والأرق والإحساس بالغصة في الحلق والارتجاف والتعرق... الخ. وتقيسه الفقرات: 4، 7، 15، 19، 26.

وتترابط هذه المستويات مع بعضها بشكل وظيفي. فتوقع التقييم السلبي للسلوك الشخصي يقود إلى تنشيط ارتفاع في الانتباه الذاتي يتجلى من خلال تكثيف ملاحظة الذات Self monitoring. فالأشخاص الذين يعانون من قلق اجتماعي ينشغلون باستمرار بإدراك إشارات الأخطاء الممكنة والفشل والفضيحة ..الخ في سلوكهم. ويقود هذا الإدراك إلى العزو السببي الخاطئ لأعراض القلق كدليل على التقييم السلبي من قبل الآخرين ex-consequentia-conclusion. وهذا بدوره يؤدي إلى ارتفاع حدة الإثارة الجسدية وتزايد في أعراض القلق، التي يتم عزوها إلى التقييمات الاجتماعية. ويؤدي هذا العزو الخاطئ إلى الوقوع في حلقة مفرغة تصعِّد فيها الإثارة الأولية والعزو الخاطئ بعضهما باطراد وفق آلية تغذية راجعة إيجابية وصولاً إلى نوبة من الذعر أو الهلع (Stangier & Heidenreich, 1999, P.42,Oltmanns &Emery 1998) .

مقياس القلق الاجتماعي:

الرقم	الفقرة	دائماً	أحياناً	أبداً
1	أكون عادة غير واثقا من نفسي ومتوتراً عند لقائي بآخرين	2	1	0
2	ألاحظ أني أفكر في أشياء، ليس لها علاقة بالموقف الذي أكون فيه	2	1	0
3	أشعر دائماً بردود أفعال جسدي، كالحكة والألم والتعرق والغثيان (الشعور بالإقياء) مثلاً عندما أكون مع الآخرين	2	1	0
4	أشعر وكأني مشلول عندما أفكر في لقاء علي القيام به مع أشخاص آخرين	2	1	0
5	أكون متوتراً جداً قبل حدوث موقف اجتماعي ما	2	1	0
6	أفكر في أشياء غير مهمة عندما أكون مع أشخاص آخرين	2	1	0
7	يخفق قلبي عندما أكون بين الآخرين في موقف اجتماعي ما	2	1	0
8	تشرد أفكاري دائماً أثناء مخالطتي للآخرين	2	1	0
9	أكون متوتراً أثناء وجودي بين الآخرين	2	1	0
10	ألاحظ أنني أشعر بالخوف قبل حدوث موقف اجتماعي	2	1	0
11	يصبح العمل صعباً علي عندما أشعر أن أحدهم ينظر إلي (يراقبني) أثناء قيامي به	2	1	0
12	عندما أكون في حفلة ما أو بين مجموعة أشخاص فإني لا أصدق كيف تنتهي هذه الحفلة	2	1	0
13	أكون عاجزاً عن النقاش إذا دار حديث ما ضمن مجموعة من الأفراد	2	1	0
14	كثرة الناس حولي تربكني	2	1	0

15	أشعر بالصداع في أثناء وجودي في المواقف الاجتماعية المهمة	2	1	0
16	قبل أن أدخل في موقف اجتماعي أكون مهموماً من احتمال فشلي في هذا الموقف	2	1	0
17	أصاب بالصداع قبل حدوث ملاقاة اجتماعية ما	2	1	0
18	غالباً ما أكون متردداً عندما أريد أن أسأل شخصاً ما عن أمر من الأمور (كسؤال شخص ما عن شارع معين)	2	1	0
19	أحياناً أشعر بالدوار عندما أتجاذب الحديث مع الآخرين	2	1	0
20	غالباً ما تشرد أفكاري في المواقف الاجتماعية	2	1	0
21	أشعر بالخجل عندما أتحدث مع شخص مهم	2	1	0
22	أنزعج عندما ينظر إلي الناس في الشارع أو في الأماكن العامة	2	1	0
23	عندما أكون بين الآخرين فإني غالباً ما أظل في الخلفية (لا أشاركهم الحديث)	2	1	0
24	أحتاج لوقت حتى أستطيع التغلب على خجلي في المواقف غير المألوفة بالنسبة لي	2	1	0
25	يصعب علي التعبير عن رأيي في نقاش مع أشخاص لا أعرفهم	2	1	0
26	يكون حلقي جافاً عندما أكون بين الآخرين	2	1	0
27	من الصعب عليَّ أن أتحدث مع شخص لا أعرفه	2	1	0
28	أعاني من قلق مرعب عندما أكون بين الناس	2	1	0
29	أشعر بالضيق الشديد والارتباك عندما يكون علي الحديث أمام مجموعة من الأشخاص	2	1	0

(رضوان، 1999)

طريقة التصحيح والتفسير:

تكون المقياس الحالي من (29) فقرة، وتتراوح العلامة بين (0-58) والمتوسط هو (29)، وكلما زادت علامة الفرد عن المتوسط دل ذلك على وجود مستوى قلق اجتماعي لديه.

تشخيص القلق الاجتماعي:

يحدد دليل التشخيص الإحصائي (1987م) DSM.III-Rالأعراض التالية كأعراض مميزة للمخاوف الاجتماعية:

1- خوف مثابر من واحد أو أكثر من المواقف (مواقف الخوف الاجتماعي) التي يتعرض الفرد فيها للتدحيق الشخصي من جانب الآخرين ومخاوف من أنه قد يعمل شيئاً أو يتصرف بطريقة مهينة أو كدرة وتشمل الأمثلة لهذه الحالات على عدم القدرة على مواصلة الكلام عند التحدث أمام جمع من الناس وتساقط الطعام منه عند تناول الطعام أمام الآخرين، التفوه بحماقات أو عدم القدرة على الإجابة على أسئلة في مواقف اجتماعية.

2- في مرحلة من مراحل هذا الاضطراب فإن التعرض للمواقف التي يخافها يولد فيه استجابة قلق فورية.

3- يتجنب الفرد الموقف الذي يخشاه وإذا اضطر للبقاء فيه فإنه يعاني من قلق بالغ.

4- يؤثر سلوك التجنب أو (الهروب) على أداء الفرد في العمل (أو المدرسة) أو يؤثر على الأنشطة الاجتماعية وعلاقته بالآخرين أو يعتري الفرد شعور بالخوف على وجود هذه المخاوف.

5- يدرك الفرد أن مخاوفه غير منطقية وزائدة عن المعتاد.

ويحدد الشناوي (1992 م) السلوكيات التالية كأبعاد للخجل:

● الشعور بعدم الارتياح في المواقف الاجتماعية.

● سلوك التجنب (الهروب) من المواقف الاجتماعية.

● صعوبات في التعبير عن الذات في هذه المواقف.

وعادة فإن الشخص الخجول يكون تقديره لذاته متخصصاً كما يعاني من انخفاض في السلوك ألتوكيدي.

العوامل التي تساعد على حدوث المشكلة:

1- جوانب بدنية: مثل ضعف البنية أو السمنة الزائدة أو وجود إعاقات بدنية.

2- جوانب اجتماعية: مثل اللون – العرق – مهنة الوالد... إلخ.

3- جوانب اقتصادية: تدني الحالة الاقتصادية لأسرة الطالب.

4- التنشئة الاجتماعية: نقص التدريب على المهارات الاجتماعية من الأسرة، شدة الوالدين أو أحدهما في معاملة الطالب وزيادة استخدامها للعقاب، أو وجود حماية زائدة تبقى الطفل بعيداً عن الطفل مع الآخرين.

5- زيادة النقد الموجه من المدرسين مما يؤدي إلى إحباط للطالب وتفضيله الانسحاب من المشاركات.

6- الطالب وافد جديد على المدرسة.

7- التعرض لمشكلات صدمية في مواقف اجتماعية أو في علاقاته بالآخرين.

التعرف على المشكلة:

● الطالب نفسه.

● المدرسون خاصة الذين يدرسون مقررات فيها جانب لفظي مثل تلاوة القران والقراءة واللغات.

- ملاحظات المرشد.
- عدم اشتراك الطالب في أنشطة.
- السجل الشامل في المقررات التي تشتمل على اختبارات شفهية من حيث انخفاض الدرجات.

الأساليب الإرشادية:

1- التدريب على المهارات الاجتماعية باستخدام التشكيل.

2- استخدام النماذج السلوكية.

3- التدريب على السلوك ألتوكيدي.

4- تحسين مفهوم الذات لدى الطالب وتقديره لذاته.

5- ضبط المثيرات إذا كان هناك زملاء يضايقونه.

6- التشاور مع المدرسين خاصة من يتعامل منهم بشدة مع الطالب لإيقاف النقد أو السخرية.

7- مساعدة الطالب على تحسين مستواه الدراسي.

8- أسلوب التخلص التدريجي من الحساسية.

9- العلاج العقلاني الانفعالي.

10- الإرشاد الديني بتعريف الطالب الفرق بين الخجل والحياء وأن المسلم يشعر بالعزة وأن الخجل نقص بينما الحياء من الإيمان.

11- التعامل مع العوامل الأخرى كل عامل بحسب ما يحتاجه (مثل النواحي الاقتصادية أو البدنية).

12- يمكن استخدام العلاج الجمعي.

13- يمكن استخدام الإرشاد الإنمائي بتوعية الطلاب بعدم السخرية من زملائهم المعوقين أو الذين لديهم ظروف بدنية أو اجتماعية، أو اقتصادية خاصة.

14- بث الثقة لدى الطالب واستخدام الأساليب المعرفية.

15- الإشراك في الأنشطة المدرسية.

16- استخدام التعزيز من جانب المدرس لإجابات الطالب.

11

الفصل الحادي عشر

دور المرشد في التعامل مع المشكلات المعرفيـة لدى الطلبة ذوي صعوبات التعلم

المواضيع التي يتضمنها الفصل:

- ◁ المقدمة
- ◁ صعوبات الإدراك
- ◁ صعوبات التذكر
- ◁ ضعف الدافعية للدراسة

الفصل الحادي عشر

دور المرشد في التعامل مع المشكلات المعرفية لدى الطلبة ذوي صعوبات التعلم

المقدمة:

يستعرض هذا الفصل أهم ثلاث مشكلات معرفية أكاديمية لدى الطلبة يمكن أن يهتم بها المرشد التربوي، ويقدم من خلالها التوجيه المناسب لكل من المعلمين والآباء، حيث يتطرق لكل من صعوبات الإدراك، وصعوبات الذاكرة، وضعف الدافعية الدراسية. حيث يقدم إرشادات مبسطة في كل من تلك المجالات مع بعض المقاييس المناسبة.

أولا: صعوبات الإدراك

يعرف الإدراك بأنه العملية النفسية التي تسهم في الوصول إلى معاني ودلالات الأشياء والأشخاص والمواقف التي يتعامل معها الفرد عن طريق تنظيم المثيرات الحسية المتعلقة بها وتفسيرها وصياغتها في كليات ذات معنى .

إرشادات لتحسين صعوبات الإدراك البصري:

* تعليم الطالب أن يفرق بين حجرة الفصل وحجرة الموسيقى .
* تعليم الطالب مضاهاة ومطابقة الألوان والمقارنة بينها .
* المقارنة بين الطلبة في الطول .
* المطابقة بين نماذج الحروف والأرقام والأشكال .

- المقارنة بين المسافات (قريب جدا، قريب، بعيد، بعيد جدا)
- المقارنة في العمق .
- اكتشاف الاختلافات بين صورتين .

إرشادات لتحسين صعوبات الإدراك السمعي

- التمييز بين أصوات مجموعة واحدة (الحيوانات الأليفة، الحيوانات المفترسة، وسائل المواصلات).

- التمييز بين أصوات مجموعات مختلفة (تليفون يرن، جرس يرن، أيادي تصفق، باب يفتح، سيارة تسير)

- الاستماع إلى صوت في خلفية من الضجيج .

- تقديم كلمات تبدأ بحرف ثم يطلب من الطالب اختيار الكلمات التي تبدأ بنفس الحرف .

إرشادات لتحسين صعوبات الإدراك اللمسي:

- التمييز بين المتضادات عن طريق اللمس (ناعم، خشن) و(بارد، ساخن) و(طويل، قصير) و(ثقيل، خفيف) .

- التمييز بين أدوات مهمة واحدة (أدوات المائدة)، و(أدوات الدراسة)، و(أدوات النجار)، و(أدوات الطبيب) .

- التمييز بين صفات مشتركة (كأس فيها مياه باردة، زجاجة فيها مياه ساخنة) .

إرشادات لتحسين صعوبات التسلسل:

- ترتيب الأرقام ترتيب تصاعدي .
- ترتيب الأرقام ترتيب تنازلي .
- ترتيب الحروف الهجائية .

- ترتيب الأشكال من الأكبر إلى الأصغر .

- ترتيب الأشكال من الأصغر إلى الأكبر .

- تنفيذ مجموعة من الأوامر بنفس الترتيب .

إرشادات لتحسين صعوبات الغلق:

- الغلق البصري للصور من خلال إكمال جزء ناقص في صورة .

- الغلق البصري للأشكال

- الغلق البصري للكلمات .

- التمييز بين الشكل والأرضية .

- التدريب علي الغلق البصري للحروف مثال:

- ك - ع - ع - ل - ع - ع - ب - ع أشطب حرف(ع)

- خ - د - ر - د - و - د - ف أشطب حرف (د)

- غ - ل - ر - ل - أ - ل - ب أشطب حرف (ل)

إرشادات لتحسين صعوبات النفس حركي:

- التعرف على الاتجاهات الأساسية (شمال، يمين، فوق ، تحت، أمام، خلف).

- تمارين مختلفة (هات الكره من اليمين وضعها في الشمال).

- تمارين مركبة (هات الكره من فوق يمين وضعها تحت شمال) .

- التعرف على التوجه المكاني (الأول، الثاني ، الثالث) .

- الإدراك البصري المكاني للحروف والأرقام والأشكال .

ثانيا: صعوبات التذكر

وهي تسجيل الأحداث واستدعاؤها عند الطلب. وتتكون من ثلاث مراحل، هي الانطباع ارسخا

الانطباعات Fixation التسجيل والتخزين بمعنى الاستبقاء retention،

والاستدعاء recallثم التعرف recognition فعندما تقابل شخصاً يخبرك باسمه، يتم إدراك المعلومة، التي ينقلها صوته، وتسجل في ذاكرتك. وهذه هي مرحلة التسجيل، التي يتحول فيها الصوت إلى "شيفرة"، تسجل في مركز الذاكرة في المخ. وتمضي فترة قبل أن تقابل الشخص عينه ثانية، وهذه مرحلة تخزين المعلومة. وعند مقابلتك له، ثانية، فإنك تستحضر اسمه في ذهنك، وتناديه به، وهذا هو استدعاء المعلومة .

هنالك ثلاثة مراحل لعمل الذاكرة:

- الذاكرة الحسية: وتخزن الذكريات لثوان قليلة، كما هي الحال عندما تكون مستقلا سيارة مسرعة وتراقب المشاهد التي تمر بها، وهي تسمح لنا بتذكر طعم التفاح أو لون اللبن، ولكل حاسة من الحواس الخمسة ذاكرة
- الذاكرة قصيرة المدى: وتشبه بالمسودة المعدة لكتابة واستدعاء المعلومات مؤقتا وهي لا تدون كثيرا ويتم مسحها باستمرار والتسجيل فيها مستمر، وتمسك الذاكرة قصيرة المدى المعلومات اقل من دقيقة، كحفظ رقم هاتف ولكن لو سقطت نقطة نقود من يده قد تنسى الرقم، ونستطيع فيها الاحتفاظ من 5-9 أرقام.
- الذاكرة طويلة المدى: ويحدث أن تنتقل بعض الذكريات من الذاكرة القصيرة المدى إلى الذاكرة طويلة المدى حيث يدوم التخزين لساعات أو طوال الحياة، وهي ليست ذاكرة حفظ فقط ولكنها مسؤولة عن التصنيف وتنظيم المعلومات.

العوامل التي تؤثر في الذاكرة :

وثـمة عوامل تؤثر في الذاكرة، أهمها :

1- الانتباه :Attention إن للانتباه دوراً مهماً في نقل المعلومة من الذاكرة الحسية إلى الذاكرة قصيرة الأمد. وزيادة الانتباه للمعلومة، تؤدي إلى إدراكها أكثر، وربطها بالخبرة السابقة وهو ما ينقل المعلومة إلى الذاكرة طويلة الأمد. كما أن الانتباه

ضروري لعملية الاستدعاء من مخزن الذاكرة. لذلك، فإن المعلومة التي لا تجد انتباهاً كافياً لن تسجل في الذاكرة، إذ على قدر الانتباه والربط بالخبرة السابقة، يكون عمق الانطباع في الذاكرة .

-2 الإدراكPe rception الواضح للمعلومة، وربطها وتصنيفها، طبقاً للخبرة السابقة .

-3 نوع الانفعال Emotion المصاحب للمعلومة. فالفرد ينسى الخبرات المؤلمة، بينما يتذكر الخبرات السارّة، كما أن القلق وقت استدعاء المعلومة، قد يعوق تذكرها.

-4 ربط المعلومة وتصنيفها وتجديدها: طبقاً للخبرة السابقة، تحفظها على المدى الطويل، وتسهل استدعاءها .

ومراعاة هذه العوامل، تُحسن عملية تسجيل المعلومات واستدعائها. ويلاحظ أن المعلومة، بعد أن تسجل وتدخل إلى الذاكرة طويلة الأمد، قد تنسى بعد فترة من الزمن، ويفسر النسيان بواحدة من النظريات الثلاث الآتية :

-1 نظرية التآكل (أو الضمور): وتفترض أن المعلومة تضمر، إذا لم نستعملها بصفة مستمرة، كالعضلة التي تضمر بسبب عدم استعمالها. ولكن يناقض هذه النظرية قدرة الأعمى على تذكر ما رآه قبل العمى .

-2 نظرية التداخل: ويحدث التداخل إما بطريقة الكف الراجع، إذ تدخل معلومة جديدة لتعوق استدعاء معلومة قديمة. أو بطريقة الكف اللاحق، إذ تتدخل معلومة قديمة في تسجيل معلومة جديدة .

-3 نظرية الكبت: وتفسر طبقاً لنظرية التحليل النفسي. فالكبت إحدى الحيل الدفاعية، التي يتخلص بها الشخص من الخبرات غير المرغوب فيها، بدفعها إلى دائرة اللاشعور. ويلاحظ أن ما يسرنا، نحب أن نتذكره، في عملية تشبه الاجترار، إلى درجة يتم معها تثبيته وتدعيمه في الذاكرة. بينما ما يسيئنا، لا يحدث له هذا الاجترار،

لذا، يعتريه الضمور. وهذا ينطبق على مكفوف البصر، الذي يجتر ما سبق أن رآه، في صورة تخيلات، تجعله يذكر هذه الأشياء، على الرغم من مرور وقت عليها، من دون رؤيتها. كما أن المكافأة تسبب سروراً، يجعل الإنسان يرغب في تكرار الخبرة، لتكرار اللذة الناجمة عنها، فيكرر الموقف اجترازاً أو واقعاً، بما يساعد على تدعيمه .

تشخيص اختلال الذاكرة:

اختلال الذاكرة: ويشخص بالدلالات الآتية، كما أوردها الدليل الإحصائي التشخيصي الرابع للاضطرابات العقلية (DSM-IV) ، قد تختل الذاكرة بواحدة أو أكثر من الصور الآتية :

1- النساوة فقدان الذاكرة:Amnesia إذ يفشل الشخص في استدعاء الأحداث السابقة. وتشمل :

- نساوة للأحداث القريبة وتحدث في سن الشيخوخة أو مرض كورسا كوف (Ko rsakoff's Synd rome)، وهو نقص الثيامين (أحد مكونات فيتامين ب)، المرتبط بالإدمان المزمن على الكحول. وقد يحدث في حالات الجوع الطويل (في المجاعات)، أو تصلب شرايين المخ .
- نساوة للأحداث البعيدة: وهي فقدان الشخص القدرة على استدعاء الأحداث، التي مر عليها بعض الوقت، والتي يفترض أنها أصبحت راسخة .
- فقدان الذاكرة لأحداث معينة: وقد تسمى فجوات الذاكرة، مثلما يحدث في حالات الهستيريا، حين تكون الأحداث مرتبطة بالخوف، أو الغضب، أو الخجل. وهذا النوع من النساوة يعد انتقائيا

2- تشوه الذاكرة، ويشمل:

- تشوه الاستدعاء: وذلك في صورة تزييف الأحداث الماضية، عندما يتحدث

عنها، ودرجة التزييف تعتمد على درجة الاستبصار ونقد الذات. وهذا التزييف يشيع في الشخصيات الهستيرية. وقد يكون التشوه في صورة الاختلاق. وهو تذكر أحداث على أنها حدثت للفرد، وبينما هي لم تحدث إطلاقاً. وهذا يحدث في حالات الأفراد، الذين لديهم فجوات في الذاكرة، ناجمة عن النساوة للأحداث القريبة.

- تشوه التعرف: إذ يعتقد الفرد أنه يعرف جيدا هذا الشخص، على الرغم من أنه يقابله أول مرة، وتعرف بظاهرة الألفة وقد يحدث العكس، حين لا يستطيع الشخص التعرف بأقاربه وأصدقائه، أو ينكر موقفاً حقيقياً، سبق أن خبره.

- حدة الذاكرة Hype صلى الله عليه وسلم mnesidiso صلى الله عليه وسلم de صلى الله عليه وسلم : أيضاً بفرط التذكر وهي درجة مبالغ فيها من تسجيل الأحداث واستدعائها، وهي حالة مشكلة لأن كثرة التفاصيل المبالغ فيها، تربك الشخص، وتجعله لا يميز بين الغث والثمين.

- اضطراب الذاكرة Memo صلى الله عليه وسلم y diso صلى الله عليه وسلم de صلى الله عليه وسلم : وتتمثل في الحساسية الزائدة، والحساسية المتناقضة، والحساسية المحرفة. والتذكر المفرط حالة من التذكر الشديد المبالغ فيه لأدق التفاصيل.

- خطأ الذاكرة Pa صلى الله عليه وسلم amnesia وهو إيهام الذاكرة، أو تزييف الذاكرة وتشوهها .

استراتيجيات الذاكرة:

1- إستراتيجية التنظيم

كلما زاد التنظيم ألارتباطي زاد الحفظ حتى ولو كانت غير ذات معنى، مثال الأرقام 5 8 12 15 19 22 26، فالذي يحفظهم بطريقة عشوائية بعد دقيقة على الأكثر سينساهم أما إذا حفظ المبدأ وهو إضافة 3، 4 بالتناوب فسيدوم حفظه لهم لمدة طويلة.

2- إستراتيجية الحفظ المنظم SAIL

وتقوم على الخطوات التالية:

- حدد الشيء الذي تريد تعلمه Select ولنفرض قصيدة امرئ القيس.

- اربط القصيدة بكلمة مفتاحيه تتعلق بما تريد تعلمهAssociate ولنفرض أنها البكاء في قوله قفا نبكي.

- وضح العلاقة بين الكلمة المفتاحية وما تريد تعلمه Illust صلى الله عليه وسلم صلى الله عليه وسلم ate ولنفرض العلاقة هي التأثر والحزن على فراق حبيبته.

- احفظ المعنى المطلوب للقصيدة rn Meaning Lea

3- التمرين الموزع مقابل التمرين المركز

- لوحظ من إحدى الدراسات بأن بعد كل فترة حفظ ان متوسط الاستدعاء بعد التمرين الموزع أعلى منه بعد التمرين المركز.

- وتزداد الفروق لصالح التعليم الموزع كلما زادت الفترة الزمنية بين التعليم الأصلي والاستدعاء، لأنه من خلال التعليم المركز يحدث تداخل بين المعلومات.

- إن الشخص الذي يقرأ بشكل متوزع بفترات دراسة متباعدة يتجنب اثر التداخل بين المعلومات.

4- خارطة العلاقات الدلالية:

تستخدم هذه الخارطة العلاقات من اجل المساعدة في ترتيب الأحداث ومراجعة ما يتم حفظه، وتشكل هذه الطريقة بديلا لأساليب التقليدية المستعملة، والخرائط الدلالية هي أشكال أو رسومات تساعد الطالب على معرفة العلاقة بين المفردات.

إجراءاتها:

- اختر كلمة أو موضوعا مرتبطا بموضوع مهم تريد تذكره بحيث يكون عنوان مهم وكبير
- فكر في كلمات أخرى ذات دلالة أو علاقة به واكتبها
- ضيق المفردات إلى فئات اصغر وابسط تريد تذكرها

5- إستراتيجية التسميع الذاتي:

تعتبر من أهم الاستراتيجيات في تحسين الذاكرة لدى الأشخاص، وتتطلب الحديث مع الذات حول ما يريد الشخص تذكره وتسميعه، وتتم على الشكل التالي:

- على الشخص أن يقوم بإعادة ما يريد حفظه على الأقل مرتين.
- عليه بعد ذلك أن يوجه أسئلة إلى نفسه حول المادة التي قرأها.
- ثم أخيرا عليه إعادة القراءة لتوضيح ما غمض عليه

مثال: يريد شخص أن يتذكر مشتريات المنزل التي طلبت منه، وهنا يعيد المشتريات مرتين، ثم يوجه أسئلة حول مكان شراءها وأسعارها مع تصور أماكن إحضارها، وأخيرا يسأل حول أين يمكن ان يجد شيء ما في حالة لم يجده في ذلك المكان أو هل يمكن شراء شيء

6- إستراتيجية مفاتيح الذاكرة:

أوضح تلفنج أننا في لحظة ما لا نتذكر أو لا نفكر إلا بحدث ما، بمعنى أن الذاكرة تؤدي عملها بشكل انتقائي تماما. وان تذكرنا لحدث ما يعتمد على عدم خبو الأثر الذاكري من جهة، ووجود شيء ما في الموقف المطروح يذكرنا بذلك الحدث ويسمى بمفاتيح الاسترجاع.

- مثال 1: يتذكر رجل كبير في العمر حارته بشكل كبير التي عاش فيها أثناء طفولته، لان هناك الكثير من ذكريات الطفولة التي يمتلئ فيه المكان بمعنى أن الذكريات تفجرت بسبب وجود مفتاح وهو المكان،
- مثال 2: يتذكر شخص اسم صديق قديم بعد أن يذكره بخبرة حدثت في المدرسة معهما وتم وصف المكان وبعض الأصدقاء القدامى، أو بعد تذكر ابتسامته أو حركة مميَزة لديه.

7- إستراتيجية المعينات الصنعيةMnemonic

إذا أردت أن تتذكر شراء كتاب تهديه إلى صديق أو زهور تواسي بها مريضا في المستشفى فانك معرض للنسيان، ما الذي يمكن فعله؟ إن عقد طرف المنديل كثيرا ما كان يفعل المعجزة أو ارتداء الساعة في اليد الأخرى، أو وضع زر في جيب القميص أو البنطال أو تغييره من الجهة اليسرى إلى اليمنى.

8- إستراتيجية الربط:

تعتمد على ربط المعلومات الجديدة بأخرى قديمة مستقرة ومحفوظة، وبهذه الطريقة يمكنك أن تبني مادة تتعلمها بطريقة تسهل عليك تذكرها، مثلا: شارع النور الجديد هو الشارع الذي يلي مكتبة الإيمان، والسعودية تقع في آسيا لأننا تعلمنا أن الأردن في آسيا والأردن من حدود السعودية.

9- نصائح عابرة

- إعادة السبك: تحويل النص من لغة الأصل إلى لغة المتدرب نفسه
- خلق صور: محاولة لتصوير المعلومة
- المشاركة الذاتية: Ego Involvement من يتحدث أفضل ممن يكتب وممن يسمع أيضا

- يؤثر العزم Intention على التذكر بشكل كبير وأظهرت الدراسات أن الفرق بين المتعلمين في التذكر يميل لصالح من لديهم عزيمة للتعلم اكبر .

- لا بد من ممارسة رياضة لتحسين الذاكرة .

- اخذ ساعة نوم كافية قبل المطالعة.

- أن لا يكون جائعا أو مملوء المعدة أو يشعر بالنعاس.

- أن يبتدئ بقراءة آية من آيات القران الكريم التي تشحذ الذهن وتنور العقل.

- لا توزع اهتمامك بين أشياء كثيرة بل وجهه إلى شيء واحد في الوقت الواحد حتى لا يحدث تشتت.

- استعمل الورقة والقلم والتدوين أحيانا(مفكرة الجيب) .

إرشادات لتحسين صعوبات التذكر:
- تحديد الوسيلة التعليمية الملائمة للطفل (سمعية، بصرية، لمسية، شميه) .

- تحديد المكان والزمان الملائمين لعلاج صعوبات التذكر .

- فهم المادة المراد حفظها .

- وضع جدول للاستذكار .

إرشادات لتحسين صعوبات التذكر البصري:
- تذكر شكل لم يكن موجودا في مجموعة صور شاهدها الطالب .

- تذكر الشكل الناقص في مجموعة صور شاهدها الطالب .

- التدريب على إعادة ترتيب صور بنفس ترتيبها .

- وصف تفاصيل صورة شاهدها الطالب .

- سؤال الطالب عن تفاصيل في الصورة .

- وصف مشهد في فيلم كارتون .

- سؤال الطالب عن تفاصيل مشهد في فيلم الكارتون .

- إعادة ترتيب أدوات على المكتب كما كانت .

- إعادة ترتيب الشكل والموقع والترتيب واللون .

إرشادات لتحسين صعوبات التذكر السمعي:

- التدريب على تذكر الجمل بصورة متدرجة .

- التدريب على إعادة الأرقام بنفس ترتيبها .

- التدريب على إعادة الأرقام بالعكس .

- التدريب على إعادة مضمون قصة يلقيها المدرب .

إرشادات لتحسين صعوبات التذكر اللمسي:

- يغلق الطالب عينيه ويلمس أشياء مجسمة ثم يحاول تذكرها بنفس الترتيب الذي لمسها به .

- يلمس الطالب عدة مثيرات مختلفة (خشن، بارد، ناعم ....) ثم يحاول تذكرها بنفس الترتيب الذي لمسها به..

ثالثا: ضعف الدافعية للدراسة

تعرف الدافعية بأنها حالة داخلية تحرك الفرد نحو سلوك ما يشجع القيام به على اكتساب الجوائز وتجنب العقاب وفي البداية يكون اهتمام الطالب منصبا على الحصول على تلك الجوائز ولكن بعد ذلك يطمح الأطفال في كسب رضا واهتمام الوالدين ومدحهم له على إنجازاته الدراسية واستقلاليته.

وظائف الدافعية: تحريك وتنشيط السلوك بعد أن يكون في مرحلة من الاستقرار أو الاتزان النفسي، توجيه السلوك نحو وجهة معينة دون أخرى فالدوافع في هذا المعنى

اختيارية أي أنها تساعد الفرد على اختيار الوسائل لتحقيق الحاجات، والمحافظة على استدامة السلوك ما دام بقي الإنسان مدفوعا أو طالما بقيت قائمة.

البرنامج الوقائي:

- تقديم مكافئات ومعلومات عن الأداء بعد كل خطوة.
- ملاحظة نماذج من ذوي التحصيل المرتفع.
- تغيير الصورة عن الذات بحيث تتضمن النجاح والمسؤولية.
- التوقف عن التفكير السلبي واستخدام تصورات إيجابية مشجعة على الإنجاز.
- تشجيع تنظيم المحاضرات والبرامج والرحلات.

مقياس دافعية الإنجاز:

الاسم : .... المدرسة : ....

الصف : .... الفرع : ....

عزيزي الطالب:

يرجى بيان مدى انطباق هذه العبارات على سلوك الإنجاز لديك بوضع إشارة (✓) في المربع المقابل لكل فقرة، علما أن هذا ليس امتحاناً ولا توجد به إجابات صحيحة أو خطأ.

الرقم	الفقــرة	تنطبق	لا تنطبق	تنطبق إلى حد ما
1	إذا بدأت بعمل لا اتركه حتى أكمله			
2	اشعر بأنني امتلك قدرة على الصبر			

3	أنا لست صبوراً				
4	أحب القيام بالأعمال التي لا تتطلب جهداً كبيراً				
5	أشعر بالملل والتعب بعد فترة قصيرة من بداية العمل				
6	أشغل نفسي بعمل آخر عندما أجد العمل الذي أقوم به صعباً				
7	أحب القيام بالأعمال التي لا يتطلب إنجازها وقتاً طويلاً				
8	أصر على إتمام العمل إذا كان صعباً				
9	أتوقف عن إتمام ما أقوم به من عمل عندما تواجهني مشكلات وصعوبات				
10	أتحمل المشكلات والأعباء التي أواجهها				
11	أتجنب تحمل المسؤوليات				
12	أملك العزم والتصميم على الفوز في أية منافسة				
13	أبذل جهداً قليلاً في تحقيق هدف ذي قيمة				
14	أعمل ساعات إضافية لإتمام العمل الذي يعطى لي				
15	أؤجل ما أقوم به من عمل لوقت آخر				
16	أنجز الأعمال الموكلة إلي بشكل صحيح				
17	أقوم بعمل الأشياء قبل التفكير بها جدياً				
18	أتجنب تحدي الآخرين في عملي على مهمة ما				
19	أقوم بعمل كل ما يطلب مني مهما كانت درجة صعوبته				
20	أسعى نحو النجاح لأنه يحقق لي الاحترام				

الأساليب الإرشادية العلاجية:

- التعزيز الإيجابي الفوري مثل تقديم المكافأة المادية والمعنوية من قبل الوالدين والمعلمين التي تترك أثرا واضحا لدى الطلاب منخفضي الدافعية.
- توجيه انتباه الطالب منخفض الدافعية إلى ملاحظة نماذج(قدوة) من ذوي التحصيل الدراسي المرتفع وما تفوقه من مكانة.
- مساعدة الطالب في أن يدرك النجاح بما يملكه من قدرات وإبداعات على تخطي الجوانب السلبية والأفكار غير العقلانية التي قد تكون مسيطرة عليه.
- تنمية ورعاية قدرات الطالب العقلية مع السعي إلي زيادة إدراك أهمية التعلم كوسيلة للتقدم ولارتقاء ومن ثم التصرف في ضوء هذه القناعة وفق ما يناسب طبيعة المرحلة العمرية.
- ضبط المثيرات واستثمار المواقف وذلك بتهيئة المكان المناسب للطالب وإبعاده عن مشتتات الانتباه وعدم الانشغال بأي سلوك آخر عندما يجلس للدراسة واستثمار المواقف التربوية بما يدعم عملية الدافعية.
- إثراء المادة الدراسية بفاعلية وتوفير الوسائل والأنشطة المساعدة على ذلك.
- تنمية وعي الطالب بأهمية التعلم.
- إيجاد حلول تربوية لمشكلات الطالب النفسية والصحية والأسرية.
- تنمية البيئة الصفية بشكل إيجابي.
- إظهار المدرسة بالمظهر اللائق أما الطالب من فبل الأسرة.
- مراعاة الفروق الفردية بين المتعلمين عند التعامل معهم من قبل المعلمين والآباء.

12

الفصل الثاني عشر

بناء وتطبيق برنامج إرشاد جمعي للطلبة ذوي صعوبات التعلم لتحسين أساليب الدراسة السمعية والبصرية

المواضيع التي يتضمنها الفصل:

↯ المقدمة

↯ أولا: برنامج إرشادي لتحسين أساليب الدراسة لدى الطلبة ذوي صعوبات التعلم البصريين

↯ ثانيا: برنامج إرشادي لتحسين أساليب الدراسة لدى الطلبة ذوي صعوبات التعلم السمعيين

الفصل الثاني عشر

بناء وتطبيق برنامج إرشاد جمعي
للطلبة ذوي صعوبات التعلم
لتحسين أساليب الدراسة السمعية والبصرية

المقدمة:

يقدم هذا الفصل برنامجين للطلبة تنطلق من نموذج التعلم البصري والسمعي، يمكن من خلال هذين البرنامجين تطبيقهما على طلبة صعوبات التعلم، حسب النموذج المفضل لديهم، حيث سيساعدهم ذلك في تحسين مستواهم الأكاديمي، وفي تحسين قدرتهم في التعلم، ومهارات الدراسة المناسبة لهم.

أولا: برنامج إرشادي لتحسين أساليب الدراسة لدى الطلبة ذوي صعوبات التعلم البصريين

الجلسة الأولى: التعارف

أهداف الجلسة:

- إتاحة المجال للتعارف بين المرشد، وأفراد المجموعة، وبناء علاقة إيجابية.
- تنمية الوعي لدى التلاميذ بماهية البرنامج الإرشادي، والهدف منه.
- إدراك الأعضاء لأهمية البرنامج الإرشادي.
- بيان عوامل نجاح الجلسات الإرشادية.

- تحديد مواعيد الجلسات وضرورة الالتزام بها.
- تحديد واجبات وحقوق كل عضو من أعضاء المجموعة.
- التعرف على توقعات المشاركين، وبناء توقعات ملائمة لدى الأعضاء حول البرنامج.

الفنيات المستخدمة:

المناقشة، والحوار البصري.

الأدوات:

أقلام وأوراق توضح البرنامج الإرشادي، وقواعد الجلسات.

الإجراءات وسير الجلسة:

- **أولاً:** إتاحة المجال للتعارف بين المرشد وأفراد المجموعة، حيث يقوم المرشد بالترحيب بأعضاء المجموعة الإرشادية، ويظهر لهم التقبل والحب، ثم يقوم بالتعريف بنفسه وطبيعة عمله، ثم يطلب من كل عضو من أعضاء المجموعة بالتعريف بنفسه، وهواياته، وبعض الأشياء التي يحبها أو يكرهها، ومكان إقامته، ثم يعمل تمرين يهدف إلى زيادة الاندماج بين أعضاء الجماعة الإرشادية، وهذا التمرين يهدف إلى إضفاء جو من المرح لبناء الألفة بين الأعضاء، ثم يطلب المرشد من الأعضاء، كل عضو أن يذكر الانطباع الذي تكون لديه بعد أن تعرف على زملائه وهواياتهم.

  ثم يقوم المرشد بإعطاء وقت حر لكتابة الملاحظات، والحوار البصري مع زملائهم لمدة 10 دقائق، ويشعر المرشد المجموعة بالاهتمام، والانتباه لهم عند تعريف كل عضو بنفسه مع بث روح الطمأنينة في الجلسة الإرشادية.

- **ثانياً:** بعد التأكد من معرفة أعضاء المجموعة الإرشادية لبعضهم البعض يقوم المرشد بإعطاء مقدمة عن الإرشاد الجمعي: بأنه أحد تطبيقات الإرشاد النفسي، ويضمن تقديم المساعدة لمجموعة من الأفراد الذين تتشابه مشكلاتهم من خلال

حديث كل فرد مشكلته، ومناقشتها مع الآخرين ويستطيع أفراد المجموعة، وبمساعدة المرشد تعلم طرق وأساليب تساعد كل فرد في المجموعة على مواجهة مشكلاته، وتعلم كيفية التعامل معها حتى يستطيع مواجهتها بوعي، واستبصار، كما يتعلم الأعضاء التعبير عن مشكلاتهم ومشاعرهم ومخاوفهم.

- **ثالثاً:** يقوم المرشد بالتعريف بالبرنامج الإرشادي وأنه مجموعة من الجلسات يبلغ عددها (11جلسة) وفي كل جلسة تدريبات، ومناقشات، وواجب بيتي، والهدف منها مساعدة الطلبة في المهارات الدراسية البصرية كما يهدف البرنامج إلى تحسين المهارات الدراسية البصرية، ويهدف إلى تعليم الأعضاء وضع أهداف وطرق للمذاكرة لتحقيق السعادة والنجاح لأنفسهم.

- **رابعاً:** يقوم المرشد بالتعرف على توقعات الطلبة المشاركين، وأهمها التوقعات الخاطئة، والعمل على تصحيحها في مقابل تثبيت التوقعات الممكنة من الإرشاد الجمعي، وما هو متوقع من الطلبة من تفاعل، ونشاط داخل المجموعة الإرشادية لأن ذلك يساعد في خلق جو ملائم للإرشاد الجمعي، والوصول إلى نتائج مفيدة.

- **خامساً:** يقوم المرشد بتقديم مجموعة من القوانين، والمبادئ، والعوامل التي ستؤدي إلى نجاح الجلسات، وتكون أساساً لتنظيم سلوكيات جميع الأعضاء داخل المجموعة، وتعتبر من أخلاقيات الإرشاد الجمعي مثل المحافظة على السرية التامة لما يدور في الجلسة الإرشادية، والاحترام المتبادل لآراء بعضهم البعض، وإصغاء الأعضاء لبعضهم البعض والالتزام في حضور الجلسات، وتنفيذ الواجبات المنزلية لكل جلسة والمشاركة في نشاطات وفعاليات لجماعة والصراحة والصدق في المشاركة.

- **سادساً:** يقوم المرشد بتلخيص ما دار في الجلسة الإرشادية، وتحديد مكان وزمان، ومدة الجلسة بالاتفاق مع الأعضاء كافة بالتأكيد على ضرورة الالتزام بالمواعيد والمواظبة على الحضور.

> الواجب البيتي
> يطلب المرشد من الأعضاء التحدث عن انطباعهم، وملاحظتهم حول الجلسة الإرشادية الحالية.

الجلسة الثانية: مهارات التواصل البصري

أهداف البرنامج:

- أن ينظر الأعضاء إلى بعضهم أثناء حديثهم.
- أن ينظر المتحدث إلى الأعضاء أثناء حديثه.
- أن يتحدث الأعضاء عن الأشخاص الذين يستخدموا التواصل البصري أثناء حديثهم، وناجحين في حياتهم.
- أن يركز الأعضاء في مهام بصرية صورية تعطى لهم.

الفنيات المستخدمة:
السبورة والأقلام الملونة.

الأدوات:
الأقلام وأوراق لكي يسجل الأعضاء عليها ملاحظاتهم.

الإجراءات وسير الجلسة:

- أولاً: يقوم المرشد بالترحيب بأعضاء المجموعة الإرشادية من خلال إيجاد جو من الألفة، والتعاون، والمحبة بين المرشد والأعضاء، ويشكر المرشد الأعضاء على التزامهم بموعد ومكان اللقاء الإرشادي.

- ثانياً: يسأل المرشد عن الواجب السابق، والإجابة عن أي استفسارات بخصوص الجلسة السابقة.

● ثالثاً: يقوم المرشد بتدريب الأعضاء على التواصل البصري حيث يطلب من كل عضوين الجلوس معاً، والحديث لمدة (خمس دقائق) بحيث يركزا على النظر إلى بعضهما أثناء الحديث، ثم يتم مناقشة المجموعات كل مجموعة لوحدها.

نشاط تعليمي

يعرض المرشد الصور التالية، ويطلب من الأعضاء التركيز فيها، والحديث عما يشاهدونه لمدة (خمس عشر دقيقة).

علق على هذه الصورة، واكتب ملاحظاتك عنها في ورقة خارجية.

ماذا ينقص هذا الفيل.

- **رابعاً:** يقوم المرشد وفي أثناء الجلسة بالنظر إلى الأعضاء، ويتواصل معهم بصرياً ثم يطلب من أحد أعضاء المجموعة التواصل البصري مع الأعضاء أثناء حديثه معهم لمدة (خمس دقائق)، ويستمع إلى التعليقات، ويحمل كل منهم دفتراً يسجل المعلومات التي يتحدث بها الطرف الآخر.

الواجب البيتي

يطلب المرشد من الأعضاء وصف منظر طبيعي يشاهدونه، والتركيز على تفاصيله للحديث عنها في الجلسة القادمة.

الجلسة الثالثة: خارطة العلاقات الدلالية

أهداف البرنامج:

- أن يعرف الأعضاء مفهوم خارطة العلاقات الدلالية.
- أن يتعرف الأعضاء على مثال لخارطة العلاقات الدلالية.
- أن يفهم الأعضاء خطوات بناء خارطة العلاقات الدلالية.

الفنيات المستخدمة:

السبورة والأقلام الملونة.

الأدوات:

أوراق عمل، كتب خارجية لعمل خارطة علاقات دلالية.

الإجراءات وسير الجلسة:

- أولاً: يقوم المرشد بالترحيب بالأعضاء، وشكرهم على الحضور، ومناقشة، ومراجعة الجلسة السابقة ومناقشة الواجب البيتي، والإجابة على أية استفسارات لدى الأعضاء.

- ثانياً: يسأل المرشد عن الواجب السابق، والإجابة عن أي استفسارات بخصوص الجلسة السابقة.

- ثالثاً: يقوم المرشد بعرض الأهداف، ويبدأ بعرض مفهوم خارطة العلاقات الدلالية وهو: إستراتيجية تدريسية تقوم على المناقشة المتبادلة بين المعلم والمتعلمين لتصنيف النص المقروء إلى مكونات فرعية تندرج تحت تصنيفات عامة مرتبطة ببعضها البعض، وتعتمد أساسا على استثارة الخبرات السابقة المرتبطة بالموضوع المقروء للمتعلمين.

- رابعاً: يعرض المرشد على الأعضاء مثالاً توضيحياً لخارطة العلاقات الدلالية لدرس التيمم:

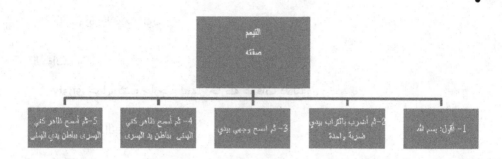

• خامساً: يقوم المرشد بعرض خطوات بناء خارطة العلاقات الدلالية لدرس آخر في مادة الجغرافيا:

نشاط:

يطلب المرشد من كل عضو من الأعضاء عمل خارطة علاقات دلالية في درس يفضله في النموذج التالي ثم نناقش الخارطة معهم:

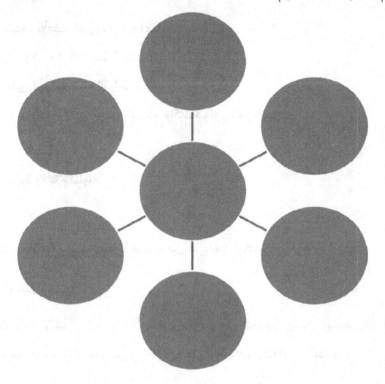

الواجب البيتي

يطلب المرشد من الأعضاء عمل خريطة لموضوع آخر يختاره الأعضاء أنفسهم.

الجلسة الرابعة: القراءة التصويرية

أهداف البرنامج:

- أن يستعد الأعضاء للقراءة بوضع أهداف واضحة لها.
- أن يتعلم الأعضاء إلقاء نظرة عامة على المادة المكتوبة.
- أن يطبق الأعضاء تقنية القراءة التصويرية.
- أن يعيد الأعضاء إثارة الذهن بالأسئلة، واكتشاف أجزاء من النص.

الفنيات المستخدمة:

السبورة والأقلام الملونة.

الأدوات:

كتب خارجية تناسب أعمار الطلبة يحصل عليها من المكتبة.

الإجراءات وسير الجلسة:

- أولاً: يقوم المرشد بالترحيب بالأعضاء، وشكرهم على الحضور، ومناقشة، ومراجعة الجلسة السابقة، ومناقشة الواجب البيتي، والإجابة على أية استفسارات لدى الأعضاء.

- ثانياً: يسأل المرشد عن الواجب السابق، والإجابة عن أي استفسارات بخصوص الجلسة السابقة.

- ثالثاً: تعرف القراءة التصويرية بأنها: قلب صفحات الكتاب أو الموضوع من الغلاف للغلاف بطريقه سريعة مع ملاحظة بنظرة تلسكوبية لصفحتي الكتاب، بحيث تتمكن من رؤية الأركان الأربعة للصفحتين، ويكون تركيزك محوري، أي على منتصف الصفحتين.

- رابعاً: يقوم المرشد بعرض الأهداف، ويبدأ بالاستعداد القراءة المؤثرة بوضع الأعضاء أهداف واضحة، وأن تكونوا واثقين من الحصول.

نشاط:

يعطى كل عضو كتاب، وتترك له فرصة (سبع دقائق) لقراءة الكتاب قراءة تصويرية، وبعد انتهاء الوقت يناقش كل عضو عما قرأ واستفاد من الكتاب.

- خامساً: طريقة المسح البصري: وهي إلقاء نظرة عامة وهي مسح المادة المكتوبة. ولإنجاز هذا الأمر مع كتاب فإننا نقرأ الغلاف الخارجي، جدول المحتويات، الفهرس، العناوين الرئيسية، الخطوط العريضة وغيرها مما يعتقد أنه مهم، وإلقاء النظرة يقوم على مبدأ مهم: فالقراءة الفعالة تأخذ موقعها من الكليات إلى الجزئيات حيث تبدأ بنظرة عامة للشيء، وتتحول بعدها إلى الأجزاء الصغيرة، والتفاصيل، وباختصار فإن إلقاء النظرة العامة يعطينا الهيكل التنظيمي للكتاب أو النص.

- سادساً: تقنية القراءة التصويرية تبدأ بوضع أنفسنا في حالة استرخاء ذهني، وبدني تام تسمى بحالة التعلم المثلى، وفيها تتبدد كل حالات القلق، والتوتر، والهموم. وبعد ذلك نضبط نظرتنا نحو منتصف الكتاب، والهدف منها هو استخدام أعيننا بطريقة جديدة بحيث تشمل كامل الصفحتين بدلاً من التركيز على كلمات فردية، وفي هذه الحالة نصور اللقطة ذهنياً بطريقة ما، قبل أن نصل إلى حالة الوعي، يمكن أن نقرأ الكتاب تصويرياً في ثلاث أو خمس دقائق.

- سابعاً: الخارطة الذهنية وهي كتابة ما يفهم من الكلمات التي توقفت عندها العين في شكل خارطة، وتسمى التشجير، هذا بشكل عام. وهذا كله يقوم على الاسترخاء، ماذا عن الاسترخاء؟ حيث يعد الاسترخاء من أهم الأمور سواء في القراءة التصويرية

أم غيرها، ومما يدعو للاطمئنان أن هذه المهارة سريعة التعلم وسهلة، وكلما تمكنت من الاسترخاء سيطرت على حالتك الذهنية والبدنية.

الواجب البيتي

يطلب المرشد من الأعضاء تجربة قراءة كتاب قراءة تصويرية في (ثمان دقائق)، ومناقشة مقرءوه في بداية الجلسة القادمة.

الجلسة الخامسة: القراءة السريعة

أهداف البرنامج:

- أن يتعرف الأعضاء على القراءة السريعة.
- أن يتدرب الأعضاء على القراءة السريعة.
- أن يزيد الأعضاء من سرعتهم في القراءة السريعة.

الفنيات المستخدمة:

المناقشة والحوار.

الأدوات:

أوراق عمل، وأقلام رصاص، وجريدة، أو كتاب للقراءة فيها.

الإجراءات وسير الجلسة:

- أولاً: يقوم المرشد بالترحيب بالأعضاء وشكرهم على الحضور ومناقشة ومراجعة الجلسة السابقة ومناقشة الواجب البيتي والإجابة على أية استفسارات لدى الأعضاء.
- ثانياً: يسأل المرشد عن الواجب السابق، والإجابة عن أي استفسارات بخصوص الجلسة السابقة.

- ثالثاً: يقوم المرشد بعرض أهداف الجلسة والبدء بتعريف القراءة السريعة وهي:

> زيادة قراءة عدد الكلمات في الدقيقة الوحدة
>
> حتى تصل إلى ما يقارب 200 إلى 300 كلمة في الدقيقة

- رابعاً: يقوم المرشد بإعطاء تمرين للأعضاء لتدريبهم على مهارات القراءة السريعة:

تمرين القراءة السريعة

أحضر ساعة منبه وورق ملاحظات وقلم رصاص، وكتابا أو مقالا تود قراءته. يفضل أن تكون المادة المقروءة ممتعة وسهلة للقارئ ويجب تحديد وقت القراءة بالدقائق والالتزام بالتوقف فور انتهائه، مثال إذا انتهت الفترة المحددة (عشرة دقائق مثل) توقف عن القراءة فوراً. يفضل استخدام منبه صوتي لمعرفة موعد الانتهاء تجنبا لربكة النظر المتكرر للساعة، معادلة سرعة القراءة بالمعادلة الآتية يستطيع الفرد تحديد سرعة قراءته ومن ثمة العمل على زيادتها بأتباع خطوات التمرين:

سرعة القراءة (أو عدد الكلمات في الدقيقة الواحدة) = (عدد الكلمات في السطر الواحد) ضرب (عدد الأسطر في الصفحة) ضرب (عدد الصفحات المقروءة) مقسومة على (الوقت المستغرق في القراءة).

- خامساً: يقوم المرشد بقراءة نص من كتاب يختاره ويطلب من الأعضاء الإجابة على أسئلة استوعبوها من النص:

الواجب البيتي

الحاسوب أو الكمبيوتر آلة تقوم بإجراء العمليات الحسابية ومعالجة البيانات بدقة وسرعة مذهلة، ويستطيع الحاسوب التعامل مع كم هائل من المعلومات وحل المسائل الرياضية المعقدة، وقد غيرت الحواسيب الطريقة التي يؤدي بها الناس أعمالهم حيث تقوم بمهام عدة في مجال الأعمال التجارية والتعليم والصناعة والمواصلات والمجالات الأخرى، وتقوم الآن بأداء العديد من الأعمال المكتبية المضنية في المكاتب التي كان يقوم بها عادة عدد كبير من الموظفين، وتزود العلماء والباحثين بفهم أوضح للطبيعة وتعطي الأشخاص الذين يتعاملون مع الكلمة طريقة فعالة لإعداد الوثائق، وتمكن المصممين والفنانين من رؤية أشياء لم تكن لترى من قبل، وأصبح العالم من خلال الحاسب قرية صغيرة بحيث يمكن اتصال أفرادها فيما بينهم ورؤية بعضهم وتبادل المعلومات والأفكار والمعارف من خلال شبكة تتكون من ملايين الحواسيب التي ترتبط مع بعضها عبر ما يعرف بالإنترنت. فسبحان الذي علم الإنسان مالا يعلم.

- سادساً: يطلب المرشد من كل عضوين أن يقرءا قراءة سريعة لبعضهما البعض ويبينا ما فهما منه ثم يتناقش الطلبة في ذلك.

- سابعا: يعرض المرشد النص التالي و يقوم أحد الأعضاء بقراءته ويبين ماذا فهم منه ويناقش الطلبة ذلك:

الشـمـس

الشمس كرة هائلة من الغاز المتوهج في وسط المجموعة الشمسية وما الشمس إلا واحدة من بلايين النجوم في الكون قال تعالى: (وَالشَّمْسُ تَجْرِي لِمُسْتَقَرٍّ لَهَا ذَلِكَ تَقْدِيرُ الْعَزِيزِ الْعَلِيمِ)يس: 38) وهي ذات أهمية بالغة للإنسان تفوق أهمية النجوم الأخرى فبدون حرارة الشمس وضوئها، لا يمكن أن توجد

حياة على الأرض فالحرارة تمدها بالدفء الذي تحتاج إليه حتى لا يهلك الإنسان والمخلوقات من البرد، وتعتمد حياة الإنسان والحيوان والنبات القائمة على سطح الأرض على ما يصلها من الشمس من أنواع الطاقة. كما يساعد ضوئها على رؤية الأشياء والنباتات تستخدم هذا الضوء لصنع غذائها ومن ثم يخرج غاز الأكسجين ويتغذى الإنسان والحيوان على هذه النباتات فيستنشقان الأكسجين المنبعث منها، ويقومان بدورهما بإخراج غاز ثاني أكسيد الكربون الذي يقوم النبات بمزجه بالطاقة الضوئية وبالماء الموجود في التربة ليحصل على ما يلزمه من غذاء. وبشعاع الشمس يتحول ماء البحر إلى بخار ثم يسقط ماء عذبًا يجري به ماء الأنهار، ويسقي به الزرع والحيوان، وينتفع به الناس في حوائجهم فسبحان الله الخالق العظيم.

الواجب البيتي

يطلب المرشد من الأعضاء التدرب على التمرين السابق، ومناقشة ما طرأ على تحسن القراءة السريعة لديهم في بداية الجلسة القادمة.

أهداف البرنامج:

- أن يتعرف الأعضاء على تعريف التلخيص.
- أن يحدد الأعضاء الأفكار الأساسية في الموضوع ويكتب ما لاحظه.
- أن يعرف الأعضاء المبادئ الأساسية التي يجب مراعاتها في التلخيص.
- أن يكتب الأعضاء تلخيصاً لأي موضوع من الموضوعات.

الفنيات المستخدمة:

المناقشة والحوار.

الأدوات:

أوراق العمل، كتاب يختاره الأعضاء من المكتبة.

الإجراءات وسير الجلسة:

- أولاً: يقوم المرشد بالترحيب بالأعضاء وشكرهم على الحضور ومناقشة ومراجعة الجلسة السابقة ومناقشة الواجب البيتي والإجابة على أية استفسارات لدى الأعضاء.

- ثانياً: يسأل المرشد عن الواجب السابق، والإجابة عن أي استفسارات بخصوص الجلسة السابقة.

- ثالثاً: يقوم المرشد بعرض أهداف الجلسة ويبدأ بتعريف التلخيص وهو: إعادة صياغة النص الأصلي في عدد قليل من الكلمات مع المحافظة على المعنى.

- رابعاً: يقوم المرشد بعرض موضوع وملخصه على التلاميذ:

الصداقة

ما أجمل الصداقة، وما أحسن الحياة مع الأصدقاء وما أتعس الحياة بلا صداقة صادقة لقد اشتقت الصداقة من الصدق،فكل واحد من الصديقين يصدق في حبه لأخيه وإخلاصه له،والصداقة مشاركة في السراء والضراء،وبذل دائم وعطاء، فالصديق الحق هو الذي يكون بجوار صديقة وقت الشدة، ولا يتخلى عنه حين يحتاج إليه، ولكن هل كل إنسان يصلح أن يكون صديقاً؟ لذا يجب علينا أن نحسن اختيار الصديق، لأن الصديق، مرآة لصديقه،ولذا لابد أن تختار الصديق الصالح التقي، المتأدب بآداب الإسلام، المحافظ على شعائر الله أما إذا لم نحسن اختيار الصديق وصادقنا من لا يخاف الله ولا يلتزم بشريعته؛ فإن هذه الصداقة تتقلب عداوة.

الصداقة

التلخيص:

الصداقة مشاركة في السراء والضراء وبذل دائم وعطاء.والصديق مرآة لصديقه فينبغي أن نختار الصديق الصالح لأن الصداقة المباركة هي التي تمتد إلى الآخرة، والصديق الحق يتحمل زلات صديقه ويسانده وقت الشدة، ويخلص له النصح ويرشده إلى ما ينفعه في الدنيا والآخرة.

- **خامساً:** يقوم المرشد بعرض المبادئ الأساسية التي يجب أن تراعى في التلخيص وهي:

  - البعد عن التعديل والتحريف في المادة الملخصة بما يشوّه الأصل أو يغير المعنى أو يحمله ما لا يحتمل.

  - القدرة على التمييز بين الرئيسي والثانوي من الأفكار.

  - التلخيص من الاستطرادات والهوامش والأمثلة المتعددة.

  - الإشارة إلى المراجع والأصول التي استعان بها النص الأصلي وإثباتها في متن النص.

- **سادساً:** بعد توزع بعض الأوراق عليهم وبها موضوع ليحاول التلاميذ أن يقوم الأعضاء بتلخيص الموضوع:

المرافق العامة

تهتم الدول المتقدمة المتحضرة بتقديم خدماتها لمواطنيها، وتبذل في سبيل ذلك كثيراً من المال والجهد.

وهي عندما تقدم هذه الخدمات تضع مسؤولية المحافظة عليها أمانة في أعماق المواطنين، تحثهم على الاستفادة منها، ولا تسمح بإتلافها أو بتشويه مناظرها.

ففي المدرسة يجب أن يحرص كل تلميذ على نظافة جميع الأثاث والتجهيزات المدرسية،فلا يشوه جمال هذه المرافق بالكتابة فيها أو العبث فيها،وفي الشارع يجب أن يحرص كل مواطن على النظافة، فلا يلقي منديلاً أو علبة فارغة،حتى لا يشوه المنظر العام للبلد ولا يشوه أسوار المساجد، والمدارس والمنزل بالكتابة فيها، وفي المتنزهات والحدائق العامة لا يعتدي عليها بقطف أزهارها الجميلة، التي تعطيه عطراً وأريجاً وتزيده سرواً وابتهاجاً وفي كل دائرة حكومية يحرص الموظفون على ممتلكات الدولة، فهي جزء من مقدرات هذا الوطن ومن واجبهم رعايتها والمحافظة عليها كأنها ملك لهم.

والإسلام لا يرضى أن تفرط في أملاك دولتنا فنجعلها شيئاً مباحاً للإتلاف والتضييع والتشويه.

إننا بهذا السلوك المتميز نصنع البيئة المثالية التي نعيش فيها سعداء وأصحاء أقوياء متحابين متعاونين.

وإن عليك أيها الطالب جزءاً كبيراً من هذه المسؤولية فاحرص على أدائها، وتذكر قول الرسول صلى الـله عليه وسلم : (إماطة الأذى عن الطريق صدقة).

الواجب البيتي

يطلب المرشد من الأعضاء قراءة أي موضوع وتلخيصه وكتابة ملاحظاتهم.

الجلسة السابعة: الرسم والتلوين والتعليق على الرسمة

أهداف البرنامج:

- أن تزيد دقة الأعضاء في الاهتمام بالتفاصيل من خلال الرسم.

- أن يرسم الأعضاء من التنسيق بسرعة.

- أن يستطيع الأعضاء تحليل الرسم وتمييز أدق أجزائه، وتفاصيله عند التلوين.

- أن يتمكن الأعضاء من التعبير عن طريق الرسم و التلوين والتعليق على الرسمة.

الفنيات المستخدمة:

المناقشة والحوار

الأدوات:

الألوان والأقلام الملونة، أوراق العمل والأقلام الملونة.

الإجراءات وسير الجلسة:

- أولاً: يقوم المرشد بالترحيب بالأعضاء وشكرهم على الحضور، ومناقشة، ومراجعة الجلسة السابقة، ومناقشة الواجب البيتي، والإجابة على أية استفسارات لدى الأعضاء.

- ثانياً: يسأل المرشد عن الواجب السابق، والإجابة عن أي استفسارات بخصوص الجلسة السابقة.

- ثالثاً: يقوم المرشد بعرض أهداف الجلسة، ويبدأ بأهمية الرسم والتلوين وهي: أن مجال الرسم من المجالات السهلة، التي يستطيع الإنسان أن يعبر بها عن ما يشعر به، من انفعالات ومشاعر ذاتية خاصة به، أو عن ما يحيط به من متغيرات في البيئة التي يعيش فيها، لكونه يعتمد على حركة الخط، وما يحدثه على الأسطح من اثر على الخامات في البيئة.

ثم يطلب منهم رسم منظر طبيعي يحتوي على الأشجار الخضراء، وجدول مياه يمر من خلال هذه الأشجار.

- رابعاً: نشاط:

يعرض المرشد على الأعضاء الرسمة التالية ويطلب منهم التعليق على هذا الرسم والاهتمام بالتفاصيل الدقيقة للرسمة.

- خامساً: نشاط:

يقسم المرشد الأعضاء إلى مجموعتين، ويطلب من كل مجموعة رسم منظر لمدة (عشر دقائق) وتلوينه:

- سادساً: يطلب المرشد من الأعضاء تلوين الرسمة التالية، ثم يقوم الأعضاء بالتعبير عن الرسمة من خلال كتابة جمل يوضحوا فيها أجمل ما رآه في الرسمة، وعلى ماذا تدل الألوان:

الواجب البيتي

يطلب المرشد من الأعضاء التدرب على ما تعلموه في هذه الجلسة في المنزل، ورسم ما يريدون مع التعليق على الرسمة.

الجلسة الثامنة: الإملاء المنظور

أهداف البرنامج:

- أن ينتبه الأعضاء لما هو مكتوب أمامهم.

- أن يكتب الأعضاء ما يملى عليهم.

- أن يصحح الأعضاء ما كتبوه بأنفسهم.

الفنيات المستخدمة:

المناقشة والحوار

الأدوات:

السبورة والأقلام الملون، أوراق عمل.

الإجراءات وسير الجلسة:

- أولاً: يقوم المرشد بالترحيب بالأعضاء وشكرهم على الحضور ومناقشة ومراجعة الجلسة السابقة ومناقشة الواجب البيتي والإجابة على أية استفسارات لدى الأعضاء.

- ثانياً: يقوم المرشد بعرض الأهداف ويبدأ بعرض مفهوم الإملاء المنظور وهو: أن يكتب الأعضاء الجمل المطلوبة بعد عرضها عليهم، والتمكن من رؤيتها مكتوبة ثم إخفاءها عن أنظارهم، ومحاولة كتابتها صحيحة ما أمكن.

  ويستخدم طريقة غط، واكتب للاستفادة من قدراتهم البصرية، وخطوات الطريقة:

  تكتب جملة، ثم تغطى، ثم طلب من الأعضاء كتابتها، ثم ظهر الجملة أمامهم، ثم يصححوا أخطائهم، ثم تغطى، وهكذا... حتى يتمكن الأعضاء من كتابتها صحيحة.

- ثالثاً: يعرض المرشد النص على السبورة ثم يطلب من الأعضاء الانتباه لما هو مكتوب أمامهم.

نشاط1:

أقر الجمل التالية،ثُم أكتبها في كراستي عندما تملى علي:

1- المسلم الذي يحافظ على الصلاة التي فرضها الله عليه يكون من المسلمين الذين أطاعوه.

2- المادتان اللتان أحبهما هما القرآن الكريم والإملاء.

3- أمي وأبي هما اللذان أحسنا تربيتي ورعايتي.

- رابعاً: نشاط2:

يعرض المرشد على الأعضاء النص التالي، ثم يكتب الأعضاء النص بعد النظر إليه، والتمعن في كلماته تجنباً لوقوع أخطاء، وللاستفادة من مهاراتهم البصرية.

المدينة المنورة

هي البلدة الطيبة المباركة التي أمر الله رسوله محمد صلى الله عليه وسلم بالهجرة إليها، وفيها المسجد النبوي، وهو أول مدرسة إسلامية،منه أخذت أشعة نور الإسلام تجوب جميع أنحاء العالم.

وبعد الانتهاء من الكتابة يقوم الأعضاء بالتصحيح الذاتي وذلك عن طريق عرض النص أمامهم وتركهم يلاحظون أخطاءهم مقارنة بما كتب على السبورة وبالتالي تصويب الأخطاء إن وجدت.

الواجب البيتي

يتدرب الأعضاء في المنزل على كتابة كلمات النص الإملائي على دفتر خاص ومناقشة ذلك في الجلسة القادمة.

الجلسة التاسعة: تعلم الرياضيات بطريقة بصرية

أهداف البرنامج:

- أن يتعلم الأعضاء جدول الضرب.
- أن يستطيع الأعضاء الإجابة على بعض مسائل جدول الضرب.

الفنيات المستخدمة:

المناقشة والحوار

الأدوات:

لوحة مكتوب عليها جدول الضرب، السبورة والأقلام الملونة، أوراق العمل.

الإجراءات وسير الجلسة:

- أولاً: يقوم المرشد بالترحيب بالأعضاء، وشكرهم على الحضور، ومناقشة، ومراجعة الجلسة السابقة، ومناقشة الواجب البيتي، والإجابة على أية استفسارات لدى الأعضاء.

- ثانياً: يسأل المرشد عن الواجب السابق، والإجابة عن أي استفسارات بخصوص الجلسة السابقة.

- ثالثاً: يقوم المرشد بعرض أهداف الجلسة، والبدء بعرض (جدول الضرب) عن طريق اللوحة المعدة مسبقاً، ومتابعة الطلاب لها مع التركيز على جداول (2، 3، 4، 5، 6) مع ضرورة تنبيه لأعضاء إلى ضرورة الانتباه إلى ما يعرض.

9=1×9	8=1×8	7=1×7	6=1×6	5=1×5	4=1×4	3=1×3	2=1×2	1=1×1
18=2×9	16=2×8	14=2×7	12=2×6	10=2×5	8=2×4	6=2×3	4=2×2	2=2×1
27=3×9	24=3×8	21=3×7	18=3×6	15=3×5	12=3×4	9=3×3	6=3×2	3=3×1
36=4×9	32=4×8	28=4×7	24=4×6	20=4×5	16=4×4	12=4×3	8=4×2	4=4×1
45=5×9	40=58×8	35=5×7	30=5×6	25=5×5	20=5×4	15=5×3	10=5×2	5=5×1
54=6×9	48=6×8	42=6×7	36=6×6	30=6×5	24=6×4	18=6×3	12=6×2	6=6×1
63=7×9	56=7×8	49=7×7	42=7×6	35=7×5	28=7×4	21=7×3	14=7×2	7=7×1
72=8×9	64=8×8	56=8×7	48=8×6	40=8×5	32=8×4	24=8×3	16=8×2	8=8×1
81=9×9	72=9×8	63=9×7	54=9×6	45=9×5	36=9×4	27=9×3	18=9×2	9=9×1
90=10×9	80=10×8	70=10×7	60=10×6	50=10×5	40=10×4	30=10×3	20=10×2	10=10×1

• رابعاً: يقوم المرشد بتوزيع أوراق مطبوعة على الأعضاء تحتوي على المسائل الآتية:

=7×6	=3×6	=4×2	=5×5
=8×9	=6×5	=8×4	=10×2
=10×7	=9×6	= 2×2	=9×3
=4×8	=3×3	=7×2	=8×5

• خامساً: يقوم المرشد بكتابة بعض المسائل على السبورة ويقوم الأعضاء بالخروج بالتناوب لحل هذه المسائل.

الواجب البيتي:

يطلب المرشد من الأعضاء حل بعض التمارين، والمسائل على ما أخذوه في هذه الجلسة.

الجلسة العاشرة: تعليم اللغة العربية بطريقة بصرية

أهداف البرنامج:

- أن يطبق الأعضاء مهارة التواصل البصري.
- أن يطبق الأعضاء مهارة القراءة السريعة.
- أن يطبق الأعضاء مهارة التلخيص، وكتابة الملاحظات.
- أن يطبق الأعضاء مهارة الإملاء المنظور.

الفنيات المستخدمة:

المناقشة والحوار

الأدوات:

السبورة والأقلام الملونة، الأقلام وأوراق لكي يسجل الأعضاء عليها ملاحظاتهم، أوراق العمل.

الإجراءات وسير الجلسة:

- أولاً: يقوم المرشد بالترحيب بالأعضاء وشكرهم على الحضور ومناقشة ومراجعة الجلسة السابقة ومناقشة الواجب البيتي والإجابة على أية استفسارات لدى الأعضاء.

- ثانياً: يسأل المرشد عن الواجب السابق، والإجابة عن أي استفسارات بخصوص الجلسة السابقة.

- ثالثاً: يقوم المرشد بعرض أهداف الجلسة والبدء بعرض النص التالي، وتطبيق المهارات عليه:

نشاط 1:

في ساعة نشاط :

جلس مدرس اللغة العربية مع تلاميذه في قاعة النشاط الثقافي، وقال: سنجعل نشاطنا اليوم منوعاً بين الطرفة، والألغاز، والحكايات الطريفة، وسنخصص جائزة لأحسن ما يقدم...، فاشحذوا أفكاركم، واستحضروا شيئاً مما قرأتم في المكتبة المدرسية. فاستأذن عياد ثم قال: أنا قرأت الطرفة التالية:

زرع فلاح براً، فلما استوى وقام على سوقه حط به سرب جراد، فجعل ينظر إليه ولا حيلة له بطرده، فأنشأ يقول:

مر الجراد على زرعي فقلت له	ألمم بخير، لا تلمم بإفساد
فقال منهم عظيم فوق سنبلـه	إنا على سفر، لابد من زاد !!

فارتفعت الأيدي، فقال المعلم: هات يا يزيد:

قال يزيد: لدي طرفة نحوية:

قال رجل لصديق له مغفل: ما فعل فلان بحمارِهِ؟ قال المغفل: باعِهِ. قال الرجل: قل: باعَهُ. قال المغفل: فلم قلت بحمارِهِ؟ قال: الباء تجر. قال المغفل: ومن الذي جعل باءك تجر وبائي ترفع فضحك الجميع من جهل المغفل، وشكروا يزيداً. وسأل المدرس أحد التلاميذ عما وقع فيه المغفل..!

ثم وقف عبد الرحمن فقال: فرأت في ورقة التقويم طرفة نحويةً.

قدم على نحوي ابن أخ له، فقال العم: ما فعل أبوك؟ قال مات - رحمه الـلـه.

قال العم: وما كانت علته؟ قال: ورمت قدميه !

قال: قل قدماه. قال الابن: فارتفع الورم من قدماه إلى ركبتاه !

قال العم:قل (قدميه وركبتيه). قال: دعني يا عم، فما موت أبي بأشد علي من نحوك هذا!!

وهنا سر الجميع، وطلبوا تصحيح ما وقع فيه ابن الأخ من الأخطاء، وقال أحدهم: هذا لم يدرس إعراب المثنى في الصف الخامس يا أستاذ !

ووقف حاتم فقال: لدي طرفة غير نحوية. فقال المعلم: تفضل....

فقال حاتم:

سمع صبي فقير امرأة حملوا من بيتها ميتاً تقول: يذهبون بك إلى بيت ليس فيه غطاء، ولا فراش،ولا عشاء،ولا غداء، ولا سراج، فقال الصبي: يا أبت، إنهم يذهبون به إلى بيتنا!!

فضحك الجميع وتجدد نشاطهم، وارتفع كثير من الأيدي كل يريد أن يقدم طرفة، فقال المعلم: لقد انتهى وقت النشاط، وسنقدم جوائز لجميع من شارك وأجاب.

- **رابعاً:** يقوم المرشد بتدريب الأعضاء على التواصل البصري حيث يطلب من كل عضوين الجلوس معاً، وقراءة النص السابق لمدة (خمس دقائق) بحيث يركزا على النظر إلى بعضهما أثناء القراءة ثم يتم مناقشة المجموعات كل مجموعة لوحدها، ويستمع إلى التعليقات، ويحمل كل منهم دفتراً يسجل المعلومات التي يتحدث بها الطرف الآخر.

- **خامساً:** يطلب المرشد من كل عضوين أن يقرءا النشاط السابق قراءة سريعة لبعضهما البعض ويبينا ما فهما منه ثم يتناقش الطلبة فيه.

- **سادساً:**

نشاط:

يطلب المرشد من الأعضاء قراءة النص السابق وتلخيصه، وكتابة ملاحظاتهم.

- سابعاً: يقوم المرشد بعرض بتطبيق مهارة الإملاء المنظور وهي: أن يكتب الأعضاء الجمل المطلوبة بعد عرضها عليهم والتمكن من رؤيتها مكتوبة ثم إخفاءها عن أنظارهم ومحاولة كتابتها صحيحة ما أمكن، ويستخدم طريقة غط واكتب للاستفادة من قدراتهم البصرية.

نشاط:

يقوم المرشد بتحديد ست أسطر من النص السابق، ثم يقوم الأعضاء بكتابة النص بعد النظر إليه حتى يتمكنوا من كتابته كتابة صحيحة.

وبعد الانتهاء من الكتابة يقوم الأعضاء بالتصحيح الذاتي.

نشاط:

يطلب المرشد من الأعضاء التدرب على المهارات السابقة في المنزل، ومناقشته في الجلسة القادمة.

الجلسة الحادية عشر: الجلسة الختامية

أهداف البرنامج:

- إكمال الأعمال غير المنتهية.
- تقييم الجلسات الإرشادية.
- تعزيز أعضاء المجموعة الإرشادية.
- إنهاء البرنامج وختامه.

الفنيات المستخدمة:

المناقشة، الحوار البصري.

الأدوات:

أقلام وأوراق العمل

الإجراءات وسير الجلسة:

بعد الترحيب بالأعضاء سيتم تلخيص ما دار في الجلسة السابقة، وتذكيرهم بقائمة التعليمات والقواعد الخاصة بالجلسات الإرشادية، ثم يقوم المرشد باستعراض محاور وأهداف الجلسات الإرشادية، والأساليب المستخدمة والنشاطات العملية وإعطائهم الفرصة للتعبير عما يجول في خواطرهم، ثم الاستماع إلى توقعات الأعضاء من البرنامج الإرشادي، وماذا حققوا من خلاله ومعرفة تعليقاتهم النهائية على البرنامج.

عزيزي الطالب .... العضو الفعال

إن دورك في البرنامج فعال ومدعم ومكمل لدور الأعضاء الباقين فتمنياتي لك بالتوفيق والتفوق والإبداع.

إن العمل مع الجماعة ينمي فيك التعاون والإحساس بالآخرين ومعاناتهم وأنك جزء مهم في البرنامج ومكمل لبقية الأعضاء.

إن السعي للعمل الجاد والتفاعل مع الآخرين أمر مهم ينمي فيك الطموح والسعي إلى تحقيق الذات وحب الآخرين والتواصل معهم ومعرفة ماذا يريدون وماذا يفكرون.

ونهاية الحديث أختم قائلاً: "أتنم عماد الأمة وأمل المستقبل بجدكم واجتهادكم تحققون آمالنا فيكم وآمالكم، بكم نرفع رؤوسنا وبكم المستقبل المشرق فتسلحوا بالعلم والمعرفة فهو سلاح المستقبل الحقيقي".

ثم يقوم المرشد بالسلام على الأعضاء، وتوديعهم مع التشجيع، وإعطاء كل عضو الفرصة للتحدث قبل إنهاء البرنامج عن أي شيء يريده.

وأخيراً قال الشاعر العراقي معروف الرصافي:

أأبنـــاء المـــدارس إن نفسيـــ تؤمـــل فـــيكم الأمـــل الكبـــيرا
فســقيا للمـــدارس مـــن ريـــاض لنـــا قـــد أنبتـــت مـــنكم زهـــورا
ستكتســـب الـــبلاد بكـــم علـــوا إذا وجـــدت لهـــا مـــنكم نصـــيرا
إذا ارتـــوت الـــبلاد بفـــيض علـــم فعـــاجز أهلهـــا يمسيـــ قـــديرا
ويقـــوى مـــن يكـــون بهـــا ضـــعيفا ويغنـــى مـــن يعـــيش بهـــا فقـــيرا

ثانيا: برنامج إرشادي لتحسين أساليب الدراسة لدى الطلبة ذوي صعوبات التعلم السمعيين

الجلسة الأولى: التعارف

أهداف الجلسة:

- إتاحة المجال للتعارف بين المرشد وأفراد المجموعة وبناء علاقة إيجابية.
- تنمية الوعي لدى التلاميذ بماهية البرنامج الإرشادي، والهدف منه.
- إدراك الأعضاء لأهمية البرنامج الإرشادي.
- بيان عوامل نجاح الجلسات الإرشادية.
- تحديد مواعيد الجلسات وضرورة الالتزام بها.
- تحديد واجبات وحقوق كل عضو من أعضاء المجموعة.
- التعرف على توقعات المشاركين، وبناء توقعات ملائمة لدى الأعضاء حول البرنامج.

الفنيات المستخدمة:

المحاضرة، المقابلة والحوار.

الأدوات:

الاستماع إلى المرشد والحوار بينه وبين المسترشدين.

الإجراءات وسير الجلسة:

- أولاً: إتاحة المجال للتعارف بين المرشد، وأفراد المجموعة حيث يقوم المرشد بالترحيب بأعضاء المجموعة الإرشادية، ويظهر لهم التقبل والحب، ثم يقوم بالتعريف بنفسه، وطبيعة عمله ثم يطلب من كل عضو من أعضاء المجموعة بالتعريف بنفسه، وهواياته وبعض الأشياء التي يحبها أو يكرهها ومكان إقامته، ثم يعمل تمرين يهدف إلى زيادة الاندماج بن أعضاء الجماعة الإرشادية، وهذا التمرين يهدف إلى إضفاء جو من المرح لبناء الألفة بين الأعضاء، ثم يطلب المرشد من الأعضاء كل عضو أن يذكر الانطباع الذي تكون لديه بعد أن تعرف على زملائه وهواياتهم

ثم يقوم المرشد بإعطاء وقت حر للحديث، والمناقشة مع زملائهم لمدة 10 دقائق، ويشعر المرشد المجموعة بالاهتمام، والإصغاء، والتواصل السمعي عند تعريف كل عضو بنفسه مع بث روح الطمأنينة في الجلسة الإرشادية.

- ثانياً: بعد التأكد من معرفة أعضاء المجموعة الإرشادية لبعضهم البعض يقوم المرشد بإعطاء مقدمة عن الإرشاد الجمعي: بأنه أحد تطبيقات الإرشاد النفسي ويضمن تقديم المساعدة لمجموعة من الأفراد الذين تتشابه مشكلاتهم من خلال حديث كل فرد مشكلته ومناقشتها مع الآخرين ويستطيع أفراد المجموعة وبمساعدة المرشد تعلم طرق وأساليب تساعد كل فرد في المجموعة على مواجهة مشكلاته وتعلم كيفية التعامل معها حتى يستطيع مواجهتها بوعي واستبصار كما يتعلم الأعضاء التعبير عن مشكلاتهم ومشاعرهم ومخاوفهم.

- ثالثاً: يقوم المرشد بالتعريف بالبرنامج الإرشادي، وأنه مجموعة من الجلسات يبلغ عددها (11) جلسات، وفي كل جلسة تدريبات، ومناقشات، وواجب بيتي،

والهدف منها مساعدة الطلبة في المهارات الدراسية السمعية كما يهدف البرنامج إلى تحسين المهارات الدراسية السمعية، ويهدف إلى تعليم الأعضاء، وضع أهداف وطرق للمذاكرة لتحقيق السعادة، والنجاح لأنفسهم.

- رابعاً: يقوم المرشد بالتعرف على توقعات الطلبة المشاركين، وأهمها التوقعات الخاطئة، والعمل على تصحيحها في مقابل تثبيت التوقعات الممكنة من الإرشاد الجمعي، وما هو متوقع من الطلبة من تفاعل، ونشاط داخا المجموعة الإرشادية لأن ذلك يساعد في خلق جو ملائم للإرشاد الجمعي، والوصول إلى نتائج مفيدة.

- خامساً: يقوم المرشد بتقديم مجموعة من القوانين، والمبادئ، والعوامل التي ستؤدي إلى نجاح الجلسات، وتكون أساساً لتنظيم سلوكيات جميع الأعضاء داخل المجموعة، وتعتبر من أخلاقيات الإرشاد الجمعي مثل المحافظة على السرية التامة لما يدور في الجلسة الإرشادية، والاحترام المتبادل لآراء بعضهم البعض، وإصغاء الأعضاء لبعضهم البعض، والالتزام في حضور الجلسات، وتنفيذ الواجبات المنزلية لكل جلسة والمشاركة في نشاطات، وفعاليات لجماعة والصراحة، والصدق في المشاركة.

- سادساً: يقوم المرشد بتلخيص ما دار في الجلسة الإرشادية، وتحديد مكان، وزمان، ومدة الجلسة بالاتفاق مع الأعضاء كافة بالتأكيد على ضرورة الالتزام بالمواعيد والمواظبة على الحضور.

الواجب البيتي:

يطلب المرشد من الأعضاء التحدث عن انطباعهم وملاحظتهم حول الجلسة الإرشادية الحالية.

الجلسة الثانية: مهارات الاستماع

(كيف تستمع وتنمي استماعك وتنتبه للدرس؟)

أهداف الجلسة:

- أن يستمع الأعضاء إلى زملائهم لمدة سبع دقائق.

- أن يناقش الأعضاء تجارب من هدي النبي صلى الله عليه وسلم ، والصحابة رضي الله عنهم والسابقين في كيفية الاستماع إلى الآخرين.

- أن يعيد الأعضاء كلام شخص يتكلم أمامهم بعد حديثه لمدة ثلاث دقائق، ويعيدوه بالتفصيل.

الفنيات المستخدمة:

المحاضرات والمناقشات.

الأدوات:

أوراق العمل، ودفتر لتسجيل الملاحظات.

الإجراءات وسير الجلسة:

- أولاً: يقوم المرشد بالترحيب بأعضاء المجموعة الإرشادية من خلال إيجاد جو من الألفة، والتعاون، والمحبة بين المرشد، والأعضاء ويشكر المرشد الأعضاء على التزامهم بموعد، ومكان اللقاء الإرشادي.

- ثانياً: يسأل المرشد عن الواجب السابق، والإجابة عن أي استفسارات بخصوص الجلسة السابقة.

- ثالثاً: يقوم المرشد بعرض أهداف الجلسة والبدء بتعليم الأعضاء الاستماع إلى زملائهم من خلال النشاط التالي:

نشاط تعليمهم الاستماع:

يطلب المرشد من كل عضوين أن يجلسا معاً ولمدة (خمس دقائق)، يستمعا لبعضهما، ومن ثم يعرض كل طالب ما سمعه من زميله، ويحدد موضوع النقاش وهو: الحياة الدراسية، ويعلق المرشد على استماع الطلبة لبعضهم.

• رابعاً: يعرض المرشد تجارب سابقة للرسول صلى الله عليه وسلم ، والصحابة و كيف استمع كل منهم إلى الآخر:

جاء شاب إلى النبي صلى الله عليه وسلم فقال: يا رسول الله ائذن لي في الزنا؛ فأقبل عليه الناس يزجرونه، وأدنى رسول الله صلى الله عليه وسلم مجلسه ثم قال: أتحبه لأمك ! قال: لا و الله جعلني الله فداك، قال رسول الله صلى الله عليه وسلم : ولا الناس يحبونه لأمهاتهم قال: أتحبه لابنتك ! قال: لا قال: ولا الناس يحبونه لبناتهم، ولم يزل النبي صلى الله عليه وسلم يقول للفتى أتحبه لأختك أتحبه لعمتك أتحبه لخالتك كل ذلك، والفتى يقول لا و الله جعلني الله فداك؛ فوضع النبي صلى الله عليه وسلم يده عليه، وقال: اللهم اغفر ذنبه، وطهر قلبه وحصن فرجه فلم يكن بعد ذلك الفتى يلتفت إلى شيء .أخرجه أحمد من حديث أبي أمامه رضي الله

نشاط:

يستمع الأعضاء إلى المرشد، وهو يتحدث، ويسأل الأعضاء مباشرة عما تحدث عنه ثم يعيد الأعضاء ما قاله بعد حديثة بالتفصيل لمدة ثلاث دقائق لكي تنمى مهارة الاستماع والانتباه.

الواجب البيتي:

من خلال جلستك مع أهلك في المنزل أذكر مواقف الاستماع والانتباه الجيد من أفراد أسرتك، ومواقف عدم الاستماع، والمقاطعة أيضاً؟ وعلق على الموقفين أيهما أفضل ولماذا؟.

الجلسة الثالثة: الاستماع بوجود مشتتات وإعادة ما تم سماعه

أهداف البرنامج:

- أن يستمع الأعضاء بوجود مشتتات.
- أن يعيد الأعضاء ما سمعوه.
- أن ينشغل الأعضاء بالاستماع لما يقال.

الفنيات المستخدمة:

المحاضرة والمناقشة، ولعب الدور

الأدوات:

الاستماع إلى المرشد ومن يتحدث من الأعضاء، والأوراق والأقلام الملونة.

الإجراءات وسير الجلسة:

- أولاً: يقوم المرشد بالترحيب بالأعضاء، وشكرهم على الحضور، ومناقشة، ومراجعة الجلسة السابقة، ومناقشة الواجب البيتي، والإجابة على أية استفسارات لدى الأعضاء.

- ثانياً: يقوم المرشد بالبدء بعرض أهداف الجلسة، ومنها: أن يستمع الأعضاء بوجود مشتتات مثل التلفاز، أو المسجل، أو جهاز العرض، وذلك عن طريق النشاط التالي:

يوضع الأعضاء في موقف تعليمي يطلب منهم أن يقرأ كل منهم مادة معينة، ويقوم المرشد بعمل مشتتات سمعية لهم كصوت يصدره، أو هاتف يتحدث به، أو مسجل، أو تلفاز....الخ، ويساعدهم على التركيز أثناء وجود المشتت.

- ثالثاً: يطلب المرشد من الأعضاء إعادة ما سمعوه، والتدرب على ذلك حتى يتقن الأعضاء هذه المهارة.

- رابعاً: يطلب المرشد من الأعضاء الانشغال بما يقوله، والانتباه له، وعدم التفكير، أو التركيز على ما يرونه.

الواجب البيتي :

يطلب المرشد من الأعضاء التدرب على التمرين السابق في المنزل، ومناقشته في الجلسة القادمة.

الجلسة الرابعة: التسميع الذاتي

أهداف البرنامج:

- أن يكتسب الأعضاء مهارة التسميع الذاتي.
- أن يطبق أحد الأعضاء مهارة التسميع الذاتي على نفسه أمام المجموعة.
- أن يتحدث الأعضاء عن تجاربهم في طريقة الحفظ، ويركزون على التجارب التي حفظوا فيها عن طريق مهارة التسميع الذاتي.

الفنيات المستخدمة:

المحاضرة والمناقشة

الأدوات:

الاستماع إلى المرشد ومن يتحدث من الأعضاء.

الإجراءات وسير الجلسة:

- أولاً: يقوم المرشد بالترحيب بالأعضاء، وشكرهم على الحضور، ومناقشة، ومراجعة الجلسة السابقة، ومناقشة الواجب البيتي، والإجابة على أية استفسارات لدى الأعضاء.

- ثانياً: يقوم المرشد بالبدء بعرض أهداف الجلسة، ومنها اكتساب الأعضاء لمهارة التسميع الذاتي بحيث أنه في أثناء الحفظ يحاول العضو أن يسمع لنفسه، ويكرر ما يقوله حتى يتقن حفظه.

> ويقصد بالتسميع الذاتي:
>
> أن يسمع التلميذ لذاته أو يكتب ما استوعبه من الدرس ما، ثم يقوم بمقارنة ذلك بما يتضمنه الدرس واستدراك ما نسيه أو فاته استيعابه من معلومات.

نشاط:

> يطلب المرشد من الأعضاء حفظ نص معين لا يتعدى سطرين، ويسمع الأعضاء لأنفسهم في مدة لا تتعدى (عشر دقائق).

- ثالثاً: يقوم المرشد بتطبيق مهارة التسميع الذاتي للأعضاء عن طريق إعطائهم بعض النصوص البسيطة، ويحاولوا حفظها:

> نشيد فضل الوالدين :
>
> | | |
> |---|---|
> | يـا أبي أنـت حبيبـي | أنـت أهـل المكرمـات |
> | أنـت تسـعى لسـروي | أنـت تشـقى نجـاتي |
> | كـل شيء تبتغيـه | أن تـراني في الغـداة |
> | ولأمـي كـل فضـل | فهـي روحـي وحيـاتي |
> | أنتمـا ضـوء سـمائي | كـالنجوم السـاطعات |
> | لكـما مـا عشـت حبـي | ودعـائي في صـلاتي |

431

- رابعاً: يقوم المرشد بالتحدث عن بعض التجارب في التسميع الذاتي، ويذكر مثالاً للأعضاء في حفظ سور القرآن الكريم، وطريقة الحفظ المناسبة لها،وهي تجزئة السور، ومن ثم حفظ المقطع عن طريق التكرار، ثم التسميع الذاتي للتمكن من حفظ الجيد.

ﭑ ﭒ ﭓ

(سَبِّحِ اسْمَ رَبِّكَ الْأَعْلَى (1) الَّذِي خَلَقَ فَسَوَّى (2) وَالَّذِي قَدَّرَ فَهَدَى (3) وَالَّذِي أَخْرَجَ الْمَرْعَى (4) فَجَعَلَهُ غُثَاءً أَحْوَى (5) سَنُقْرِئُكَ فَلَا تَنْسَى (6) إِلَّا مَا شَاءَ اللهُ إِنَّهُ يَعْلَمُ الْجَهْرَ وَمَا يَخْفَى (7) وَنُيَسِّرُكَ لِلْيُسْرَى (8) فَذَكِّرْ إِنْ نَفَعَتِ الذِّكْرَى (9) سَيَذَّكَّرُ مَنْ يَخْشَى (10) وَيَتَجَنَّبُهَا الْأَشْقَى (11) الَّذِي يَصْلَى النَّارَ الْكُبْرَى (12) ثُمَّ لَا يَمُوتُ فِيهَا وَلَا يَحْيَا (13) قَدْ أَفْلَحَ مَنْ تَزَكَّى (14) وَذَكَرَ اسْمَ رَبِّهِ فَصَلَّى (15) بَلْ تُؤْثِرُونَ الْحَيَاةَ الدُّنْيَا (16) وَالْآخِرَةُ خَيْرٌ وَأَبْقَى (17) إِنَّ هَذَا لَفِي الصُّحُفِ الْأُولَى (18) صُحُفِ إِبْرَاهِيمَ وَمُوسَى)(**الأعلى:** 1-19)

الواجب البيتي :

يطلب المرشد من الأعضاء تحديد بعض النصوص لأنفسهم، وفي اليوم التالي بعد تطبيق مهارة التسميع الذاتي عليها يذكر الأعضاء مدى الاستفادة وسرعة الحفظ بعد تطبيق المهارة.

الجلسة الخامسة: زيادة سرعة القراءة السمعية

أهداف البرنامج:

- أن يتعرف الأعضاء على القراءة السمعية.

- أن يتدرب الأعضاء على القراءة السمعية.

- أن يزيد الأعضاء من سرعتهم في القراءة السمعية.

الفنيات المستخدمة:

المحاضرات والمناقشات.

الأدوات:

جريدة، كتاب للقراءة.

الإجراءات وسير الجلسة:

- أولاً: يقوم المرشد بالترحيب بالأعضاء، وشكرهم على الحضور، ومناقشة، ومراجعة الجلسة السابقة، ومناقشة الواجب البيتي، والإجابة على أية استفسارات لدى الأعضاء.

- ثانياً: يسأل المرشد عن الواجب السابق، والإجابة عن أي استفسارات بخصوص الجلسة السابقة.

- ثالثاً: يقوم المرشد بعرض أهداف الجلسة، والبدء بتعريف بسيط للقراءة السمعية، وهي: القراءة بصوت مسموع بحيث يسمع القارئ صوته أثناء القراءة.

- رابعاً: يقوم المرشد بتدريب الأعضاء على القراءة السمعية بإحضار كتاب، أو جريدة، ومن ثم يقرأ كل عضو من الأعضاء بصوت مسموع، وباقي الأعضاء يستمعون له ومن ثم يقرأ عضو آخر وهكذا حتى يقرأ بقية الأعضاء.

نشاط:

يأتي المرشد بجزء من جريدة.

• خامسا: يقوم المرشد بحث الأعضاء على زيادة سرعتهم في القراءة السمعية من خلال النشاط التالي: يقوم الأعضاء بالقراءة السمعية من كتاب أو قراءة مقال معين ويحثهم على القراءة السريعة مع رفع الصوت أثناء القراءة.

الواجب البيتي :

يطلب المرشد من الأعضاء التدرب على القراءة السمعية في المنزل مع التأكيد على القراءة السمعية السريعة. ويناقش معهم في بداية الجلسة القادمة ما استفادوه من القراءة السمعية.

الجلسة السادسة: التعبيرات اللغوية والحديث مع الآخرين

أهداف البرنامج:

• أن يتعلم الأعضاء كيفية اختيار نغمة الصوت التي تناسب موضوع الحديث.

• أن يكتسب الأعضاء القدرة على التحكم في أسلوب نطق الكلمات والألفاظ.

• أن يتأمل الأعضاء موضوع الحديث، والتعمق فيه.

• أن يتجنب الأعضاء الكلمات، والمعاني الصعبة، أو المعقدة.

• أن يراعي الأعضاء تعبيرات الوجه، وحركة اليدين، والجسم التي تتلاءم مع سياق الحديث.

الفنيات المستخدمة:

المحاضرات والمناقشات.

الأدوات:

أوراق العمل، ودفتر لتسجيل الملاحظات.

الإجراءات وسير الجلسة:

- أولاً: يقوم المرشد بالترحيب بالأعضاء وشكرهم على الحضور ومناقشة ومراجعة الجلسة السابقة ومناقشة الواجب البيتي والإجابة على أية استفسارات لدى الأعضاء.

- ثانياً: يسأل المرشد عن الواجب السابق، والإجابة عن أي استفسارات بخصوص الجلسة السابقة.

- ثالثاً: يقوم المرشد بعرض أهداف الجلسة ومنها: تعلم كيفية اختيار نغمة الصوت التي تناسب موضوع الحديث واكتساب القدرة على التحكم في أسلوب نطق الكلمات والألفاظ وذلك من خلال حديث المرشد معهم وقراءة قصة حوارية والتدرب على تغيير نغمة الصوت أثناء قراءة القصة والاستماع إلى شريط مسجل مع مراعاة التدرب على نطق الكلمات والألفاظ.

نشاط تعليمي: يطلب من كل عضوين أن يقرءا قصة حوارية مكتوبة وهي كما يلي:

ويل للقوي من الضعيف:

ذكروا أن قنبرة كان لها عش فباضت وفرخت فيه، وكان في نواحي تلك الأرض فيل له مشرب يتردد إليه، وكان يمر في بعض الأيام على عش القنبرة.

ففي ذات يوم أراد مشربه فعمد إلى ذلك العش ووطئه وهشم أركانه، فأتلف بيض القنبرة، وأهلك فراخها.

فلما نظرت القنبرة إلى ما حل بعشها، ساءها ذلك، وعلمت أنه من الفيل، فطارت حتى وقفت على رأسه باكية، وقالت له، يا أيها الملك، ما الذي حملك على أن وطئت عشي، وهشمت بيضي، وقتلت أفراخي، وأنا في جوارك؟ أفعلت ذلك استضعافاً لحالي، وقلة مبالاة بأمري؟!

فال الفيل: هو كذلك.

فانصرفت القنبرة إلى جماعة الطير فشكت إليها ما نالها من الفيل، فقالت لها الطيور:

وما عسانا أن نبلغ من الفيل ونحن طيور؟ فقالت للعقائق والغربان: إني أريد منك أن تسيري معي إليه، فتفقئي عينيه، وأنا بعد ذلك أحتال عليه بحيلة أخرى.

فأجابتها إلى ذلك ومضت إلى الفيل، فلم تزل تتجاذبه بينها وتنقر عينيه إلى أن فقأتهما.

وبقي لا يهتدي إلى طريق مطعمه ولا مشربه.

ثم جاءت القنبرة إلى نهر فيه ضفادع فشكت ما نالها من الفيل، فقالت الضفادع: ما حيلتنا مع الفيل؟ وأين نبلع منه؟ قالت القنبرة: أحب منك أن تذهبي معي إلى حفرة بالقرب منه فتنقي بها، فإذا سمع أصواتك لم يشك أن الحفرة بها ماء فيكب نفسه فيها.

فأجابتها الضفادع إلى ذلك.

فلما سمع الفيل أصواتها في قعر الحفرة توهم أن بها ماء، وكان على جهد من الظمأ والعطش، فجاء مكباً على طلب الماء فسقط في الحفرة، ولم يجد مخرجاً منها، إذ ذاك جاءت الاقنبرة ترفرف على رأسه وقالت له:

أيها المغتر بقوته! كيف رأيت حيلتي، مع صغر جسمي؟ وكيف وجدت بلادة فهمك، مع عظم جسمك؟ وكيف رأيت عاقبة الظلم والعدوان.

فلم يجد الفيل مسلكاً لجوابها، ولا طريقاً لخطابها.

- رابعاً: يطلب المرشد من الأعضاء التأمل في موضوع الحديث، والتعمق فيه من خلال الاستماع إلى شريط مسجل، والتأمل في موضوعه، والتعمق في معاني ما ورد فيه.

نشاط تعليمي :

يطلب من الأعضاء الاستماع إلى الشريط المسجل بعنوان بر الوالدين، والتأمل في موضوعه والتعمق فيه، واستخلاص ما ورد فيه من عبر.

- خامساً: يتحدث المرشد عن تجنب الكلمات، والمعاني الصعبة، أو المعقدة، وأن يراعي المتحدث عدم التكلف، واختيار الكلمات المناسبة أثناء الحديث، ويمثل لهم بأحاديث الرسول **صلى الله عليه وسلم** ، وبساطة العبارات، والكلمات فيها، وبعدها عن التعقيد، وأنها صالحة لكل زمان ومكان بسبب بساطة الكلمات فيها.

نشاط تعليمي :

قال رسول الله صلى الله عليه وسلم : (إنما الأعمال بالنيات، وإنما لكل أمريء ما نوى).
لاحظ سهولة الكلمات والألفاظ في هذا الحديث، يناقش المرشد مع الأعضاء، ويستمع لآرائهم وتعليقاتهم.

- سادساً: يقرأ المرشد موضوعاً من كتاب القراءة، ويراعي أثناء القراءة تعبيرات الوجه، وحركة اليدين، والتي تتلاءم مع سياق الحديث.

نشاط تعليمي :

يطلب المرشد من كل عضوين أن يقرءا من كتاب القراءة موضوعاً، ويراعيا توظيف تعبيرات الوجه، وحركة اليدين أثناء القراءة.

واجب بيتي :

اختر موضوعا مناسباً، وتدرب على ما تعلمته في هذه الجلسة.

الجلسة السابعة: التعبير

أهداف البرنامج:

- أن يعبر الأعضاء عن الأشياء المحيطة بهم.

- أن يرتب الأعضاء كلمات مبعثرة بحيث تكون جملاً صحيحة.

- أن يلخص الأعضاء النص بجمل مفهومة وواضحة.

الفنيات المستخدمة:

المحاضرة والمناقشة، الاستماع إلى المرشد ومن يتحدث من الأعضاء

الأدوات:

الأوراق والأقلام الملونة.

الإجراءات وسير الجلسة:

- أولاً: يقوم المرشد بالترحيب بالأعضاء، وشكرهم على الحضور، ومناقشة، ومراجعة الجلسة السابقة، ومناقشة الواجب البيتي، والإجابة على أية استفسارات لدى الأعضاء.

- ثانياً: يقوم المرشد بالبدء بعرض أهداف الجلسة ومنها: التعبير عن الأشياء المحيطة بهم:

نشاط:

يتحدث كل عضو من الأعضاء عن موضوع يهمه لمدة (خمس دقائق) سمعياً

أو في أحد المواضيع التالية:

- عبر عن المدرسة سمعياً.

- أين قضيت إجازة نهاية الأسبوع.عبر عن ما فعلته فيها سمعياً.

- التعاون أمر مطلوب من المسلم عبر عن هذا الموضوع سمعياً..

● ثالثاً: ثم بطلب المرشد من الأعضاء ترتيب جمل مبعثرة بحيث يكون الأعضاء عبارات متناسقة:

نشاط :

● أنا – كل – تلميذ – صباح – نشيط- أذهب – المدرسة – إلى.

☞ (أنا تلميذ شيط كل صباح أذهب إلى المدرسة).

● رغبة – أذاكر – النجاح – في – دروسي – جيداً.

☞ (أذاكر دروسي جيداً رغبة في النجاح).

● المذاكرة – اللعب – أبتعد – وقت – في – عن

☞ (في وقت المذاكرة أبتعد عن اللعب).

● أبي – أتعامل – معلمي – علمني – باحترام – أن – مع.

☞ (علمني أبي أن أتعامل مع معلمي باحترام).

● على – أعود – المنزل- أدواتي – المكتب – إلى – عندما – أضع

☞ (عندما أعود إلى المنزل أضع أدواتي على المكتب)..

- رابعاً: ثم يطلب المرشد من الأعضاء تلخيص بعض النصوص بعبارات جميلة والتحدث عن ما فهموه من النصوص:

نشاط 1 :

ذهب وليد إلى عيادة الأسنان، فنظف الطبيب أسنانه، ثم قال له: العناية بالأسنان ضرورية لذا يا بني: تناول طعاماً متنوعاً ومفيداً. وخفف من الحلوى، واستعمل فرشاة الأسنان يومياً حتى تحافظ على سلامة أسنانك، وإذا شعرت بألم فراجع الطبيب بسرعة.

نشاط 2 :

في بداية العام الدراسي قام معلم اللغة العربية مع تلاميذه بزيارة المكتبة المدرسية. وفي المكتبة المدرسية طلب المعلم أن يختار كل طالب كتاباً،فاختار محمد قصة طريفة، وتناول خالد كتاباً عن غزوة بدر، وقرأ أحمد قصة اختراع الكهرباء، وتابع بقية التلاميذ شريطاً مصوراً عن الحيوانات البحرية.

ثم طلب المعلم أن يتحدث كل تلميذ عما استفاد من قراءته ومطالعته.

وفي نهاية الزيارة طلب التلاميذ من المعلم أن يزوروا المكتبة في حصص التعبير..

الواجب البيتي :

يطلب المرشد من كل عضو من الأعضاء أن يذهب لمكتبة المدرسة ويقرأ في كتاب يختاره ثم يعبر عما قرأه في الجلسة القادمة.

أهداف البرنامج:

- أن يكمل الأعضاء الجملة بالكلمة المناسبة.
- أن يطبق الأعضاء مهارة إكمال الجمل.
- أن يصيغ الأعضاء جملاً ناقصة، ويكملوها.

الفنيات المستخدمة:

لعبة أكمل الجملة بسرعة، المحاضرة والمناقشة.

الأدوات:

الاستماع إلى المرشد ومن يتحدث من الأعضاء، الأوراق والأقلام الملونة.

الإجراءات وسير الجلسة:

- أولاً: يقوم المرشد بالترحيب بالأعضاء وشكرهم على الحضور ومناقشة ومراجعة الجلسة السابقة ومناقشة الواجب البيتي والإجابة على أية استفسارات لدى الأعضاء.
- ثانياً: يقوم المرشد بالبدء بعرض أهداف الجلسة ومنها: إكمال الجمل الناقصة عن طريق النشاط الآتي:

نشاط :

أكمل الجمل الآتية بكلمة مناسبة:

1- الصلاة خير من النوم.
2- المكتبة حديقة المعرفة.
3- ماء البحر مالح.
4- تصنع النحلة العسل.
5- ألقى الشاعر قصيدة رائعة.
6- قرأ المذيع الأخبار.
7- نظفت أمل غرف المنزل.
8- مهدت وزارة النقل الشوارع.
9- في العجلة الندامة.
10- تتقدم الأمم بالعلم و الأخلاق.

- ثالثاً: يطبق الأعضاء مهارة إكمال الجمل الناقصة عن طريق النشاط التالي:

> يقسم الأعضاء إلى مجموعتين ويطلب من المجموعة الأولى وضع عشر جمل ناقصة لعرضها على المجموعة الثانية وتكملها سمعياً، ثم يطلب من المجموعة الثانية وضع عشر جمل ناقصة لعرضها على المجموعة الأولى وتكملها سمعياً.

- رابعاً: صياغة جمل ناقصة وإكمالها، عن طريق النشاط التالي:

> نشاط :
>
> يطلب من الأعضاء صياغة جمل ناقصة ويكملونها عن طريق إخراج أحد الأعضاء على السبورة ثم يقول الجملة الناقصة و يقف أحد الأعضاء ويكملها وهكذا.

> الواجب البيتي :
>
> يتدرب الأعضاء على هذه المهارة في المنزل مع العائلة ثم نناقش ذلك في الجلسة القادمة.

الجلسة التاسعة: جلسة لتعليم الرياضيات بطريقة سمعية

أهداف البرنامج:

- أن يتعلم الأعضاء جدول الضرب.
- أن يجيب الأعضاء على بعض مسائل جدول الضرب.

الفنيات المستخدمة:

المحاضرة والمناقشة، لعبة أكمال جدول الضرب بسرعة.

الأدوات:

جدول الضرب، وأوراق العمل.

الإجراءات وسير الجلسة:

- أولاً: يقوم المرشد بالترحيب بالأعضاء، وشكرهم على الحضور، ومناقشة، ومراجعة الجلسة السابقة، ومناقشة الواجب البيتي، والإجابة على أية استفسارات لدى الأعضاء.
- ثانياً: يسأل المرشد عن الواجب السابق، والإجابة عن أي استفسارات بخصوص الجلسة السابقة.
- ثالثاً: يقوم المرشد بعرض أهداف الجلسة والبدء بعرض (هيا نتعلم جدول الضرب) عن طريق المسجل ومتابعة الطلاب وانتباههم لما يسمعونه مع التركيز على جداول (6، 5، 4، 3، 2) مع ضرورة تنبيه لأعضاء إلى ضرورة الانتباه إلى ما يسمعونه.

1=1×1	2=1×2	3=1×3	4=1×4	5=1×5	6=1×6	7=1×7	8=1×8	9=1×9
2=2×1	4=2×2	6=2×3	8=2×4	10=2×5	12=2×6	14=2×7	16=2×8	18=2×9
3=3×1	6=3×2	9=3×3	12=3×4	15=3×5	18=3×6	21=3×7	24=3×8	27=3×9
4=4×1	8=4×2	12=4×3	16=4×4	20=4×5	24=4×6	28=4×7	32=4×8	36=4×9
5=5×1	10=5×2	15=5×3	20=5×4	25=5×5	30=5×6	35=5×7	40=58×8	45=5×9
6=6×1	12=6×2	18=6×3	24=6×4	30=6×5	36=6×6	42=6×7	48=6×8	54=6×9
7=7×1	14=7×2	21=7×3	28=7×4	35=7×5	42=7×6	49 =7×7	56=7×8	63=7×9
8=8×1	16=8×2	24=8×3	32=8×4	40=8×5	48=8×6	56=8×7	64=8×8	72=8×9
9=9×1	18=9×2	27=9×3	36=9×4	45=9×5	54=9×6	63=9×7	72=9×8	81=9×9
10=10×1	20=10×2	30=10×3	40=10×4	50=10×5	60=10×6	70=10×7	80=10×8	90=10×9

•

- رابعاً: يقوم المرشد بسؤال الأعضاء عن بعض المسائل ويجاوب الأعضاء عليها شفهياً مثل:

7×6=	3×6=	4×2=	5×5=
8×9=	6×5=	8×4=	10×2=
10×7=	9×6=	2×2=	9×3=
4×8=	3×3=	7×2=	8×5=

- خامساً: يقوم المرشد بتلقين الأعضاء بعض المسائل ويقوم الأعضاء بالإجابة عليها بالتناوب.

نشاط :

يستمع الأعضاء إلى تجربة من أحد الأعضاء وهو حفظ جدول الضرب سمعياً ويسمعه أمامهم.

الواجب البيتي :

يطلب المرشد من الأعضاء الاستماع إلى الشريط حل بعض التمارين والمسائل شفهياً.

الجلسة العاشرة: جلسة لتعليم اللغة العربية بطريقة سمعية

أهداف البرنامج:

- أن يطبق الأعضاء مهارات الاستماع.
- أن يطبق الأعضاء مهارة زيادة سرعة القراءة السمعية.
- أن يطبق الأعضاء مهارة التعبير.
- أن يطبق الأعضاء مهارة إكمال الجمل.

الفنيات المستخدمة:

المحاضرة والمناقشة.

الأدوات:

أوراق العمل.

الإجراءات وسير الجلسة:

- أولاً: يقوم المرشد بالترحيب بالأعضاء، وشكرهم على الحضور، ومناقشة، ومراجعة الجلسة السابقة، ومناقشة الواجب البيتي، والإجابة على أية استفسارات لدى الأعضاء.

- ثانياً: يسأل المرشد عن الواجب السابق، والإجابة عن أي استفسارات بخصوص الجلسة السابقة.

- ثالثاً: يقوم المرشد بعرض أهداف الجلسة، والبدء بعرض النص التالي، وتطبيق المهارات عليه:

نشاط 1:

المياه العذبة :

للمياه مصادر كثيرة، تستخرج من الآبار، وتستمد من العيون و الينابيع، ومياه الأنهار، ومن السيول الراكدة في الأماكن المنخفضة، أو المخزونة وراء السدود، يشرب منها الناس ويستحمون ويسقون زراعاتهم.

لكن أكثر هذه المياه غير نقي، ويحمل الجراثيم الفتاكة التي تقضي على الكثير من الناس.....
ولذا اهتمت المجتمعات، والدول بتنقية مياه الشرب، وتطهيرها من الجراثيم بترشيحها بالرمل والحصى، وإضافة (الكلور) لقتل الجراثيم.

وحين زاد استخدام الناس للمياه العذبة الصالحة للشرب والزراعة، لم تعد مياه الآبار والأمطار كافية لحاجتهم، وبخاصة في المناطق الصحراوية الخالية من البحيرات، والأنهار.

فاتجهوا إلى إيجاد الوسائل المناسبة للاستفادة من مياه البحار، والمحيطات للشرب، والاستخدام المنزلي عن طريق إعذابها.

وفي بلادنا الآن ثلاث وعشرون محطة لإعذاب مياه البحر المالحة، على ساحل الخليج العربي، والبحر الأحمر عن طريق تقطيرها، بغلي المياه المالحة فيتبخر الماء الحلو، ثم يتحول البخار بعوامل التبريد إلى ماء عذب، وتضاف إليه غازات قاتلة للجراثيم تصبح المياه حلوة، خالة من الشوائب، صالحة للشرب، وقد عملت حكومتنا على إيصال هذه المياه العذبة النقية إلى السكان في المدن والقرى الساحلية، وعبر الصحراء، والجبال إلى المدن، والقرى الداخلية، فاستخدمها الناس في الشرب، والطهي، والاستحمام، وسائر حاجاتهم اليومية. وهذه المشروعات العملاقة تزداد في بلادنا، وتتوسع يوماً بعد يوم ليعيش أبنائها حياة صحية سعيدة.

- رابعاً:

نشاط تعليمهم الاستماع :

يطلب المرشد من كل عضوين أن يجلسا معاً، ولمدة (خمس دقائق)، ويقرءا النص السابق، ويستمعا لبعضهما، ومن ثم يعرض كل طالب ما سمعه من زميله.

- خامساً:يقوم الأعضاء بتطبيق مهارة زيادة القراءة السمعية:

نشاط :

يقوم الأعضاء بالقراءة السمعية لنص السابق، ويحثهم على القراءة السريعة مع رفع الصوت أثناء القراءة.

● سادساً: يقوم الأعضاء بتطبيق مهارة التعبير:

نشاط 1 :

يقوم كل عضو من الأعضاء بالتعبير عما يفعلونه في حصة النشاط لمدة (ثلاث دقائق).

نشاط 2:

يقوم الأعضاء بتلخيص النص السابق.

● سابعاً: يقوم الأعضاء بتطبيق مهارة إكمال الجمل:

نشاط :

يقسم الأعضاء إلى مجموعتين ويطلب من المجموعة الأولى وضع عشر جمل ناقصة لعرضها على المجموعة الثانية وتكملها سمعياً، ثم يطلب من المجموعة الثانية وضع عشر جمل ناقصة لعرضها على المجموعة الأولى وتكملها سمعياً.

الواجب البيتي :

يطلب المرشد من الأعضاء أن يقرؤوا الدرس ويستنبطوا منه أمثلة.

الجلسة الحادية عشر: الجلسة التقييمية

أهداف البرنامج:

- إكمال الأعمال غير المنتهية.

- تقييم الجلسات الإرشادية.

- تعزيز أعضاء المجموعة الإرشادية.

- إنهاء البرنامج وختامه.

الفنيات المستخدمة:

المناقشة، الحوار.

الأدوات:

أقلام وأوراق العمل.

الإجراءات وسير الجلسة:

بعد الترحيب بالأعضاء سيتم تلخيص ما دار في الجلسة السابقة، وتذكيرهم بقائمة التعليمات، والقواعد الخاصة بالجلسات الإرشادية، ثم يقوم المرشد باستعراض محاور، وأهداف الجلسات الإرشادية، والأساليب المستخدمة، والنشاطات العملية، وإعطائهم الفرصة للتعبير عما يجول في خواطرهم، ثم الاستماع إلى توقعات الأعضاء من البرنامج الإرشادي، وماذا حققوا من خلاله، ومعرفة تعليقاتهم النهائية على البرنامج.

13

الفصل الثالث عشر

بناء برنامج إرشادي لأمهات الأطفال ذوي صعوبات التعلم

المواضيع التي يتضمنها الفصل:

◄ أولا: برنامج تدريبي لأمهات الأطفال ذوي صعوبات التعلم

◄ ثانيا: برنامج تدريبي للأمهات على المهارات الحياتية وأثره في تحسين المهارات الحياتية عند الأطفال

الفصل الثالث عشر

بناء برنامج إرشادي لأمهات الأطفال
ذوي صعوبات التعلم

المقدمة:

يختص الفصل التالي بتقديم برنامجين يمكن استخدامهما مع أسر الأطفال ذوي صعوبات التعلم، يفيد الأول في تدريب الأمهات على التعامل مع أطفالهن ذوي صعوبات التعلم من عدة مجالات، بينما يتطرق البرنامج الثاني للتعامل مع مهارات حياتية لدى الطلبة يمكن أن يقدم واجب تطوير تلك المهارات على الأم.

أولا: برنامج تدريبي لأمهات الأطفال ذوي صعوبات التعلم

الجلسة الأولى

تتضمن الترحيب بالأمهات وطرح بعض التعليمات الخاصة بالبرنامج من ضمنها توقيع استمارة الاتفاق واستمارة المعلومات الخاصة بالأم والطفل واستمارة المواعيد.

الجلسة الثانية:

الموضوع:

الأمور المطلوب معرفتها من الأم قبل البدء بتطبيق البرنامج.

الهدف:

يوضح المرشد أهمية دور الوالدين في تعلم أطفالهم ومساعدة الطالب في استغلال قدراته كلما أمكن ذلك.

الإجراءات:

- تحتاج والدة الطالب أن تكون أكثر معرفة وأكثر مشاركة لرغبات وقدرات طفلها التي تؤثر على حياته.

- أن للأسرة دور رئيسي في تطوير الطلبة وتعليمهم المبكر عن طريق (التحدث واللعب والحب) لأنهم يحتاجون إلى الأنشطة المتكررة المصحوبة بجوائز مادية ومعنوية من أجل استغلال قدراتهم الجسمية والذهنية إلى أقصى درجة ممكنة.

من خلال ما تقدم يتوجب على الأم معرفة النقاط الآتية:

- مراقبة الطفل عن قرب لتقويم ما يمكن وما لا يمكنه أن يفعل في كل مجال من مجالات التطور في الحياة.

ملاحظة: ما هي الأشياء التي بدأ لتوه بعملها أو ما زال يجد صعوبة فيها.

- تحديد المسارات التي يجب أن يتعلمها أو العمل الذي يجب أن يشجع عليه لمساعدته على أن يتقن مهارات يملكها فعلا وينطلق منها.

- تقسيم كل مهارة جديدة إلى خطوات صغيرة وإلى أنشطة يمكن للطفل أن يتعلمها في يوم أو يومين ثم الانتقال إلى الخطوات التالية.

- على الأم أن لا تتوقع الكثير دفعة واحدة يجب أن تكون واقعية وصبورة تبدأ بما يستطيع الطفل أن يفعله جيدا وتشجيعه.

ملاحظة: إن تقديم المساعدة الصحية له في الوقت الصحيح يشعر الطفل بالسعادة.

الجلسة الثالثة:

الموضوع:

الأنشطة العملية التي تقوم بها الأم عند تنفيذ البرنامج.

الهدف:

تعلم الأم الأمور التي يجب أن تتصف بها عند تنفيذ البرنامج.

الإجراءات:

- كوني صبورة وملاحظة: الأطفال لا يتعلمون طوال الوقت بل يحتاجون أحيانا إلى الراحة، وعندما يستريجون يأخذون بالتقدم ثانية، راقب الطفل عن قرب، وحاولي أن تفهمي كيف يكفر، وماذا يعرف وكيف يستعمل مهاراته الجديدة في التفاهم تناولي معه الحديث وتذكري أهمية الممارسة والتكرار.
- كوني منظمة مثابرة: خططي لأنشطة خاصة للتقدم بشكل طبيعي في ممارسة المهارات المنجزة للتفاهم إلى المهارة الأخرى القابلة للإنجاز وحاولي أن تلعبي مع الطفل في الوقت نفسه تقريبا من كل يوم، حاولي أن تضعي لعب الطفل وملابسه في المكان نفسه وتكرار لفظها أمامه لكي يعرف اسمها، ليكن رد بطريقة مشابهة في كل مرة على سؤال الطفل إلى حاجاته هذه يساعده على الفهم والشعور بالثقة.
- استعملي التنوع: بالرغم من أهمة التكرار فإن للتنوع أهمية كذلك غيري من الأنشطة قليلا كل يوم حتى لا يصاب الطفل بالملل خذي الطفل إلى الحديقة أو السوق.
- كوني معبرة: وظفي وجهك وغيري نبرة صوتك لتظهري مشاعرك وأفكارك وتكلمي بوضوح وبساطة مع طفلك ولا تستخدمي لهجة الأطفال وكلماتهم الطفولية وأكثري من المدح عن ترديده ومهتمة للأمور المعروفة.

- تحدثي مع الطفل بهدوء وبساطة: إن الطفل لن يتعلم إذا علا صوتك فإن هذا يفزعه ولهذا السبب أيضا لا تضربيه فالضرب والصوت العالي لا يفيد، ولن يساعد على التعلم واستخدام مبدأ الثواب والتعزيز خلال التعليم والتكرار مهم وضروري له.

الجلسة الرابعة:

الموضوع:

إرشادات عامة لتطور تعلم الطفل.

الهدف:

تعلم بعض الطرق البسيطة التي يمكن اللجوء إليها لمساعدة الطفل على اكتساب المهارة في عملية توجيه المعلومات للم وفهم اللغة.

الإجراءات:

- أكثري من امتداح الطفل: ابتسمي أمامه واظهري علامة الفرح عند تقدمه بالتعلم وأعطيه جائزة عندما يتعلم بشكل جيد.
- تحدثي بكثرة مع الطفل: استخدمي كلمات بسيطة مع استخدام حركات الوجه والشفتين وبصورة بطيئة لكي يفهم الكلام.
- استعملي التقليد: لتعلم الطفل نشاط جديد افعلي أنت العمل الجديد ثم شجعي الطفل على تقليدك في ذلك العمل.
- اجعلي التعليم ممتعا: يتعلم الأطفال بشكل أفضل ويزداد تعاونهم عندما يتعلمون ما يفعلون، ويكون الأمر مثيرا لهم، لذلك تابعي تكرار ذلك طالما وجده الطفل مسليا ثم أوقفه لمدة زمنية عندما لا يكون مسليا أو غيرية بطريقة ما لإعادة جو الإثارة إليه.

ملاحظة: تذكري أن التعلم الجيد يغير فعلا، واللعب وإظهار المحبة هي أهم من طول الوقت الذي تقضيه في التعليم معه.

الجلسة الخامسة:

الموضوع:

كيف تفهمين الطفل ما تريدين القيام به.

الهدف:

تشجعي الطفل على أداء النشاط أولا، ويجب أن تعرفي كيف يفهمك من خلال ملامح وجهك أو من خلال شفتيك أو قد يفهمك من خلال حركات يديك وجسمك أو قد يفهمك من خلال ملامستك عندما تفعلين شيئا ما ولكي تساعد الطفل على التعلم يجب إتباع أمور عدة.

الإجراءات:

- استخدمي ما يلي ليفهمك الطفل

- أحسن طريقة يتعلم بها الطفل هي أن تعلميه نشاطا واحدا فقط في المرة الواحدة وعندما يتقن أدائه علمية نشاط آخر.

- ابدئي بنشاط تعتقدين أن الطفل يجب أن يؤديه فإذا أحب الطفل نشاطا سهلا تعلمه بسهولة

- عندما يتعلم نشاط معين أو يحسن فعل شيء أظهري له سرورك لذلك اجعليه يعمل أنه قد قام بذلك بدون مساعدة

- يمكنك مكافأة الطفل لتبيني له أنه قد أحسن الأداء

- يجب الاستحواذ على انتباه الطفل كاملا عند تدريبه ويجب أن يكون لا جائعا ولا مريضا لأنه قد لا يستطيع الانتباه.

الجلسة السادسة:

الموضوع:

استخدام المكافأة

الهدف:

تعليم الأم كيف تستعمل المكافآت لمساعدة الطفل على التعلم

الإجراءات:

- تساعد المكافأة على تعلم الأنشطة بسرعة اكبر لأنه سيرغب القيام به مرة أخرى
- راقبيه لتعرفي الأشياء التي يحبها وحين إذ يمكنك إعطاءه ما يحبه على سبيل المكافأة
- ابتسامة أو معانقة أو اهتمام
- يجب أن لا يكافئ الطفل إلا على نشاط أحسن فعله

ملاحظة: حاولي أن تتجاهلي الطفل عندما يفعل أشياء لا تريدينه أن يكررها.

الجلسة السابعة:

الموضوع:

أنشطة للاتصال والكلام

الهدف:

المهم فهم وتعليم طريقة الاتصال بأي طريقة ممكنة والتفاعل مع الآخرين.

الإجراءات:

- كرري المقاطع التي يلفظها الطفل وتحدثي معه، أما عندما يبدأ ينطق أو يحاول نطق المقاطع كرري ما يقوله ولكن تجنبي (لغة الأطفال)

- لكي يفهم ويعتاد الطفل اللغة حاولي شرح كل ما تفعلينه بكل طريقة باستعمال كلمات واضحة وبسيطة واستعملي الكلمات نفسها كل مرة الفظي اسمه وأجزاء جسمه كرري ذلك مرارا.

- علمية كيف يراقب الشفاه والنظرات وتحدثي مع الطفل وأنت على مستواه.

- يجب أن يفهم الطفل الكلمات قبل أن يستطيع نطقها ويستطيع الطفل ان يجيب على أسئلتك بالإشارة والإيماء وهز الرأس.

الجلسة الثامنة:

الموضوع:

التمارين للأم مع الطفل

الهدف:

التمارين التي ممكن أن تقوم بها الأم مع الطفل.

الإجراءات:

- تحدثي معه أثناء الأكل وعندما يضع طعاما في فمه أخبريه باسم هذا الطعام ودعيه يشم أصنافا مختلفة من الطعام واذكري أسماءها

- تعلم الطفل أن يردد اسمه أشيري إليه واسأليه (ما أسمك) ثم اذكري اسمه وكرري ذلك عدة مرات اجعليه يصاحبك في ذكر اسمه عندما تسألين ما أسمك واصلي توجيه هذا السؤال من وقت إلى آخر حتى يذكر الطفل اسمه من تلقاء نفسه واستخدمي اسمه عندما تتحدثين معه.

- تعلم الطفل أن يذكر اسمه أجزاء جسمه ويمكنك مساعدته على تعلم ذلك، اجلسي معه وأشيري إلى انفه قائلة (هذا انفك..) ثم اسأليه أين انفك ووجهي يده

إلى أنفه وعلميه أن يريك أنفه ودعيه يلمس أنفه ويقول أنف وعندما يلمسه قللي المساعدة المرة بعد الأخرى إلى أن يؤشر ويلفظ الكلمة.

- أشيري إلى أجزاء أخرى من الجسم وعلمي الطفل أسمائها بنفس الطريقة.

الجلسة التاسعة:

الموضوع:

التدرج في التعلم

الهدف:

تعريف الأم كيفية التدرج في تعلم الطفل .

الإجراءات:

- شجعي الطفل على الكلام فيمكنك سؤال الطفل عما يريد أن يأكل، شجعيه على ذكر اسم الطعام مثل حليب إذا أشار الطفل إليه أعطيه له واذكري اسمه.
- قد يخترع الطفل كلمات من عنده أو يردد أنصاف الكلمات وكلما حاول الطفل التواصل اظهري له سرورك فذلك يشجعه في محاولة التواصل والكلام
- احكي له حكاية بسيطة مع اللعب التي عنده وأثناء ذلك اسأليه عن الحكاية وهل فهمها.

الجلسة العاشرة:

الموضوع:

استخدام الذبذبات

الهدف:

تعليم الأم كيفية استخدام الذبذبات التي تحدث عندما يتكلم

الإجراءات:

- يمكن استخدام الذبذبات التي تحدث عندما يتكلم لمساعدة الطفل الذي يعاني من صعوبة في تعلم ما يقال.

- يستخدم الذبذبات لتحسين الكلام عند الطفل.

- علمي الطفل بعض الذبذبات التي تحدث الأصوات بالطريقة الآتية.

- ضعي أصابع الطفل على الأنف والخد والجبهة والصدر وأنت تتكلمين مع الطفل، واجعليه يتحسس بيديه الحركات التي تحدث عندما تتكلمين ويحس بالذبذبات التي يحدثها الصوت

- إذا كان الطفل الذي تدربينه يعاني من صعوبة في الكلام استخدمي الذبذبات لمساعدة الطفل على تصحيح نطق أي كلمات قد لا ينطقها بشكل صحيح واجعلي الطفل يكررها كثيرا مع الإحساس بالفرق بين الموجات التي تحدثيها أنت والتي يحدثها هو.

الجلسة الحادية عشر:

الموضوع:

استخدام الشفاه وطرق التنفس

الهدف:

تعليم الأم وتدريبها على كيفية استخدام والاستفادة من حركة الشفاه والتنفس في تعليم الطلبة

الإجراءات:

- دعي طفلك يحس بحركات شفتيك مستخدما أصابعه عندما تتحدثين معه.

- اجعلي الطفل يضع أصابعه على فمه ويقلد حركات شفتيك والأصوات التي تحدثينها.
- عمل أشكال بالشفتين مثل الابتسام كما لو كان يقول أي .
- ضغط الشفة على الشفة كما لو كان يقول مم.

الجلسة الثانية عشر:

الموضوع:

طرق التنفس والنفخ

الهدف:

تعليم الأم عدة طرق لتعلم الأطفال من خلال النفخ

الإجراءات:

- فيما يلي أعمال يجب عليك أن تعلمي الطفل القيام بها لتحسين كلامه: النفخ في الماء، ونفخ فقاعات الصابون، ونفخ قطع من الورق على الأرض، واستخدام الريش وورق الشجر، والسعال، والتثاؤب، وفتح الفم مع اتساعه، استخدام اللسان كذلك في التعلم من خلال إفراج اللسان، وتوجيه اللسان نحو الأنف، وتوجيه اللسان نحو الخد، وتحركي اللسان من أحد ركني الفم إلى الآخر، ولمس اللسان لحافة اللثة خلف أعلى الأسنان كما لو كان يقول تت

الجلسة الثالثة عشر:

الموضوع:

أنشطة اللعب والتعلم

الهدف:

اللعب والقصص هو أفضل طرائق التعلم عند الأطفال

الإجراءات:

- حاولي تحويل كل نشاط إلى نوع من أنواع اللعب

- من أجل أن تكون الأنشطة لعبا لا تستمري بالنشاط نفسه لمدة قصيرة من الوقت

- حاولي أن تكون أنشطة اللعب مثيرة وجديدة وكذلك سهلة لكي يستطيع القيام بها

- مثل تعليم أجزاء الوجه وتكون بوضع قطع من الكرتون على وجه من ورق ويقول هذا أنف أو هذا عين وهكذا

- تستخدم الدمى المتحركة لتعلم الأطفال اسم اللون مثلا ترتدي كل دمية ملابس من لون واحد وتقول اسم اللون ويتعلم الطفل اسم اللون.

- تعلم الطفل من خلال اللعب الأعداد من (1-100) واستخدام الطين الاصطناعي أو المكعبات والصور.

الجلسة الرابعة عشر:

الموضوع:

الاتصال الشامل

الهدف:

مساعدة الطفل على تعلم الاتصال الشامل

الإجراءات:

- يجب أن يكون مكان التعليم جيد الإثارة بحيث يستطيع رؤية يديك ووجهك وشفتيك

- واجهي الطفل عند تحدثك إليه وتأكدي من أن يراقبك
- تحدثي مع الطفل كثيرا حتى وإن لم يفهمك تحدثي بيديك ووجهك وشفتك وشجعيه على مراقبة كل هذه الحركات
- اظهري ارتياحك وسعادتك عندما يقول الطفل شيئا أو يؤدي عملا ناجحا
- شجعيه على إصدار أي أصوات يستطيع إصدارها فهذا يقوي صوته تمهيدا لكلامه مستقبلا
- اجمعي دمى وصور لاستعمالها في التعلم
- العبي ألعابا تمرن عضلات شفتي الطفل ولسانه وفهمه.

الجلسة الخامسة عشر:

الموضوع:

تعلم الرسم والكتابة والقراءة من خلال لغة الصور

الهدف:

تعليم الطفل الرسم من سن مبكرة مهم جدا للتعبير عن حاجاته.

الإجراءات:

- المهم جدا تعلم الطفل القراءة والكتابة في سن مبكرة جدا قبل الذهاب إلى المدرسة بفترة طويلة
- تشجيع الطفل على الرسم من عمر سنتين وعندما يكون عمره ثلاث سنوات أبدأي بتعليمه رسم الحروف وكتابتها وكتابة كلمات بسيطة
- أما لغة الصور فإنها آخر المطاف إذا لم يستطع الطفل الذي تدربينه أن يتعلم المخاطبة باستخدام الطرق التي سبقت، يستطيع أن يستخدم الصور

الجلسة السادسة عشر:

وهي تكملة للجلسة الخامسة عشر ويتم فيها ما يلي:

• استخدام الصور لتعلم الطفل كيف يجب أن يستخدم الصور للتعبير عما يريد

• توجد بعض الأمثلة للغة الصور لتوضح الفكرة للطفل

• إذا نويت القيام بعمل ما مع الطفل مثل تبادل الطعام أو ارتداء الملابس بين للطفل الصورة التي تدل على العمل وكرري ذلك عدة مرات لكي يتعلم.

ثانيا: برنامج تدريبي للأمهات على المهارات الحياتية وأثره في تحسين المهارات الحياتية عند الأطفال

ويمكن أيضا للمرشد استخدام البرنامج التالي مع الأمهات من أجل تدريبهن على امتلاك مهارات حياتية يمكن أن تخدم أطفالهن ذوي صعوبات التعلم.

بناء البرنامج :

أولاً: الهدف العام

تدريب الأمهات على كيفية التعامل مع أطفالهن من أجل تحسين مستوى المهارات الحياتية لديهم.

ثانياً : محتوى البرنامج:

تضمن البرنامج مجموعة من الأساليب وهي :

1- المناقشة؛ وهي وسيلة وعملية فكرية جماعية يعالج بها أفراد أو جماعات صغيرة مشكلاتهم بطريقة تعاونية ناقدة ومرنة تيسر لكل فرد الاشتراك في تحديد موضوع المناقشة وفي صياغة عناصرها، ووضع القرارات النهائية لمعالجة الموضوعات

والمشكلات المختلفة. وتهدف المناقشة إلى تعديل الأفكار والاتجاهات. وتعتمد فعالية نجاح المناقشات على :

أ - أن يكون المرشد هو الموجه للمناقشة.

ب- أن تسير المناقشة نحو أهداف البرنامج وتدور حول عناصره.

ج- الحرص على الابتعاد عن المناقشات الجانبية والموضوعات الخاصة.

د- تشترك الأمهات جميعهن في موضوعات المناقشة وأن تلبي حاجاتهن.

2- العلاج السلوكي المعرفي: بنى المرشد برنامجه مستنداً إلى مجموعة من الأساليب في العلاج السلوكي المعرفي المشتق عن نظرية باندورا ومن هذه الأساليب: النمذجة، ولعب الدور، والتعليمات.

3- تدريب الأمهات: حيث جرت عملية تدريب الأمهات بصورة جماعية. وقد حرص المرشد على بلوغ الأهداف التالية:

أ - زيادة الوعي بأهمية إكساب الأطفال المهارات الحياتية التي من شانها أن تحسن مستوى الكفاية الاجتماعية ومفهوم الذات لديهم.

ب- مساعدة الأمهات على إدراك الأساليب والتصرفات المناسبة في تربية الأطفال والتي من شأنها أن تكسبهم المهارات التي تساعدهم على النجاح في حياتهم.

ج- مساعدة الأمهات على تطوير استراتيجيات وفعاليات جديدة تعنى بالأساليب السليمة في تنشئة الأطفال بشكل يمكنهم من اكتساب المهارات التي يحتاجون إليها.

د- قام المرشد ببناء البرنامج معتمداً على بعض الأساليب التي بينت الدراسات نجاحها في الإرشاد وعلم النفس التربوي.

الجلسة الأولى:التعارف

أهداف الجلسة:

- التعارف بين المرشد وأعضاء المجموعة.
- التعارف بين أعضاء المجموعة.
- مناقشة أهداف البرنامج.
- تحديد واجبات وأدوار وحقوق الأعضاء.

إجراءات الجلسة:

1- عرف المرشد نفسه وطبيعة عمله، كما أعطى مقدمة عن أهمية التدريب على المهارات الحياتية.

2- قام المرشد بشرح أهداف البرنامج وأهميته.

3- شجع تعزيز الثقة في نفوس أعضاء المجموعة، وإيجاد المودة فيما بينهن من خلال القيام بعدد من الإجراءات والأنشطة فطلب منهن التعريف بأسمائهن وهواياتهن أمام أفراد المجموعة، والصفات التي تفتخر بها الأم بأنها موجودة لديها وتشجيع الأمهات على ذلك ومنحهن الفرصة للتعبير عن ذلك.

4- بدأ المرشد بالترحيب بالأعضاء المشاركين بالبرنامج وقدم بعضهن لبعض ليسهل التعارف فيما بينهن، ثم أكد على مبدأ الاحترام المتبادل بين أعضاء المجموعة، وركّز على أهم المهارات التي تساعد في بناء علاقة إيجابية يسودها جو من الألفة والتفاعل بين أعضاء المجموعة، ثم وضح طبيعة اللقاءات ومكان انعقادها الذي سيكون في مكتبة المدرسة بوجود المرشد ة التربوية وبين أهمية الالتزام بالمواعيد والمواظبة على حضورها بعد أن اتفق معهن حول أفضل وقت للاجتماع يناسب الأمهات كافة، وشرح أهمية تنفيذ ما يتم الاتفاق عليه بين أفراد المجموعة ودور هذه التمارين أو الواجبات في إيجاد لغة تواصل مشتركة بين أعضاء المجموعة.

5- ثم وضح المرشد أهداف البرنامج التدريبي، وما يمكن تحقيقه من خلال هذا البرنامج، ودور كل من المرشد ومجموعة الأعضاء. بدأ المرشد بتوزيع أوراق على كل فرد من أفراد المجموعة، والطلب منهن أن يقمن بتدوين أهم الأهداف التي يسعين إلى تحقيقها من خلال حضور هذه الجلسات ، وما هي التوقعات التي لديهن حول فوائد حضور هذه الجلسات؟

6- بعد الانتهاء من تعبئة الأوراق قام المرشد بجمعها، ثم طلب من عضوات المجموعة أن يقمن بتصنيفها، ووضع الأهداف المشتركة مع بعضها البعض، دعا المشاركات للنقاش حول هذه الأهداف، وبيان مدى واقعيتها وإمكانية تحقيقها.

7- ثم جرى الاتفاق حول تحديد مسؤوليات المرشد بوصفه قائداً للجماعة ومسؤوليات المشاركات، كما جرى الاتفاق حول دور المشاركات في الجلسات القادمة والمواعيد المناسبة للحضور وغير ذلك من الجوانب الإجرائية الضرورية وتوضيح مسؤولياتهن في تنفيذ الواجبات البيتية.

الجلسة الثانية: تدريب الأطفال على مهارة حل المشكلات

أهداف الجلسة

تدريب الأمهات على كيفية إكساب أطفالهن مهارة حل المشكلات.

إجراءات الدراسة:

1- قام المرشد بتوضيح المقصود بمهارة حل المشكلات وأهميتها في حياة الطفل من .

2- قام المرشد بإعداد مجموعة من المواد كي تساعده في تنفيذ الجلسة ومنها (الاستمارات، جداول، وملحقات).

3- استخدم المرشد النمذجة، لتقديم مهارة حل المشكلات مستعيناً بمشكلة واقعية وورقة حل المشكلات التي تم توزيعها على الأمهات.

وطرح الخطوات التالية للنقاش:

أ‌- الوعي بوجود المشكلة: يحس الفرد بوجود مشكلة، وهذا الإحساس هو ما يدفعه لإيجاد حل ناجح لها، لنفترض أن لديك مشكلة في التعامل مع ابنتك المراهقة التي ترهقك بطلباتها الزائدة، والمشكلات التي تسببها لأخوتها، والضجيج المزعج من الموسيقى التي تسمعها. إن هذه المشكلة لن تكون مشكلتك إلا إذا أحسست بها، فالوعي بالمشكلة ووجودها هو الشرط الأساسي لبدء عملية حل المشكلات، والإحساس بها يفترض وجود حل نحاول الوصول إليه بالجهد الواعي كالتفكير مثلاً.

ب‌- تحديد المشكلة (تعريفها، جمع المعلومات عنها): إن تحديد المشكلة يعني أن نصفها بكلمات واضحة ومختصرة، ويعني هذا بدلاً أن تقولي (ابنتي سيئة) أو (لم أفلح في تربيتها)، تستطيعين القول (لدي مشكلة مع أبنتي المراهقة وهي تصرفاتها المزعجة)، وتتضمن خطوات حل المشكلة جمع المعلومات حولها. وللحصول على هذه المعلومات، نحاول أن نطرح الأسئلة الآتية مثلاً: لماذا تفعل ذلك؟ هل لديها مشكلة؟ هل أساء أحد إليها أو أسأت أنا إليها ولا أتذكر؟هل تعاني من مشكلة معينة ولا تريد التحدث عنها ويضايقها ذلك؟ ما الموارد المتاحة التي يمكن الاستفادة منها في هذا المجال؟ من هم الأشخاص الذين تعتبريهم مرجعا تلجئين إليه مثلاً.

ج‌- توليد البدائل المحتملة كحلول للمشكلة: هنا تبدأ عملية التفكير لإيجاد حلول للمشكلة، إذ يقوم الشخص بطرح أكثر من حل للمشكلة ويختار الحل الأمثل، وإذا لم يستطع الشخص اختيار الخيار الأمثل بنفسه، بإمكانه الاستعانة بأشخاص آخرين من ذوي الخبرة في المجال، فعلى سبيل المثال قد تطرح الأم عدة حلول للتعامل مع ابنتها المراهقة وذلك عن طريق طرح بعض الأسئلة كأن تقول:

- كيف أوقف تصرفاتها المزعجة هذه؟

- هل أحقق لها كل ما تطلبه؟

- هل أستشير المرشدة الموجودة في مدرستها؟

- هل أجبرها على التخلي عن تصرفاتها بقسوة؟

- أحدثها بلطف وأسأل عن أسباب تصرفاتها؟

د- موازنة البدائل: وفي هذه المرحلة، يقوم الشخص بموازنة البدائل، وتقييمها واختيار أفضل البدائل من بينها، وذلك كأن تقول الأم :" لن أستطيع التعامل معها بقسوة، ومن غير الصائب تلبية جميع طلباتها، وقد يكون الحل الأفضل أن استشير المرشدة الموجودة في المدرسة".

ه - اتخاذ القرار حول كيفية التنفيذ على النحو التالي:

يختار الشخص في هذه الطريقة أفضل الحلول لتنفيذ القرارات التي توصل إليها، فتقوم الأم في هذا المثال باختيار الطريقة الفضلى التي تقوم بها باستشارة المرشدة الموجودة في المدرسة وذلك عن طريق طرح بعض التساؤلات :

- كيف اخبرها بذلك؟

- ما هو الوقت الملائم للذهاب إليها؟

- هل من الملائم أن أعلم ابنتي بهذا الموضوع؟

و- القيام بالتنفيذ: وفي هذه المرحلة، تتخذ الأم خطوات عملية لتنفيذ القرار الذي اختارته، حيث تقوم الأم هنا بالاتصال بالمرشدة وتحديد موعد لمقابلتها ومن ثم الذهاب إلى المرشدة واستشارتها بهذا الخصوص.

ز- التأكيد على الأمهات على أهمية تدريب الأطفال على الخطوات المتبعة في حل المشكلات من خلال تعريضهم إلى مواقف واقعية يتعاملون معها داخل الأسرة، وتعزيز الأطفال ومكافأتهم عند النجاح في تطبيق هذه الخطوات.

واجب بيتي :

عرّضي أبنك لمواجهة موقف يمثل مشكلة بالنسبة له، وساعديه على حل هذه المشكلة، مسترشدة بالخطوات آنفة الذكر.

الجلسة الثالثة: مهارة اتخاذ القرارات

أهداف الجلسة:

تدريب الأمهات على كيفية إكساب أطفالهن القدرة على اتخاذ القرارات.

الإجراءات:

1- رحب المرشد بالأمهات وشكر تعاونهن والتزامهن بأوقات الجلسات.

2- ناقش المرشد الواجب البيتي مع الأمهات عن طريق قيام كل أم بذكر الموقف الذي عرضت طفلها له، والطريقة التي اتبعتها لتمكنه من حل المشكلة التي تعترضه.

3- طلب المرشد من إحدى الأمهات التطوع لقراءة خطوات مراحل عملية اتخاذ القرارات .

4- قام الباحث، عن طريق النمذجة، بتطبيق مراحل عملية اتخاذ القرارات، وذلك بتطبيقها على مشكلة واقعية، ولنأخذ على سبيل المثال قرار الانتقال للعيش في مكان آخر.

أ- تحليل الموقف بصورة مدروسة.

نحتاج هنا أن نحلل الجوانب المرتبطة بالانتقال للعيش في مكان آخر، من حيث الأسباب، والعوامل التي أخذنا على أثرها قرار الذهاب للعيش في مكان آخر، والصعوبات التي يمكن أن نواجهها عند الانتقال إلى ذلك المكان، وفرص النجاح التي يمكن تحقيقها إذا ما انتقلنا للعيش في مكان آخر.

ب- **التمهل والتأني وإتباع الأسلوب العلمي في اتخاذ القرارات.**

إن زيادة عدد أفراد الأسرة أدى إلى ضيق المكان، وعدم التنظيم فيه كوجود غرف نوم للذكور والإناث كان سبباً رئيسياً في تغيير مكان الإقامة، ولأن الوضع المادي للأسرة تغير وأصبح أفضل من السابق كانت هنالك رغبة عند الأم في تغيير المكان أيضاً. ومن هنا لا بد من دراسة كل الأمور التي تتعلق بالانتقال للعيش في مكان آخر، حيث نقوم بدراسة جميع الجوانب المرتبطة بالقرار، وذلك عن طريق طرح بعض الأسئلة الواقعية التي تمثل الأسلوب العملي في اتخاذ القرار مثل:

- هل ستتقبل العائلة والأطفال فكرة الانتقال للعيش في مكان آخر؟

- هل سيكون من المناسب الانتقال للعيش في مكان آخر إذا ما أخذنا بعين الاعتبار موقع المسكن الجديد من المدرسة والأصدقاء، والجيران، وأجرة المكان؟

- إذا كان من الممكن التغلب على مثل هذه الظروف، هل سيكون الانتقال للعيش في مكان آخر قرار ملائماً من حيث الفرص الجديدة التي يمكن أن يقدمها لنا؟

ج- **تحديد الصعوبات الذاتية بشكل جيد والتعامل معها بصورة حكيمة.**

نحن بحاجة لتقويم وتحديد الصعوبات التي يمكن أن نواجهها عند اتخاذ القرار بهذا الشأن مثل:

- هل أنا على قدر مسؤولية هذا القرار؟

- هل كان تقديري للموقف والانتقال للعيش في مكان آخر صحيحاً؟

- هل كان أسلوبي في التفكير سليما؟

د- **البحث عن العواقب والحلول الفضلى بطريقة " ماذا لو".**

أنا بحاجة إلى تقييم العواقب المترتبة على اتخاذ مثل هذا القرار:

- ماذا لو لم يكن المكان الذي سأنتقل للعيش فيه ملائماً لي وللعائلة؟

- ماذا لو لم تتأقلم العائلة مع البيئة الجديدة والجيران الجدد؟
- ماذا لو عملت على التخلص من الأسباب والعوامل التي استدعت فكرة الانتقال للعيش في مكان آخر؟ هل سيكون هذا الحل البديل مناسباً؟
- ماذا يحصل لو لم أتمكن من دفع إيجار البيت الذي سوف أسكنه؟
- ماذا لو فشلت في إقناع عائلتي بهذا القرار؟

هـ - حساب احتمالات الخطأ:

من الضروري أن نترك لأنفسنا المجال للخطأ في اتخاذ القرار الملائم فعن طريق حساب احتمالات الخطأ نستطيع اللجوء إلى إجراءات تصحيح. أي الرجوع للمسكن القديم أو إجراء تعديلات في السكن الجديد ليلائم احتياجات الأسرة أو غير ذلك من الإجراءات المحتملة.

و- التنازل عن بعض الرغبات في سبيل الوصول إلى القرار الصحيح.

لقد كانت لي رغبة كبيرة في عدم ترك البيت الذي أعيش فيه، لانخفاض قيمة الإيجار ولقربه من مكان عملي، ولكونه بين أصدقائي ومن أحب، وكان خيار الانتقال للعيش في بيت آخر أفضل لي ولعائلتي نظراً لاتساع حجم الأسرة وحاجتنا لبيت أكبر، علي أن لا أنظر إلى جميع هذه المغريات وانتقل للعيش في بيت آخر.

ح- يطلب المرشد من إحدى الأمهات التطوع لتقليد طفل بحاجة إلى اتخاذ قرار حول نوع التعليم الذي سيلتحق به في المرحلة الثانوية على سبيل المثال، حيث يطلب المساعدة من والدته لتعينه في اتخاذ القرار الصحيح، وتلعب سيدة أخرى دور أم هذا الطفل، حيث تقوم بمساعدة الطفل على اتخاذ لقرار الصحيح.

ي- يقدم المرشد تغذية راجعة للأم حول الطريقة التي اتبعتها في تعليم طفلها مراحل

عملية اتخاذ القرار، إذ يوضح المرشد أنه من الطبيعي أن تواجه الأمهات في بداية الأمر صعوبة في إجراء ذلك، إذ أن كثير من الناس يتخذون القرارات بطريقة متسرعة دون الارتكاز إلى القواعد العلمية، ودون إجراء تقييم شامل للبدائل والحلول المتاحة ونتائج القرارات القريبة والبعيدة المدى. والتأكيد على الأمهات على أهمية تدريب الأطفال على الخطوات المتبعة في اتخاذ القرار من خلال تعريضهم إلى مواقف واقعية يتعاملون معها داخل الأسرة، وتعزيز الأطفال ومكافئتهم عند النجاح في تطبيق هذه الخطوات.

واجب بيتي :

تابعي ابنك عند تخييره بين أمرين أو أكثر وحاولي تعليمه مراحل عملية اتخاذ القرار بصورة غير مباشرة، وبيني له أن اتخاذ أي قرار يحتاج إلى دراسته من كافة الجوانب، لذلك لا بد من عدم التسرع في اتخاذه، وعدم التردد.

- تلخيص ما دار في الجلسة.
- إنهاء الجلسة

الجلسة الرابعة:تحديد ميول واتجاهات الطفل

أهداف الجلسة:

تدريب الأمهات على كيفية إكساب أطفالهن القدرة على تحديد ميولهم واتجاهاتهم. ومثال ذلك تنمية اتجاهاته نحو المطالعة إذا كان يمتلك الميل للقراءة، ممارسة لعبة الشطرنج، كرة القدم، الشِعر، الموسيقى، جمع الطوابع، الرسم.

الإجراءات

1- رحب المرشد بالأمهات، وشكرهن لتعاونهن والتزامهن بأوقات الجلسات.

2- ناقش المرشد الواجب البيتي مع الأمهات عن طريق قيام كل أم بذكر الموقف الذي عرضت طفلها له، والطريقة الفضلى التي اتبعتها لتمكنه من اتخاذ قراراته بالصورة السليمة.

3- حدد المرشد معنى الميول والاتجاهات لدى الأطفال وأهميتها بالنسبة لهم.

4- حدد المرشد الطريقة الملائمة لإكساب الأمهات مهارة تحديد الميول والاتجاهات.

5- طلب المرشد من إحدى الأمهات التطوع لتطبيق الخطوات العملية لتحديد ميول طفلها واتجاهاته. وذلك بتطبيقها على مشكلة واقعية ولنأخذ على سبيل المثال تنمية ميول الطالب نحو المطالعة.

أ- تحليل الموقف بصورة مدروسة.

نحتاج هنا أن نحلل الجوانب المرتبطة بتنمية ميول الطالب نحو المطالعة، من حيث الأسباب، والعوامل التي حددنا أثرها على ميول الطالب نحو القراءة، والصعوبات التي يمكن أن تواجه الأم لتنمية حس المطالعة عند طفلها، وفرص النجاح التي يمكن تحقيقها عند ممارسة هواية المطالعة.

ب- التمهل والتأني وإتباع الأسلوب العلمي في تحديد الميول والاتجاهات.

يجب أن نعطي أنفسنا الوقت قبل تحديد ميول الطالب واتجاهاته، إذ لا بد من دراسة جميع الجوانب المرتبطة بتحديد الميول والاتجاهات، وذلك عن طريق طرح بعض الأسئلة الواقعية التي تمثل الأسلوب العلمي في تحديد الميول والاتجاهات مثل:

- هل يحب الطفل القراءة؟
- هل يتقن الطفل الفن القرائي؟
- هل أدركت الأثر الذي تتركه القراءة في نفس طفلك؟

ج- تحديد الصعوبات الذاتية بشكل جيد والتعامل معها بصورة حكيمة.

د- البحث عن العواقب والحلول الأفضل بطريقة " ماذا لو"

أنا بحاجة إلى تقييم العواقب المترتبة نتيجة لعدم اهتمامنا بتنمية ميول الطالب نحو المطالعة.

- ماذا يحدث لو لم أنمي الميل للمطالعة في ذهن ابني؟
- ماذا لو لم أستطع توفير المواد القرائية المناسبة لتنمية المهارة عند ابني؟
- ماذا يحصل لو لم أعزز هذه الميول لدى ابني؟
- ماذا يحصل لو لم ننمي ميول الطفل؟

هـ - حساب احتمالات الخطأ

من الضروري أن نترك لأنفسنا المجال للخطأ في تحديد الوجهة الملائمة التي نريد. فعن طريق اكتشاف هذا الخطأ نستطيع أن نتعلم الإجراء الصحيح، فلو كانت المواد القرائية التي جرى اختيارها ليست مناسبة، مثلاً، فإنني أستطيع التعلم من هذه التجربة أنني لن أتمكن من أن أخطو خطوة للأمام في أمور كثيرة دون أن أقع في الخطأ.

و- التنازل عن بعض الرغبات في سبيل راحة الآخرين.

فإذا كانت لي رغبة كبيرة في تنمية مهارة المطالعة لدى طفلي، عليّ أن أقوم بتحديد المجال الذي أسعى إلى تطوير ثقافته به وما يلذ له قراءته، والعمل على توفير الكتب التي تلبي ذلك بتوفير الكتب عن طريق الشراء أو من خلال المكتبة المدرسية مثلاً بدلاً من تكليف الأهل بشرائها.

التأكيد على الأمهات على أهمية تدريب الأطفال على الخطوات المتبعة في تحديد الاتجاهات والميول من خلال تعريضهم إلى مواقف واقعية يتعاملون معها داخل الأسرة، وتعزيز الأطفال ومكافأتهم عند النجاح في تطبيق هذه الخطوات.

واجب بيتي :

عرضي ابنك لمواجهة موقف يمثل مهارة تحديد الميول والاتجاهات، وساعديه في إتباع الخطوات المناسبة في عملية التحديد.

- تلخيص ما دار في الجلسة.

- إنهاء الجلسة

الجلسة الخامسة: ضبط النفس

أهداف الجلسة:

تدريب الأمهات على كيفية إكساب أطفالهن مهارة ضبط النفس.

الإجراءات

1- رحب المرشد بالأمهات، وشكرهن على الالتزام بحضور الجلسات.

2- ناقش المرشد الواجب البيتي التابع للجلسة السابقة مع الأمهات عن طريق قيام كل أم بذكر الموقف الذي عرضت طفلها له، وأفضل الطرق التي اتبعتها لتمكنه من تحديد ميوله واتجاهاته.

3- طبق الباحث، عن طريق النمذجة، خطوات عملية مهارة ضبط النفس وذلك بتطبيقها على مثال واقعي ولنأخذ على سبيل المثال التأقلم مع الاكتئاب والقلق (الضغوط).

4- طلب المرشد من إحدى الأمهات التطوع لتنفيذ خطوات مراحل عملية السيطرة على التوتر.

5- طبق المرشد عن طريق النمذجة، خطوات عملية السيطرة على التوتر وذلك بتطبيقها على مشكلة واقعية ولنأخذ على سبيل المثال فشل الأم في مشروع خياطة في البيت.

أ- تحليل الموقف بصورة مدروسة.

نحتاج هنا أن نحلل الجوانب المرتبطة بالمشروع، من حيث الأسباب، والعوامل التي أخذنا على أثرها الرغبة في عمل مشروع خياطة في البيت، الصعوبات التي يمكن أن نواجهها عند عمل مشروع خياطة في البيت، فرص النجاح التي يمكن تحقيقها عند عمل مشروع خياطة.

ب- التمهل والتأني وإتباع الأسلوب العلمي في تحديد خطوات فتح مشروع استثماري.

يجب أن نعطي أنفسنا وقت قبل عمل مشروع خياطة في البيت، حيث نقوم بدراسة جميع الجوانب المرتبطة بعمل مشروع خياطة في البيت، وذلك عن طريق طرح بعض الأسئلة الواقعية التي تمثل الأسلوب العلمي في تحديد خطوات فتح مشروع استثماري مثل:

- هل ستتقبل العائلة والأطفال فكرة أن تكون الأم خياطة؟
- هل سيكون من المناسب فتح مشروع خياطة في البيت؟
- إذا كان من الممكن التغلب على مثل هذه الظروف، هل سيكون فتح مشروع استثماري(مخيطة في البيت) ناجحاً 100 %؟

ج- تحديد الصعوبات الذاتية بشكل جيد والتعامل معها بصورة حكيمة.

نحن بحاجة لتقويم وتحديد الصعوبات التي يمكن أن أواجهها عند فتح مشروع في البيت مثل:

- هل أنا قادرة على التنسيق بين العمل والبيت؟
- هل هذا العمل لن يبعث في نفسي التوتر الدائم من أجل تنفيذ طلبات الزبائن، والبيت، والزوج؟
- هل كان أسلوبي في التفكير سليماً؟

د- البحث عن العواقب والحلول الأفضل بطريقة " ماذا لو"

هـ- أنا بحاجة إلى تقييم العواقب المترتبة على عمل مشروع خياطة في البيت :

- ماذا لو لم يكن البيت غير ملائم لعمل مخيطة به؟

- ماذا لو لم تتأقلم العائلة مع انشغال الأم الدائم مع الزبائن؟

- كيف للأم أن تقلل من حدة توترها نتيجة لضغط العمل، وضغط البيت؟

- ماذا لو عملت على التخلص من الأسباب والعوامل التي تزرع التوتر في نفسي؟ هل سيكون هذا الحل البديل مناسباً؟

- ماذا يحدث لو لم أتمكن من نزع قلقي وتوتري الدائم بسبب ضغط العمل؟

- ماذا يحدث لو فشلت في المشروع ولم أنجح به؟

و- حساب احتمالات الخطأ:

من الضروري أن نترك لأنفسنا المجال لضبط النفس من أجل أن نحدد الوجهة الصحيحة التي نريد فعن طريق وقوعنا في الخطأ نتوتر ونتيجة هذا التوتر يتولد ضعف في اتخاذ القرار الصحيح، وحتى نصل إلى الصواب فلا بد من الخطأ، فلو كان خفض التوتر وضبط النفس أمراً خطأ لما استطاع أي شخص له قيمة أن ينجح، وحتى أتمكن من أن أخطو خطوة للأمام فلا بد من ضبط التوتر وخفض القلق .

ي- التنازل عن بعض الطباع السيئة من أجل الوصول للهدف.

- فإذا كانت لي رغبة كبيرة في النجاح والوصول إلى تحقيق الغاية فلا بد من ضبط أعصابي بما يتلاءم وسير الحياة .

- يطلب المرشد من إحدى الأمهات التطوع لتقليد طفل يتوتر بمجرد أن يتكلم شخص غريب معه، حيث يطلب المساعدة من والدته لتعينه على خفض التوتر لديه، وتلعب سيدة أخرى دور أم هذا الطفل، حيث تقوم بمساعد الطفل على التخلص من التوتر الذي يلازمه دائماً قرض أظافره .

- يقدم المرشد تغذية راجعة للأم حول الطريقة التي اتبعتها في تعليم طفلها خطوات عملية ضبط النفس، حيث يوضح المرشد أنه من الطبيعي أن تواجه الأمهات في بداية الأمر صعوبة في إجراء ذلك، إذ أن معظم الأشخاص لا يملكون القدرة على عملية ضبط النفس والتخفيف من توترهم عند التعرض لأمر ما، دون الارتكاز إلى القواعد العلمية، ودون إجراء تقييم شامل لمثل هذه العملية.

- التأكيد على الأمهات على أهمية تدريب الأطفال على الخطوات المتبعة في ضبط النفس من خلال تعريضهم إلى مواقف واقعية يتعاملون معها داخل الأسرة، وتعزيز الأطفال ومكافأتهم عند النجاح في تطبيق هذه الخطوات.

واجب بيتي :

عرضي ابنك لمواجهة موقف يحتاج لاستعمال مهارة ضبط النفس، وساعديه في إتباع الخطوات المناسبة للقيام بها.

- تلخيص ما دار في الجلسة.
- إنهاء الجلسة

الجلسة السادسة:التخطيط لأداء الأعمال

أهداف الجلسة:

تدريب الأمهات على كيفية تدريب أطفالهن على التخطيط لأداء الأعمال.

الإجراءات

1- رحب المرشد بالأمهات وشكرهن على الالتزام بحضور الجلسات.

2- ناقش المرشد الواجب البيتي الذي كلفهن به في الجلسة السابقة وطلب منهن ذكر المواقف التي عرضن أطفالهن لها، والطريقة التي اتبعتها كل منهن لتمكين أطفالهن من ضبط النفس.

3- طبق الباحث، عن طريق النمذجة، عملية التخطيط لأداء الأعمال وذلك بتطبيقها على مثال واقعي ولنأخذ على سبيل المثال برنامج العمل المنزلي الأسبوعي عند الأم.

أ- القدرة على التمييز بين الأولويات(المهم، والاهم):

ب- التمييز بين ما هو مهم وما هو أهم في المنزل وذلك عن طريق تحديد الأمور المهمة الواجب فعلها قبل غيرها لأنها أهم من غيرها وبمعنى آخر تحديد الأولويات (التدرج في المهام).

ج- تحليل أي عمل كبير لعدد من المهمات المحددة. ونقوم في هذه الخطوة بتحديد الأعمال المهمة وتحليلها لمهام محددة قصيرة (مثلا: الطهي: وضع أدوات المطبخ في مكانها، التنظيف الدائم والمستمر للأدوات، توفر أدوات الطبخ في المطبخ توفير المواد الغذائية المطلوب طهيها وإعدادها تمهيداً للطهي). نقوم بعد ذلك بتحليل كل الأعمال المهمة طيلة الأسبوع بنفس الطريقة.

د- اختيار الوقت الملائم لتنفيذ كل عمل مهم. نقوم في هذه الخطوة بتسجيل الوقت الذي يستغرقه كل عمل مهم فعليا عند أداء الأعمال الجزئية مثل تنظيف المطبخ بعد الطبخ وتناول الطعام. اكرر ذلك عدة مرات لنفس المهمة لمعرفة متوسط الوقت الحقيقي اللازم لكل مهمة بدقة.

ه- الوعي بالأعمال التي تحتاج إلى جهد كبير، ومعرفة حجم القدرة على الانجاز: فبعض الأعمال المنزلية المهمة لا تحتاج إلى بذل جهد كبير وبناء على ذلك، لا بد من عمل برنامج أسبوعي يشتمل على كافة الأعمال المخطط القيام بها طيلة الأسبوع من الأهم إلى المهم . ومن الضروري أيضاً تحديد القدرة على أداء كل مهمة، حيث تكمن الخطوة التالية في استخدام الجداول لتسجيل أفضل وقت للقيام بكل عمل حسب الأولوية.

و- فرز الأعمال التي تحتاج إلى وقت وجهد كبيرين مثل تنظيف الزجاج في البيت أو عمل الأم في المدرسة، فعندما تعود الأم من المدرسة لا بد من الطهي، وتنظيف البيت ، والعناية بالزوج، والقيام بالواجبات العائلية المختلفة.

ز- العلم بوجود معوقات عند التخطيط للأعمال: حيث تقوم هذه الخطوة على تسجيل كل معيق يعرقل سير المخطط حسب رسمه، مثل الزيارات غير المتوقعة، الهاتف وعملية الرد عليه، الوعكات الصحية، لذلك لا بد من تسجيل الوقت المنفق عليها. يكرر ذلك لعدة أيام، يتم بعدها تحديد أياً من هذه الأعمال يجب حذفها، وأيها يمكن تقليل الوقت المخصص له، وأيها يمكن تلافيها أو التقليل من الجهد المبذول للقيام بها أو الزمن المطلوب لإنجازها.

ط- الوعي بالأعمال التي تحتاج إلى تنفيذ يومي.فهناك أمور يتم القيام بها كل يوم مثل الطهي، تدريس الأطفال، تنظيف المطبخ، العناية بالزوج والأبناء هذه جميعها أمور مهمة للغاية، لكن هنالك أمور تستغرق زمناً أقل مثل غسيل الملابس الأسبوعي، زيارة الجيران. ومن الضروري إضافة واحد من هذه الاختيارات (عاجل وهام، عاجل وغير هام، هام وغير عاجل، غير عاجل وغير هام) إلى كل عمل من الأعمال التي سجلها الشخص من قبل في الجدول .

ك- يطلب المرشد من إحدى الأمهات التطوع لتقليد طفل لديها بحاجة إلى التخطيط لأداء واجباته المدرسية، حيث يطلب المساعدة من والدته لتعينه في التخطيط لأداء برنامج للدراسة، وتلعب سيدة أخرى دور أم هذا الطفل؛ فتقوم بمساعدة الطفل على التخطيط لأداء الأعمال.

ع- يقدم المرشد تغذية راجعة للأم حول الطريقة التي اتبعتها في تعليم طفلها مراحل عملية التخطيط لأداء الأعمال.

واجب بيتي :

عرضي ابنك لمواجهة موقف يحتاج فيه للتخطيط لأداء الأعمال، وساعديه في إتباع الخطوات المناسبة للقيام بها.

- تلخيص ما دار في الجلسة.
- إنهاء الجلسة

الجلسة السابعة:الحث على الصبر

أهداف الجلسة:

تدريب الأمهات على كيفية تعليم أبنائهن التحلي بالصبر.

الإجراءات

1- رحب المرشد بالأمهات وشكرهن على الالتزام بحضور الجلسات.

2- ناقش المرشد الواجب البيتي التابع للجلسة السابقة مع الأمهات عن طريق قيام كل أم بذكر الموقف الذي عرضت طفلها له، والطريقة الفضلى التي اتبعتها لتمكنه من تحديد الخطوات المناسبة للتخطيط لأداء الأعمال.

3- طبق الباحث، عن طريق النمذجة، خطوات الحث على الصبر وذلك بتطبيقها على مثال واقعي ولنأخذ على سبيل المثال امرأة توفي زوجها وترك وراءه أطفالاً لا بد من تربيتهم.

4- طلب المرشد من إحدى الأمهات التطوع لتنفيذ خطوات مراحل عملية التحلي بالصبر.

5- تحليل الموقف بصورة مدروسة.

6- نحتاج هنا أن نحلل الفوائد من الصبر، ما نجنيه من التحلي به، والعوامل التي أخذنا

على أثرها الرغبة في التحلي بهذه الصفة، والصعوبات التي يمكن أن نواجهها عند التحلي بهذه الصفة، وفرص النجاح التي يمكن تحقيقها وفي المثال (تربية الأبناء التربية الحسنة وعدم تعريضهم للتشرد، اكتساب احترام وتقدير الآخرين، قدوة لأبنائها في التحلي بهذه الصفة) .

7- التمهل والتأني عند القيام بأي عمل أو الإقبال على أي مشروع مستقبلي.

يجب أن نعطي أنفسنا وقت قبل الإقدام على أي قرار بحيث لا نتعجل في اتخاذ الأمور دون دراستها، إذ في العجلة الندامة وفي التأني السلامة. حيث نقوم بدراسة جميع الجوانب المرتبطة بصفة الصبر، وذلك عن طريق طرح بعض الأسئلة الواقعية التي تمثل الأسلوب العلمي في التحلي بصفة الصبر مثل:

- هل مرّ عليك موقف معين بالتحلي بصفة الصبر فيه؟

- هل سيكون من المناسب أن نصبر في كل الظروف التي تواجهنا؟

- إذا كان من الممكن ضبط الأعصاب، والتحلي بصفة الصبر هل تسير الحياة بشكل أفضل؟

8- تحديد الصعوبات الذاتية بشكل جيد والتعامل معها بصورة حكيمة.

فنحن بحاجة لاختبار قدرتنا على الصبر لتقويم وتحديد الصعوبات التي يمكن أن نواجهها عند التحلي بهذه الصفة(صعوبة تحمل المسؤولية من قبل الأم وحدها، العناية بالبيت والأطفال في آن واحد، الإنفاق على البيت) مثل:

- هل أنا قادرة على الصبر في جميع الأوقات ؟

- هل التحلي بصفة الصبر تبعث الراحة بالنفس أم لا؟

- هل كان أسلوبي في التفكير سليماً؟

- البحث عن العواقب والحل الأفضل بطريقة " ماذا لو"

- أنا بحاجة إلى تقييم العواقب المترتبة على التحلي بصفة الصبر:

- ماذا لو لم أتأقلم مع ظروف الحياة هل كنت سأبقى مع أولادي أم لا؟

- ماذا يحدث لو لم تتحمل الأم مسؤولية الإنفاق على أبنائها؟

- ماذا يحدث لو عملت الأم على التخلص من الأسباب والعوامل التي تعمل على فقدها لصبرها؟ هل سيكون هذا الحل البديل مناسباً؟

- ماذا يحدث لو لم أتمكن من نزع قلقي وتوتري الدائم بسبب ضغط العمل؟

- ماذا يحدث لو فشلت في القدرة على الصبر؟

9- حساب احتمالات الخطأ: من الضروري أن نترك لأنفسنا المجال لضبط الأعصاب، وضرورة إقناع أنفسنا بأهمية الصبر، من أجل أن نحدد الوجهة الصائبة التي نريد. فعن طريق الصبر وعدم التسرع نتجنب الوقوع في الخطأ ، ونتيجة الصبر ننال ما نريد، فلو كان الصبر وضبط الأعصاب أمراً خطأ لما استطاع أي شخص أن يحقق مراده، وحتى أتمكن من أن أخطو خطوة للأمام فلا بد من الصبر والتحمل .

10- التنازل عن بعض النزوات والاندفاعات من أجل الوصول للهدف.

فإذا كانت لي رغبة كبيرة في النجاح والوصول إلى تحقيق الغاية فلا بد من ضبط أعصابي بما يتلاءم وسير الحياة، وعدم الاندفاع في الحكم على الأمور، وعدم الانسياق وراء النزوات أو اتخاذ قرار دون دراسته بصورة ممعنة .

11- طلب المرشد من إحدى الأمهات التطوع لتقليد طفل لا يصبر نهائياً بمجرد رغبته في شيء لا بد أن يحصل عليه فوراً (مثال)، حيث يطلب طفل المساعدة من والدته، لتعينه على ضبط أعصابه والصبر في كل المواقف، وتلعب سيدة أخرى دور أم هذا الطفل، حيث تقوم بمساعدة الطفل على التخلص من العصبية التي تلازمه دائماً.

12- يقدم المرشد تغذية راجعة للأم حول الطريقة التي اتبعتها في تعليم طفلها مراحل عملية التحلي بصفة الصبر، يوضح المرشد أنه من الطبيعي أن تواجه الأمهات في

بداية الأمر صعوبة في إجراء ذلك، حيث أن معظم الأشخاص لا يملكون القدرة على ضبط أعصابهم والتخفيف من عصبيتهم عند التعرض لأمر مزعج، دون الارتكاز إلى القواعد العلمية، ودون إجراء تقييم شامل لمثل هذه العملية.

13- التأكيد على الأمهات على أهمية تدريب الأطفال على الخطوات المتبعة في الحث على الصبر من خلال تعريضهم إلى مواقف واقعية يتعاملون معها داخل الأسرة، وتعزيز الأطفال ومكافأتهم عند النجاح في تطبيق هذه الخطوات.

واجب بيتي :

عرضي ابنك لمواجهة موقف يتطلب منه الصبر، وساعديه في إتباع الخطوات المناسبة للقيام بها.

- تلخيص ما دار في الجلسة.

- إنهاء الجلسة

الجلسة الثامنة:التدريب على إدارة الوقت والجهد والتخطيط المستقبلي

أهداف الجلسة:

تدريب الأمهات على كيفية إكساب أطفالهن هذه المهارة ومثال على ذلك تنظيم الطالب وقته بين اللعب والدراسة ومشاهدة التلفاز، تحديد وقت النوم .

الإجراءات:

1- يرحب المرشد بالأمهات ويشكرهن على الالتزام بحضور الجلسات.

2- يقوم المرشد بمناقشة الواجب البيتي التابع للجلسة السابقة مع الأمهات عن طريق قيام كل أم بذكر الموقف الذي عرضت طفلها له، والطريقة الفضلى التي اتبعتها لتمكنه من التحلي بالصبر.

3- يقوم الباحث، عن طريق النمذجة، بتطبيق خطوات عملية إدارة الوقت والجهد وذلك بتطبيقها على مثال واقعي ولنأخذ على سبيل المثال إدارة البيت وتنظيفه.

أ- **القدرة على التمييز بين "ما يجب فعله"، و"ما يُرغب في فعله":**

التمييز بين ما يجب فعله وما يرغب في فعله في المنزل وذلك عن طريق تحديد الأمور الضرورية الواجب فعلها والأمور غير واجبة الفعل أو التي يوجد أمور أهم يجب القيام بها، وبمعنى آخر تحديد الأولويات.

ب- **تحليل أية مهمة كبيرة لعدد من المهام الصغيرة.**

ونقوم في هذه الخطوة بتحديد المهام وتحليلها لمهام محدده قصيرة (مثلا: تنظيف الحجرة يتضمن: وضع الكتب في المكتبة، ترتيب الفراش، وضع قصاصات الورق في سلة المهملات........). نقوم بعد ذلك بتحليل كل مهمة يومية بنفس الطريقة.

ج- **الوعي بالوقت اللازم لكل مهمة أو نشاط بشكل حقيقي:**

نقوم في هذه الخطوة بتسجيل الوقت الذي أنفقته فعليا عند أداء المهام الجزئية في تنظيف المنزل وترتيبه. اكرر ذلك عدة مرات لنفس المهمة لمعرفة متوسط الوقت الحقيقي اللازم لكل مهمة بدقة.

د- **الوعي بوقت ذروة النشاط، والوعي بمستوى النشاط اللازم لكل مهمة:**

فبعض المهام والواجبات المنزلية لا تحتاج إلى قدر كبير من النشاط والوقت. وبناء على ذلك، من المهم وضع المهام المعتادة في ورقة وتسجيل مستوى النشاط اللازم لها: نشاط عال، متوسط، عادي، قليل. ونستطيع من خلال ذلك الوعي بمستوى النشاط الحقيقي بالنسبة للشخص الذي يقوم بعملية التنظيف والترتيب، وذلك بتكرار التقييم بعد ممارسة النشاط عدة مرات. ومن الضروري أيضاً الوعي بأفضل الأوقات، والوعي بالقدرة على أداء كل مهمة، حيث تمكن الخطوة التالية

في استخدام الجداول لتسجيل أفضل وقت للقيام بكل مهمة حسب مستوى النشاط في كل وقت، وحسب مستوى النشاط الذي تتطلبه المهمة.

هـ- الوعي بالمهام ذات الوقت المحدد والمهام المرنة:

فهناك مهام ثابتة في أوقاتها يوميا: الذهاب للتسوق، وقت التدريبات الرياضية، وقت النوم، مواعيد الصلاة... وهناك بعض الأنشطة التي تسمح بقدر من المرونة (الاتصال بصديق، تنظيف الحجرة...). ولذلك، من المهم البدء بتلوين المهام الثابتة في جدول بلون محدد (أحمر مثلا)، ثم بعدها تلوين المهام المرنة الأخرى بلون آخر.

و- فهم مضيعات الوقت:

حيث تقوم هذه الخطوة على تسجيل كل مهمة يقوم بها الشخص بالترتيب على مدار اليوم مع تسجيل الوقت المنفق عليها. يكرر ذلك لعدة أيام، يتم بعدها تحديد أي من هذه الأعمال يجب حذفها، وأيها يمكن تقليل الوقت المنفق فيها، وأيها يجب القيام بها في وقت آخر؛ لأنها تحتاج نشاطا أعلى.

ز- الوعي بالمهام العاجلة الهامة:

هناك أنشطه عاجلة ولكنها غير هامة، وهناك أنشطه هامة جدا ولكن غير عاجلة، وهناك النوع الثالث من الأنشطة التي تعتبر هامة وعاجلة؛ فتجهيز البيت لحفل زفاف بعد شهر هام ولكنه غير عاجل، تنظيف البيت لحفلة ستقام بعد يومين هام وعاجل. ومن الضروري إضافة واحد من هذه الاعتبارات (عاجل وهام، عاجل وغير هام، هام وغير عاجل، غير عاجل وغير هام) إلى كل مهمة من المهام التي سجلها الشخص من قبل بالجدول .

ف- يطلب المرشد من إحدى الأمهات التطوع لتقليد طفل لديها بحاجة إلى إدارة وقته وجهده أثناء الدراسة، ويطلب المساعدة من والدته لتعينه في إدارة وقته وجهده،

وتمارس سيدة أخرى دور أم هذا الطفل، فتقوم بمساعدة الطفل على إدارة وقته وجهده.

ي - قدم المرشد تغذية راجعة للأم حول الطريقة التي اتبعتها في تعليم طفلها مراحل عملية إدارة الوقت والجهد.

واجب بيتي :

عرضي ابنك لمواجهة موقف يتطلب مهارة إدارة الوقت والجهد والتخطيط المستقبلي، وساعديه في إتباع الخطوات المناسبة للقيام بها.

- تلخيص ما دار في الجلسة.

- إنهاء الجلسة

الجلسة التاسعة: استغلال أوقات الفراغ

أهداف الجلسة:

تدريب الأمهات على تدريب أطفالهن على حسن استغلال وقت الفراغ مثال متابعة برنامج وثائقي أو ديني بدلاً من المشاهدة المستمرة لبرامج الأطفال، استغلال أوقات الفراغ الطويلة في قراءة القرآن......الخ .

الإجراءات:

1- رحب المرشد بالأمهات وشكرهن على الالتزام بحضور الجلسات.

2- ناقش المرشد الواجب البيتي التابع للجلسة السابقة مع الأمهات عن طريق قيام كل أم بذكر الموقف الذي عرضت طفلها له، والطريقة التي اتبعتها لتمكنه من التدريب على إدارة الوقت والجهد والتخطيط المستقبلي.

3- طبق الباحث، عن طريق النمذجة، مراحل عملية استغلال وقت الفراغ وذلك

بتطبيقها على مثال واقعي، ولنأخذ على سبيل المثال قضاء الوقت في الحديث على الهاتف.

أ-   القدرة على التمييز بين "وقت الفراغ "، و"وقت الراحة ":

ب-   التمييز بين الأمور العشوائية التي تؤدي إلى هدر الوقت والأمور الضرورية الواجب استغلال الوقت لإنجازها ، وبمعنى آخر أن تقدر بنفسك الأعمال التي توفر الوقت وتهدره.

ج-   تحليل الممارسات التي تؤدي إلى تكرار إهدار الوقت. ونقوم في هذه الخطوة بتحديد بعض الممارسات التي تؤدي إلى إهدار للوقت وتحليلها (مثلا: الحديث على الهاتف لمدة طويلة؛ فتقول الأم في نفسها ربما من النافع أن أجرب طبخة جديدة أو أقوم بتنظيف البيت، أو أقرأ كتاباً، أو أنظم الثياب الموسمية..........الخ).

د- إدراك أهمية تنظيم الوقت واستغلاله: نقوم في هذه الخطوة بتسجيل الوقت الذي ننفقه فعلياً في أشياء غير ضرورية تعد ممارستها إضاعة للوقت. أكرر ذلك عدة مرات لنفس المهمة لمعرفة متوسط الوقت الحقيقي الذي يقضى بلا فائدة.

هـ-   الوعي بأهمية الوقت: يوجد الكثير من الأشخاص الذين لا يعطون للوقت أي أهمية، يقضون أوقاتهم في النوم، أو في الأكل المفرط، أو في الحديث على الهاتف، أو في مشاهدة التلفاز، وعليه فمن المهم وضع الأعمال التي تؤدي إلى إهدار كبير للوقت في ورقة وتسجيل أكثر الأمور هدراً للوقت.

و-   الوعي بالأعمال التي تؤدي إلى إهدار مستمر للوقت: فهناك ممارسات كثيرة التكرار وثابتة تؤدي إلى ضياع الوقت، مثل مشاهدة التلفاز لساعات طويلة وغيرها من الممارسات، وقضاء ساعات طويلة في استخدام الانترنت، والنوم لساعات طويلة أثناء النهار. لذلك، من المهم البدء بتوقيت الأعمال التي تؤدي إلى إهدار كبير

للوقت في جدول بلون محدد (أحمر مثلا) والامتناع عن ممارستها ثم الانتقال إلى الممارسات التي تؤدي إلى إهدار القليل من الوقت.

وتقوم هذه الخطوة على تسجيل كل مهمة يقوم بها الشخص بالترتيب على مدار اليوم مع تسجيل الوقت المنفق عليها. ويكرر ذلك لعدة أيام، بعدها تحدد الممارسات التي يجب العمل على الامتناع عنها أو التخفيف منها قدر المستطاع. يطلب المرشد من إحدى الأمهات التطوع لتقليد طفل لديها يقضي كل وقته في مشاهدة برامج الأطفال (Space Toon)، حيث يطلب المساعدة من والدته لتعينه على تنظيم وقته في مشاهدة قناة الأطفال، وتلعب سيدة أخرى دور أم هذا الطفل، حيث تقوم بمساعدة الطفل على تنظيم وقته والعمل على التقليل من إهداره للوقت. يقدم المرشد تغذية راجعة للأم حول الطريقة التي اتبعتها في تعليم طفلها مراحل عملية استغلال أوقات الفراغ. التأكيد على الأمهات على أهمية تدريب الأطفال على الخطوات المتبعة في استغلال أوقات الفراغ من خلال تعريضهم إلى مواقف واقعية يتعاملون معها داخل الأسرة، وتعزيز الأطفال ومكافأتهم عند النجاح في تطبيق هذه الخطوات.

واجب بيتي :

عرضي ابنك لمواجهة موقف يمثل مهارة التدريب على حسن استغلال وقت الفراغ، وساعديه في إتباع الخطوات المناسبة للقيام بها.

- تلخيص ما دار في الجلسة.

- إنهاء الجلسة

الجلسة العاشرة: العناية الشخصية بالجسم

الأهداف:

تدريب الأمهات على كيفية تعليم أطفالهن العناية الشخصية بالجسم مثل قيام

الطفل بغسل يديه قبل الأكل، غسل الوجه، غسل الشعر، تقليم الأظافر، تبديل الجوارب كل يوم، حمل المناديل الورقية أثناء خروجه من البيت، نظافة ملابسه الداخلية، شكله الخارجي ونظافة هندامه ... الخ.

الإجراءات

1- يرحب المرشد بأعضاء المجموعة ويشكرهن على الالتزام بالحضور.

2- يقوم المرشد بمناقشة الواجب البيتي التابع للجلسة السابقة مع الأمهات عن طريق قيام كل أم بذكر الموقف الذي عرضت طفلها له، والطريقة التي اتبعتها لتمكنه من التدريب على استغلال أوقات الفراغ.

3- قام المرشد بتدريب اثنتين من الأمهات ممن تطوعن لأداء تمرين يحدده الباحث، حيث طلب منهن توضيح الطريقة المتبعة أمام باقي الأمهات في تعليم أطفالهن العناية الشخصية بالجسم، والطريقة التي ستتبعها في تعزيز ابنها أثناء قيامه بما هو مطلوب منه.

4- يقوم المرشد بتقديم تغذية راجعة حول سلوك كل أم في العناية الشخصية بالجسم، ويوضح للأمهات بأن الطفل يعتمد في اكتساب خبراته ومهاراته على ملاحظة الآخرين وتقليدهم، وبالتالي يجب على الأم أن تكون حذرة في سلوكاتها وتصرفاتها أمام الأطفال، وأن تأخذ بالحسبان دائماً أن يكون أحد أهداف سلوكها عرض سلوك معين أمام الطفل، وتعليمه كيفية العناية الشخصية بالجسم.

5- التأكيد على الأمهات على أهمية تدريب الأطفال على الخطوات المتبعة في العناية الشخصية بالجسم من خلال تعريضهم إلى مواقف واقعية يتعاملون معها داخل الأسرة، وتعزيز الأطفال ومكافأتهم عند النجاح في تطبيق هذه الخطوات وتكرار التدريبات لتصبح عادة مستحكمة بالسلوك.

واجب بيتي:

تابعي ابنك أثناء ممارسته للعناية الشخصية وتأكدي من قيامه بما هو مُوكل به من غسيل وجهه ويديه وزنديه بشكل صحيح. وكذلك متابعة الطفل أثناء قيامه بغسيل أسنانه، وتمشيط شعره وتنظيفه، كذلك متابعة الطفل أثناء قيامه بتبديل جواربه كل يوم، والتأكد من نظافة ملابسه الداخلية، ونظافة وتنظيم هندامه عندما يغادر البيت إلى المدرسة، والتأكد من نظافة حذائه، وحمله للمناديل الورقية في جيبه.

- تلخيص ما دار في الجلسة.
- إنهاء الجلسة

الجلسة الحادية عشرة: إتباع العادات الحميدة في تناول الأطعمة وحفظها

أهداف الجلسة:

تدريب الأمهات على كيفية إكساب أطفالهن العادات الحميدة في تناول الأطعمة وحفظها مثل غسل يديه قبل تناول الطعام، عدم الأكل بسرعة ومضغ الطعام جيداً، وعدم التحدث أثناء الطعام، وأن لا يفتح فمه أثناء المضغ، وأن لا يسكب الأشياء على ملابسه، واستعمال ملعقته وشوكته وسكينته وصحنه الخاص به فقط، وإعادة الأشياء إلى الثلاجة لحفظها بعد الانتهاء منها، ووضع الأدوات غير النظيفة في المكان المخصص لجلي الصحون.

الإجراءات

1- رحب المرشد بأعضاء المجموعة وشكرهن على الالتزام بالحضور.

2- ناقش المرشد الواجب البيتي التابع للجلسة السابقة مع الأمهات عن طريق قيام كل أم بذكر الموقف الذي عرضت طفلها له، والطريقة التي اتبعتها لتعزيز مهارة إعداد الأطعمة البسيطة.

3- قام المرشد بتدريب اثنتين من الأمهات ممن تطوعن لأداء تمرين يحدده الباحث، حيث طلب منهن توضيح الطريقة المتبعة أمام باقي الأمهات في تعليم أطفالهن الكيفية التي يتبعنها في تعليم أبنائهن العادات الحميدة في تناول الأطعمة وحفظها، والطريقة التي ستتبعها في تعزيز ابنها أثناء قيامه بما هو مطلوب منه من أجل رسوخ العادة.

4- قام المرشد بتقديم تغذية راجعة عمل فيها على تحليل السلوك الذي اتبعته كل أم في تعليم أبنائها كيفية إكساب أطفالهن العادات الحميدة في تناول الأطعمة، ووضح للأمهات بأن الطفل يعتمد في تناوله للأطعمة على ما يراه أمامه من تصرفات لأهله أثناء تناولهم للأطعمة المختلفة، لذلك لا بد من ممارسة الجميع منذ البداية الطريقة المثلى في تناول الأطعمة.

5- التأكيد على الأمهات على أهمية تدريب الأطفال على الخطوات المتبعة في إتباع العادات الحميدة في تناول الأطعمة وحفظها من خلال تعريضهم إلى مواقف واقعية يتعاملون معها داخل الأسرة، وتعزيز الأطفال ومكافأتهم عند النجاح في تطبيق هذه الخطوات.

واجب بيتي :

تابعي ابنك أثناء تناوله الطعام ولاحظي العادات السيئة التي يتبعها أثناء تناوله للأطعمة وحاولي قدر المستطاع إشعاره بالأسلوب الخاطئ الذي يتبعه في تناول الطعام، وأعملي على توضيح الطريقة التي لا بد من إتباعها، وساعديه على إتباع الخطوات المناسبة للقيام بها. ومن ثم عززي طفلك أثناء قيامه بما هو مطلوب بطريقة تدفعه إلى تنفيذ المطلوب منه بأفضل صورة حتى ولو قام بجزءٍ بسيط جداً لأنه سوف يكتسب العادة بالتدريج.

- تلخيص ما دار في الجلسة.

- إنهاء الجلسة

الجلسة الثانية عشرة: احترام الآخرين

أهداف الجلسة:

تدريب الأمهات على كيفية إكساب أطفالهن مهارة احترام الآخرين وتتضمن رد السلام على من عرفت وعلى من لم تعرف، تقبيل يد الآباء والأجداد، عدم سب الآخرين والتنابز بالألقاب، واحترام الجيران، وصيانة حرمتهم.

الإجراءات:

1- بدأ المرشد الجلسة بالترحيب بأعضاء المجموعة، وشكرهن على المواظبة على حضور الجلسات للاستفادة منها.

2- ناقش المرشد الواجب البيتي التابع للجلسة السابقة مع الأمهات عن طريق قيام كل أم بذكر الموقف الذي عرضت طفلها له، والطريقة التي اتبعتها لتدربه على إتباع استخدام المسكن وتنسيقه بالشكل الأمثل، وما أسلوب التعزيز الذي اتبعته .

3- طرح المرشد على الأمهات سؤالاً عن طبيعة التصرفات التي يمارسها أطفالهن والتي قد تنم عن عدم احترام الآخرين، بغض النظر عن مقامهم. وانتفع من إجاباتهن في النقاشات اللاحقة.

4- قام المرشد بتدريب اثنتين من الأمهات ممن تطوعن لأداء تمرين يحدده الباحث، حيث طلب منهن توضيح الطريقة المتبعة أمام باقي الأمهات في تعليم أطفالهن مهارة احترام الآخرين، مثلاً تقبيل يد الآباء والأجداد، عدم سب الآخرين وذكر ألقابهم، احترام الجيران، وتبيان النتيجة التي نحصل عليها من معاملة الناس معاملة حسنةً.

5- قام المرشد بتقديم تغذية راجعة عمل فيها على تحليل السلوك الذي اتبعته كل أم في تعليم أبنائها مهارة احترام الآخرين، ووضح للأمهات بأن الطفل ينشأ على ما رباه

عليه الوالدان وخصوصاً الأم، فطالما أن الأم تمتلك هذه الصفة فإنها قادرة على إيصالها للأبناء.

6- التأكيد على الأمهات على أهمية تدريب الأطفال على الخطوات المتبعة في احترام الآخرين من خلال تعريضهم إلى مواقف واقعية يتعاملون معها داخل الأسرة وخارجها، وتعزيز الأطفال ومكافأتهم عند النجاح في تطبيق هذه الخطوات.

واجب بيتي :

تابعي طفلك حتى تتمكنين من التعرف على التصرفات السيئة التي يؤذي من خلالها الآخرين سواء أكان بالضرب أو الشتم، أو ذكر العيوب .... الخ. والعمل على توجيهه وتعزيزه بما يضمن تخلصه من الصفات السلبية التي يتصرفها ضد الآخرين.

- تلخيص ما دار في الجلسة.
- إنهاء الجلسة.

الجلسة الثالثة عشرة: مهارة التحية

أهداف الجلسة:

تدريب الأمهات على كيفية تنمية مهارة إلقاء التحية على الآخرين، مثل إلقاء التحية على الآخرين عند الدخول للبيت، وعلى الوالدين، وعلى الجيران، وعند إنهاء الحديث مع الآخرين.....الخ.

الإجراءات

1- ناقش المرشد الواجب البيتي التابع للجلسة السابقة مع الأمهات عن طريق قيام كل أم بذكر الموقف الذي عرضت طفلها له، والطريقة التي عززته بها لتنمي عنده مهارة احترام الآخرين.

2- من خلال النقاش والحوار قام المرشد بالتـأكيد على ضرورة تدريب الأطفال على مهارة إلقاء التحية، والأوقات والظروف والحالات التي يقوم بتقديم التحية فيها للآخرين، حيث يعد الترحيب بالناس قائلين: مرحباً، أو الالتفات إليهم والتبسم من سبل تكوين الصداقات، إذا لم تسلم على الناس عند رؤيتهم قد يظنون أنك متكبر ومغرور أو إنك لا تتذكرهم، لذلك لا بد من:

- استخدام الطريقة الفعالة والمناسبة في اختيار الوقت المناسب لإلقاء التحية على من عرفت وعلى من لم تعرف. يستطيع الطفل أو الطالب إلقاء التحية على الأطفال الموجودين معه في نفس الغرفة الصفية، أو على المعلمين الموجودين في المدرسة.
- يتم ذلك داخل المنزل عن طريق قيام الأم بإلقاء التحية على الموجودين داخل المنزل عند الدخول عليهم، وتبادل الحديث معهم عن أوضاعهم لمدة زمنية محددة وتدريب الطفل على القيام بذلك وتشجيعه عند أداء ذلك من خلال الابتسامة والثناء.
- اكتساب مهارة التحية الفعالة والرد عليها بصورة جيدة.
- التعرف على الوقت المناسب لإلقاء التحية.
- التعرف على بعض الميزات الشخصية التي تعيق أو تسهل إلقاء التحية على الآخرين.

فقد يعاني بعض الأطفال من قلة الاهتمام ، يقومون بإلقاء التحية لكن لا أحد يهتم بهم، أو ربما كان الطفل نفسه لا يعرف الطريقة المناسبة لإلقاء التحية؛ لأنه لم يعلمه أحد ضرورة إلقاء التحية، وبعضهم الآخر يرى في إلقاء التحية أنها تقلل من قيمته، فالناس لا بد لهم أن يحيوه لا أن يحييهم، وتعليم الطفل قواعد التحية أي أن يحي القادم الجالس، والراكب الراجل، والصغير الكبير....الخي أن يحأاا.

قدم المرشد تغذية راجعة للأم حول مدى إتباعها لخطوات إلقاء مهارة التحية الفعالة وفي مناقشة القضية مع طفلها، ويوضح لها أن التطبيق العملي هو أكثر سهولة ومتعة من الكلام النظري، وبين لها أن أساس غرس الفضائل عند الأطفال هو التعزيز الدائم والمستمر للسلوك الايجابي، والتجاهل للسلوك السلبي.

التأكيد على الأمهات على أهمية تدريب الأطفال على الخطوات المتبعة في إلقاء التحية ومصافحة الآخرين وتوديعهم من خلال تعريضهم إلى مواقف واقعية يتعاملون معها داخل الأسرة وخارجها، وتعزيز الأطفال ومكافأتهم عند النجاح في تطبيق هذه الخطوات.

واجب بيتي :

تابعي طفلك بصورة مستمرة وتنبهي لطريقة المعاملة التي يتبعها وحاولي أن تعوديه مهارات التعامل الاجتماعي، كما تفرضه قواعد المجتمع وتقاليده من حيث إلقاء التحية على الآخرين ودورها في نشر المحبة والألفة بين الناس.

- تلخيص ما دار في الجلسة.

- إنهاء الجلسة

الجلسة الرابعة عشر: مهارة الاتصال

أهداف الجلسة:

تدريب الأمهات على كيفية تنمية مهارة الاتصال لدى أطفالهن والتي تتضمن مشاركة الآخرين في الحديث، وإلقاء التحية عليهم، زيارة الأقارب في أوقات مختلفة وتبادل أطراف الحديث معهم وعدم قطع صلة الرحم، وإدامة العلاقة مع المعارف والأصدقاء، والتعبير عن الأفكار والعواطف والانفعالات بطريقة مقبولة اجتماعياً.

الإجراءات

1- ناقش المرشد الواجب البيتي التابع للجلسة السابقة مع الأمهات عن طريق قيام كل أم بذكر الموقف الذي عرضت طفلها له، والطريقة التي عززته بها لتدربه على إلقاء مهارة التحية.

2- من خلال النقاش والحوار تم التأكيد على أهمية إكساب الطفل مهارة الاتصال، قام المرشد بتقديم مهارة الاتصال من خلال موقف يمثل زيارة الأسرة لأحد الأقارب وكيف يقوم الطفل بالتواصل الفعال مع الآخرين. لذلك لا بد من تدريب أطفالهم على: استخدام قنوات الاتصال الفعالة والمناسبة في التعامل مع الأشخاص في المكان الذي يتم فيه الحوار. ففي البيت، يستطيع الطفل التواصل مع أفراد الأسرة من خلال المشاركة في الحوار والنقاش والأنشطة المختلفة داخل المنزل مثل، التعبير بشكل واضح عن وجهة نظره، وأن يطلب الأشياء التي يريدها بصورة مهذبة وواضحة وأن يعطي مبررات ذلك للأسرة بعيداً عن التوتر والعصبية في حالة رفض طلباته، وأن تقوم الأم بتشجيع الطفل والثناء عليه إذا قام بهذه الخطوات بالشكل المطلوب. وتدريب الطفل على أهمية الإصغاء الجيد والفعال عندما يتحدث إليه الآخرون كالأصدقاء، وأفراد الأسرة، لذلك لا بد من توفير المناخ المناسب للطفل كي يتمكن من التواصل الذي يشمل المكان، والزمان. وهذا يؤدي إلى اكتساب مهارة الاستماع الفعال والإصغاء الجيد. ويتم ذلك داخل الأسرة من خلال تنظيم عملية الاتصال والمشاركة في المواضيع التي يناقشها الأب والأم مع أطفالهم كأن تقول الأم لأحد أطفالها: " ما رأيك يا أحمد في تصرفات الأخ الأصغر؟ ويقول بعدها لطفل آخر" الآن دورك يا طاهر... أخبرنا ما رأيك؟". وهكذا. إتباع الأساليب التواصلية المشوقة التي من شأنها أن تجذب الأبناء وتنمي مهارة الاستماع الفعال لديهم كأن يكون الموضوع الذي تتناوله الأسرة في نقاشها جذاباً يحضى باهتمام الأبناء، وبخاصة إذا كان من أرض الواقع، مثل مناقشة

موضوع " التدخين من قبل الأبناء واختيار الأصدقاء"، إضافة إلى الأسلوب الذي تستخدمه الأم مثل إتباع أسلوب بالمكافآت، والجوائز، وهكذا...

3- التعرف إلى قنوات الاتصال المختلفة وكيفية استخدامها. فالحوار المباشر بين الطفل والأم الوسيلة الأكثر فعالية في الاتصال داخل المنزل، إضافة إلى إيجاد التواصل البصري الذي يتم بين الطفل والأم كأن تطلب الأم من الطفل أن يتواصل معها بصرياً عند الحديث معها والتواصل الجسدي، أو طرح قصة معينة ترغب الأم في أن تعلمها للطفل وتحاول اكتشاف ردود فعلهم حول هذه القصة.

4- التعرف على بعض الميزات الشخصية التي تعيق أو تسهل الاتصال مع الآخر. فقد يعاني بعض الأطفال في المنزل أو المدرسة أو لدى التفاعل مع الأصدقاء من بعض الإعاقات التي تحول دون حدوث عملية اتصال فعالة بين الطفل والآخرين. وقد يعاني بعض الأطفال من العزلة بسبب افتقارهم لمهارات التواصل عند تفاعلهم مع الآخرين، والتأكيد على الأمهات على أهمية إكساب الطفل الأساليب الصحيحة لتجنب هذه المعيقات ومكافأته والثناء عليه عند إتقان ذلك وتجاهل المواقف غير الفعالة.

5- التعبير عن الذات بوضوح وسهولة: وذلك بأن تكون مبادرات الطفل داخل المنزل وخارجه واضحة للآخرين كأن تكون الإجابة على سؤال معين من الأم واضحة وغير مبهمة.

6- قدم المرشد تغذية رلجعة للأم حول مدى إتباعها لخطوات الاتصال الفعال في مناقشة القضية مع طفلها، ووضح لها أن التطبيق العملي هو أكثر سهولة ومتعة من الكلام النظري.

7- التأكيد على الأمهات على أهمية تدريب الأطفال على الخطوات المتبعة في مهارة

الاتصال من خلال تعريضهم إلى مواقف واقعية يتعاملون معها داخل الأسرة وخارجها، وتعزيز الأطفال ومكافأتهم عند النجاح في تطبيق هذه الخطوات.

واجب بيتي :

تابعي طفلك بصورة مستمرة وتنبهي للطريقة التي يتواصل بها مع الآخرين وشخّصي جوانب القصور في تواصله وعززي الجوانب الإيجابية كالحديث الهادئ والتعبير الواضح عن الأفكار وعدم مقاطعة الآخرين أثناء الكلام.........الخ.

- تلخيص ما دار في الجلسة.
- إنهاء الجلسة

الجلسة الخامسة عشر: الجلسة الختامية

الأهداف :

- تلخيص عام للجلسات
- مراجعة ومناقشة عامة

الإجراءات

1- رحب المرشد بالمجموعة وشكر الأمهات على الالتزام بالجلسات وبدأ بمراجعة لأهم ما تم تناوله خلال جلسات البرنامج منطلقا من العناوين الرئيسية التي تتعلق لديهم في الكفاية الاجتماعية والمهارات الحياتية.

2- بدأ المرشد بفتح باب الحوار لكل فرد حتى يعبر عن الفائدة التي اكتسبها من خلال مشاركته بالبرنامج. لخص المرشد أهم النقاط التي عبر عنها أفراد المجموعة وعزز ما تم اكتسابه.

المراجـع

أولاً: المراجع العربية

أبو أسعد، أحمد. (2007). دليل المقاييس والاختبارات التربوية والنفسية، عمان: دار ديبونو للنشر والتوزيع.

أبو أسعد، أحمد. (2007). المهارات الإرشادية، عمان: دار المسيرة.

أبو أسعد، أحمد. (2008) التقييم والتشخيص في الإرشاد، عمان: دار المسيرة.

إسماعيل، حسن صلاح الدين. جمعية كيان لذوى الاحتياجات الخاصة صعوبات التعلم النمائية.

إسماعيل، حسن. الشبكة العربية لذوي الاحتياجات الخاصة، صعوبات التعلم النمائية
www.a rabnet.ws

الأدغم، رضا والشامي، جمال الدين. (1999). فاعلية استخدام بعض استراتيجيات التدريس في تحصيل تلاميذ الصف الرابع الابتدائي مضطربي الانتباه مفرطي النشاط في اللغة العربية، جامعة المنصورة.

أطفال الخليج ذوي الاحتياجات الخاصة إرشاد اسر ذوي الاحتياجات الخاصة
www.Gulfnet.ws/vb/index.php

أطفال الخليج لذوي الاحتياجات الخاصة إرشادات لمعلمي صعوبات التعلم.
www.Gulfnet.ws/vb/index.php

أطفال الخليج لذوي الاحتياجات الخاصة إعداد فريق ذوي صعوبات التعلم
www.Gulfnet.ws/vb/index.php

أطفال الخليج لذوي الاحتياجات الخاصة المحكات المستخدمة للحكم على وجود صعوبات التعلّم
www.Gulfnet.ws /vb/index.php

أوراق عمل "ندوة الإرشاد النفسي والمهني من أجل نوعية أفضل لحياة الأشخاص ذوي الاحتياجات الخاصة" والتي نظمتها جامعة الخليج العربي، مسقط من 19-21 إبريل 1999 .

أوراق عمل الندوة العلمية السابعة للاتحاد العربي للهيئات العاملة في رعاية الصم، "حقوق الأصم في القرن 21"، والذي عقد في الدوحة في الفترة من 28-30 إبريل 2002.

أوراق عمل الملتقى الثاني للجمعية الخليجية، للإعاقة، " تقبّل الاختلاف بين الأفراد. سلوك حضاري راق، والذي تم عقده بالإمارات العربية المتحدة، من الفترة من 9-11 فبراير 2002 م

البتال، زيد محمد، مترجم (1421هـ). دليل التعرف على الطلاب الذين لديهم صعوبات تعلم – أكاديمية التربية الخاصة.

البحيري، جاد. الدسلكسيا: كيف يمكن للمدرس المساعدة؟ استراتيجيات لتدريس المعسرين قرائيا، المؤتمر الدولي لصعوبات التعلم، الأمانة العامة للتربية الخاصة، وزارة التربية والتعليم، المملكة العربية السعودية.

الحامد، جمال (2000): نقص الانتباه وفرط الحركة لدى الأطفال.جامعة الملك فيصل .

الحليلة، الحمد، إدارة التربية الخاصة في تعليم البنات بالمنطقة الشرقية، ورشة عمل الحاجات التعليمية لأطفال صعوبات التعلم واستراتيجيات معالجتها، مديرة إدارة التربية الخاصة بالشرقية/ المؤتمر الدولي لصعوبات التعلم بالرياض ، للفترة من 28.

الختاتنة، سامي. (2007). بناء برنامج لتدريب الأمهات على المهارات الحياتية واستقصاء أثره في تحسين الكفاية الاجتماعية و مفهوم الذات ومهارات الحياة لدى أطفالهن، رسالة دكتوراه غير منشورة، جامعة عمان العربية.

الخرافي، محمد. الرابطة الكويتية لعسر القراءة، مركز محمد الخرافي لعسر القراءة: منتدى الخليج النصائح للآباء لمساعدة الأبناء الذين يعانون من صعوبات التعلم.

الخطيب و آخرون، (1992). إرشاد أسر الأطفال ذوي الاحتياجات الخاصة: قراءات حديثة، العين: مكتبة الفلاح للنشر والتوزيع، الطبعة الأولى، 1992 م – 1412ه؛

الداوودي، لانا نجم الدين فريق.(2006). بحث بعنوان برنامج تدريبي لأمهات أطفال لديهم صعوبات التعلم.

رضوان، سامر جميل. (1999) دراسة ميدانية لتقنين مقياس للقلق الاجتماعي على عينات سورية، جامعة دمشق- كلية التربية.

الروسان، فاروق. (2001). سيكولوجية الأطفال غير العاديين ـ مقدمة في التربية الخاصة، عمان - المملكة الأردنية: دار الفكر للطباعة والنشر والتوزيع، الطبعة الخامسة

الرويلي، عبد الله عياد . (2010). فعالية برنامجي إرشاد جمعي في المهارات الدراسية السمعية والبصرية في تحسين التحصيل الدراسي لدى طلبة المرحلة الأساسية، رسالة ماجستير غير منشورة، جامعة مؤتة.

الزيات، فتحي مصطفى. (2006). آليات التدريس العلاجي لذوي صعوبات الانتباه مع فرط الحركة والنشاط، للمؤتمر الدولي لصعوبات التعلم، الرياض، المملكة العربية السعودية.

الزيات، فتحي(1998). صعوبات التعلم: الأسس النظرية والتشخيصية والعلاجية، دار النشر للجامعات المصرية.

سالم، ياسر. (1988). دراسة تطوير اختبار لتشخيص صعوبات التعلم لدى التلاميذ الأردنيين في المرحلة الابتدائية، دراسات المجلد الخامس عشر، العدد الثامن،

سرطاوي، زيدان ، وسرطاوي، عبد العزيز. (1988). صعوبات التعلم الأكاديمية والنمائية (مترجم)، مكتبة الصفات، الرياض.

السرطاوي، زيدان وآخرون. (2001). مدخل إلى صعوبات التعلّم، الرياض - المملكة العربية السعودية: أكاديمية التربية الخاصة.

سلمان، مرام. (2007). أثر استخدام برنامج للتدخلات الإرشادية في معالجة مشكلات تدني اعتبار الذات وضعف الدافعية للإنجاز الدراسي لدى طالبات الصف الحادي عشر من التخصصات غير الأكاديمية. قدم هذا البحث استكمالا لمتطلبات مقرر بحث في تحسين الأداء في المرحلة الثانوية، الجامعة العربية المفتوحة.

السيد، رأفت. (2003). صعوبات القراءة - تعريفها وأنماطها، رسالة دكتوراه منشورة، مودعة بمكتبة جامعة القاهرة.

عبد الرحمن، سيد. (1991). سيكولوجية ذوي الحاجات الخاصة، القاهرة ـ جمهورية مصر العربية: جامعة عين شمس.

العبد اللطيف، سليمان بن عبد العزيز. (1423هـ) ط2، المرشد لمعلمي صعوبات التعلم، المجموعة الاستشارية التخصصية لبرامج صعوبات التعلم، الأمانة العامة للتربية الخاصة، وزارة المعارف، السعودية.

عبد الهادي، نبيل وآخرون. (2000) بطئ التعلم وصعوباته. دار وائل للطباعة والنشر. عمان:الأردن.

504

العجمي، لبنى بنت حسين. (2006). تفعيل برامج تقويم الأطفال ذوي صعوبات التعلم في ضوء خبرة الولايات المتحدة الأمريكية، المؤتمر الدولي لصعوبات التعلم (نحو مستقبل مشرق).

عدس، محمد عبد الرحيم. (2000). صعوبات التعلّم، عمان، المملكة الأردنية: دار الفكر للطباعة والنشر والتوزيع.

العمايرة، أحمد عبد الكريم. (1991) فعالية برنامج تدريبي على المهارات الاجتماعية في خفض السلوك العدواني لدى طلبة الصفوف الابتدائية، رسالة ماجستير غير منشورة، الجامعة الأردنية.

الغبرة، نبيه (1993). المشكلات السلوكية عند الأطفال. ط4 المكتب الإسلامي، بيروت.

الغوراني، محمد عدنان. (2006) الأبعاد النفسية الاجتماعية لأطفال صعوبات التعلم – فهم الذات، ورشة عمل مقدمة للمؤتمر الدولي لصعوبات التعلم، الأمانة العامة للتربية الخاصة، وزارة التربية والتعليم، الرياض.

فضة، حمدان محمود وأحمد، سليمان رجب سيد. العلاج النفسي لذوي صعوبات التعلم (الراشدون والموهوبون)، المؤتمر العلمي الأول، قسم الصحة النفسية كلية التربية، جامعة بنها.

المالح احسان (2000). الطب النفسي والحياة - مقالات، مشكلات، فوائد - الجزء الثالث، دار الإشراق: دمشق.

المظاهر العامة لصعوبات التعلم أعدتها للانترنت: الأستاذة أميرة (قطر).المصدر (شبكة الخليج)

www.gulfnet.ws

الوقفي، راضي (2002). صعوبات التعلم: النظري والتطبيقي، منشورات كلية الأميرة - ثروت، عمان، الأردن.

ثانياً : المراجع الأجنبية

Hallahan, D., Kauffman, J. & Lloyd, J. (1999). Introduction to Learning Disabilities (2nd ed.). Allyn & Bacon.

Lerner, J. (2000). Learning disabilities: theories, diagnosis, and teaching strategies (6th ed.) Houghton Mifflin Company. Boston.

Rosenberg, M. (1965). And the adolescent self-image, Princeton, NJ: Princeton University Press

Printed in the United States
By Bookmasters